フランス人民戦線

反ファシズム・反恐慌・文化革命

Front populaire

Watanabe Kazuyuki
渡辺和行

人文書院

フランス人民戦線　目次

フランス人民戦線——反ファシズム・反恐慌・文化革命——

はじめに

急進党ビアリッツ党大会

フランス人民戦線政府が誕生して四ヵ月半後の一九三六年一〇月二二日（木）、人民戦線を構成する有力政党から人民戦線批判の大合唱が沸き起こった。有力政党とは、中産階級を支持基盤とする中道左派政党の急進党（正式の党名は急進共和急進社会党）である。急進党は、一〇月二二日にピレネー国境に近いフランス南西部の地方都市ビアリッツにおいて、第三三回党大会を開催したところであった。前年のパリ党大会で人民戦線への加盟を決議して、ちょうど一年が経過していた。大会の雰囲気は初日の事件から推し量られた。(1)

二二日午後二時半、党総裁エドアール・ダラディエが開会の辞を述べるために議長席に着いたとき、「奇妙だが重大な示威が生じた」（『タン』）。右派の急進青年団（Jeunesses Radicales）を中心とした多くの代議員は結束して立ちあがり、ラ・マルセイエーズを歌い、手を差しのべて「テニスコートの誓い」の挨拶で党首を迎えた。この時代、手を差しのべるのは「ファシストの挨拶」（ケゼール）でもあった。これに対し、左派の青年急進派（Jeunes Radicaux）は、握り拳の人民戦線ポーズで反撃したが右派に圧倒された。総裁挨拶のときにもダラディエは、野次によって演説を妨げられ、壇上で佇立をよぎなくされた。ダラディエは、「市民諸君、私にはこれらの野次や不満の声が理解できません。……［一般政策の討議が行われる］土曜日まで野次や怒号をとっておきなさい」と発言せざるをえなかった。このあとも右派の代議員は、左派の弁士が登壇するたびに、「モスクワへ行け」とか「急進派の与党を」と叫んで人民戦線への敵意を隠さなかった。

一般政策の討議では、人民戦線への不満が噴出し、共産党との絶縁を迫る声、秩序の維持と所有権の保護を要求する声が氾濫した。最終的には妥協がなりたち、大会は人民戦線の維持を決議して事なきを得たが、その決議は「資本家の肩も労働者の肩ももたぬもの」であった。(2) たしかに、この混乱は、党員証の濫発によって保守派が代議員数を操作し、近隣の南部諸県連から保守派を大量に動員したために生じた意図的な混乱であった。たとえば、合算しても一〇人の下院議員をもつにすぎない保守的な六県連が、全代議員一九一四人のうちの四七九人を数えたのに対し、合計五三人の下院議員をもち、人民戦線を支持する三七県連は五九九人の代議員を擁するにすぎなかったからである。(3) しかし、右派による混乱は、党内に保守派の不満が鬱積していることを示していた。さらに看過しえないのは、この不満が右派のあいだにだけ存在したのではないことである。左派の活動家《ミリタン》ジャック・ケゼールは、左派のなかにすら人民戦線に対する不安があったことを確認している。(4) ビアリッツ党大会は、人民戦線への敵意と活動家の動揺とを反映しており、刮目《かつもく》に値する大会であった。なぜ、このような事態が起きたのか。六四歳の社会党員レオン・ブルムを首班とする人民戦線政府は、四ヵ月半前に誕生したばかりであった。

日本における報道

一九三六年六月六日、ブルム人民戦線内閣が議会で信任されて成立した。このニュースを、日本の新聞と雑誌がどう伝えたのかをみてみよう。翌七日付の『大阪朝日新聞』は下院の熱狂をこう記した。

> ブルーム〔ママ〕新内閣は、六日午後三時下院においてブルーム首相自ら、また上院においては副総理兼陸相ダラディエ氏より施政方針を発表したが、上下両院とも傍聴席は満員の盛況で、傍聴者は熱心に民衆戦線内閣の初陣振りを見守つた。殊に下院においては、ブルーム首相の演説に対し一句ごとに議場を圧する拍手を送り、右翼各派の蠢動を完全に封殺し大民衆戦線内閣の威力を示した。首相の演説が軍需工業国有の項にいたるや、右翼各派は一斉にざわめき立つたが、左翼の熱狂的歓呼の嵐に圧倒され、新興左翼内閣はフランスの憲政史上、最初の議政壇

上に堂々たる初陣振りを示した。[5]

一方、フランスの動向に注意を払ってきたわが国の左翼雑誌『世界文化』は、その日の下院の様子を『大阪朝日新聞』とはやや異なるトーンで報告した。[6]

この六月六日土曜日のことである。フランスの下院を重苦しい憂慮の雰囲気がつつんでゐた。議事堂には夥しい人が群り、傍聴席には身なりの良い婦人たちが常よりも遙かに多く混つていた。政府席に三人の女性が据わるのを見に来たのである。午後三時、閣僚を従ゑた新首相が扉を排して入場する。社会党と共産党と急進党の過半数が起立し歓呼の声を挙げてゐる中を十七年の間在野反対諸政党の指導者で「内閣潰し」の異名を取つていた社会党の首領は政府席前列の中央に座を占めた。[7]

女性に参政権がなかった時代に、初めて女性次官が誕生したことの熱気が伝わってくる文章だが、他方で「重苦しい憂慮の雰囲気」という言葉からは、期待と不安がない交ぜになった張りつめたムードを窺うことができる。重苦しい空気が漂っていたのは、社会主義者にしてユダヤ人のレオン・ブルムがフランス史上初めて首相に就いたこと、それに、人民戦線派が選挙で勝利したことを奇貨として、全国で始まった工場占拠ストライキのうねりが終息していなかったことによる。それは、『大阪朝日新聞』の紙面にも表れている。「仏のサロー内閣、けふ総辞職決行。罷業は刻々に重大化」「食糧危機迫る。牛乳、石油等の配給は遂に中止。各産業、全く麻痺状態」（以上、六月五日夕刊）、「仏新内閣成立早々、産業危機に直面す。パリの新聞は遂に休刊、総罷業愈よ重大化」「労資全く正面衝突、〝革命の様相〟出現す」（以上、六月六日夕刊）、「ゼネ・スト下のパリ。市民は案外に平静。罷業目的は労働者側の示威。ブルム首相収拾に努力」（六月六日、特派員の国際電話）、「罷業解決を期し、仏の新政綱発表。フランス銀行改組を表明、ブルーム新首相の初陣鮮か」「罷業なほ蔓延。新政策の発表後も解決見込み立たず」（以上、六月七日）、「罷業、地方に

波及。仏閣議で解決策協議」(六月七日夕刊)。

こういった状況が、人びとの不安を高めたことは否めない。しかし、特派員報告にもあったように、このストは共産主義者が煽動したというよりは、「労働者の自発的な示威」であり、初めて自分たちを代表する政党が権力を握ったことの喜びの爆発であった。しかし、矢継ぎ早に改革を断行したブルム内閣の前途にも、資本の国外流出や隣国スペインで勃発した内戦によって暗雲が立ちこめ、それが冒頭の急進党大会となって表面化した。フランス史上初めて社会党首班の政権を率いた人民戦線内閣は、誕生までにどのような道をたどり、どのような経緯で解体にいたったのだろうか。本書のテーマはここにあるが、どのような視点で論ずるのか、さらに、人民戦線を今日的な視点で論ずるとはいかなることなのか、次項でこの点について触れよう。

研究史

フランス人民戦線が誕生して、八〇年近い歳月が流れた。「戦争と革命の世紀」と言われた二〇世紀は、ソ連圏の解体によって幕を閉じた。フランス人民戦線の歴史的評価はどう変わったのであろうか。普遍的に言いうることは、歴史は「証言の時代」から「記録の時代」、そして記録を通した「記憶の時代」へと進んでいくということである。フランス人民戦線史も、こうした歩みをたどってきた。

今日までの人民戦線史研究は、三つの時期に分けることができる。[8] 第一期(一九六〇~八〇年)は本格的な研究の開始期であり、反ファシズムとしての人民戦線史研究が多かった。第二期(一九八〇~二〇〇〇年)は人民戦線史研究の転回期で、多様なアプローチが試みられた時期である。第三期は二〇〇〇年以降の反ファシズム・反恐慌・文化革命としての人民戦線史へと研究が止揚される時期である。それでは三つの時期を概観しよう。

人民戦線の本格的な研究は、三〇周年を迎える一九六〇年代半ばから始まった。それには三つの理由があった。三〇年という時間的隔たりが客観的な歴史研究を可能にするという期待感、当事者の証言を聞くことができる最後の機会になりかねないという危機感、それに、ドゴール体制への批判の高まりを前にした左翼連合としての人民戦線モデルへの実践的関心である。

一九六五年に「証言の時代」と「記録の時代」の蝶番をなすにふさわしい研究が相継いだ。社会党右派として人民戦線運動に関与したジョルジュ・ルフランの研究（一九六五年二月出版）を嚆矢とし、六五年三月にピエール・ルヌーヴァンとルネ・レモンが主宰した「レオン・ブルム、政府首班」のシンポジウムが続いた。この大規模なシンポジウムによって、人民戦線史は歴史研究として認知され、ブルム内閣の政治・経済政策・社会政策・外交政策が本格的な議論の俎上に載せられた。総勢九七人が参加したこのシンポジウムでは、ブルム内閣の関係者やブルムの友人も出席して証言し、正確に記録することへの熱意がみなぎっていた。同様のシンポジウムは、人民戦線四〇周年を迎える七五年一二月にルネ・レモンとジャニーヌ・ブルダンが主宰した「エドアール・ダラディエ、政府首班」として継続され、その成果は二冊の書物となって出版されている。(9) 邦語文献では、一九六七年に出版された海原峻『フランス人民戦線』（中公新書）を先駆けとして、七〇年代初めまでの諸研究を摂取した平瀬徹也『フランス人民戦線』（近藤出版社、一九七四年）が、わが国の人民戦線史研究の水準を押しあげた。

一九七〇年代初めまでの研究には、反ファシズムに重点を置いた研究や評価が多かった。それは、当然、フランス共産党に軸足を置いた歴史叙述をともなった。わが国の研究では、平田好成『フランス人民戦線論史序説』（法律文化社、一九七七年）がその典型である。たしかに、人民戦線は共産党のイニシアチヴなしには語れない。共産党の柔軟路線とコミンテルン第七回大会（一九三五年七〜八月）が、人民戦線の結成を後押ししたことは間違いない。ただし、共産党系の歴史家の研究には、ブルム内閣の成立までで全体の三分の二の紙幅をあてていたり、一九三四年春の激しい「日和見派」（ジャック・ドリオ派）批判と社会党批判、共産党に派遣されていたコミンテルン機関員オイゲン・フリートの役割などについて触れていないなど、視角の偏りが見受けられる。(10)

一九八〇年代以降、唯物史観の影響力の低下と社会史パラダイムの影響力の増大、ミッテラン社会党政権の誕生（一九八一年）、現実政治の場でのソ連・東欧圏の衰退と瓦解（一九八九〜九一年）などによって、人民戦線史研究も新たな段階、第二期を迎えるにいたった。それには四つの要因が絡みあっていた。

第一に、政治史から社会史へという歴史学パラダイムの転回のなかで、反ファシズム人民戦線という政治史から、日常生活や余暇の組織化といった社会史へと研究が深化してきた。それは、フランスの歴史雑誌『社会運動《ムーヴマン・ソシアル》』が「有給休暇」（一五〇号）や「政治文化と人民戦線」（一五三号）の特集を一九九〇年に編み、人民戦線期の「文化と政治」を論じたパスカル・オリイの大著が一九九四年に刊行され、翌年にアラン・コルバン編『レジャーの誕生』が出版されたところにも現れている。(11)

第二に、旧ソ連の史料が公開されたことで、ソ連やコミンテルンの動向により注意が払われるようになり、それに反比例するかたちで、共産党の自主性については従来ほど重きが置かれなくなった。(12) すなわち、人民戦線戦術の採択に関して共産党の主導性が否定され、コミンテルンが路線転換を主導したことが明白となり、モスクワかパリかという人民戦線の起源論争は決着をみた。それとともに、フランス国内の政治動向、心性、景況、握り拳の身体表象や街頭の政治文化、文化運動などにも、いっそう目配りがなされるようになった。(13)

第三に、ミッテラン社会党政権（一九八一～九五年）の誕生によって人民戦線戦術が左翼の政権到達モデルでなくなり、人民戦線に対する実践的で政治的な関心が低下した。(14) 多党制の政治文化をもつフランスにおいては、小選挙区二回投票制という選挙制度は、選挙連合から議会連合、さらには連合政府にいたる多数派形成の制度的な叡智であった。しかし、一九八一年に社会党は単独で過半数の議席を獲得し、左翼連合としての人民戦線方式は多数派形成の絶対的な公式ではなくなった。二〇一二年のオランド社会党政権の成立は、人民戦線方式を完全に過去の歴史事象としたことだろう。

第四に、第二次世界大戦期から戦後にかけてドイツとソ連に押収されていたフランス側の史料（内務省、陸軍省、人民連合、人権同盟、労働総同盟、ブルムやジュール・モックなどの個人文書、いわゆる「モスクワ文書」）が一九九〇年代から二一世紀初めにかけて返還されたことで、研究状況は大きく好転した。(15) 二〇〇六年一一月に高等師範学校で開かれた人民戦線七〇周年記念シンポジウム「人民戦線――衝撃と反作用　一九三四～一九四〇」では、「モスクワ文書」を用いた報告が多数を占めた。(16) ただし、返還された労働総同盟の文書が未整理とはいえ、「モスクワ文書」によって人民戦線史が大きく書き換えられることはないとみてよいだろう。[17] なお、「モスクワ文書」を用いた最初のブルム伝はイラン・グレイルサマーの研究（一九九六年）であり、最初の人民戦線小史はフレデリック・モニエの研究（二〇〇二年）である。[18] また、人民戦線七〇周年の二〇〇六年にはシンポジウムがほかにも二つ開かれており、写真集などの出版とあわせて研究の新たな活性化を示している。[19]

急進党視角の人民戦線史

こうして、かつての反ファシズム運動としての人民戦線史だけではなくて（第一期）、ミッテラン政権の先蹤《せんしょう》としての人民戦線政府という位置づけから、人民戦線の経済政策や社会政策、さらには、ヴァカンスの誕生による文化革命の側面へと研究の重心が移動した（第二期）。第一期は、ブルム内閣の成立にいたる人民戦線の形成過程に軸足を置いた共産党視角の歴史叙述をともなった。それに対して第二期は、権力の行使期としての人民戦線政府に重きを置いた社会党視角の歴史叙述に特徴があった。今日求められているのは、第一期と第二期の歴史叙述の総合《ジンテーゼ》である。第三期の人民戦線史研究は、こうした二つの視角に加えて、人民戦線の崩壊過程をもみすえた急進党視角が必要不可欠である。[20]

なぜなら、人民戦線運動の誕生から権力の行使、そして崩壊の全過程をトータルに捉えようと思えば、急進党の動向を無視することはできないからである。一九三六年春の総選挙で、マルクス主義政党（社会党・共産党・プロレタリア統一党）が獲得した議席は二二八であったのに対して、反人民戦線派は二三七議席を獲得していた。反人民戦線派の議席数から中道右派政党を除くと、右翼の議席は二二二議席となり、社共の議席数とほぼ均衡していた。[21] 急進党（一一六議席）の動向、急進党と人民戦線との距離に大きな関心が集まるゆえんである。しかも上院第一党の急進派議席一六四を加えると、両院の最大政党は急進党であった。[22] フランス政界に占める急進党の重さが理解できるであろう。

急進党ビアリッツ党大会が物語るように、ブルム内閣誕生四ヵ月半にして人民戦線批判の大合唱が起き、急進党の人民戦線への熱狂は過去の歴史となっていた。この時期に勃発したスペイン内戦、平価切り下げ、頻発する労働争議が急進派を苛立たせたことは否めない。たしかに、人民戦線運動は一九三四年二月六日事件によって触発され、コミンテルンと共産党の政策転換によって促進された。しかし、三六年から三八年までのすべての人民戦線政府に参加した主要政党は、急進党のみである。共産党は入閣すらしていない。しかも、三八年一〇月、形骸と化していた人民戦線からの離脱を決議したのも急進党であった。したがって、急進党が人民戦線に参加した動機は重要な問いとなる。それは、急進党が人民戦線をいかにイメージし、何を動機として参加したのかという本質的な問いと密接に関わっている。言葉を換えれば、人民戦線に対する急進党の心象態《イマージュ》と人民戦線の現実態《レアリテ》との乖離こそ、急進派の不満の原因であり、同時にそれは、人民戦線政府における急進党の行動を解明する鍵となるはずである。したがって、急進党が人民戦線に傾斜したプロセスこそが核心的問題となる。人民戦線の形成過程における急進党の動向が注目されるゆえんだ。

つまり、人民戦線とはその定義上、労働者階級と中産階級の同盟であった。共産党視角の人民戦線史は、労働者階級からの人民戦線論という視角の偏りをもたらしていた。「中産階級にとって人民戦線とは何であったのか」という視点は、長期にわたって欠落していた。人民戦線の生成・発展・崩壊の全過程を十全に把握するためには、共産党視角に加えて、急進党視角も不可欠となる。本書が、従来の共産党視角を是正する試みとして、共産党が重要な同盟相手とした中産階級の政党、急進党の動向を重視し、急進党に紙幅を費やしているのはこうした理由にもとづく。このアプローチを付加することによってのみ、人民戦線の全体像が呈示できるのである。

二一世紀の人民戦線史

二一世紀の人民戦線史研究には、先述した共産党・社会党・急進党の三つの視角を具体化する次の三つの視点を加味して、総合的に把握することが求められている。第三期の歴史叙述には、第一に、左翼の選挙連合・議会連合・連立政府とその政策という上からの視点（政治史的アプローチ）、第二に、広範な大衆を巻き込んだ社会運動としての下からの視点（社会運動史ないし社会史的アプローチ）、第三に、それまで上流階級が独占していた文化の民主化・民衆化を求めた文化革命の視点が必要となるであろう（文化史ないし政治文化史的アプローチ）。とくに第三の視点に立つ研究は、ミッテラン政権が有給休暇を五週間とした頃から飛躍的に進んできた。ブルム内閣の有給休暇法や週四〇時間労働法が、初めて労働者に余暇をもたらし、より人間らしく生きることを可能にしたからである。ブルム内閣で余暇担当次官職が設けられ、民衆ツーリズムの時代の開幕を告げたように、人民戦線は新たなライフスタイルをフランス人に教えた。それは、「週末（week-end）」という言葉がもともとフランス語にはなく、英語から借用されて一九二六年以降普及していったところにも示されている。週四〇時間労働法によって、フランス人は「週末」を体験することができた。

ともあれ、こうした三つの視角と三つの視点が有機的に結びつくことで、人民戦線の全体像が呈示できるはずである。本書では、フランス人民戦線の誕生から解体までの歴史を、急進党に比重を置きつつ、政党の枠を越えた社会運動の側面や社会史的手法にも目配りして描こう。反ファシズム（政治史）・反恐慌（経済史）・文化革命（文化史）の三幅対《トリアーデ》としての人民戦線を呈示しよう。その過程で、反ファシズムの論理（民主主義の防衛）と反恐慌の論理（反デフレーション、リフレーション政策）とが必ずしも整合的でなく、前者の論理が後者の論理を制約したこと、さらに、反ファシズムの論理（戦闘ないし戦争の論理）と平和の論理とが二律背反関係にあったことも明らかになるだろう。[23]

本書執筆のもう一つの動機は、翻訳を含めても、ここ四〇年ほどのあいだで人民戦線と銘を打つ書物が、日本では三点しか刊行されていないことに関わっている。先述した平田好成の書物と問題の多い翻訳を除くと、[24]日本人の手になるバランスのとれた人民戦線史は、一九七四年に出版された平瀬徹也『フランス人民戦線』（近藤出版社）以来、四〇年近く出ていない。[25]それゆえ、この間の研究をフォローした本書は、四〇年の空白を埋めて後学に託すという研究史上の意義がまずあるだろう。しかし、それにとどまるものではない。ソ連圏の自壊による冷戦構造の解体という歴史と左翼運動史研究の盛衰をふまえたうえで、人民戦線運動の現代的な意味をも考察しようと思う。つまり、過労死や過労自殺をよぎなくされる働きすぎの社会から、「ワークライフバランス社会へ」の移行や「ワークライフシナジー」（大沢真知子）が求められている現在、本書は、「労働と余暇」の問題を初めて実践的に提起し、より良く生きるための政策を実行したフランス人民戦線の意義を再考しようという試みでもある。

第一章　危機の子

1934年２月６日，コンコルド広場の騒擾事件

Philippe Bauchard, *Léon Blum, le pouvoir pour quoi faire?*, Paris, 1976.

1　世界恐慌下のフランス

危機の子

一九三〇年代のフランスは、経済恐慌・右翼リーグの活動・ヒトラー政権の誕生など、政治・経済・社会・安全保障・人口動態にまたがるさまざまな不安をかかえていた。この不安からの脱出口としてフランス国民が選択したのは、一九三六年の人民戦線政府である。人民戦線は、三四年の騒擾事件が契機になって三五年に誕生した。それは「パンと平和と自由」を掲げ、議会レヴェルの政党連合を越えた広範な左翼結集の試みであった。政党・労働組合・市民団体など九八もの組織が人民戦線に名を連ねている。中心的役割を演じたのは政党であるが、その政党を行動に駆り立てて人民戦線の助産婦となったのがフランス社会を襲った危機である。人民戦線が「危機の子」(1)と言われるゆえんだ。その危機は三四年二月に頂点に達した。

いかなる危機が、一九三〇年代前半のフランス社会を覆っていたのであろうか。危機の近因としては、三三年一二月に発覚したスタヴィスキー金融汚職事件が指摘できよう。しかし、原因はもっと深いところにあったと言わざるをえない。というのは、スタヴィスキー事件は、第三共和政期に生起したほかの金融汚職事件（一八九二年のパナマ事件では約一〇〇人の議員が連座）と比べれば、比較的小さな汚職事件であったからである。したがって、遠因とはいえ、より重大な原因として次の理由を指摘することができる。それは、一九三二年の総選挙で生まれた左翼多数派が恐慌の舵取りができず、フランスを荒海に漂流させたことである。また、危機を育んだ土壌として、第一次世界大戦のトラウマに悩むフランス社会があったことを看過してはならない。たとえば、第一次世界大戦の後遺症は心身両面でみられた。一四〇万人の戦死者を原因とする若年人口の減少は、兵力や労働力の減少に繋がり、それが国力の「衰退《デカダンス》」という不安感を高めた。また、戦後に強まった平和主義は、ヒトラー政権の登場後も国防力の強化にとって桎梏となった。

フランスを襲った危機の態様を検討する前に、一九三六年の人口動態を確認しておこう。総人口四一一八万人のうち、就業人口は二〇二六万人であった。就業人口の三七％が農林漁業に、三八％が工業・手工業・運輸に、一四・五％が商業・銀行や保険会社その他のサービス産業に従事し、自由業は三・七％、軍人も含む公務員が六・八％であった。[2] こうした職種のフランス人に、危機はどのように襲いかかったのであろうか。

表１－１　各国の工業生産指数

1928年＝100

	フランス	アメリカ	イギリス	ドイツ	世界
1931	94	73.2	88.5	68.5	87.3
1932	78	58.4	88.1	54.0	74.3
1933	88	69.4	93.2	61.5	83.5
1934	82	72.0	105.1	80.9	91.7
1935	79	81.7	109.4	95.3	103.2
1936	85	95.0	123.6	107.8	117.8
1937	89	99.1	131.2	118.8	126.6
1938	83	77.9	122.5	128.0	118.8
1939	95*	95.5	—	—	—

＊１月から７月までの平均

出典　Alfred Sauvy, *Histoire économique de la France entre les deux guerres*, t. 2, Paris, 1967, pp. 528, 536-537 より作成。

工業恐慌

第一の危機は経済危機、世界恐慌の影響である。フランスの恐慌は他国とは異なった過程をたどった。一九二九年一〇月に突発した世界恐慌がフランスに押し寄せたのは、二年後のことである。しかし、フランス経済は他国の景気が回復に向かった三五年に最悪を迎え、恐慌前の水準に達することなく第二次世界大戦に突入した（表１－１、図１－１）。つまり、フランスの恐慌はどの国よりも長引き、しかも回復の兆しがすぐに認められなかったのである。いま少し、フランス経済の軌跡をたどってみよう。

一九二八年六月に導入されたポワンカレ・フラン（フランの価値を五分の一に切り下げ）は、フランスに安定した通貨と金や外貨の流入をもたらし、第一次世界大戦後のフランスでもっとも繁栄した時期を現出させた。外貨準備高は、二七年の一八〇億フランから三〇年には八〇〇億フランへと激増した。フランス銀行の金保有高は、二八年下半期の三〇七億フランから三二年に五五八億フラン、さらに三三年には八一〇億フランへと増加を続けた。[3] 三〇年二月に工業生産高は戦後最高となり、「フランスは不況という大海のなかの繁栄の小島」[4] と形容された。この繁栄は、建築ブーム・自動車産業の躍進・奢侈品の輸出・観光収入の増大・外国資本の流入などに負っていた。したがって、時の首相アンドレ・タルデューは、フランス国民に「繁栄政策」を約束しえたのである。

しかし、世界恐慌の荒波はフランス沿岸にも打ち寄せていた。緩慢な進展を続けていたフランス経済も、ポンド切り下げ（一九三一年九月）とドル切り下げ（三三年四月）によって打撃を被った。為替相場は、一ポンド＝一二四フランが七五フランに、一ドル＝二五フランが一五フランとフラン高になった。[5] ポンドとドルの平価切り下げによって、それまで相対的に低かったフランスの物価水準は高くなり、輸出の激減を引き起こす。

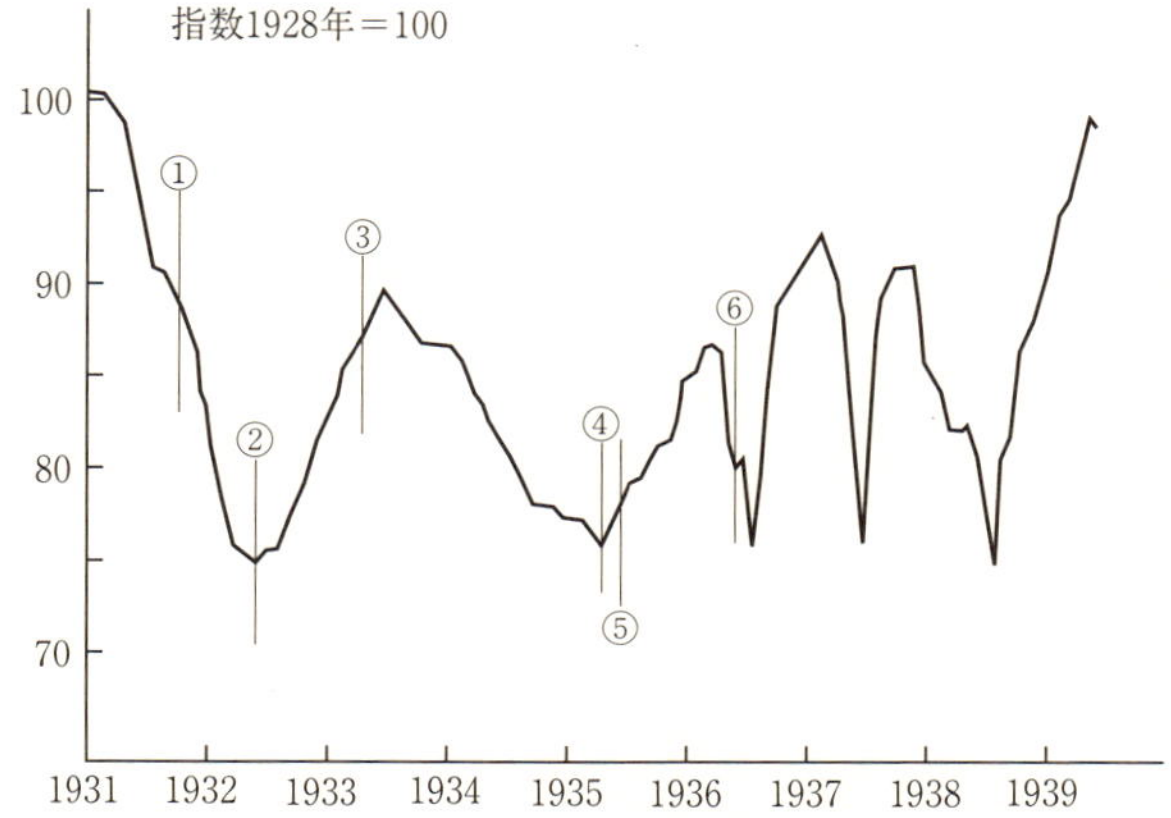

図1－1　工業生産の変動

注　①ポンド切り下げ，②1932年5月，③ドル切り下げ，④1935年4月，⑤ラヴァル内閣成立，⑥人民戦線内閣成立。

出典　竹岡敬温・和多則明「世界恐慌期フランスの景況と経済政策の基本方向」『大阪大学経済学』第22巻第4号，1973年，6頁。

一九三〇年に四三五億フランあった輸出は三二年には二〇〇億フランとなり、国際収支は三〇年の二〇億フランの出超が三一年には四七億フランの入超に転じた。また観光収入も、三〇年の八五億フランから三二年には二五億フランに、さらに三五年には七億五〇〇〇万フランへと激減した。[6] 実際には二六年以降、卸売物価指数は毎年約三%ずつ下落していたが、そのような景況にフランス人は気づかなかった。

工業生産は一九三二年に最初の谷を経験する。急進党と社会党の選挙連合（カルテル）が勝利したときである。三五年に第二の谷を迎え、人民戦線の結成をみる。こうした景況は同時代人にも認識されていた。三五年一〇月に開かれた急進党大会で、人民戦線派のエドアール・ダラディエはこう述べた。「国際連盟の数値によれば、主要二八ヵ国の経済活動は二年前から回復をみたのに、一九三五年のフランス経済はさらに弱まりました。……世界は奈落の底から抜け出しはじめたのに、わが国はなお下り坂にあります」(7)。図1-1が示しているように、その後、数字の上では「回復」の途上にあった工業生産は、人民戦線政府の成立とともに大きく落ちこみ、三六年九月のフラン切り下げの効果も長続きはせず揺れ動くのである。

もっとも、工業部門といっても、製鉄業や製薬工業やセメント工業のようにカルテル化していた部門の打撃は小さかったのに対して、カルテル化していなかった羊毛や絹などの繊維産業や皮革産業といった伝統的な部門の打撃は大きかった。セメントの価格は、一九二九年と三五年を比べると二割減であったのに対して、繊維価格は約六割減、皮革価格は五割減となっていた。同様に、石炭の生産高は三〇年の五五〇〇万トンから三八年には四七〇〇万トンに、高炉数は二八年の一一五から三八年の八六に減っただけであったが、絹は二七年の三六〇〇トンが三八年には六〇〇トンと六分の一に激減した。逆に、電力・石油・アルミニウム産業のように生産を増加させた業界もあった。電力業界は、農村や鉄道の電化に後押しされ、三〇年から三八年のあいだに一六〇〇万キロワットから二〇〇〇万キロワットへ、フランスの石油精製能力は三一年の一〇〇万トンから三八年の八〇〇万トンへと、またアルミニウム生産は二九年の二万九〇〇〇トンから三八年の四万二〇〇〇トンへと増大した。恐慌の影響と度合いは業種によって異なっていたのである(8)。

同じことは社会層についても言える。すべての社会層が恐慌に打ちのめされたのではなかった。サラリーマン・実業ブルジョワジー・中産階級は、恐慌の影響を強く受け、商工業所得は、一九三五年には二九年の約半分になっている。これに対して、不動産所得者や年金生活者は恐慌にもかかわらず所得が上がった社会層であり、自由業者の所得も一割強の減少にとどまった(9)。

もっとも、近代的な大規模経営の少ないフランスの失業者数は、一九三一年で四五万人、三六年で八六万人(労働人口に対する失業率一〇%)であり、五五七万五〇〇〇人(三二年、失業率三〇%)が失業したドイツや、一二八三万人

（三三年、失業率二五％）が失業したアメリカよりはるかに少なかった。公式統計の失業手当受給者は、表１－２のとおりである。失業者は地域別ではパリ地域に多く（四三・八％）、業種別では金属工業に、それに全業種の未熟練労働者に失業者が多かった。[10]二九年から三五年のあいだに一八〇万人の雇用が失われていたにもかかわらず、統計上、フランスの失業者が少なかった理由としては、女性労働者の退職（三六年時点で既婚女性の五五％が働いていた）、八〇万人ともいわれる外国人労働者の帰国、[11]農業の比重の重さ、手工業や小規模工業の優位、小都市と小ブルジョワの比率の高さなどをあげることができる。

外国人労働者によって労働力不足を補ってきたフランスでは、一九三一年に移民の数は総人口の七％にあたる二七一万人に達していた。恐慌に直面し、景気の調節弁として解雇されたポーランド移民が、疲れ果てた表情を浮かべて三等列車で帰国する光景は、サン＝テグジュペリ『人間の大地』（一九三九年）末尾に描かれている。また、小規模経営の実態については、三一年のデータによると、五〇〇人以上の企業で働く労働者は一四四万人（一八％）であったのに対して、一〇人以下の零細企業に働く労働者がなお四〇％を占めた。こうしたフランス経済構造の小ブルジョワ的性格は、恐慌に対してある程度抵抗力を示したが、この構造が経済の回復にとってブレーキの役割を果たし、恐慌を長引かせることにもなった。[12]次に農業恐慌を一瞥しよう。

表１－２　救済失業者数

（千人）

1929	1930	1931	1932	1933	1934	1935	1936
0.9	2.4	54.6	273.6	276.3	341.6	425.8	433.7

出典　Alfred Sauvy, *Histoire économique de la France entre les deux guerres*, t. 2, Paris, 1967, p. 554 より作成。

農業恐慌

フランスは農民の国として知られてきたが、一九二〇年代後半に都市人口と農村人口は逆転するにいたる。[13]農村人口の減少は、離村による人口流出と第一次世界大戦による農村の人的損失が主な原因であった。第一次世界大戦におけるフランス人の死者数は約一四〇万人であり、死者の四一％が農村出身であった。犠牲者は、フランス東部や南部よりも中部や西部に多かった。社会職業別の一〇〇〇人あたりの戦死者数を比較すると、農業九九・六人、工業八七・七人、輸送八一・〇人、

表1－3　都市人口と農村人口　（総人口の単位100万人）

	1911	1921	1926	1931	1936
都　市	44.2％	46.3	49.1	51.2	52.4
農　村	55.8％	53.7	50.9	48.8	47.6
総人口	39.6	37.5	40.7	41.8	41.9

出典　Jacques Néré, *La Troisième République 1914-1940*, Paris, 1967, p. 85.

表1－4　三部門就業者数の変化　（％）

	1901	1921	1931	1936	1954
第一次産業	42	43	37	37	28
第二次産業	31	29	33	30	36
第三次産業	27	28	30	33	36

出典　ジョルジュ・デュプー，井上幸治監訳『フランス社会史』東洋経済新報社，1968年，29頁。

商業九四・〇人、自由業一〇七・〇人、公務員一〇五・五人と、都市よりも農村が、労働者階級よりは中産階級が犠牲を払ったことが分かる。(14) また、一九一九年から三一年のあいだに、九五万人のフランス農民がより良い収入を求めて離農し、都市生活者となっていた。さらに、一八年から二六年までに農業移民として受け入れた外国人六〇万人のうち、二七年時点で農村にとどまっているのは、二五万三〇〇〇人でしかなかった。(15)

こうした現象が都市と農村の人口数を逆転させた。もっとも、都市居住者が五割を超えたとはいえ、産業別就業者数は依然として第一次産業の優勢を示している（表1－3、表1－4）。したがって、農業恐慌の影響を受ける人口は工業恐慌より多かった。とくに、小農民層という急進党が支持を調達する社会層がもっとも影響を被ったことになる。この事実は、人民戦線が成立するうえで重要な背景となるであろう。

さて、当時のフランス農業は、フランス農村の後進性として要約される二つの構造的問題をかかえていた。第一に、資本不足や近代化の立ち遅れという問題であり、それは分割地農民の存在という歴史的問題に淵源していた。フランスの農家の七三％は一〇ヘクタール以下の農地しかもっていなかった。とくに、フランス南西部や中央部の農村に小規模経営が多かった。この地域は、急進党が勢力を誇っていた地域と重なる。第二に、生産効率の問題である。収穫高も他国と比べると低く、一ヘクタール当たりの小麦の平均収穫量は、フランスが一八キンタルであり、イギリスの二三キンタル、ベルギーの二七キンタル、オランダの三〇キンタルと水をあけられていた。一九三二年に一キンタル当たりの小麦価格は、フランスでは二二金フランであったのに対して、シカゴでは一一金フランと半値であった。フランス産品の価格は世界価格より二一％割高となっていた。したがって、フランスの農産物価格は、一九三〇年の時点ですでに世界の相場より高かった。関税障壁のみがフランスの国内市場を保護していたのである。

こうした後進性をかかえた農村が恐慌にみまわれた。農業恐慌は、農産物の生産過剰による価格暴落というかたちでフランスに襲いかかった。フランスは世界有数の小麦生産国であったが、国内市場ではすべての小麦を吸収できず、輸出は必須であった。しかし、相対的に割高なフランス産小麦は国際競争力をもたず、しかも、ソ連が五ヵ年計画の始動とともにロシア革命後初めて小麦を世界市場に再輸出しはじめ、小麦はだぶついていた。小麦価格は、表1－5の「主要三品目の価格変動指数」からも分かるように、一九三五年には戦後最低となり、二九年の半分となっていた。また、一ヘクトリットルあたりのぶどう酒価格は、一九三〇年に一八三フランであったものが三五年には六四フランと約三分の一になった。[16] 農業恐慌の激しさが理解できるだろう。このため農業所得は、三五年には二九年の四割に落ちこみ、その減少率は商工業所得のそれを上回った。農民の購買力は三割低下し、農民の購買意欲の減退は工業の生産回復に支障を来す。農業恐慌はロワール以南の小農民層の左傾をもたらし、三六年選挙においてこれらの農民が共産党に投票する一因となる。この地域は伝統的に左翼の地盤であったが、共産党に大量に票が投じられたのは初めてであった。このことは、急進党の得票数の減少を意味した。[17]

表1－5　主要三品目の価格変動指数

	1929	1930	1931	1932	1933	1934	1935
小　麦	100	106	111	97	75	80	51
ぶどう酒	100	98	110	89	91	68	49
肉	100	93	73	78	74	50	45

出典　Georges Dupeux, *Le front populaire et les élections de 1936*, Paris, 1959, p. 27.
＊価格が上昇した年は凶年

財政危機

経済危機は租税収入の減少を惹起し財政危機をもたらした。直接税と間接税の総計は、一九三五年には二九年の三分の二まで減少した（表1－6、表1－7）。税収が減った主因は、関税収入の減少・生産と貿易の衰退・国内価格の暴落であった。資本の国外流出も財政悪化に拍車をかけた。ナチスの台頭とドイツの再軍備に対応するために軍事費を増やし

表1－6　直接税・間接税の総計指数

1929	1930	1931	1932	1933	1934	1935
100	97	93	79	78	75	67

出典　Georges Dupeux, *Le front populaire et les élections de 1936*, Paris, 1959, p. 41.

表1－7　財政収支（単位10億フラン）

	収入	支出	差引	対支出赤字率
1928	48.2	44.3	+3.9	
1929-1930*	64.3	59.3	+5.9	
1930-1931	50.8	55.7	−4.9	8.8%
1931-1932	47.9	53.4	−5.5	10.3%
1932**	36.0	40.7	−4.7	11.5%
1933	43.4	54.9	−11.5	20.9%
1934	41.0	49.9	−8.9	17.8%
1935	39.5	49.9	−10.4	20.8%

*15ヵ月　**9ヵ月

出典　Jacques Néré, *La Troisième République 1914-1940*, Paris, 1967, p. 117.

たことや（マジノ線の建造）、道路建設・農村の電化・軍人や公務員給与の増額・農業災害被害者への補償金・減税といったタルデュー政権（一九二九〜三〇、三二年に三度政権を担当）の積極財政が支出を増大させた。他方、税収の大幅な減少やドイツからの賠償金の停止によって収入も減る一方であった。歳入の減少にみあうかたちで歳出を削ることができず、赤字は膨らんだ。三一年から三五年までの累積赤字は一四〇億フランに達した。三五年には公債は支出の四割を占めていた。

フランスの恐慌が長引いたのは、政府の政策と中規模経営が多数を占めるフランスの経済構造に原因があった。つまり、歴代フランス政府がフラン価値の維持に固執し、それがかえってフランス産品の国際競争力を失わせることになった。中規模経営のフランス企業は、いわば「井の中の蛙」であり、関税障壁に守られて、旧式の産業構造のままの国内市場に満足する退嬰的で進取的気性に欠ける経営者を生み出していた。

フランスは、恐慌を克服するために、国内市場を世界から切り離して厳格な為替管理と自給自足をめざすドイツ型の解決策も、平価切り下げという英米型の解決策も取りえなかった。というのは、フランスはドイツと違って英米両国との関係を断つ気はなく、外国資本が流入しているときに為替管理を強めることはできず、また、一九二八年のポワンカレによるフランの切り下げも不人気で、再度の切り下げに進めなかったからである。

そこでフランス政府は、対外貿易の分野と恐慌の打撃を受けた業界の所得補償や予算の分野での対策を講じた。貿易の分野では、古典的な保護主義政策としての関税の引き上げを行ったが、実効はあまりなかった。それで、平価を切り下げた外国に対して付加税を導入したり、輸入割当制度を設けたり、一九三四年にドイツと相殺協定を結んで輸出入の価額を対応させて、即時支払いなしに商品の移動を可能にしたりした。恐慌対策の分野では、農業所得の低下を防ぐために、小麦やぶどう酒の生産制限を課す方策が考えられ、小商人や小企業家の救済や失業の増大を避けることがめざされた。予算の分野では、政府はデフレ政策を追求した。それは、金本位制の維持を前提とした均衡予算とフラン防衛（＝平価の切り下げ回避）を優先する政策であった。右派のラヴァル内閣から左派のエリオ内閣まで、三一年から三六年まで、デフレ政策は唯一可能な政策と考えられて実施された。

財政赤字を解消するために、歴代の政府は、国家公務員給与の段階的な削減（一九三三年、二～八％。三四年四月、五～一〇％）と退役兵士の年金の減額（三％）や増税を行った。この政策が、人びとの不満をかきたてた。とくに、三五年七月のラヴァル内閣の緊急令が人心を激高させた。その緊急令は、公務員の給与や年金や公債の利子などを含む国家支出の一割削減を一律に課していた。同様の方策は、家賃や電気代やガス代、公債や社債、自由業の報酬にまで拡大された。たしかに、給与や年金の削減率は物価下落率よりも小さかったとはいえ、減税や鉄道運賃の値下げはなく、しかも物価下落率は商品によって異なっていたため、家計がおおいに助かったという生活実感からはほど遠かった。

内外の価格格差はあまり縮まらず、累積する財政赤字は歴代の内閣に難問を突きつけ、デフレ政策をめぐって倒閣があいつぐ。それは、一九三二年から三六年の議会期における内閣の平均政権担当期間が、四カ月あまりであることに示されている。かくして、議会制への不信が醸成され政治危機を発酵させる。

一九三二年の総選挙

政治危機は、一九三四年二月六日の右翼勢力によるコンコルド広場の騒擾事件で極点に達した。政治危機の原因は、三二年五月の総選挙で生まれた左翼多数派が恐慌の舵取りに失敗したことにある。三二年の選挙では、三年間下野していた急進党が第一党となり、四八議席増の一五七議席を獲得した。第二党は社会党である（表1－8）。急進党は、農民、都市小ブルジョワ、商店主、職人、下級公務員、自由業などの中産階級を支持層とする中道左派政党であり、

表1－8　1932年選挙による下院の議席数の変動

	選挙前	選挙後	
右翼	124	109	－15
中道右派	120	88	－32
中道左派	90	62	－28
急進党	109	157	＋48
社会共和派	32	37	＋5
社会党	112	129	＋17
プロレタリア統一党	5	11	＋6
共産党	10	12	＋2
	602	605	

出典　Alexander Werth, *The Destiny of France*, London, 1937, p. 39.

社会党は、社会主義を掲げ、公務員労組を中心とした労働者を支持基盤とする労働者政党であった。

社急両党は選挙に際して共同綱領には同意しなかったが、共産党を除く左翼政党が第二次投票で「共和派の規律」（立候補辞退による選挙協力）を遵守したため、先例のない左翼多数派が生まれた。たとえば、急進党の当選議員八六人は社会党候補の立候補辞退に助けられていた。[18] 小選挙区二回投票制というフランスの選挙制度が、決選投票での選挙協力をもたらす制度的要因であった。こうして、一九三二年選挙は、得票数の点でも議席数の点でも左翼の圧勝となった。左翼は、右翼勢力に一〇〇万票の差をつけ、共産党を除いた議席数でも三三四議席（右翼は二五九議席）を獲得して過半数を制した。左翼の勝因は、三一年の保守政権の恐慌対策が不十分であったことによる。したがって、左翼政権が効果的な恐慌対策を打ち出せなければ、下野した保守政権と同様のしっぺ返しを受けることになるだろう。

選挙での左翼の勝利は、選挙協力の経緯からして社急両党による組閣問題を組上に載せた。しかし、急進党総裁のエドアール・エリオは、社会党に政府参加を求めない。社会党は、一九三二年五月三〇日に党大会を開き、エリオが九項目の改革綱領（ユイジャンス文書）に同意するなら入閣の用意があると告げた。その改革綱領は、軍事費の削減、兵器工場・鉄道・保険会社の国有化、失業保険、週四〇時間労働、銀行の統制などを含んでいた。急進党も二九年から三一年の党大会で、社会保険の実施、労働時間の短縮、労働組合の協力による国家の改造、組織された経済などの綱領を採択していた。したがって、ユイジャンス文書は急進党にとってまったく受け入れられぬものではなかった。ところがエリオは、共同政府綱領としてユイジャンス文書を受諾することを巧妙に拒否した。彼は、第一に社会党リーダーとの接触を避け、第二に社会党大会直前に予定されていた急進党執行委員会を延期し（五月二五日から五月三一日へ)、社会党に入閣条件を先に提出させ、その条件を拒否する策に出た。(19) エリオは成功した。社会党は難題を突きつけたと非難され、政府不参加の責任を一身に負ったのである。

社会党と急進党による左翼連合政府《カルテル・デ・ゴーシュ》の失敗因を、「金力の壁」(金融資本)を恐れるエリオの保守主義にのみ帰すべきではない。エリオが、社会党との連立政府に乗り気でなかったことや、社会党内にも反ミルラン主義(ブルジョワ政府への不参加)の根強い潮流が存在し、ブルジョワ政府への参加を牽制したからである。また、急進党内にも社急《カル》連《テル》合政府への熱狂はなく、急進党左派は、社会党右派の入閣派と接触さえしなかった。社会党の条件を受諾するように主張したのは、急進党左派のガストン・ベルジュリのみで、エドアール・ダラディエもエリオを支持した。農村選挙区を浸食しつつある社会党に脅威を感じた急進党は、第一次投票を反社会党のもと戦っていたことを忘れてはならない。一九二八年の総選挙で、社会党党首のレオン・ブルムがパリ二〇区から立候補して共産党のジャック・デュクロに敗れ、翌年、南仏ナルボンヌの補欠選挙で返り咲いたという事実が、何よりも雄弁に「社会党の脅威」を物語っている。(20)

かくして、先例のない左翼多数派という条件を前にした政府参加問題は、一九二〇年代と同様の結末をみた。社会党は、急進党中心の政府を閣外から支持する道を選んだ。六月七日、急進党右派を中心とするエリオ内閣は、社会党を含む三八四票という与党を得て信任された。ところが、主要な中道右派政党の左翼共和派は、フランダン派とタルデュー派に分裂し、後者の議員約三〇人は、政府不信任を表明した。このため、実行力のある中道政府も不可能であった。さらに、社急両党間に財政問題に関して合意がなかったことは波瀾を予想させた。当時の喫緊の争点は、財政赤字削減のための均衡予算であったからである。エリオは、実業界を安心させるために財務相にジェルマン＝マルタン(中道右派政党の急進左翼に所属)を任命してデフレ政策を続けたので、社会党の怒りを買った。

予算案と多数派

それでは、一九三二年から三四年の議会を予算案と多数派との関連でみてみよう。[21] 三二年六月三〇日、下院財政委員会に公務員給与を五％減給する均衡予算案が提出された。ところが、急進党左派と社会党との連携によって予算案は葬られた。カルテル多数派はここに解体する。七月一一日、修正予算案が上程され、賛成三〇五票、反対一七三票（社会党も含む）、棄権一二四票で可決された。急進党議員は、一三二人が棄権、一一人が反対に回った。カルテル多数派に代わって、右翼に黙認された中道多数派《コンサントラシオン》が形成された。しかし、急進党左派のピエール・コットが、「もし中道多数派を作り出すことが問題とされるのであれば、少なくとも五〇人の急進派は《反対》と叫ぶだろう」[22]と記したように、中道多数派も決して安泰ではなかった。

一九三二年一二月、エリオ内閣は対米戦債支払問題で党内からも反対され退陣した。深まりゆく経済危機のなかで、三三年一月にも急進党と社会党とのあいだで政府参加問題が議論された。一月二九日、急進党のキャディヤック委員会は、[23] 社会党の政府参加を承認した。翌朝、ダラディエは社会党に副首相と五閣僚のポストを提供する旨を伝え、ただちに返答するように求めた。社会党国会議員団は、ユイジャンス文書の精神が尊重されるなら原則的に受諾すると回答した。急進党の国会議員団は、社会党の回答を検討するために集まった。ベルジュリとフランソワ・アルベールは左翼連合を支持したが、金融恐慌を危惧するエリオの意見が会議を制した。エリオは、「国庫の状態は、財政的、予算的見地からみて、その結果が予測できないような実験を許さない」と語った。[24] このため、ダラディエは社会党の参加を拒否した。カルテル（社急連合）を支持する急進党左派の不満は高まる。しかし、左派の中心人物ピエール・コットが空軍大臣としてダラディエ内閣に入閣したことで、不満も立ち消えになった。

かくして、二度にわたりカルテル政府の試みは頓挫した。この失敗は、社会党には激震を、急進党には微震をもたらした。社会党はさらに内紛に苦しみ、亀裂を深め、ついに一九三三年一〇月、国防予算に賛成投票した社会党右派が脱党し、翌一一月にネオ・ソシアリストを結成する。このため、社会党は同月、右派を除名するにいたった。[25] デフレ政策に反対し、平和主義の立場から国防予算に反対してきた社会党の投票行動が、予算の成立を送らせ、政治不安の一因となっていた。社会党の分裂とともに、急進党との提携の可能性も一歩遠のいた。急進党からは三三年三月に左派のベルジュリが離党し、共同戦線《フロン・コマン》の結成に向けた活動を開始した。

政治危機

エリオの退陣後、元社会党右派のポール＝ボンクール内閣（一九三二年一二月～三三年一月）、ダラディエ内閣（三三年一月～同年一〇月）と続くが、ポール＝ボンクール内閣、ダラディエ内閣の構成および盛衰は、エリオ内閣と同様であった。すなわち、急進党中心の中道政府がカルテル多数派によって信任される。しかし、デフレ政策はカルテル多数派を分裂させ、中道多数派を形成させるにいたる。そして、社会党と右翼政党の反対で内閣は挂冠《かいかん》をよぎなくされるというパターンである。ダラディエ内閣が九ヵ月も政権を維持しえたのは、社会党も全面反対できないような巧妙な予算案を作成したこと（軍事費の削減、公務員給与の減給、増税を柱）、一万二〇〇〇フラン以上の給与に対して例外的累進税を設けたこと、社会党が内紛に苦しんだこと、急進党左派の不満も懐柔されたことによる。

ダラディエも一九三三年秋には困難をよく認識し、政権基盤を打ち固めるべく中道左派政党にウィングを伸ばそうとした。保守派政治家のタルデューは、ダラディエが三三年に物心双方の支援を社会党右派に惜しげなく与えたと記している。[26] しかし、この試みも成功しないうちにダラディエ内閣も倒れた。ダラディエのあとを襲ったのは、同じく急進党のアルベール・サローであった。サロー内閣は、中道多数派の支持を得て成立した。ベルジュリは、左翼共和派のフランソワ・ピエトリが植民地大臣として入閣しているのを知って、「ピエトリ氏はこの政府のなかで中道多数派《コンサントラシオン》の春を告げている」と述べた。[27] しかし、この「春」も短かった。予算案が否決され、サロー内閣は一ヵ月で崩壊した。次いで成立したショータン急進党政府は、カルテル多数派を復活させた。上程された予算案は、またもや増税と公務員給与および手当の減額を含んでいた。社会党といえども、一年に四つもの内閣を倒すことはできなかった。社会党は退場による棄権を選び、かろうじて予算は成立した。

この二年間、急進党は不安定な中道多数派によって綱渡り的に政権を担当してきた。一九三三年一〇月にヴィシーで開かれた急進党の党大会は、「均衡予算」による「財政再建」と「社会党を含む全左翼政党との協力」を決議した。[28]この決議に示されているように、急進党はデフレ政策に反対する社会党との連合を求めるという「曖昧な決議」によって党内融和を図ってきた。二月六日事件後の三四年五月に開かれた臨時党大会で、左派のジャック・ケゼールが批判したのもこの点であった。彼は、デフレ政策と左翼連合という「二つが矛盾することを知りつつ」、満場一致の決議をあげてきたことこそが、党の「弱体の原因であり、沈滞の理由」だと批判した。[29]社会党自身も三三年一〇月に右派を除名して左派色を強めたことで、急進党との政治的妥協をいっそう困難にしていた。それゆえ、急進党政府の生死の手綱を握っていたのは社会党であったが、政治的不安定の原因を、軍事予算などに反対しつづけた社会党にのみ負わせることはできないだろう。とまれ、社急二大政党間の財政政策上の不和はフランスの危機に責任があった。公務員給与の減額を含む均衡予算は、社急連合を崩壊させ、予算案をめぐって政府交替が頻発した。果断な恐慌対策を打ち出せない政府に対して、国民の不満は高まる一方であった。それは、議会制に対する政治不信を高める一因にもなった。

西欧文明の危機

　以上の危機に加えて、フランスは人口学上の危機に直面していた。人口の減少傾向はあいかわらず続いたうえに、第一次世界大戦の後遺症で二〇歳前後の世代が極端に少なく、人口ピラミッド上の窪みを生じていた（図1-2）。フランスは、高齢者の多い国、老人支配《ジェロントクラシー》の国になっていた。それは、「衰退」や「退嬰」というメタファーがふさわしい国であった。第一次世界大戦を勝利に導いた自由民主主義は、戦後の政府の不安定がその脆弱性を示しているように、未来のないシステムとなりはて、市民に保護を与えることもできない体制と思われた。[30]

　個人主義とか合理主義とか民主主義といった価値に、疑問が投げかけられた。それを示すかのように、「〜の衰退」とか「〜のデカダンス」というタイトルの書物が出版された。アルベール・ドマンジョン『ヨーロッパの衰退』（一九二〇年）、オズワルト・シュペングラー『西洋の没落』（仏訳、一九二〇年）、ダニエル・アレヴィ『自由のデカダンス』（一九三一年）、ロベール・アロン、アルノー・ダンデュー『フランス国民のデカダンス』（一九三一年）などがその例である。一九三〇年代には、自由民主主義の危機が深刻に受けとめられ、西洋文明に懐疑的な書物が数多く出版された。

西洋文明の没落とデカダンスという感情は、他方で復興や再生への意欲を生み、伝統的な政治思想や既成政党の外に新生の芽が求められた。「～を超えて」とか「ネオ～」という言葉の流行が、それを示している。アンリ・ド・マン『マルクス主義を超えて』（一九二七年）、ティエリー・モーニエ『ナショナリズムを超えて』（一九三八年）が出版され、ネオ自由主義、ネオ保守主義、ネオ・ナショナリズム、ネオ・ソシアリスムなどが語られた。

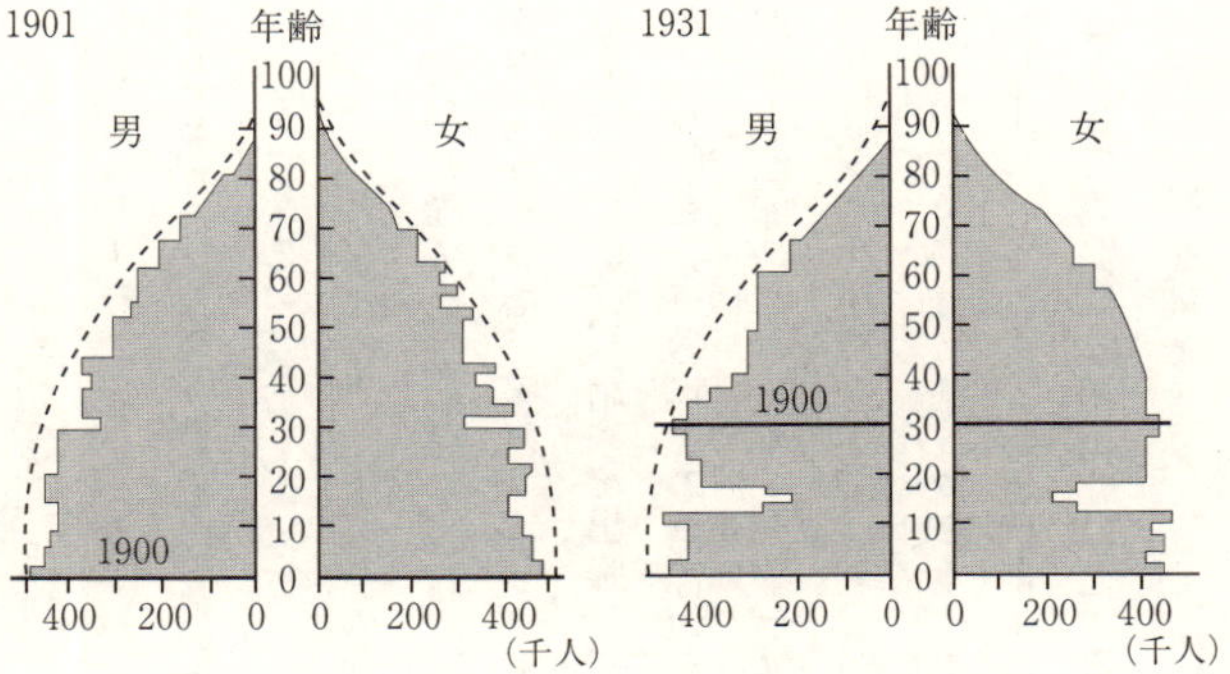

図1－2　人口ピラミッド（1901年と1931年）

出典　Serge Berstein, *La France des années 30*, Paris 1988, p. 6.

こうして、一九三〇年代には青年知識人の思想運動が簇生《そうせい》する。この運動を担った青年知識人は、機能不全をきたして硬化症に陥った社会への抗議を共通項としていた。伝統的な左右の対立を凌駕し、諸説総合の時代を切り開こうとした。それは、左右を問わず「プラン」が流行し、既成秩序の変革やフランスの刷新が希求されたところにも窺うことができる。彼らは、『エスプリ』『新秩序《オルドル・ヌーヴォー》』『戦闘《コンバ》』『新人《オム・ヌーヴォー》』『計画《プラン》』などの雑誌をとおして、機能不全に陥り処方箋を提示しえない社会への抗議を共通項とし、「文明の全般的危機」（ムーニエ）という認識を共有していた。イタリアのファシズムからソ連のスターリニズムまで、彼らの目に躍動的とみえるものに触発され、「文明の危機」からの脱出口を模索した。

国防予算やブルジョワ内閣への入閣に賛成する社会党右派が、一九三三年にネオ・ソシアリストを結成したことや、急進党内に急進主義の再生を求めて、執行権の強化や統制経済やヨーロッパの平和維持を掲げる「青年トルコ派（Jeunes Turcs）」と呼ばれる若手が登場したことも、この時代を彷彿とさせる事柄である。青年トルコ派の一人、ベルトラン・ド・ジュヴネルは、一九二八年に『統制経済』を出版している。しかし、彼らの運動が少数派にとどまり、多数の世論に食い込めなかったこと、彼らの諸説総合（synthese）の意欲が空回りして諸説混合（syncrétisme）に終わったこと、彼らが既成政党を拒否して政党との結合を拒み、広範な支持を得ることができなかったことなどによって、その運動は挫折した。

青年知識人の運動は、今日「三〇年代の精神」（ジャン・トゥシャール）と称されるが、それは「モラルの危機」の表現でもあった。極右フェーソー運動の指導者であったジョルジュ・ヴァロワが、スターリンの『五カ年計画に関する演説』（一九三一年）を出版し、その序文のなかで、「産業主義」という観点からではあれ、スターリンを称賛したところにも「三〇年代の精神」を垣間見ることができる。なお、ヴァロワがかかわった雑誌『カイエ・ブルー』には、急進党左派のピエール・マンデス＝フランス、急進党右派でのちにフランス人民党員になるベルトラン・ド・ジュヴネル、ジャーナリストでのちに対独協力者として処刑されたジャン・リュシエール、亡命イタリア人社会主義者ピエトロ・ネンニら、左右の政治傾向の青年が寄稿していたことも「三〇年代の精神」の表れだろう。(31)

以上のように、三〇年代前半のフランス社会は、政治・経済・社会・モラルにわたる複合的危機に覆われていた。こうして危機は飽和状態に達する。臨界点に達した危機を検討する前に、一九三三年に生まれた左翼の統一をめざす運動に一瞥を加えよう。

共同戦線

共同戦線運動は、急進党左派のガストン・ベルジュリが担った広範な左翼結集の試みであった。急進党の国会議員団副団長であったベルジュリは、一九三三年三月に離党した。直接の理由は、新税と臨時の給与削減に対する抗議であった。政府の右傾する政策のなかに、彼は党がかつての急進主義の炎を失い、漸次、退嬰主義に蚕食されつつあることを看取した。

すでに、一九二八年のアンジェ党大会で、ベルジュリは左派を領導し、急進党の閣僚をポワンカレ内閣から引きあげさせる原動力となっていた。三二年四月には雑誌『計画』に協力し、この雑誌に反資本主義的色彩を与えていた。また、同年八月には「反戦・反ファシズム世界大会」に出席し、アムステルダム＝プレイエル運動（一九三二年にアンリ・バルビュスとロマン・ロランが呼びかけた反戦組織）にも参加する。しかし、この運動が共産主義者の影響下にあることを知って距離を置くようになる。アムステルダム＝プレイエル運動は、社会党の敵対と急進党の不信とにより広がりをもたなかった。この失敗は、ベルジュリをして、ファシズムと戦争に反対し、社会正義を支持する善意の人間の広範な連合を提案させる契機となった。ヒトラー政権の出現は、いっそうその必要性を痛感させた。ベルジュリは、一九三五年に共同戦線の心理的起源についてこう答えている。彼自身は、共同戦線はマスコミがつけた名称であり、正式名称は「社会戦線《フロン・ソシアル》」、通称は「フロンティスム運動」だと前置きしたうえで、共同戦線は「戦後のヨーロッパの状況を検討するなかから生まれた」と述べている。つまり、「ファシズムの出現以来、社会主義は敗北と戦闘とを体験した。同じスローガンをふたたび用いて同じ誤りに陥るなら、新たな敗北が待っている。それゆえ、教義と戦術を再考する必要があった。そこから、フロンティスムが誕生した」[32]。

一九三三年四月五日、ベルジュリは、地元選挙区マントの地方紙に「ファシズムに反対する共同戦線（Contre le fascisme, front commun）」の結成を訴えた[33]。一週間後マントで討論集会が開かれ、ベルジュリ、社会党のフランソワ・ロージエ、共産党のジョルジュ・ルビゴらが、一〇〇〇人の聴衆を前にして演説した。この独自の動きに各政党の領袖は好意を示さなかった。しかし五月二六日、ベルジュリはパリのミュチュアリテ会館で結成大会を開催した。幹部会を構成したのは、ベルジュリのほか、共産党系のポール・ランジュヴァン教授、社会党下院議員のジョルジュ・モネ、革命作家芸術家協会員のジャン＝リシャール・ブロック、アムステルダム＝プレイエル運動員のベルナール・ルカッシュであった。ベルジュリは、非共産左翼を糾合しようと望んだが、共産党と共産党系の労働組合（統一労働総同盟CGTU）にも結成大会への参加を求めた。共産党はジャック・ドリオを、CGTUはブノワ・フラションをオブザーバーとして派遣していた。結成大会に集まった顔ぶれからは、共産党の浸透意欲を窺うことができるだろう。

共同戦線の結成大会では、全世界で社会主義とファシズムの闘いが始まった今、フランスにおいても社会主義社会かファシズム社会か、どちらかの道しかありえないと宣言し、三つの任務を謳いあげた。第一に、自警団をただちにいたる所で組織するという具体的任務、第二に、反ファシズムのスローガンや目的を起草し定める政治的任務、第三に、ファシズムの原因やファシストの権力奪取の方法を研究し、闘争方法やプロパガンダのテーマに関する実践的教訓を引き出す思想的任務である。これらの任務は、運動のプログラムにしては精確さを欠き、共同戦線の始動を困難にした。それでも、一九三三年一一月までに四〇の県から五〇〇〇人（このうち、パリ一二〇〇人）の加盟者を集めた。しかし、社会党が一一月に党員の加入を禁じ、共産党の敵意も増大したため、大衆的広がりをもつにいたらなかった。(34)共産党は、共同戦線をアムステルダム＝プレイエル運動を破壊する運動とみなすようになっていた。また、オブザーバー参加したドリオが、共産党内では統一戦線推進派であったとはいえ、このあともベルジュリと緊密な接触をもたず、三四年には党を除名されてしまったことで、ドリオの力に限界があった。(35)したがって、三四年二月の諸事件にも重要な影響力を行使しえなかった。ベルジュリは、「二月六日事件」に抗議して議員を辞職し、新たに選挙に臨んだが、国民連合候補に敗れてしまった（本章第三節参照）。共同戦線の行く末を暗示させる事件であった。共同戦線は、三四年一一月に「第三の力派」と合体して「社会戦線」を名のるが、のちには人民戦線を構成する一弱小団体となってしまった。

共同戦線が大衆的広がりをもたなかった理由は、先述の共同戦線自体の性格規定や運動方針の曖昧さのほかに、次の二つが考えられる。第一に、単独行動者たるベルジュリが政党の枠を越え、さらには政党に不信感を抱きつつ同志を募ったことである。それは、彼が「党《パルチ》」は「徒党《パルチザン》」の誤りを含んでいるのでわれわれは「党」を名のらないと述べ、また左翼政党とも無関係だと語っているところにみてとれる。(36)第二に、一九三三年にはファシズムの脅威はいまだ深刻ではなかったことを指摘しうる。それは、共産党の「社会ファシズム論」やレオン・ブルムのファシズム楽観論に窺うことができる。三二年段階のブルムは、イタリア・ファシズムの危険性を強調し、「フランスを攻撃する可能性」のある国として「ドイツよりもむしろイタリア」を名指しで非難していた。(37)さらに彼は、三二年三月半ばにヒトラーが敗れた大統領選挙の結果について、「ドイツはファッショ体制を望んでいない。……ヒトラーは有効投票の三分の一も獲得しなかった」とか、「ヒトラーの敗北」と論評した。同年一一月にはナチ党が後退した選挙結果を踏まえて「人種主義の紛れもない失敗」「ヒトラーの最期」を語っていた。ヒトラーの首相就任後ですらブルムは、「ヒトラーは連立政権の首班でしかなく、〔副首相の〕パーペン氏や〔農業経済大臣の〕フンゲンベルク氏に見張られている」と記していた。[38] また、共産党の機関紙『ユマニテ』（三三年一月三一日）のなかで外交問題のスポークスマンのガブリエル・ペリは、ヒトラー政権の反共反ソ政策に警戒心を抱きつつも、ヒトラー政権の誕生は社会民主主義者による「最悪を避ける政治の帰結」だという見出しを掲げて、ファシストと同時に仏独両国の社会民主主義勢力を糾弾していた。[39]

したがって、組織的脆弱性をもった共同戦線は、硬い組織構造をもつ共産党や社会党がファシズムの脅威を認めてひとたび活動を開始するや、乗り越えられてしまった。『マンチェスター・ガーデン』のイギリス人記者アレグザンダー・ワースによれば、ベルジュリに近いと思われるネオ・ソシアリストや急進党員の多くも、共同戦線の経済綱領が適度にボルシェヴィキ的であるがゆえに疑いの目を注いだと指摘している。[40]

本節の最後に、共同戦線の歴史的意味をまとめておこう。共同戦線には、のちに人民戦線を構成する左翼諸組織の幹部が初めて一堂に会したこと、共同戦線に結集したメンバーは人民戦線の形成にも貢献したこと、ベルジュリは離党していたとはいえ、その思想が青年トルコ派をつうじて急進党左派に継承され、同党の左傾をもたらしたこと、以上の理由により、共同戦線を早産した人民戦線の試みと捉えることができるだろう。ブルムも、一九四二年のリオム裁判の場で「政治運動としての《人民戦線》の推進者、支持者は、――おそらく皆さんは、その名を聞いて驚くでしょうが――、ドリオ氏とガストン・ベルジュリ氏であった」と証言している。[41] この発言には、ヴィシー派になり果てたドリオとベルジュリの名をあげることで、人民戦線を裁くヴィシー政府への皮肉も込められているとはいえ、ブルムは正しい指摘を行った。ベルジュリの活動を、戦中・戦後の視点からではなくて同時代の文脈において押さえる必要があるのではなかろうか。

2　二月六日の騒擾事件

スタヴィスキー事件

飽和状態に達した危機をあふれさせるにはどんなスキャンダルでもよかった。このとき発覚したのがスタヴィスキー疑獄事件である。一九三三年一二月のことだ。それでは、その金融汚職事件の発覚から二月六日にいたる過程をフォローしよう。

一九三三年のフランスは、死者二一九人という列車事故の悲惨なニュースで幕を閉じようとしていた。パリの各紙も、一二月二三日にパリ東方二九キロにあるラニーで起きた列車事故を連日大きく報道し、王党派の『アクシオン・フランセーズ』を除いて、バイヨンヌ市金庫債の詐欺事件に注目した新聞はなかった。[42] 一二月二四日、同紙は第二面の片隅に、バイヨンヌ市金庫主事ギュスタヴ・ティシエが数百万フランを横領して勾留されたと小さく報じていた。翌日にも、この金庫は急進党市政の後援で設立されたという小さい続報が載せられた。二九日には三倍の分量の記事となって、「またもや共和派の汚職事件」が発覚したと告げられた。ティシエの自白によって、市長で急進党の下院議員でもあるジョゼフ・ガラの親友アレクサンドル・スタヴィスキーの暗躍が明るみに出た。スタヴィスキーはロシア系ユダヤ人で、一九二〇年にフランスに帰化した希代の詐欺師であった。彼は常習の詐欺犯で、政界・官界・法曹界とも繋がりがあった。それは、彼の弁護士の四人が下院議員であり、そのうちの二人は下院副議長と元大臣であったことに表れている。このため、それまでの一九回の裁判はすべて延期され、二六年に逮捕されながらも、翌年釈放され詐欺を続けることができた。弁護士の一人は、急進党の重鎮で首相も務めたカミーユ・ショータンの弟、ピエール・ショータンであった。[43]

一九三四年一月三日、『アクシオン・フランセーズ』は「詐欺師スタヴィスキーと共犯の政治家」として、現職の植民地大臣アルベール・ダリミエ（急進党）とスタヴィスキーとを結ぶ書簡を暴露した。それには、ダリミエが市金庫債を推薦する旨したためられていた。[44] 今やすべてのパリの新聞は、金融汚職事件を取りあげるにいたった。アクシオン・フランセーズは、ダリミエの辞任と事件の責任者を調査糾明する委員会の設置を要求した。ダリミエは辞任を拒否し、ショータン首相もダリミエの罷免を拒んだ。急進党は事件をもみ消そうとしているという印象を与えた。急進党の閣僚を含む政治家が事件に連座していたので、スタヴィスキーは急進党の資金提供者だと政敵から攻撃された。『アクシオン・フランセーズ』（一月七日）は、「泥棒どもを倒せ！」の見出しを掲げ、「パリの民衆へ」アピールを発した。そのアピールは、政府の無能と議会の腐敗を痛罵し、下院前での示威運動を呼びかけていた。[45] のちの二月六日事件議会調査委員会で、アクシオン・フランセーズの指導者モーリス・ピュジョーが「一月のあいだ、抗議行動《オペラシオン》の先頭に立ったのがアクシオン・フランセーズであったことを私は誇りに思う」[46] と証言したが、それは決して誇張ではなかった。

一月八日にシャモニの別荘で、スタヴィスキーが頭を撃ち抜いて自殺したことが警察から報じられるや、世論も激高する。巷間ではスタヴィスキーは口封じのために殺されたと噂され、スタヴィスキーの自殺を信ずる者はほとんどいなかった。保守派の高級紙『タン』は「スタヴィスキーの自殺」を淡々と報じたが、保守系日刊紙『フィガロ』の第一報は、「シャモニの別荘でスタヴィスキーは逮捕直前にピストルの弾で死んでいるところを発見された」というものであり、続報も「自殺」という検死結果を載せはしたが、それでも病院に搬送されたのが一時間半後であったことに触れて、警察の不自然な対応を匂わせていた。[47]『アクシオン・フランセーズ』は疑惑を全面に押し出して、「シャモニで《自殺させられた》スタヴィスキー」とか、「スタヴィスキーが死んだ！ 自殺を信じる者は誰もいない」「スタヴィスキーの不可解な死」という立場を取ったのはもちろんのこと、社会党の機関紙『ポピュレール』は、「自殺」という警察発表に対して、「この説明に騙される者は誰もいない」とか「警察の自殺説は状況証拠によって否認された」と記し、共産党の『ユマニテ』も「政府は、シャモニでスタヴィスキーを殺害して厄介払いした」と述べていた。[48] 翌九日、ダリミエはピエール・コット（空軍大臣）やジャン・ミストレ（郵政・電信電話大臣）ら、急進党大臣の圧力のもとに辞任したが、[49] 彼の辞任はもはや世論を鎮めなかった。一月九日の『アクシオン・フランセーズ』は、「泥棒どもを倒せ！　暗殺者を倒せ！」と叫び、夕刻の下院前でのデモを告げ、翌日にも「カミーユ・ショータン、盗賊暗殺団の首領」と攻撃を続けた。(50)一月一一日には愛国青年団やフランス連帯団もデモに加わる。こうして、アクシオン・フランセーズの活動が触媒となり、二月六日を頂点とする右翼リーグの街頭暴動は澎湃《ほうはい》と生じたのである。

下院でも、一月一一日からスタヴィスキー事件の審議が始まった。(51)右翼議員ジャン・イバルネガレーは、議会調査委員会の設置を要求した。一月一八日には、共和連盟（保守政党）のフィリップ・アンリオが、副首相兼法相のウジェーヌ・レナルディ（上院議員、民主急進連合）が別の金融事件にかかわっていると政府を攻撃した。これら右翼議員の非難に対して、政府はそのつど信任投票を求めた。政府は、それぞれ三七二票と三六七票の多数派を得て難局を切り抜けた。右翼議員の攻撃は、カルテル（左翼連合）にとってセメントの役割を果たしたかのようであった。社急両党が政府信任票を投じたあとの一月一三日に、『アクシオン・フランセーズ』が「スタヴィスキー事件は始まった」「下院の腐敗分子、パリの勇者」などと記したことは象徴的である。(52)

ショータン首相は、激昂した世論を評価せず、路上の混乱も右翼の挑発にすぎないとみなした。また、調査委員会の設置は、沈静されるべき政治的雰囲気に油を注ぐことになりかねないと考え、事件を大げさにしないように訴えた。そして、ショータンは裁判官が外部から妨害されることなくスタヴィスキー事件を審議すること、警察職務の再編、誹謗中傷に関する立法を提案した。この提案は、誠実さが疑わしい裁判官に審議を任せ、新聞の口封じを意味すると受け取られた。街頭の喧噪はさらに強まる。右翼リーグと警官との衝突が頻発する。『アクシオン・フランセーズ』は、「泥棒どもの独裁に反対して、今夕、下院前へ」結集するように呼びかけた。ほかの右翼紙も「歓迎、反抗は間近なり」、暴動のみが空気を浄化しうるとか、示威運動は醜悪な腐敗に対する善良な市民の憤懣の表れだと煽動した。(53)

一月二七日、ウジェーヌ・レナルディが辞任する。エリオは首相に外圧に抵抗するように助言したが、ショータンは政府を投げ出した。院外では、右翼勢力が消火用のホースを切り裂いたり、カフェの椅子やテーブルを壊したり、爆竹で騎馬警官隊を追い払ったりして暴れ回っていた。(54)第三共和政史上、議会多数派が街頭の脅迫に屈し、権力を放棄したのはこれが初めてであった。

ダラディエの組閣

アルベール・ルブラン大統領は、元大統領のガストン・ドゥーメルグ、上下両院議長らに組閣を要請するが、全員に固辞された。上院議長の助言により、大統領は、エドアール・ダラディエに組閣を求めた。ダラディエは、汚点もなく「ヴォクリューズ〔ダラディエの選挙区〕の雄牛」と呼ばれ、勇敢な男との評判を取っていた。党総裁エリオに組閣要請がなされなかったのは、急進党がスタヴィスキーから一九三二年の選挙資金を受け取ったと右翼紙から糾弾されていたからである。(55) ダラディエは、最初、社会党から右翼政党まで含む挙国一致的な政府を構想した。彼は「私は、精力的で高く尊敬される人からなる政府を作ろうと考えております。国家の権威と共和国の未来への絶対的な信頼を回復する人からなる政府であります」と語り、「政党を超えた」強力な人士による内閣を構想した。(56) しかし、フロサール（元共産党書記長で現社会党員）には拒絶され、右翼議員のイバルネガレーを入閣させるか否かについてはダラディエ自身決断できず、この試みは失敗した。

したがって、ダラディエは中道多数派《コンサントラシオン》に依拠した。ダラディエは多数派工作に着手する。ところが、国防大臣ジャン・ファブリ（中央共和派）と財務大臣フランソワ・ピエトリ（左翼共和派）は、所属政党の支持を得られなかったため個人の資格による入閣となった。中道派から右翼への多数派拡大の企図も失敗した。ダラディエに残されたのは社会党との多数派形成であった。しかるに一九三三年の事件、つまり社会党によるダラディエ内閣倒閣とダラディエによるネオ・ソシアリストへの支援のため、両者の関係は良好ではなかった。三三年一〇月下旬以降、ブルムとダラディエは言葉も交わしておらず、ダラディエがファブリやピエトリといった「右翼の人間」に閣僚のポストを与えたことにブルムは批判的であった。(57) そこでダラディエは、多数派工作のために左翼に評判の悪かったパリ警視総監ジャン・キアップを贖罪山羊に選んだ。(58)

ダラディエは、電話でキアップにモロッコ総督への栄転話をもちかけたが、キアップは拒否した。二月三日にキアップは警視総監を解任され、右翼の殉教者となった。『ポピュレール』は、キアップ解任を「パリはクーデタを企む警視総監から解放された」と歓迎したが、(59) アクシオン・フランセーズ、愛国青年団、フランス連帯団、コルシカ退役兵士連合、納税者連盟などが、キアップ解任に抗議した。ファブリとピエトリは、キアップの解任に抗議して大臣を辞す。ファブリは、のちに解任劇について「《左翼連合《カルテル》》の復活のためには何とみごとな仕事ぶりであったことか」と回想している。(60) こうして、右翼の憤激はいっそう高まる。『アクシオン・フランセーズ』のヴォルテージはさらに高まり、「フリーメーソンと社会党の脅しに屈して、《高潔》で《精力的な》ダラディエが、泥棒どもを助けるためにプチ・クーデタを行った」とか「卑劣な政体を倒せ！」と叫び、六日には「泥棒どもに反対し、卑劣な政体に反対し、今夕、下院前」でのデモを呼びかけた。『フィガロ』は、キアップ解任は「左翼連合《カルテル》の強権発動」だと記し、キアップがダラディエに宛てた「不可解な昇進」に抗議する書簡を掲載して、「右往左往する政府」を批判した。『タン』もキアップ解任は「社会党の勝利」であり、「カルテルは国に左翼独裁体制をもたらす」と非難した。二月五日、保守系議員が多数派のパリ市議会もキアップ解職に抗議する決議をあげると同時に、四二人の議員がパリ市民に同様のアピールを発した。愛国青年団は「祖国は危機にあり」のビラをまき、同団のピエール・テタンジェ下院議員は、「左翼のクーデタ、政治屋フリーメーソンの独裁に反対」し、翌六日午後七時に市庁舎前広場での示威行動を呼びかけた。フランス連帯団のジャン・ルノーは、「フランス人のフランス」を叫んだ。クロワ・ド・フーのラロック中佐は「赤旗に陵辱された政府は諸君を隷従の道へ落とし込めんとしている」と警告を発した。(61) 右翼リーグの攻撃目標は、何よりもフリーメーソンの党たる急進党に向けられていた。ショータンがフリーメーソン員であることは有名であった。

『ユマニテ』(二月六日)も、「キアップの即時逮捕、ファシスト・リーグの解散、ダラディエ政府打倒」などを掲げて、労働者に断固たる行動を呼びかけ、同時に退役兵士に、午後八時、ロン・ポワンでのデモを呼びかけた。デモの目的は、年金削減反対、キアップやアンリ・ロシニョル（全国退役兵士連合の元総裁で疑獄事件に連座）やスタヴィスキー事件の共犯者の逮捕、反ファシズム、「傷痍軍人からむしり取るぼったくり内閣の打倒」などを掲げることで、退役兵士の不満を右翼に独占させないことであった。(62) それでは次項で、二月六日事件を再現してみよう。

表1－9　2月6日デモの集合場所と集合時間

団体名	集合場所	集合時間
クロワ・ド・フー	プチ・パレとアンヴァリッド	19時
フランス連帯団	リシュリュー＝ドルオの四つ辻	19時
愛国青年団	シャトレ広場	19時
アクシオン・フランセーズ	シャップ像とベルシャス街のサン＝ジェルマン通り	?
全国退役兵士連合（UNC）	グラン・パレのラ・レーヌ通り	20時
退役兵士共和協会（ARAC）	シャンゼリゼのロン・ポワン	20時
大学戦線	サン＝ミシェルとサン＝ジェルマンの交差点	18時

出典　Max Beloff, "The Sixth of February," in James Joll ed., *The Decline of the Third Republic*, London, 1959, p. 25 より作成。

二月六日事件と退役兵士

二月六日のパリ。どんよりとはしていたが暖かな日であった。この日は、ダラディエ急進党内閣の信任投票が予定されていた。夕刻からコンコルド広場を中心に、右翼勢力が下院（ブルボン宮殿）を包囲するかたちで陸続と結集しはじめた。アクシオン・フランセーズは下院前に支持者を招集した。フランス連帯団はリシュリュー通りからオペラ座通りに集まった。愛国青年団は市庁舎前広場に集められた。右派の学生団体「大学戦線」はサン＝ミシェル大通りに招集をかけていた。右翼リーグの集合場所と集合時間およびデモコースは、表1－9と図1－3のようであった。

午後四時を回る頃にはコンコルド広場は人であふれ、右翼リーグのデモ隊はラ・マルセイエーズを歌い、「泥棒どもを倒せ」「ダラディエを倒せ」「キアップ万歳」と気勢をあげた。午後五時、警察のトラックへの投石が始まる。午後六時までに商店や事務所は扉を閉ざし、広場は数万の暴徒で埋めつくされ、警官との衝突が始まった。チュイルリー公園側では、デモ隊がバリケードを築いた。チュイルリー側にいたデモ隊が、ファシストではなくて共産党員であることを知ったときの驚きを記者のウィリアム・シャイラーが記している[63]。午後七時、路線バスが広場の中央で止められ放火され、ゴムが焼ける匂いと煙がたちこめた。七時一〇分頃、警察発表によれば、ラ・レーヌ通りのデモ隊から最初の銃撃があった。七時三〇分、フランス連帯団がコンコルド橋に到着し、緊張が徐々に高まる。群衆は一〇万人近くに達していた。午後八時前に守備隊が一斉射撃をし、七人の死者が出た。八時一五分頃に海軍

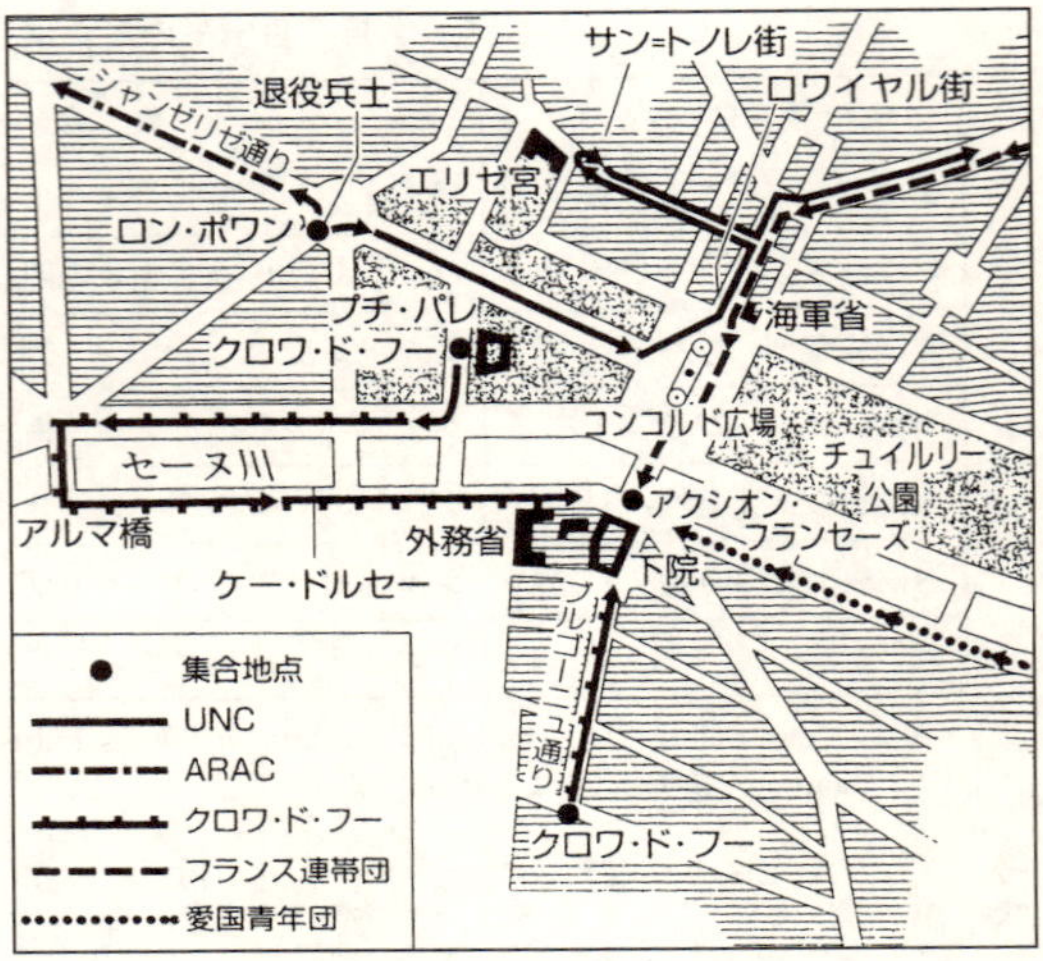

図1－3　右翼リーグのデモコース

出典　福井憲彦編『アソシアシオンで読み解くフランス史』山川出版社，2006年，291頁。

省の建物に火が放たれ、煙が立ちこめた。

午後八時四五分、煙が残る広場に、全国退役兵士連合（UNC）のデモ隊がシャンゼリゼ通りから到着した。先頭には総裁ジョルジュ・ルベックの姿があった。退役兵士の登場で静寂が生まれ、投石は止み、国歌が歌われ、平和デモに変化する。「砲火の世代」に対する敬意の表れである。UNCの横断幕には「われわれが望むのは、名誉を重んじ潔白な生活を送るフランスだ」と記されていた。

共産党系の退役兵士共和協会（ARAC）もUNCのデモ指令に呼応して、二月六日午後八時、シャンゼリゼ通りのロン・ポワンに動員をかけていた。ARACのデモコースは、下院とは反対方向の凱旋門に向かうコースであったが、午後八時五〇分、別行動をとった部隊が広場に登場し、「反ダラディエ、反社会党、反ファシズム」のもとデモを行った。しかし、インターナショナルはラ・マルセイエーズにかき消され、共産党は右翼リーグと渾然一体となるという紛らわしい行動をとった。

第一次世界大戦から生まれた退役兵士の会には、農村では七～八割、都市部では五～六割、パリでは四割弱の元兵士たちが加入していた。労働者は多くなく、会の重心は農村にあった。一九三五年の時点で、五五〇万人の退役兵士がおり、その数は二〇歳以上の男子人口の四二％を占めた。五五〇万の半数が戦傷経験者や傷痍軍人であり、四五〇万人が実戦経験者であった。退役兵士の会は、退役兵士の二七〇万から三一〇万人を組織し、遺族や未亡人や孤児も組織（会員の約一割）していた。生還した兵士の二人に一人が会員となっている。したがって一九三〇年代のフランスでは、成人男子二人に一人は退役兵士であり、彼らの半数は組織されていた。退役兵士の会は有権者の四分の一を集め、三分の二の市町村に支部をもつ影響力ある組織であった。ＡＲＡＣの会員は二万を超えなかったが、ＵＮＣは三四年時点で八五万人を数えた。

このような影響力ある組織が二月六日に介入した。デモの出発地となったラ・レーヌ通りでは、ＵＮＣの部隊は二〜三〇〇〇人であったが、暴徒も加わって五〜六〇〇〇人に膨れあがった。クレマンソー駅を通るときには、ＵＮＣの最後部に叙勲者協会が合流した。ＵＮＣは広場を左折しロワイヤル街へと進んだが、叙勲者協会は右に曲がりコンコルド橋に向かった。「キアップ万歳。警察はわが方に。暗殺者。辞任せよ。下院へ。盗人を倒せ」などの叫び声があがる。しかし、警察に阻止されたため退役兵士は広場を立ち去った。サン＝トノレ街からエリゼ宮に向かう道も遮断されたので、マドレーヌ広場からモンマルトルへと進んで解散したが、モンマルトルで折り返した一部が広場に舞い戻った。午後一〇時頃、退役兵士が再登場したとき、ほかのデモ隊も巻き込んで険悪な空気が広場を支配した。午後一一時半に最後の攻防があり、一斉射撃によってふたたび死者が出た。コンコルド広場での八時間におよぶデモ隊と警官隊との衝突で、死者一五人、負傷者一四三五人を数えるパリ・コミューン以来の大暴動となった。[64] 最大の死傷者を出した右翼リーグは、死者四人、銃撃による負傷者二六人を数えたアクシオン・フランセーズであった。また、負傷者全体の六三％が右翼リーグの団員であり、アクシオン・フランセーズの団員が四二％を占めた。それだけに事件翌日の『アクシオン・フランセーズ』は、「泥棒どもの次は人殺し。血塗られたパリ。善人の反抗《レヴォルト》を抑え込むために機動隊が群衆に発砲。死者五〇人、負傷者数千人」と大見出しを掲げ、責任者の処罰を要求した。[65]

このように暴動と化したデモであったが、ＵＮＣ総裁ルベックはデモが政治的事件になるのを極力避けようとし、「反議会主義のデモをしていると言われたくなかった」とのちの事件調査委員会で証言している。ＵＮＣのデモは、当初、セーヌ河岸で解散する予定であったが、広場の混乱に巻き込まれることを恐れたルベックの判断でロワイヤル街に向かった。たしかに、ＵＮＣのデモは体制転覆を企図したものではなく、統制がとれ、しかも下院に背を向けて進んでいた。ＵＮＣが暴動に参加していなかったことは、銃弾で負傷した会員がいないことに示されている。また、二月六日のデモに加わったのはパリ地域のＵＮＣのみで、地方は無関心であった。

クロワ・ド・フーと二月六日

左翼から恐れられた右翼リーグのクロワ・ド・フーも、二月六日事件の主役ではない。総裁フランソワ・ド・ラロック中佐の当日の行動に違法性はなかった。一月と二月初めにも彼はデモを組織したが、ほかの右翼リーグと共闘していない。二月五日がクロワ・ド・フーの行動のピークであり、四〇〇〇人の部隊が内務省を包囲した。一組織が動員したデモとしては最大の規模であったが、とくに暴力的というわけではなかった。(66) それでも、右翼リーグは六日のデモの成功をラロックに期待する。彼は六〇〇〇人の部隊を二分し、一つはプチ・パレからアルマ橋を渡ってケー・ドルセーへと進んで下院に向かうコース、もう一つはアンヴァリッドからブルゴーニュ通りを経て下院を背後から攻撃するコースをとった。だが、デモは警察によって阻止された。ラロックも下院に突入する意志はなかった。最初の小競り合いが始まったとき、ラロックはこのデモは成果のない暴動だと非難し、午後八時過ぎに部隊に解散命令を出す。二月七日にラロックは、クロワ・ド・フーは「暴力や武器を用いないで」行動すると述べた。のちにもラロックは、「われわれは内務省に突入するつもりはなく、それ以上に下院に突入する気もなかった」と下院で証言している。それは、警棒による負傷者一二二人と銃弾による負傷者二人を数えはしたが、クロワ・ド・フーの団員に死者がいなかったところにも傍証されるだろう。(67) このためクロワ・ド・フーは、「ロバに指導された獅子たち」だと、アクシオン・フラセンーズから嘲笑されることになる。ほかの右翼リーグ指導者もラロックに落胆する。(68)

しかし、左翼の目に映ったラロックは、議会共和政を転覆し、フランスにファッショ体制を樹立するムッソリーニであった。極右も、クロワ・ド・フーが権威主義体制を樹立する運動の先陣を切ると期待したが、ラロックは力の行使を考えていなかった。クロワ・ド・フーは、「右でも左でもなく」、左右の分裂を乗り越えることを主張し、その綱領は反動的な伝統的保守主義を源泉としていた。ラロックの主張は、中産階級を防衛するための社会綱領であり、ファシズムと指弾されるものではない。神聖連合の直系として、ラロックは国民を分裂させるものに反対し、議会や階級闘争を拒否し、執行権が優位する強権体制にもとづくコーポラティズム型の社会を夢見た。彼は、女性参政権や比例代表制も主張している。私立学校を擁護し、階級闘争の道具であるストライキに反対した。彼は、社会的・愛国的・家父長的なキリスト教体制をめざし、資本主義と社会主義に反対し、精神的価値の復興を願った。この伝統的綱領は、体制転覆を期待してクロワ・ド・フー傘下の国民義勇隊に加入した行動派を落胆させ、二月六日以後、行動派はクロワ・ド・フーを離れて、ファシスト政党といわれるフランス人民党に加盟する。二月六日はクロワ・ド・フーにとっても転換点となった。

本来クロワ・ド・フーは、一九二七年に文筆家モーリス・ダルトワによって創立された穏健で非政治的な退役兵士の会であった。[69] すべては、ラロック中佐が運動の先頭に立つことで変わった。三一年以降、ラロックの指導下でクロワ・ド・フーは大衆的な政治運動を志向すると同時に、「ディスポ」と呼ばれる突撃隊も組織していた。一五人からなる「ディスポ」は五人ずつの三班に分かれ、車も用いた機動力に特徴があった。フランス全土で一五〇〇のディスポが展開し、三三〜三六年には政敵と暴力沙汰を引き起こしていた。また三二年にラロックは、「クロワ・ド・フーの子」を組織して団員の子どもたち（八〜一八歳の少年少女）にも組織を開放したが、新段階は三三年に結成された国民再結集（RN）と国民義勇隊（VN）によって画された。クロワ・ド・フーの精神を理解し、活動に好意的な人にも組織を拡大したのである。こうして三四年にクロワ・ド・フーは、三万五〇〇〇の団員と一三万のRN、五万のVNを擁するまでになった。団員の四分の一は上層中産階級、四割が中産階級であり、残りもホワイトカラーであって工場労働者はほとんどいない。クロワ・ド・フーのこうした活動が、左翼にファシズムを実感させたことは否めない。

以上のように、退役兵士を行動に駆り立てた二月六日であったが、議会制への不満は右翼の専有物ではなくて、急進党員や社会主義者も共有していた。それだけ政治危機は深かったのである。

ダラディエ内閣の総辞職

二月六日午後三時に下院は開会した。[70] 路上と同じく院内も混乱をきわめた。ダラディエは、右翼政党と共産党の怒号により、施政方針演説の朗読を中断させられた。右翼議員は、ラ・マルセイエーズを歌い、罵詈雑言を浴びせた。共産党議員は、インターナショナルを歌い、「いたる所にソヴィエトを」と繰り返した。右翼や中道政党は信任投票の延期を求める。街頭の争乱に脅え、遁走する議員も出る始末であった。午後七時三〇分過ぎにブルムが登壇し、ダラディエ政府支持を表明した。社会党議員団が投ずる票は「信任票」ではなくて「闘いの票」であると述べ、「ファシズム反動を通してはならない」と結んだ。[71] かくして、ダラディエ内閣は三四三票のカルテル多数派を得て信任された。議会は午後九時には閉会した。議場の外では燃やされたバスの煙が漂い、不穏な空気が流れていた。下院からの帰宅途中、アンヴァリッド広場でデモ隊に見つかったエリオは、危うくセーヌ川へ放り投げられるところであった。彼は、「ローヌ川以外の川で生涯を終えるとは、リヨン市長〔エリオ〕にとって何と屈辱的なことか」と感じたという。[72] 代議士へのデモ隊の不信を示すエピソードである。

　深更の閣議は暴動の善後策を協議するが、右翼リーグの指導者の予防逮捕（違法ではあった）以外に決め手を欠き、混乱を露呈した。午後一一時一五分、政府は国民に冷静を呼びかけ、右翼リーグに対して必要な措置をとると訴えた。このとき閣内では、第一に戒厳令の可能性を検討、第二に国家の安全に対する陰謀の情報を公開、第三に予防逮捕の三方針が出されていた。ところが、第一の方針は軍部の反対によって、第二の方針は検事総長の反対によって退けられ、翌日、不十分な第三の方針のみが実施された。[73]

　二月七日午前一一時、ケー・ドルセーにてダラディエはブルムと会談した。ダラディエはルブラン大統領の助言もあり、すでに辞任を考えていた。ブルムは奮闘するようにダラディエを説得する。ダラディエはブルムに社会党の入閣を求めた。ブルムは受諾したが、両者は政策に関して一致しなかった。ダラディエが戒厳令や議会停会を求めたからである。第二次世界大戦後にダラディエは、「私はルブラン氏の執拗な要求、内相フロ氏と上下両院議長の忠告により辞職した。レオン・ブルム氏のみが私に留任するよう助言した。しかし、私は彼と一致しなかった」と証言している。[74] 急進党も辞任支持に傾いており、ブルムの支持だけで状況を打開できなかったことも確かであった。こうして、辞任を求める圧力は高まり、街頭では再度の示威行動がささやかれていた。ダラディエは信任されたにもかかわらず、正午前、暴動事件の責任をとって挂冠を決意した。

　議会主権を否定する路上の暴力にダラディエは屈服した。ショータンと同じくダラディエも、共和国防衛の課題と直面して政府を投げ出した。急進党は自分たちの共和国を、自分自身の教義を放擲した。二月六日は「急進派の共和国の終焉」（ラーモア）となった。二月六日事件に左翼は「ファシストの陰謀」を嗅ぎつけたが、右翼は事件を善良なフランス人の自然発生的な怒りの表れと捉え、「人殺し政府」による愛国者の虐殺を非難した。二月七日付の『ポピュレール』は、「ファシストの実力行使は失敗した」と主張したが(75)、右翼リーグのあいだに相互に連絡はなく、クーデタの「陰謀」もなく、目的を異にした数種類のデモがあったというのが真相である。権力を奪取して新しい権力機構を創出する計画もなかった。二月六日は共和政に対するファシストの陰謀ではなかった。それは、一九三二年の左翼多数派を街頭の圧力で退陣させて、右翼内閣にすえ代えただけであった。

それでも、二月六日は議会共和政の危機を白日の下にさらけ出し、フランス史の転換点となった。騒擾事件は左翼に団結の機運を促し、一九三五年七月の人民戦線の誕生から、翌年の人民戦線政府の成立につながったからである。左翼勢力は、実態としてのファシズムではなくて、「想像上のファシズム」に脅えて行動を開始した。フランス革命期の「大恐怖」のように、パニック状態に陥った人びとの心性が歴史を作ることはよくあることである。左翼が、右翼リーグを主観的に「ファシズム」と認識したことが、その後のフランス史の展開を決定づけた。それに、クロワ・ド・フーの暴力的な行動など、ファシズムと誤認させる状況証拠もあった。

全国退役兵士連合（UNC）

クロワ・ド・フーの母体が退役兵士の会であったように、人民戦線運動の触媒となった二月六日のデモに退役兵士の会も加わっていた(76)。全国退役兵士連合（UNC）、クロワ・ド・フー、全国退役将校協会、叙勲者協会、コルシカ退役兵士連合、そして共産党系の退役兵士共和協会（ARAC）の六組織である。従来、デモに参加した退役兵士の保守性やらファッショ性が問題にされてきた。たしかに、一九三〇年代の右翼リーグに、退役兵士の姿がみられたことは事実である。ラロック以外にも、ファッショ的なフランシストを率いたマルセル・ビュカールも退役兵士であった。一九三四年に「ファシスト社会主義」を掲げるピエール・ドリュ＝ラ＝ロシェルも復員作家であった。それでは、二月六日に退役兵士たちは何に抗議したのだろうか。

まず、UNCを軸に二月六日のデモを再現してみよう。恐慌による政府の財政悪化のなかで、予算案をめぐって倒閣が相継ぐという政治状況が背景にあった。退役兵士の政治不信は募り、年金削減を迫る政府への不満が高じる。一九三〇年頃のフランスで、戦争年金受給者は一一〇万人（負傷兵八〇万人、マラリアや結核の疾病者三〇万人）であり、生存者の二割が年金受給者となっていたが、退役兵士の会では会員の三割が受給者であった。とくに、県や全国レヴェルの指導層の六割が年金受給者であった。

約八五万の会員を誇るUNCは、一九三三年一〇月に大会を開き、経済・財政・税制の改革、国家改造、国民のモラルの再建などによる国の再生を決議し、現状への批判を鮮明にした。そのとき発覚したのが、与党政治家を巻き込んだスタヴィスキー疑獄事件である。彼らの不満は沸点に達した。先の大戦の「四年間、われわれが祖国のためにすべてを捧げたのは、こんなことのためではなかった」という声明に、UNCの憤懣を読み取ることができる。

一九三四年一月二七日、UNCはパリ地区会長会を開いて、二月四日に疑獄事件糾弾のデモをシャンゼリゼ通りで行うことを決定した。(77) パリには七万二〇〇〇人の会員がいた。総裁のジョルジュ・ルベックはデモを、不快感や嫌悪感を与党に表明して国民の再生を願う機会と位置づけた。一月三〇日、警視総監キアップはUNC総裁を呼び出して、デモは時宜を得ていないと説得した。ダラディエ首相とフロ内相はともに退役兵士なので、あなたは彼らを信頼してよいとも語った。二月一日、二度目のキアップとの会見でデモの日付を遅らせるように求められたルベックは、戻って執行部と協議した。翌日の午前、キアップから結果を尋ねる電話があった。総裁は、「あなたがデモを許可しないので、残念ながら、来る日曜日、あなたはUNCの同志たちの行く手を阻まねばならないだろう」と答えた。キアップは、「私はUNCの退役兵士には立ち向かえない。もし、あなたが決定を覆さないなら、私は警視総監を辞任するだろう」と述べ、年金大臣イポリット・デュコを交えた三者での話し合いをもちかけた。デュコは、ルベックにレジオン・ドヌール勲章を授与することでデモをやめさせようとした。デュコはデモが行われるなら辞職するとも述べる。この会談は物別れに終わったが、キアップはルベックから二日夕刻の内務省訪問の約束を取りつけ、UNC指導部、内務大臣フロ、年金大臣デュコを交えた会談を設けた。夕刻、フロ、デュコ、キアップ、パリ市警察長官ポール・ギシャールと三名のUNC代表との話し合いが始まった。キアップは、ここ数週間、とりわけこの一週間のパリの難局について語り、二月四日にデモをすれば混乱が生じると述べた。

このように、混乱を恐れる警視総監キアップや内相および年金相とUNCとの四度にわたる会談の結果、UNCはデモの中止を決定した。ところが、UNC指導部を説得したキアップは、ダラディエによる「多数派工作の犠牲者」となり三日に罷免されてしまった。この措置が「退役兵士を立ちあがらせた」。二月五日、UNCは「約束を破った」政府を糾弾するデモを指令し、「政治屋ども」の共犯者になりたくなければ、六日午後八時にグラン・パレに集まって怒りを表明するように呼びかけた。だが、過激なデモを意図していたわけではない。

フランス・ファシズム？

退役兵士の社会的結合関係《ソシアビリテ》の中心にあったのは、退役兵士精神である。それは、塹壕生活から生まれた相互扶助と連帯の精神であり、信仰や信条や貧富の差にかかわらず、参戦兵士を結ぶ共通の体験に根ざしていた。兵士たちが戦場で身につけたものは、正義、善良、寛容、犠牲の精神であり、死を前にした自己愛、同志愛、祖国愛であった。

こうした精神をもった退役兵士がすべて急進右翼に属するわけではなく、退役兵士の政治は右翼政治と同義ではない。退役兵士の半数は、リベラルで急進党的な退役兵士連盟（UF）によって代表されていた。UNCは政治的には保守であるが、過激な行動には躊躇した。極右のみ権威主義的政治に加わろうとしたが、彼らは退役兵士の代表ではなかった。退役兵士の平和感情は強力であり、極右が称える戦争の価値や軍事崇拝は、退役兵士の戦争体験と衝突した。退役兵士というシンボルを急進右翼は利用しようとしたが、戦間期のフランスでは極右がそれを領有することはできなかった。退役兵士の運動は、農村を中心とする中産階級の大衆運動であり、共和主義と平和主義、そして社会的保守主義を色濃くもっていた。戦間期の退役兵士の運動は、親ファシズムというより、逆に中産階級を共和主義と合法主義に繋ぎとめることで、ファシズムに対する防壁となった。(78)

クロワ・ド・フーとその指導者ラロックについても、同様のことが言えるだろう。クロワ・ド・フーの研究者フィリップ・マシュファーも、「ラロックはファシストではなく、逆に三〇年代にファシズムへの道を妨げるのに貢献した」と述べている。[79] 従来、クロワ・ド・フーとラロックのファッショ性の有無に焦点をあてるかたちで、フランスにファシズムが存在したのか否かについて論戦が展開されてきた。フランス・ファシズムの存在を肯定する代表的な論者は、イスラエルのゼーヴ・ステルネルである。彼は、フランスはファシズムに対して、「フランス革命、一九世紀の諸革命、第三共和政の樹立によっても、換言すれば《共和主義的伝統》によっても免疫を付与されていなかった」とか、「フランスは農村同様に大都市でも真正のファシズム運動を生み出した」と述べている。[80] ステルネル以外の肯定論者に、ロバート・スーシー、ウィリアム・D・アーヴィンやケヴィン・パスモアといった国外の研究者、フランスでは政治学者のミシェル・ドブリがいる。それに対して、ルネ・レモン、ピエール・ミルザ、セルジュ・ベルステン、ジャック・ジュリアール、ミシェル・ヴィノックらのシアンスポ（政治学院）＝ナンテール学派は否定論者である。肯定論者に対しては「汎ファシズム説」（ヴィノック）、否定論者に対しては「免疫テーゼ」（ドブリ）と批判の応酬がなされている。[81]

たしかに一九三〇年代のフランスには、「ファシズムの浸透現象」（ステルネル）ないし「ファシズムの芽」（ベルステン）は存在した。元共産党員ジャック・ドリオが結党したフランス人民党の運動（一九三六年八月の党員数五万人）[82]、ピエール・ドリュ＝ラ＝ロシェルやロベール・ブラジヤックなどの右翼知識人による文学的ファシズム精神がそうした事例である。つまり、思想や少数派による運動としての「ファシズムの浸透現象」はあったが、ドイツやイタリアにみられたような強固なファシズム運動やファシズム体制は存在しなかった。右翼リーグの多くは戦間期に創設され、ファシズムに感染ないし魅了されてはいた。その運動形態にはドイツやイタリアの模倣もみられたが、多くは伝統的で権威主義的な右翼ナショナリズムの枠内にあり、しかも、アクシオン・フランセーズとクロワ・ド・フーの抗争、ドリオとラロックの対立にも明らかなように、右翼リーグは統一を組めなかった。アクシオン・フランセーズのモーリス・ピュジョーが、「連合を望まなかったのはラロック氏だ。彼が望んだのは独り占めであり、彼が求めたものは指揮権だ」とラロックを非難したゆえんだ。ダラディエも同様の観察をしている。彼は、一九三四年当時のラロックについて、「キアップ、タルデュー、ラヴァルらは、ラロックに副官ないし徴兵伍長を望んだ」が、「ラロックは指導者にとどまることに没頭していた」と回想している。[83] また、反ユダヤ主義と一線を画したラロックは、反ユダヤ主義作家のルイ＝フェルディナン・セリーヌやリュシアン・ルバテから罵倒されることになる。[84]

しかし、当時のフランス左翼が右翼リーグの運動をファシズムと錯誤して「ファシスト・リーグ」と呼んだこと、この錯覚が人民戦線の結成にも影響を及ぼしたことが重要であった。つまり、実態としてのファシズムではなくて、純粋に「想像上のファシズム」に対する危機感が左翼を結集させ、人民戦線を生み出す原動力になったのである。

3　国民連合下の急進党

ドゥーメルグ内閣の成立

二月六日の騒擾事件は、一九三二年の選挙以来、権力から遠ざけられていた右翼政党を権力の座に連れ戻した。それは、急進党と社会党との決裂をもたらした。急進党は与党にとどまり、社会党は野にくだった。

ルブラン大統領は、南フランスに隠遁していた元大統領ガストン・ドゥーメルグに組閣を要請した。二月九日、ドゥーメルグは組閣を終え、二月一五日、四〇二票という多数派を得て信任された。この内閣は、フランスが危機に陥ったときに形成される国民連合《ユニオン・ナシオナル》政府の一つであった。それは、右翼からネオ・ソシアリストまで、多くの経験豊かな政治家を含んでいたこと、とりわけ首相経験者が五人も入閣していたことに現れている。また、国務大臣にエリオとタルデューが就任したことは、急進党と右翼政党との和解を象徴していた。この「政党休戦（trêve des partis）」内閣に、急進党は六人の議員を閣僚として送り込んでいた。[85] ドゥーメルグ内閣の年金大臣に退役兵士全国同盟（CNAC）の事務局長ジョルジュ・リヴォレが就任したことは、政府の姿勢を示すものとして退役兵士に歓迎された。ところが、一九三四年四月に政府が年金の三％削減を提起し、これへの対応をめぐって、七月八日、CNACは政府の政策に理解を示すUNCと、反対するグループに事実上分裂してしまった。

二月八日の急進党執行委員会は、「公安活動をめざすドゥーメルグ首相に協力するために、総裁エドアール・エリオを信任する」(86)と声明した。二月一五日の下院でも急進党は、「街頭に秩序を回復」し「議会制の存続を保障」するために入閣を受諾したと、党の立場を説明した。治安と議会制の維持という理由以外に、おそらく次の四つの入閣理由が考えられるだろう。第一にドゥーメルグが元急進党員であったこと、第二に急進党には左右の緩衝器という自負があり、入閣によって右翼の暴走を掣肘《せいちゅう》しうると考えたこと、第三に右翼政府に入閣することで右翼リーグの批判をかわそうと目論んだこと、第四に権力のもたらす恩恵、つまり政権党の方が選挙に有利であることだ。つまり、金融汚職事件、暴動、総辞職という事件の展開に驚いた急進党は、議会制の枠内にある右翼政府を黙認したのである。

急進党には敗因を究明する余裕はなかった。二月二一日、控訴院判事で元パリ検察庁の財務部長アルベール・プランスがディジョン近郊で轢死《れきし》したことによって、再度、急進党に対する反感が高まった。なぜなら、検察庁はスタヴィスキー事件に対する寛大な取り扱いの責任を問われていたうえに、プランスの上司の首席検事ジョルジュ・プレサールは、ショータンの義兄弟であった。このため、プランスはショータンとプレサールに殺害されたと喧伝された。『アクシオン・フランセーズ』は、「スタヴィスキーの共犯者を救うためのフリーメーソンと警察の犯罪」と記してはばからなかったし、『ポピュレール』(「またもや《自殺》!」「プランス氏は密かに殺害された」)や『ユマニテ』(「警察の罠におちて殺された」)も他殺説を展開した。(87) 急進派の士気はいっそう萎縮し、政府は容易に財政全権を与えられ、緊急令《デクレ=ロワ》の制定権を得た。

二月事件後の急進党

二月の危機は、急進党の土台を揺さぶらずにはおかなかった。第一に指摘しうるのは急進党リーダーの影響力の低下である。エリオはいわば政府の囚人で、国務大臣とはいえ重要な職務はなかった。(88) 彼は政府を刑務所にたとえて、「私は刑務所に戻らねばならない」と語り、半年のあいだ下院で演説をしなかった。内相のアルベール・サローも同様であった。ショータンは身の潔白を証明するのに忙しかった。ダラディエは右翼からは死刑執行人として、左翼からは降伏者として非難され、政界の片隅に追いやられた。とはいえ、世論の一部がダラディエに好感を抱いていたことを看過すべきではない。ダラディエは、臆病な急進党によって行動の自由を奪われて辞任に追い込まれたが、右翼リーグの一撃から共和国を救った精力的な政治家だというイメージを保ちつづけた。[89] こうした政治心理は、ダラディエが一年半後に復活する資源となるだろう。スタヴィスキーと夕食を囲んだこともあるジョルジュ・ボネは、スタヴィスキーが興した不動産会社の詐欺事件やハンガリー農業基金をめぐる事件への嫌疑をかけられ、政敵からも非難されて信用を落とした。[90] モーリス・サローとジョゼフ・カイヨーは無傷ではあったが、党の空白を埋める指導力に欠けた。こうした党内権力の真空状態は、一般の下院議員や活動家《ミリタン》に行動の自由を与えた。

すでに、二月六日の午前に開かれた急進党国会議員団の会合で、ダラディエの不決断に対して不快感が表明されていた。下院議員のアンリ＝アルフレッド・ゲルニュは、「暴動に反対し共和国に賛成」票を投じねばならないが、同僚のあいだに行きわたっている不快感を議員団は隠さないと言明した。不快感は、ダラディエが組閣時に示した不決断（中道多数派かカルテル多数派かで迷走）や、多数派工作の都合によってある高官を左遷したり放免したりしたことから生まれていた。[91] ドゥーメルグ内閣の信任投票においても、ピエール・コット、ピエール・マンデス＝フランス、マルク・リュカール、ジャン・ゼー、ラウル・オーボーら左派を中心とした二六人の急進党議員は棄権した。[92] さらに、執行委員会では臨時党大会の招集を求める声があげられていた。もし三月初めに党大会が開催されていたなら、急進党の分裂を惹起するおそれがあった。エリオの副官で書記長のアルベール・ミヨーは、危機打開策として執行委員会を緊急に招集した。ミヨーは臨時党大会開催には同意したが、沸騰した党内世論を鎮めるために五月まで党大会を遅らせることに成功した。[93] かくして、党内に生じた不満は氾濫することなく、正規の水路へと流し込まれた。

急進党議員は、選挙区において左右両翼から金融汚職事件を非難され、四面楚歌の状態にあった。左派のピエール・コットすら、スタヴィスキーと昼食をともにしたという政敵からの非難にさらされ、支持率の低下をみた。ドゥーメルグ内閣の商工大臣リュシアン・ラムールーは、議員になってから不正に蓄財したという非難に答えるために、個人資産を公開して自己弁護に努めた。ブルターニュのフィニステール県連は、一九三三年一二月には二五〇〇人の党員を擁していたが、その後激減したため、三六年三月まで党員数は発表されなかった（三六年三月で一二〇〇人）。急進党は政治の檜舞台からしばしば後退をよぎなくされた。(94)

しかしながら、この後退期に急進党は二つの事件を経験した。一つはマントの補欠選挙であり、もう一つはクレルモン＝フェラン臨時党大会である。既述のように、急進党左派のリーダーであったベルジュリは、二月一五日、反響を呼ぶ演説をして議員を辞職し、二月六日事件に抗議の意思表示をした。(95) 彼はエリオと急進党を非難し、ドゥーメルグ内閣の正統性に疑問を投げかけ、下院の即時解散を要求した。ベルジュリは、「普通選挙に対するファシストの挑戦に直面」した今、民意を問うことが必要と考えた。そして、自分が下院議員に再選されることで「ファシストの挑戦」を打ち砕こうとした。彼は新たに選挙戦を作り出すことで、共同戦線運動の躍進も期待していたことだろう。

ベルジュリが離党していたにもかかわらず、マント選挙区を管轄する急進党セーヌ＝エ＝オワーズ県連はベルジュリを支持した。ところが、急進党本部は国民連合候補ロジェ・サレを支持した。急進党は新たな混乱へと投げ入れられた。候補者の選定や選挙キャンペーンの最終的権限は県連にあったので、こうした事態が生じたのである。一九三四年四月下旬に行われた第一次投票と第二次投票とのあいだ、書記長ミヨーは左派の牙城のセーヌ＝エ＝オワーズ県連を非難し、急進党員にベルジュリに投票しないように訴えた。他方、多数の急進党左派はミヨーを弾劾する声明を起草し、ベルジュリ支持を鮮明にした。ミヨーのアピールと左派の宣言は広範に配布され、書記長と県連が対立する。左派のすべての指導者が宣言に名を連ねていた。署名した主な党員を列挙すると、下院議員のフランソワ・ド・テサンとピエール・コット、議員団副団長のジャミー・シュミット、ジャン・ゼー、マンデス＝フランス、党副総裁のガブリエル・キュドネ、執行委員会委員のジャック・ケゼール、党副書記長エリアヌ・ブローらがいた。

そこで、執行委員会と国会議員団は会議を開き、ミヨーの行為を断罪し書記長を辞任させた。急進党右派のエミール・ロッシュは、「われわれのなかに少数ながら、政治と経済の問題に関して共産主義者と非常に近い立場の党員がおり、この小派閥が党書記長を辞任にいたらしめた」と不満を隠さなかった。選挙の結果、ベルジュリは落選した。

ベルジュリは、第一次投票では二位に九三票差の七七〇三票を獲得して第一位につけたが、決選投票では逆に二九〇票差をつけられ、八七八八票を獲得したロジェ・サレが当選した。(96) 有権者は休戦政府を、すなわち急進党と右翼政府との和解を支持した。急進党指導部は安堵する。しかし、ミヨーの辞任は左派の青年急進派（Jeunes Radicaux）にとって初めての勝利であった。この選挙は青年急進派に活力を付与した。マントの補欠選挙は、急進党クレルモン＝フェラン臨時党大会への序曲となる。臨時党大会は二週間後に迫っていた。

クレルモン＝フェラン臨時党大会

一九三四年五月一一日から三日間にわたって臨時党大会が開かれた。議題は「党の粛清」と「議会および国家の諸制度の改革に関する即時行動綱領」の定義に限られた。しかし、左派が国民連合政府への参加問題を取りあげたため、大会は紛糾し後者の議題はほとんど論じられなかった。前者の議題については、党教育委員長アルベール・バイエが、粛正委員会の名でスタヴィスキー事件に連座した八人の下院議員を告発した。実際に除名されたのは六人であり、大会に出席していた「被告」は無罪放免された。(97)

国民連合への参加問題は初日から取りあげられた。(98) 左派の活動家はエリオを非難し、「大会は、倫理観に問題のある人物を含む政府との協力を党所属の議員に禁止する」という修正動議を提出した。エリオは、この問題については明日の一般討議の場で回答すると答えつつ、一つだけ発言したいと述べた。休戦政府に「私の言質を与えるように、党の名において満場一致で私に求めたのは議員団だと言われていますが、そうではなくて党の方であります」と、左派の活動家も加わっていた二月八日の執行委員会決議を党員に想起させた。

翌日、セーヌ＝エ＝オワーズ県連会長ガブリエル・キュドネが真っ先に発言した。(99) 彼はベルジュリの熱烈な擁護者でもあり、国民連合と戦う決意であった。キュドネは、エリオ総裁のいう「言質」は一方的なものであり、われわれは同意していないとエリオを非難した。そして、右翼は休戦を最初から遵守しておらず、休戦とは「精神的および物質的な武装解除」のことであり、われわれに対する「侮辱はやまず、誹謗は広まっている」と休戦の欺瞞性を攻撃した。さらに、キュドネは休戦政府のデフレ政策を批判し、「ファシスト・リーグ」の解散を要求し、国際連盟の原理への忠誠を強調した。最後に「普通選挙から生まれた第三共和政の歴史上、初めて民主主義は少数の反徒どもに屈服するのだろうか」と訴え、「諸君は銀行家や財界人の土地の上に民主国家を建設することはできないし、死の商人によるあくなき利潤追求が複雑に作用するなかで、平和を、人間的で偉大な平和を構築することはできない」と結んだ。キュドネにとって「政党休戦は、普通選挙の意思を覆すことはできず、国民から信任された多数派よりも国民の前で敗退した少数派の独裁を優先させることはできない」のであった。ホールの半数がキュドネに喝采した。キュドネはあるべき急進主義の精神を表白した。

これに対して、右派の元書記長フェーフェル、ミヨー、総裁エリオらは、キュドネが望むカルテルに反対した。フェーフェルは、変革の必要性・国民連合の実験の継続・党の独立の維持を掲げ、「党は独立を主張すべき」（キュドネ）であるなら、「急進党は社会主義者からも独立すべきだ」とやり返し、「もっとも急を要する義務は、わが党の独立を主張することだ」と結んだ。ただし彼の発言にみられたように、右派も「この国ではファッショ的な組織の結成を阻止すべきだ」という点で、左派と一致していたことは重要である。[100]

一二日午後の討議の最初の弁士は、青年急進派のジャック・ケゼールであった。彼は休戦政府を非難し、執行委員会の再編成による党の再生、統治機構の改革や統制経済によるフランス政治の再生を訴えた。[101] 続いてミヨーが登壇した。ミヨーは青年急進派批判を展開する。党内には「わが党の本質的な利益を必ずしも理解していない活動家」や、「社会党には常に甘く、急進党には常に手厳しい人間が同志のなかにいる」。彼らは「二月六日以降、極左との連合に熱狂的に身を投じたが、その前には何ヵ月ものあいだ、ほとんど数年間にわたって前ファシズムや準ファシズムと浮ついた関係にあり、さらに潜在的なファシズムのあらゆる形態に共鳴していた」。[102]

最後に登壇したエリオは、私は批判の矢面に立たされていると述べて左派批判を展開した。まず財政赤字のため、社会党が主張する鉄道・保険会社・軍需工場の国有化、週四〇時間労働などは受け入れられないと述べた。さらにエリオは、新たな左翼政府も急進党中心の内閣も下院解散も不可能な以上、政府にとどまることしかないと強く主張した。この演説の最中、エリオは軽い心臓発作にみまわれる。この事故は大会の空気を一変させた。回復後にエリオの雄弁は拍手喝采され、彼の発言は「エリオ万歳」の熱狂のなかで承認された。かくして、南フランスを中心とした五県連の共同提案になるエリオ信任案は可決され、「急進党大臣を全面的に信頼し、休戦政府を支持する」という決定をくだした。[103] ところで、マントの補欠選挙で青年トルコ派とも称される青年急進派が活動を強めていたが、[104] 彼らは大会では国民連合への参加問題について態度を決定しなかった。大会直前に発表された「共和国に対する青年急進派の建白」のなかで、彼らは明白な反ドゥーメルグの立場を示していたにもかかわらずである。[105]

エリオのカリスマ性によって国民連合容認派が多数を占めた。急進党の首脳部を批判するはずの党大会が、逆に彼らの正当性を証明する機会となった。大会参加者の全員一致が得られたのは、「暴動を挑発する諸団体およびすべての暴徒の行動を抑える」必要性についてであった。敗れたキュドネは、セーヌ＝エ＝オワーズ県連の活動家とともに離党し、急進党カミーユ・ペルタン派を結成した。大会は左派にとって幻滅となった。左派の失望を青年急進派のアピールに窺うことができる。「党は粛正に着手したが安易で部分的なものであった。もっとも悲惨な経済危機のなかで、党は貧弱かつ臆病なプランを受け入れた。……二月六日事件後、憔悴しきった党は満足を表明した。民主主義が進退窮まったとき、党は拱手傍観を決め込んだのである」。[106] しかし、書記長に左派のラウル・オーボーが就任したことは左派の成功であった。マンデス＝フランスが「左派は結局勝利するだろう」[107] と記したように、党内の政治潮流は青年急進派の活動とともに確実に左傾を開始していたのである。

それは、彼らがダラディエと結合したところにも表れている。ダラディエは、臨時党大会で二月の行為を弁明し、武装リーグの解散を要求し、軍事費を増大させているドイツに注意を喚起する発言のなかでこう述べた。「私には《青年トルコ派》が存在するのかどうか分かりません。……しかしながら、私は、この壇上で勇敢かつ率直に発言した若き友人諸君に、満腔の共感を申しあげたい。私は、必ずしも全面的に諸君に賛同するわけでありませんが、私の称賛と信頼を惜しみません」。[108] 青年急進派は、二月六日事件に狼狽する党に対し、往年の躍動する急進主義への復帰を慫慂《しょうよう》した。彼らの活動は、今後一年で急進党を人民戦線に参加させる内因となるだろう。

急進党の孤立

一九三四年七月、急進党は左右両翼から挟撃された。七月一五日に社会党の全国評議会は、共産党が提起した統一行動協定を受諾した（第二章参照）。こうして七月二七日に誕生した社共統一戦線によって、急進党左派の力は削がれることとなった。左派にとってカルテルの幻想は幻滅と化す。というのは、共産党との連合は急進主義の教義とまったく相容れなかったからである。左派のジャミー・シュミットは、統一戦線がもたらすものは革命であると語り、アンリ・ゲルニュもカルテルによる選挙連合の可能性はまったくなくなったと述べている。[109] 他方、統一戦線締結の一〇日前、国務大臣のタルデューが、ショータンら一四人の急進党員がスタヴィスキー事件にかかわっていたと告発したことで、急進党右派は休戦の幻想を打ち砕かれた。執行委員会書記局は、七月二〇日に「タルデュー氏は、ショータンのみならず急進党をも標的とした。こうした状況下で、彼の発言は現内閣が立脚している休戦協定の破棄を意味している」と決議した。エリオは、ドゥーメルグ首相にタルデューと急進党のどちらを取るのかと選択を迫ったが、逆に首相から現状維持か総辞職かを突きつけられ、結局取りさげざるをえなかった。[110] 急進党に休戦を破った政府への不満が残る。これをいっそう亢進したのは、ドゥーメルグ内閣による憲法改正の企てであった。

ドゥーメルグは、一九三四年秋、政府の権威を回復するため、憲法改正をラジオから直接国民に訴えた。執行権の強化によって、立法権優位の現状に均衡をもたらそうとした。議論は、上院の同意を不要とする下院解散権案に集中した。上院は特権を奪われることに反対した。ブルムは『ポピュレール』紙上で、ドゥーメルグ政府は事実上の「ファッショ政府」だとか、改憲は「ファシズム独裁」をもたらすと語り、さらに、一八七七年に王政復古を企図して下院を解散したマクマオン大統領とドゥーメルグ首相を擬するなど精力的に反対の論陣を張った。[111] ブルムの論説は急進党に影響を及ぼす。急進党は、四月の国家改造委員会で解散権に関する憲法改正を承認していたため困難な立場に置かれていた。党内からも反対の声があげられた。フィニステール県連は、「休戦政府がファシスト・リーグ解体の措置をとらないことに遺憾の意を表明」し、「上院の同意のない解散権」に反対した。[112]

急進党ナント党大会

一九三四年一〇月二五日、ドゥーメルグ憲法への反対が高揚するなかで、急進党のナント党大会は開かれた。中心議題は憲法改正問題であった。大会は騒然たる雰囲気のなかで始まった。左派は、政党休戦に関する討議をただちに開始させようとエリオに迫った。ただし、左派はドゥーメルグの武装リーグに対する無関心や経済政策に反対なのであって、憲法改正に反対というわけではなかった。[113] エリオは左派の要求を難なくかわし、議事は進行する。最初の報告者はアンドレ・コルニュ（下院国家改造委員会の元副委員長）であった。彼は、憲法改正について可能な改革と却下すべき改革とを列挙し、党は「ヴェルサイユへの旅」（憲法改正議会を意味）を受諾するが、上院の同意のない解散には反対であり、「個人権力のいかなる企てをも《通さない》」と結んで拍手喝采を浴びた。[114] 大会の結論はここに予想された。この問題を検討する国家改造委員会が組織され（ジョゼフ・カイヨー、ピエール・コット、イヴォン・デルボス、アンリ・ゲルニュ、ジャック・ケゼール、エミール・ロッシュ、ジャン・ゼー、アルベール・ミヨー等）、委員会はドゥーメルグ案の大半を承認するが、上院の同意のない解散に反対し、両院間および政府と議会が対立した場合には国民投票を導入する見解を提出した。[115]

エリオは、ドゥーメルグの個人権力を強化する試みには反対であったが、国民連合と休戦を維持する決意であった。大会で左派が書記局を掌握しようとした試みに対して、エリオは総裁辞任戦術でこれをつぶしもした。[116] エリオにとって幸いなことに、党の多数派は反ドゥーメルグとはいえ、再度首相と交渉する用意があったことである。多数派の意見は、二七日の内政に関する討議の場でアンリ・ゲルニュによって開陳された。「私は、休戦という考えに断固反対というわけではない」が、「休戦には幾つかの前提条件がある」と述べて三条件を提示した。第一条件は、政党・政党機関紙・政党首脳のあいだの敵対行為の停止だと、タルデュー批判をにじませた。第二条件は、反徒たちを沈黙させることだと右翼リーグへの不満をあげた。第三条件は、既存政府の維持だと憲法改正を急ぐドゥーメルグを批判した。この三条件を受け入れない政府は、「公平な調停者ではなくて、党派的な政府だ」とドゥーメルグ批判を続けた。そして、急進党の指導者が入閣している「政府が、われわれが置いた境界や事態の本質に由来する前述の条件を越えて進んだと知ったなら、私は倒閣に躊躇しない」と述べて、エリオの「共和主義の良心」に訴えた。「共和制度を救済し個人権力の復活を阻止するために、……あなたは共和国の防人」たらねばならない。[117]

エリオは党内の休戦に批判的な空気を承知しつつ、党総裁としては休戦に反対の動議を可決させることもできるが、それは政府の安定を損なうことであり、閣僚の一人としては認めがたい行為である。それゆえ、急進党大臣を信任し、休戦を破棄しないように求め、個人的には首相を信頼しているが、法案が共和国の未来や共和国の存在を危機に陥れる可能性はあると答えた。そして、「このような事態が生ずれば、急進党大臣が自己の良心、立派な共和主義の良心と相談しなければならないときが来るだろう」と共和国の藩屏《はんぺい》たる決意を述べ、何よりも「共和国とフランスの利益」を第一に考えていると結んだ。[118] またもやエリオの雄弁が勝利した。[119] エリオは「わが党の光であり、良心であり、共和国のもっとも堅実な指導者」だと称えられた。大会は満場一致で次の決議を挙げた。それは、ドゥーメルグとの妥協も可能な慎重な決議であった。「急進党は内閣の安定を保障し、国家機構の機能改善を目的とするすべての改革を支持する用意がある。ただし、どのような形態であれ、わが国の共和主義的自由を危殆に瀕せしめるような個人大権を生み出すいかなる方策も承認しない」[120]。

急進党とドゥーメルグの交渉は決裂し、一一月八日に急進党大臣は辞任する。ドゥーメルグ内閣のあとを襲ったのは、休戦を維持し、改憲を棚上げし、右翼リーグの武装解除を約束するフランダン内閣であった。内閣の構成は前内閣と変わらない。国務大臣にはエリオと右翼政党（共和連盟）のルイ・マランが就任し、ほかにも五人の急進党員が入閣していた。フランダンが中道政党の民主同盟所属であったことは、急進党の中道結集派を勢いづかせた。しかし、小麦市場の再組織法が農民に打撃を与えたため、急進党の離反を招くことになり、三五年五月には四五人の急進党議員しか政府を信任しないだろう。その後のブイッソン内閣、ラヴァル内閣でも、急進党は「かなめ政党」として重要な役割を果たすが、急進党大臣の辞任、または急進党の野党化によって退陣をよぎなくされる。かくして、右翼との連合も中道多数派も失敗をみた。急進党に残された選択肢は左翼との連合であった。また、デフレ政策を続ける与党的立場に党内の若手（青年急進派）を中心に不満が高まっていった。

第二章　統一戦線から人民戦線へ

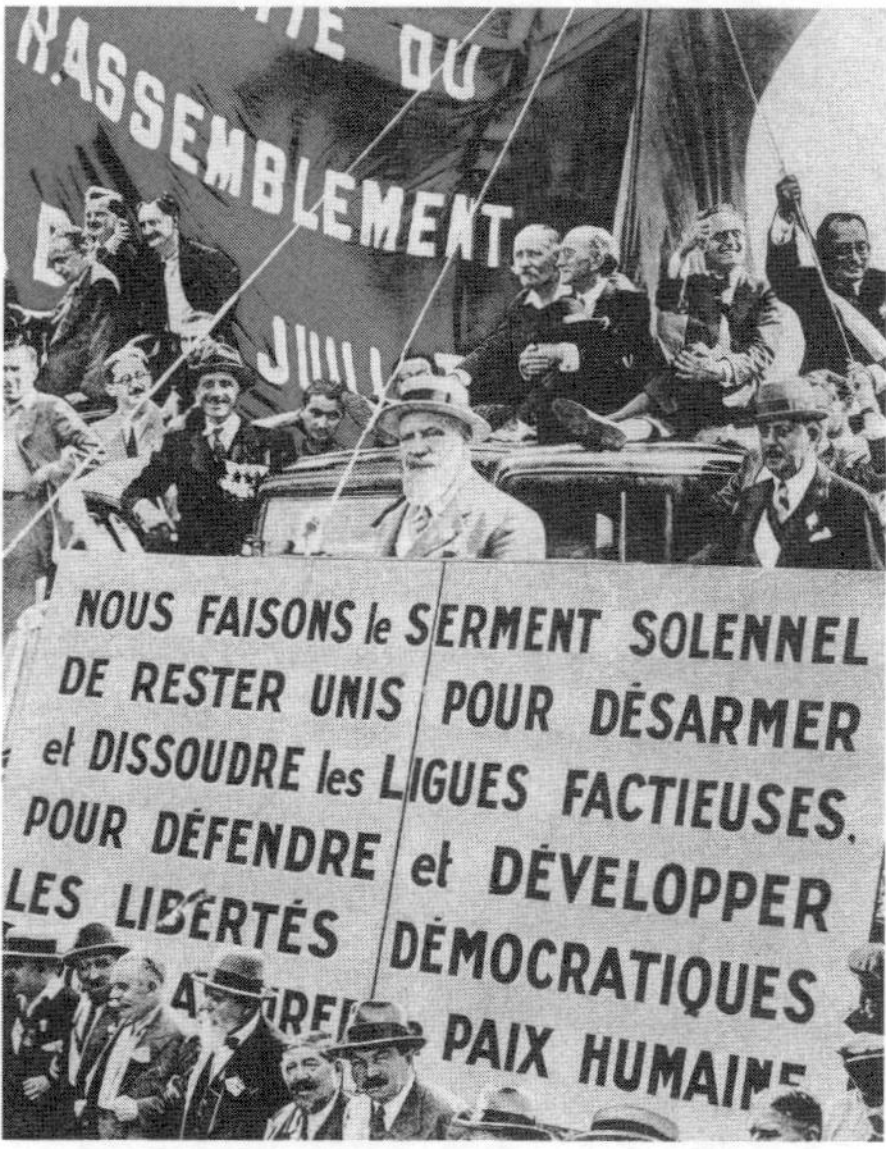

1935年７月14日記念パンフレットの表紙

M. Margairaz et D. Tartakowsky, *Le Front populaire*, Paris, 2009, p. 53.

1　二月一二日のデモ

左翼の反撃

二月六日の騒擾事件は「内政の新時代を切り開いた」[1]。急進党に代わって共和国防衛の任務を掲げたのは社会党と共産党である。『タン』は事件の責任は社会党にあり、「ファシズムと闘うという口実のもと、赤色ファシズムの樹立」を目論んでいると社会党を非難したが[2]、左翼にとって二月六日は「ファシスト」のクーデタ以外の何物でもなかった。この日、現場で事件を目撃していた社会党革命左派《ゴーシュ・レヴォリュシオネール》のダニエル・ゲランは、「ファシストがパリの中心部に姿を現した」と述べている[3]。労働総同盟（CGT）の機関紙『プープル』も、「ファシストがブルボン宮殿の回りで暴動を企てた」とか「昨夜のパリ、醜悪なファシズムが本性を表した」と記し、社会党機関紙『ポピュレール』も「ファシストの実力行使は失敗した。ファシズム反動を通すな！」と記した[4]。このように左翼の集合的記憶にとって、二月六日事件は共和国を脅かす危険なファシズムを表象した[5]。

左翼の統一行動を求める最初の反応は、社会党と社会党系のCGTにみられた[6]。暴動後の深夜、社会党左派の拠点であるセーヌ県連とセーヌ＝エ＝オワーズ県連の執行委員会は合同会議をもった。この会議には書記長のポール・フォールも出席していた。会議では共産党と共産党系の統一労働総同盟（CGTU）との即時の統一行動が求められ、八日にバスチーユ広場で共同の抗議集会を開催することが決議された。両県連は、左翼の「分裂を終わらせ、誠実な統一行動を。ファシズムと汚職に反対。すべての権力を労働者に」というアピールを発した[7]。エミール・ファリネ、ジャック・グランバック、ウジェーヌ・デクルチューら両県連の代表が共産党の機関紙『ユマニテ』編集局に赴いて、反ファッショ共同闘争を申し入れる書簡を手渡したが、編集長のアンドレ・マルティは、回答権限をもつのは共産党政治局のみだと答えて即答を拒否した。共産党の回答は、七日付『ユマニテ』によるいつもの社会党批判と「下からの統一戦線」という従来の主張の繰り返しであった。社会党左派のジャン・ジロムスキーが、共産党からの正式回答を求めて七日に共産党本部に電話しても繫がらない。七日の午後九時過ぎにやっと『ユマニテ』編集局と繫がったが、返答は明日の『ユマニテ』で分かるだろうというものであった。八日付『ユマニテ』は、九日に共産党が主催するデモへの参加を呼びかけていた。(8)

他方、CGT執行委員会は一月三〇日に次の声明を発していた。「労働者階級は、反動に対して万人の自由を擁護する術を知っている。すべての詐欺師とその共犯者を容赦なく抑えつけること、および衰弱した議会・司法・行政に対する精力的な措置を求めつつも、執行委員会は、必要となった粛清の仕事を民主政体を攻撃する武器に変えようとは思わない。反動派のデモに甘いという当局の怠慢に対して、執行委員会はCGTの諸組織に呼びかける。万人の自由は、もし必要であればゼネストによって防衛されるだろう。なぜなら万人の自由は、労働の社会的な変転と労働からの解放にとって本質的な条件であるから」。(9)二月三日にもCGTはパリ市内にビラを貼って、「街頭を占領しようと望む連中はファッショ体制やヒトラー体制の影響を受けている」と警戒心を高めた。暴動後の二月七日午後四時、CGT執行委員会が開かれ、「ファシズムの脅威に反対し万人の自由の防衛のために」、二月一二日の二四時間ゼネストと共同デモが提起された。七日午後九時、CGT本部に人権同盟や左翼政党（急進党と共産党を除く）が集まってCGTの提案を協議した。CGT案は多くの参会者の賛同を得たが、社会党左派が障害となった。彼らは、会議への共産党の出席を求めて休会とし、共産党との交渉に赴いたが成果のないまま戻らざるをえなかった。また社会党左派は、ブルジョワ共和派や一九三三年一〇月に脱党したネオ・ソシアリストとの共同デモに批判的であったため、会議は合意が見出せないまま散会した。CGT書記長レオン・ジュオー（在位一九〇九〜四七年）が、帰ろうとするレオン・ブルムとポール・フォールを引きとめて説得にあたった結果、社会党も二月八日のデモを中止し、二月一二日のゼネストとデモを決定した。かろうじて一二日の共同デモが可能となったが、時計の針は八日を指していた。八日付『ユマニテ』には、CGTU系のパリ地区五労組がCGTに二四時間ゼネストの共同行動を提起した旨の記事が掲載された[10]。こうして、労組がゼネストを担い、政党がデモの責任を負うという役割分担がなされた[11]。

二月一〇日には左翼知識人の「闘争アピール」も出されている。署名者は、アラン、アンドレ・ブルトン、ポール・エリュアール、ジャン・ゲーノ、アンドレ・マルローら三二人の知識人である。彼らは、「ファシズムへの道を阻止する」ために労働者階級に「統一行動」を求め、ゼネストを支持した。一一日にレオン・ブルムも、共和国が脅威にさらされたという事実を前にしてこう主張している。「共和主義者こそ、共和的自由を根本的で死活的な条件とみなし、その自由を守るためにあらゆる犠牲を払う覚悟です[12]」。

二月九日のデモ

前章で触れたように、共産党は二月六日に「反ダラディエ・反社会党・反ファシズム」のもとデモを組織し、結果的に右翼リーグと一体になるという紛らわしい行動をとっていた。二月七日の『ユマニテ』は、「ファシズムに反対し、ファッショ化する政府に反対し、反撃した労働者のパリ」という見出しを掲げたが、主観的な評価はともかくとして、客観的に右翼リーグとともに反政府デモをしたことは否めなかった。七日の急進党系新聞『ウーヴル』が、「ファシストとコミュニストによる夜の暴動」という大見出しを掲げたゆえんである[13]。他方、右翼デモに対する素朴な反発が、左翼労働者のあいだにみなぎっていたことも確かであった。それは、六日から八日にかけて、さまざまな町で組織された社会党のデモに共産党員も自発的に参加していたところにも現れている。こうして行動を促す下からの圧力が高まる。

そこで「右翼との共闘」という非難を避けることもあり、二月九日に共産党は単独で無許可デモを共和国広場で組織した。九日は、左翼が毎年、共和国広場の共和国像に赤い花を供える記念日であった。それでは、九日のデモにいたる経緯をみておこう。七日に地下鉄バルベス駅近くの支持者の屋根裏で共産党の政治局会議が開かれ、いつもは政治局会議に出席しないコミンテルンの機関員クレマンことオイゲン・フリートがその場に居合わせていた。フランス共産党内の「モスクワの眼」と言われるフリートは、七日付の『ユマニテ』に掲載された二月六日事件に対するマルティの分析（ファシストと社会党の陰謀論）を批判し、労働者を結集させ、セクト主義的思考を捨てる必要性を語っていた。政治局会議は、フリートの助言にしたがって九日のデモを決議する。(14) 八日付の『ユマニテ』は、「急進党と社会党はファシズムの温床」だと非難し、「銃殺者のダラディエとフロ〔内相〕を打倒」するため、「明日二〇時、共和国広場」へ結集するよう訴えた。(15) 九日の共和国広場は六〇〇〇人の警官であふれていた。共産党中央委員のジャック・ドリオと元政治局員のアンリ・バルベに指揮された一万二〇〇〇人から一万五〇〇〇人ほどのデモ隊は、四時間にわたって警官隊と衝突し、死者六人を出す乱闘に終わった。ここにいたって共産党は最初の戦術転換を行う。この決定は、共産党に派遣されていたフリート個人の責任でなされた。(16)

二月一一日付の『ユマニテ』は、共産党とCGTUのアピールを一面に掲載した。一二日（月）のゼネストのために「すべての工場で行動委員会を結成せよ」と呼びかけるCGTUのアピールと、そのゼネストへの参加と明日の午後三時にヴァンセンヌ通りに集まるよう訴えた共産党のアピールである。(17) しかし、このアピールは社会党提案の受諾を意味したわけではなく、独自のアピールとして出されたことに注意すべきだろう。それは、いわば並行的アピールであり、結果的に一二日、社会党との行動統一がなされるということであった。一九二〇年の社共分裂以来の両党間の溝の深さが窺われよう。

二月一二日のデモ

社共指導部の躊躇や疑懼《ぎく》とは裏腹に、一二日のゼネストとデモは大成功であった。それは、戦間期初の勝利した政治ストであった。(18) 鉄道・水道・電気は止められなかったが、二四時間ゼネストが混乱もなく打ち抜かれた。整然としたストとデモの成功は、保守系紙『マタン』の記事や『タン』の社説からも窺うことができる。『マタン』は、郊外や地方では乱闘も起きたが、「パリでストがあったこの月曜日は静かな一日であった。社共のデモは混乱もなく展開された」という見出しを掲げた。『タン』は、平穏に行われたとはいえ、昨日のストとデモの重要な教訓として、史上初めて公務員のゼネストが指令されたように、「純粋に革命的な一日」であったことを指摘し、「革命の大演習が比較的静かに行われたとしても、われわれは騙されはしない」と「警告」を発していた(19)。それでは、『タン』を戦慄させたデモをみてみよう。

午後のパリ、春のような陽光のもと、ポルト・ド・ヴァンセンヌに人びとが集まってきた。共産党は、党員とシンパをピレネー通りとヴァンセンヌ通り右側に集め、社会党は、ヴァンセンヌ通り左側とマルスラン通りに支持者を集合させた。午後三時、デモ隊が出発する。社会党の隊列の先頭にはブルムら八〇人の議員が並び、その後ろを物理学者のポール・ランジュヴァン、作家のジャン＝リシャール・ブロックとアンドレ・マルローらの知識人が続いた。五万から八万の人びとがデモに参加し、ヴァンセンヌ通りからナシオン広場までを整然と行進した。デモでは、「キアップを収監せよ」「ファシズムを通すな」「共和国は死なない」などのスローガンが記された横断幕が掲げられた。共産党のリーダーは、共産党の隊列を社会党のそれから分離しようと試みたがむだであった。初めは、道路の両側を別々に行進していた社共活動家も、ナシオン広場で「ファシズムを倒せ！」「統一！」の叫びとともにいつしか融合し、ポルト・ド・ヴァンセンヌへと戻りはじめる者もでたが、午後四時五〇分には解散した。かくして混乱もなく、初の「反ファッショ統一行動」は参加者に深い感銘を与えて幕を閉じた。同日のオーストリアでは、社会民主党系の労働者の武装闘争が鎮圧されており、団結した左翼の力の重要性を痛感させていた。

翌日の『ポピュレール』は、「ファシズムを通すな！　昨日、労働者のパリは王党派と《クロワ・ド・フー》の挑発者に回答した。社会党の

図2－1　1934年2月12日のデモ

出典　Jean Lacouture, *Le Front populaire*, Actes Sud, 2006.

アピールに共産党も同調し、一五万人以上の労働者からなるすべての前衛組織は、ヴァンセンヌ通りとナシオン広場で、ファシズムへの憎しみを声高に叫び、政治的自由と労働組合の自由を擁護する意思を明確にした」と記した。『ユマニテ』も「統一行動がファシズムを阻止する。先例のないゼネスト」と大見出しを掲げた。『プープル』は、「ファシズムへの道を妨げるために、パリと地方の労働者階級はCGTのアピールに応え決起した」とか「自由の勝利」と書きたて、「ファシズムの脅威を前にして警戒を怠るな」と訴えた[20]。CGT書記長のジュオーは、五月八日の議会調査委員会の場で、ゼネストは「革命でも暴動でもなく」、「民主政体や獲得した自由に手を触れさせない」という労働者からの「警告でしかなかった」と評している[21]。

　地方の工業都市でもゼネストやデモが組織された。リール、ルーベ、ヴァランシエンヌ、サン＝テチエンヌ、マルセイユ、リヨン[22]、ボルドー、ナント、トゥールーズ、ル・アーヴル、ルーアンなどである。CGTの月刊誌『人民の声』は、五一の地方都市を列挙している。抗議集会が開かれ、暴動となったところもあった。マルセイユでは二人が死亡している。南西フランスのドルドーニュ県ペリグーでも、一万人ほどのCGTとCGTUの組合員と左翼政党や人権同盟員がストやデモを組織した。パリとは異なりペリグーでは、二月の日々、社共両党は最初から統一行動を実現している。フランス全土では、二月七〜一二日に三五六地区で四五三の集会とデモが開かれている。二月一一〜一二日に限定すると、八五県で二七四のデモが行われた。その六六市について一九一九年のメーデーと比較した知事報告によると、二月の動員数は一九年の四割増の二四万六四八〇人であり、増加した三五市はロワール以南の「赤い南《ミディ・ルー》部《ジュ》」に位置し、逆にフランス北部の二四市では減少をみたという[23]。

　最後に急進党の対応をみておこう。CGTは、急進党にも二月一二日のデモへの参加を呼びかけていた。急進党書記局と国会議員団は、九日、コミュニケを発表した。それによると、「脅かされた万人の自由」を守るためにCGTのアピールを原則として受諾するが、参加については各県連の判断に任せるとあった。ラーモアによると、調査した四二の急進党地方紙のうち、一二日への参加を明らかにしたのは八紙のみであった[24]。

　左翼の統一行動に加わった急進派の事例を一〜二紹介しよう。ジャン・ゼーは、二月一一日に地元のオルレアンで、

「かつてないほど必要になった左翼の統一」のために、社会党・CGT・人権同盟が組織したデモに個人として加わった。フランス東部エピナルの急進党員は市の体育館で開かれた集会に左翼や労働者の団体とともに参加し、サヴォワ県シャンベリーでは人権同盟主催の集会に出席している。リヨン近郊のジヴォールでは、二月一二日後に結成された反ファシズム共同戦線（共産党を除く）に、急進党も社会党・労働総同盟・人権同盟とともに加わった。しかし、北フランスのソム県連会長は反休戦政府の色彩の強いデモには参加しないように党員に呼びかけていた。またエピナルの急進派は、地元選出の左派議員マルク・リュカールに対する共産党の攻撃に愚痴をこぼし、シャンベリーでも反ファシズム連合を提唱するピエール・コットは、人権同盟が組織したデモを共産党が支配したことを非難した。それゆえ、シャンベリーで反ファシズム監視委員会が結成されても急進派は加盟しなかった。[25] こうして、「共和国は危機にあり」という認識を共有して団結した左翼の力は一過性のものに終わる。

反ファシズム知識人監視委員会

左翼に感銘を与えた二月一二日は、凍てついた社共両党の関係を修復させなかった。共産党はふたたび一九二〇年代末の「階級対階級」戦術に後退し、社会ファシズム論の立場から社会党攻撃を強める。二月一七日に共産党のヴァイヤン＝クーチュリエは、九日のデモで犠牲になった「わが同志は、社会党議員が賛成投票した国家予算から支出された弾丸によって殺されたのだ」と「社会党の責任」を追及した。また、三月五日に共産党中央委員会は社会党とCGTが労働者階級の利益を裏切りつづけてきたことを糾弾し、「労働者階級の分裂を画策する社会党とCGTに対する容赦のない戦い」を呼びかけた。[26] 三月六日にブルムは、「ブルジョワジーの主要な支柱」という共産党からの批判に対して、「本心から統一を望んでいるのは誰か」と不快感を表明している。社会党指導部はもとより、共産党との統一を求める社会党左派がもっとも攻撃された。社会党左派のマルソー・ピヴェールやジャン・ジロムスキーが非難の的となった。共産党内でも早い時期から「上からの統一戦線」を提唱していたジャック・ドリオが、批判にさらされていた。『ユマニテ』もドリオ批判のキャンペーンを展開する。[27]

こうして、社共両党の関係が元の木阿彌と化す一方で、一九三四年三月五日に、ファシズムに反対し、自由と平和を守るすべての人びとに開かれた知識人の集団、反ファシズム知識人監視委員会（CVIA）が誕生した。[28]CVIAは、二月七日に若き会計検査官のピエール・ジェローム（本名フランソワ・ワルテル）が、全国教員組合の書記長アンドレ・デルマスを訪問して生まれた。二月六日事件に驚いたジェロームは、共和国を救うために共和派知識人の一致した行動が必要だとデルマスに語った。デルマスは、一二日のゼネスト後に書記ジョルジュ・ラピエールを交えて話し合うこととし、二月一七日にパリのミュチュアリテ会館で結成準備会が開かれた。CGT書記長レオン・ジュオーも参加している。しかし、ジェロームが非現実的な演説をして批判を浴びたため、宣言を採択することなく閉会した。先行きが危ぶまれたCVIAであるが、三月五日に「労働者へ」という宣言を発して正式に発足した。この宣言は、ファシストの独裁に反対し、人民の権利と自由を守るために労働者との共闘を表明し、監視委員会の結成を呼びかけた。[29]CVIAは、数週間で二〇〇〇人以上の加入者を集め、七月に会員は三五〇〇人を超えた。CVIAの委員長にはポール・リヴェ教授（社会党員）、副委員長にはポール・ランジュヴァン教授（共産党系）と哲学者のアラン（急進党系）が名を連ねていた。

このようにCVIAは、のちの人民戦線を構成する主要な左翼政党とかかわりの深い人物が代表者に就いたとはいえ、「左翼統一の場として画期的な成功をおさめた」とか、左翼政党や「多数の民主的団体を人民連合に結集させるうえで、正に触媒としての機能を遺憾なく発揮した」という評価には慎重を期すべきだろう。[30]というのは、急進党がCVIAに冷淡な態度を示したからである。アランが、一九二五年に『急進ドクトリンの諸要素』を出版していたにもかかわらず、戦間期の急進党内ではアランに言及する者は誰もおらず、また、アランがCVIA内で急進党の政治傾向を代表していたことに、多くの急進党員は驚きを表明していた。[31]アランの急進党への影響力は皆無に近かった。さらに、社共両党の留保的態度も加わり、CVIAは左翼政党を連合の道へ踏み出させることはできなかった。

ブルム内閣が成立した一九三六年六月にCVIAは、ヒトラーの攻勢に対して取るべき態度をめぐって、すなわち戦争と平和の問題やソ連体制の評価をめぐって深刻な分裂の危機に直面することになるが、[32]ここにも知識人組織の脆弱性を窺うことができるだろう。フランソワ・ワルテルは、約五〇年後にこう回想している。CVIAは、労働者階級や民主勢力を引き裂く対立を凌駕しようとして結成されたが、「われわれ自身が分裂し引き裂かれていた。……〔三六年の〕選挙に勝つ前から、CVIA自身の分裂が無情にも表面化したのである」(33)。

2 統一戦線への歩み

ドリオ問題

一九三四年春、共産党はドリオ問題に悩まされていた。ジャック・ドリオは共産党のナンバーツーでサン=ドニ市長も務め、大衆的な人気のある政治家であった。三四年一月二五日の共産党中央委員会で、ドリオは「階級対階級」戦術を修正すべきであり、「下からの統一戦線戦術を上からの時宜を得た提案で補完することが絶対に必要である」と提起した。ファシズムと闘うためには、労働者政党間の統一行動が必要であり、「上からの統一戦線」を形成すべきだとドリオは主張したが、書記局に却下された。書記長モーリス・トレーズは、機関誌『ボルシェヴィズム手帖』(二月一日)のなかで名指しはしないものの、「先日の中央委員会は日和見主義に対する闘争を精力的に行った」とドリオを批判した。二月二日にもドリオは、パリ地区の社会党県連にも呼びかけて反ファシズムのデモを組織することを党に提案するが、またもや拒否された。翌日の『ユマニテ』のなかでアンドレ・マルティは、ファシストに対抗する「大規模なデモ」を求める同志に対して、それはマルクス主義によって非難された旧式のアナルコ=サンディカリズムだと批判し、「苛立つな!」と訴えた。六日の下院でもドリオとルノー・ジャンは、トレーズに行動を起こすために社会党との協議に入るように求めたが、拒否されている(34)。

しかし、ドリオはひるむことなく、二月一二日にヴァンセンヌには部隊を送らず、地元サン=ドニで社会党やCGTとの合同集会を初めて組織し、反ファシズム統一監視委員会(Comité de vigilance antifasciste unitaire)を結成した。二月一三日付『ポピュレール』は、「サン=ドニの民衆はプロレタリアートの統一行動に喝采を送った」と報じ、一九二〇年以来こうした光景は見たことがなかったとその喜びを綴った。ところが共産党のブノワ・フラションは、「革命的プロレタリアートに対する犯罪」だとか、「社会ファシスト（社会党員）のためにサン＝ドニの立派な闘士を武装解除した」とドリオを非難した。さらに『ユマニテ』（二月二〇日）は、「被追放者」ドリオとの接触を禁じ、ドリオの「密告と挑発に対する無慈悲な闘い」を呼びかけた。このことは、ドリオが労働者のあいだにカリスマ的な人気を保っていたことを逆に示している。そこでドリオは、三月一〇～一一日に開かれた共産党サン＝ドニ地区集会で、社会党との統一行動を支持し、党中央に従わない理由書をコミンテルンに送付する決議をあげさせた[35]。

三月一五日に共産党中央委員会は、「反ファッショ統一行動のために」と題して、一二項目にわたる決議をあげている[36]。それは、ファシズムを勢いづけた社会党の責任を追及し、二月六日事件以降、右翼日和見主義者（ドリオ派）によって党の反ファッショ闘争が妨げられたとを糾弾し、社会党の労働者を吸引すべく「下からの統一戦線」を提唱していた。前日に政治報告をしたマルセル・ジトンも、「社会党は、かつてないほど強力な社会ファシズム政党にとどまっている」と非難していた。中央委員会決議以後、より精力的な反社会党、反右翼日和見主義キャンペーンが始まった。四月、モーリス・トレーズ書記長はこのキャンペーンの先頭に立つ。彼は、社会党とCGTが統一戦線を妨げ、資本やファシストとの闘いを阻んでいると糾弾し、「社会党という労働者階級のなかのブルジョワジーの代理人に対する絶えざる無慈悲な攻撃」を呼びかけ、社会党との統一行動を求める党内の「右翼日和見主義者」の要求は「わが党を壊滅させる」と、右翼日和見主義者の排除を主張した[37]。

トレーズの非難は激しさを増す。「今、日和見主義者たちは、わが党に社会民主主義と連合した政策を実施するために下からの統一戦線政策を放棄するように提起している。今われわれは、社会民主主義者の吐瀉物のなかにふたたび落ちこむために、ボルシェヴィズムの立場を捨てるように求められている。……われわれは、ブルジョワジーの主要な社会的支持者である社会党とは何ら共通点をもっていない。……社会党の犯罪的政策、とくに左派のジロムスキーとピヴェールのそれを絶えず弾劾する」と記した[38]。さらにトレーズは、「共産主義者と社会主義者との結婚に関するお喋りは、ボルシェヴィズムの精神と本質的に相容れない。われわれは社会民主主義者との統一を望まない。

……水と火の結婚はありえない」(四月一三日)とか、ブルムやフォール(社会党書記長)やドリオを「労働者階級の分裂を画策する者」として非難し、「社会ファシズムとの連合《ブロック》に反対」(四月一九日)した。そして、社会党との共闘を推進するドリオ派を、党内の「臆病者にして妨害者」(四月二一日)と呼んで攻撃を続けた。(39)

こうした攻撃に対して、四月一一日、ドリオはバルベ(サン＝ドニ市会議員)を含む四五人の活動家が連署した「コミンテルンへの手紙」を公表した。三万部刷られたこの手紙のなかでドリオは、「党中央は、的確な目的の欠如と間違った政治スローガンという二重の政治的誤りを正当化するために、二月六日事件を労働者階級と政府との対立と捉えた」と非難し、党指導部の誤りを正すために、コミンテルン執行委員会の介入を求めた。(40) さらにドリオは、党中央への抗議として、四月二〇日にサン＝ドニ市長職を辞して選挙戦に打って出た。彼は、五月六日に有効投票数の八割を獲得して復職し、党中央を批判する自説が支持されていることを身をもって示した。それゆえ、共産党はドリオ批判のヴォルテージを高め、返す刀で社会党批判も強めた。共産党は、「階級対階級」戦術を忠実に適用し、他の左翼団体が組織した集会やデモを妨害する挙に出た。このような共産党の非妥協的な態度は、ますます支持者を失う原因ともなり、「下からの統一戦線」はほとんど成功しなかった。たとえば、ルーアンの反ファシズム委員会(非共産系)が四月中旬に組織した集会には、一八〇〇人の参加をみたが、二週間後に共産党が組織した反ファシズム集会には三〇〇人しか集まらなかった。(41) また、エーヌ県ソワッソンで開かれたメーデー集会は、共産党員の暴力的挑発行為によって混乱したと『ポピュレール』が報じている。さらに、ベルジュリが落選した四月二二日の補欠選挙では、共産党候補の得票数は一九三二年と比べて第一次投票で四二％減の三九四票(三二年は六七九票)、さらに第二次投票では第一次投票の六六％減の一三四票となった。(42)

事ここにいたって、共産党の内紛を解決すべくコミンテルンが介入する。そこには、フランス共産党の戦術を転換させたいコミンテルン執行委員会書記マヌイルスキーの意思と、当時モスクワにいたフランス共産党代表アルベール・ヴァサールの働きかけがあった。四月二一日にモスクワから共産党政治局に届いた電報は、「党内闘争に終止符を打ち、……フランス共産党内の見解上の対立を検討」するため、トレーズとドリオにモスクワに来るように指示していた。電報の内容は、四月二七日と二八日の『ユマニテ』に掲載された。トレーズは四月二六日にモスクワに旅立ったが、ドリオは三度にわたる訪ソ要請を拒否し、五月一六日にコミンテルンを破門されるにいたる。[43] 破門されたとはいえ、コミンテルンが忍耐強くドリオに訪ソを三度も要請した事実を重視すべきだろう。というのは、コミンテルンの戦術転換はこの五月に行われたからである。

すでに四月七日、ゲオルギ・ディミトロフがスターリンによってコミンテルンの書記長に任命されていた。ディミトロフは、ドイツ国会放火事件の容疑者としてライプツィッヒで裁判にかけられたが、検察を論破して釈放され、英雄としてモスクワに帰還したところであった。彼は、社会党と共産党の労働者による共同闘争の必要性を痛感していた。コミンテルンの人事交替は政策の変更を意味した。五月一一日、ディミトロフはモスクワ滞在中のトレーズに向かって、「ジノヴィエフ時代の独断的な図式から解き放たれねばならない」と述べ、共産党の社会党指導部批判を理解していない社会民主主義系の労働者と「接触し、共同行動に取りかかることがきわめて重要であり」、コミンテルンは他の左翼政党との統一路線を採択すると語った。五月一六日のコミンテルン幹部会の席上、マヌイルスキーは、「労働者階級を脅かすファシズムに対する共闘」を、共産党が社会党指導部に直接訴える可能性について言及している。こうしてソ連共産党機関紙『プラウダ』は、五月二六日から社会党の統一提案に好意的なトレーズの論説を公表する。さらに五月末に帰国したトレーズは、社会党大会で共産党との革命的な統一行動を求める動議が出されたことを踏まえて、五月三〇日の『ユマニテ』紙上で、ドリオ批判を繰り返しつつ「即時の共同行動」を社会党に訴えた。しかし、トレーズにはいまだ当惑や躊躇がみられた。[44]

統一戦線の軌跡

共産党が統一戦線へのイニシアチヴをとるのは、一九三四年六月のことである。この時期までは、社会党から統一を求めるアピールが何度か発せられていた。五月三一日、『ユマニテ』が「分裂に反対し、統一戦線のために」と題されたソ連の『プラウダ』論文を転載してから、事態が動きはじめる。その論文には、「フランスのブルジョワジーはドリオの味方だ」と、ドリオの分派的で反党的行動を非難すると同時に、社会党指導部に反ファッショ統一行動を求めるアピールが含まれていた。「フランス共産党は、ファシズムの脅威を前にして闘う統一戦線を社会党指導部に提起すべきか」という問題について、「コミンテルンは、フランス共産党中央委員会と一致し、ファシストの脅威の前で、統一戦線を求めるこうしたアピールは正当化されるのみならず、ある状況下では必要だと考える」と指針を示した。(45)

統一行動を求めるドリオへの非難キャンペーンは続行中であり、六月一日にもルーアンの反ファシズム委員会がドリオを招いて開いた集会で、共産党員が野次を連発してドリオの演説を阻止し、集会は乱闘のうちに終わるという事態も生じていた。『ユマニテ』は、「背教者たちの支援を得たドリオ」の「集会は大失敗であった」と記している。(46)それゆえ、突然の共産党の豹変に当惑しつつも社会党は交渉に応じることを決定した。労働者のあいだから統一を求める声が強まっていたからである。六月一一日に第一回の会合がもたれ、両党間の非難や中傷の中止が話し合われた。社会党からはブルムとジロムスキー、共産党からはトレーズとブノワ・フラションとマルセル・ジトンが参加した。ところが、共産党の機関誌『ボルシエヴィズム手帖』（六月一五日）のなかで、トレーズは社会党批判を繰り返していた。社会改良主義者の「分裂政策」が共産党の統一政策を阻んでおり、CGT書記長ジュオー、ブルム、社会党書記長フォールといった「人びとは、統一行動に依然として敵対している。だから、共同行動を実行する組織を拒絶しているのだ。……彼らは、ブルジョワジーの主要な社会的支柱のままである」。(47)社会党は共産党に相互批判の停止を求めたが、共産党は拒否した。この結果、統一行動の条件で両党は一致せず、六月二〇日、社会党は交渉停止を決定するにいたる。

三日後の六月二三日、共産党はイヴリーで全国協議会を開催した。この時点で、社共統一戦線が成立する見通しは暗く、トレーズは、二四日にも「労働者は統一を欲している」と語りつつ、労働者の統一戦線に反対する社会党の指導部批判を繰り広げた。まさにこのとき（二五日）、社会党との協定に同意するように命じる「威嚇的な電報」（クリージェル、クルトワ）がコミンテルンから届けられた。この結果、二五日（日）で幕を閉じるはずであった全国協議会は、急遽一日延期されることになった。二六日のトレーズの閉会演説は、それまでとはまったく異なるトーンを奏でた。書記長は、「闘う統一戦線の問題はプロレタリアートにとって死活問題」なので、「われわれは万難を排して統一行動を望む」と語り、「ファシズムを打倒するために統一戦線」の結成を社会党指導部に訴えた。そのため、「われわれ共産党には、共同行動のあいだ社会党批判を放棄する用意がある。もし、われわれが反ファシズム・反緊急令・反戦の闘いをともに組織するなら」、共産党の演説や印刷物から、「わが党との協定に忠実な社会党指導部および社会党諸組織に対する攻撃は消え失せるだろう」とすら述べられた。(48) 六月二七日、共産党中央委員会はドリオの除名を決議する一方で、七月二日の『ユマニテ』に五ヵ条からなる統一行動協定(案)を公表した。コミンテルンの機関誌『国際通信』(七月一四日)のなかで、アルベール・ヴァサールは「統一戦線の提案」が社会党にも受諾可能な内容となるように練られねばならないと述べ、コミンテルンの意思を表明していた。(49)

「上からの統一戦線」へと舵をきった共産党の戦術転換によって、停滞していた社共両党の交渉は進捗をみた。逡巡する社会党指導部に圧力を加えたのは、統一を希求する活動家の声であった。二月六日事件以後、左翼政党と労働組合や市民団体は、共和国と民主的自由の防衛を目的とした監視委員会を各地で自発的に結成し、社会党員がリーダーシップを発揮していた。二月から五月のあいだに、四〇あまりの共産党の地方組織も監視委員会に加わっている。統一行動を求める下からの自発的な動きが強まりつつあることを示している。七月二日には、社共両党のパリ地区組織がビュリエ会館で反ファシズムの共同集会を開き、共産党からはマルセル・カシャン、ジャック・デュクロ、ヴァイヤン＝クーチュリエ、社会党からはピヴェール、ジロムスキー、ファリネその他が出席していた。ビュリエ会館だけでは入りきらず、急遽、ユイジャンス会館に第二会場を設けねばならないほどであった。『ポピュレール』の発表では二万五〇〇〇人の労働者が参集したという。(50)

こうした声に後押しされるかたちで、七月一五日、社会党は臨時全国評議会を開いた。社会党は、非難合戦の中止、教義論争の停止、反ファシズムの戦いが民主的自由の防衛を意味すること、社共連絡調整委員会の設置などを条件として、「ファシズムと戦争に反対する共同行動という共産党の提案を受諾する」決議をあげた。共産党がこれらの条件に同意したため、七月二七日に統一行動協定が調印され、社共統一戦線が正式に誕生した。二九日、一九二〇年以来初めて両党は、パンテオン前広場でジャン・ジョレス暗殺二〇周年記念集会を合同で主催した。『ポピュレール』は、「平和と社会主義の使徒」であるジョレスを追悼するために、ジョレスが眠るパンテオンに集まった社共の労働者五万人は「ジョレス万歳！　戦争反対！　統一万歳！」と繰り返し叫んだと報じた。[51] 一九二〇年の分裂以来、一四年の歳月が流れていた。

社共両党の交渉は急進党にも影響を及ぼしていた。六月一一日、急進党セーヌ・アンフェリユール県連は、休戦政府の政策を反民主的で反共和的だと非難し、それを受容している党指導部を批判した。一三日の党執行委員会でも、セーヌ＝エ＝オワーズ県連会長モーリス・ベネ（キュドネの後継者）は、エリオを攻撃した。前日のサン＝テチエンヌではクロワ・ド・フーの支部が集会を開き、流血の事件に発展していた。こうした右翼リーグの暴力的なデモを前にして、急進党の執行委員会は「共和国に敵対的な反逆組織の解散」を要求する。[52]

七月二七日は正式の統一戦線の開始ではあったが、有効な共同行動の端緒ではなかった。社会党が協定の適用を県連や地方組織の判断に任せたことや、協定をめぐって社共両党間に齟齬が生じたことが、その一因である。統一行動を「ファシスト・リーグ」との闘いにとどめようとする社会党の壁に突きあたり、共産党は統一戦線を大衆的規模に拡大しえないでいた。したがって、「反ファシズム」以外では両党はそれぞれのキャンペーンを展開する。そこで、共産党は中産階級の獲得にのりだす。すでに、六月二六日のイヴリー全国協議会の場で、トレーズは「プロレタリアートの統一を実現し、闘う統一戦線を組織し、単一の労働総同盟のために活動すること、だが、これだけでは足りない」と述べ、「中産階級をファシズムのデマゴギーから引き離して、労働者の側に引き入れたい」と述べていた。[53]

かくして、八月一九日に共産党が公表した秋の地方選挙に向けたマニフェストは、まったく新しい音色を奏でた。それには革命的言辞は姿を消し、プロレタリアートと中産階級のための具体的な改革が提起されていた。それは社会党を驚かせた。たとえば、「ファシスト・リーグ」の解散やソ連の擁護も掲げられてはいたが、国家や経営者の負担による失業保険・週四〇時間労働・賃下げ反対などの労働者のための要求に加えて、農民（農作物の価格低下による損失補償・税や負債の支払猶予）、職人（損失補償手当・差押えの停止や減税）、退役兵士（三％の年金削減廃止や年金改正法廃止）、その他、青年・女性・兵士・移民労働者のための要求も掲げていた。また、ファシズム候補を倒す必要から、反国民連合の立場を明確にした急進党候補のために、社共候補の立候補辞退を明示した。中央委員のジャック・デュクロも、「全世界の労働者の祖国、ソヴィエトを擁護するプロレタリアートの統一行動」を労働者に呼びかけつつも、「ファシズムと闘うため、急進党所属の反ファシズム候補のために立候補を辞退する用意がある」と明言し、「プロレタリアートの側に町や村の中産階級を、プチ・ブルジョワジーを糾合したい」と語り、「民主的自由を擁護し」、ファシズムと国民連合政府に反対する共闘を急進派に訴えた。[54]

こうした共産党の政策転換は、ソ連外交の転換とも符節を合わせていた。ヒトラー政権の誕生がブルジョワ民主主義国との接触をソ連にしいた。一九三四年五月一八日のジュネーヴで、フランス外相ルイ・バルトゥーは、ソ連のリトヴィノフ外相と長時間にわたる友好的な会談をもっていた。この結果、九月一八日、ソ連はそれまで「帝国主義的な盗賊どもの巣窟」と糾弾してきた国際連盟に加盟するにいたる。ソ連にとって、一方でフランス政府との関係改善を進めつつ、その政府を打倒する政策を主張することは矛盾した。[55]

したがって、一〇月に本格化する共産党の急進党へのアピールはいわば既定路線であった。急進党右派の新聞は、『ユマニテ』では「急進派の労働者」について語られ、『ポピュレール』では相変わらず「急進派のブルジョワ」について語られていると、共産党の軟化路線と社会党の教条的態度を比較していた。[56]

共産党と急進党大会

一九三四年一〇月七日と一四日に県会議員選挙が行われた。一〇月九日の社共連絡調整員会でトレーズは、中産階級の利益にもなる積極的な改革綱領を起草することを提案した。[57] 翌一〇日、それは中産階級と労働者階級を結ぶ「自由と平和の共同戦線（Front commun）」として定式化された。一二日には「万難を排してファシズムを打倒せよ。広範な反ファシズム人民戦線のために（Pour un large front populaire antifasciste）」と、初めて「人民戦線」が用いられた。

「人民戦線」の命名者は、コミンテルン機関員のフリートである。(58)さらに一〇月二四日、トレーズは、ナントの地において「反動とファシズムの戦線」に反対し、「自由と労働と平和の人民戦線」の結成を反政府派の急進派に呼びかけた。急進党のナント党大会は、翌日に開催される予定であった。トレーズは、急進党に反ファシズム連合を提案しつつ、「中産階級と労働者階級の同盟」を実現することを訴えた。(59)

『ユマニテ』も、急進党左派に頻繁に言及するようになっていた。トレーズは、一〇月一〇日の演説のなかで、中産階級の一部が共同戦線という考えを受け入れている証拠として、ダラディエとピエール・コットとラウル・オーボーに言及している。これら急進党左派は、国民連合を支持する党指導部に公然と反対していたからである。たとえば、コットは中道政党や保守政党との無力な同盟を攻撃し、より大胆な綱領を要求した。急進党書記長で下院議員のオーボーは、ドゥーメルグ内閣の緊急令政治や全権政治を糾弾し、ファシズムとの闘いを呼びかけた。一〇月五日の『ユマニテ』は、ダラディエの論説を紹介している。同紙によるとダラディエは、「パリには少なくとも三万人の武装ファシストがいる」ので、「共和国の防衛」のためには「いかに勇敢とはいえ労働者階級の支援だけでは不十分であり、われわれよりも穏健な人びとを含むすべての民主主義者の協力と中産階級の支持」が必要だと訴えたという。共産党中央委員のジュリアン・ラカモンは、一〇月二三日にダラディエと会見して党の見解を伝え、働きかけを強めもした。(60)

しかし、急進党は共産党のアピールを黙殺する。党大会で内政問題の基調報告に立った右派のジョルジュ・ボネは、こう述べた。(61)これまで非難合戦を繰り広げてきた社会党と共産党が、「共同戦線」を結成して、急進党にも反戦・反ファシズムの「統一行動」への参加を呼びかけてきた。わが党の政策を実行する政府が存在するなら、反議会主義的な暴動や独裁を樹立する企ては起こりえないだろうが、万が一それが起きて、われわれが社共と共闘して勝者になったとき、社共と一緒に統治しなければならなくなる。ところが共産党は、八月一九日に公表したマニフェストのなかで、「ソヴィエトの樹立」や「国防の破棄」を宣言している。この政策はわが党の教義とは相容れず、共産党との一致した政府活動は不可能である。「共産党の教義を包み隠した共同戦線が自由の擁護者のふりをしているとき、急進党は真の道から逸れることなく、民衆と民主主義との接触を常に保たねばならない」。

このように、急進党は共産党の提案に罠の匂いを嗅いでおり、疑いの眼を注いでいた。急進党には共産党との同盟に踏み出す教義上の用意はなかった。両党は国防問題では決定的に対立していた。共和国の国防を党是とする急進党の愛国主義と、「ブルジョワ共和国」の国防を否定し、その敗北を願う共産党の革命的敗北主義とは水と油であった。ただし、ナント党大会でダラディエが、経済問題を論じつつフランスを支配する「二〇〇家族」、すなわちフランス銀行の大株主「二〇〇家族」を批判する演説を行い、二月六日にはすべてを理解していなかった労働者階級は、今やあらゆる方法で民主主義を守るという点でわれわれの味方だと発言したことのみが、共産党を慰撫するものであった。(62)

それでも、一一月三日に首相のドゥーメルグが執行権の強化をめざして改憲を提案したとき、反共平和派のアンドレ・デルマスが一一月一〇日に「人民戦線、自由戦線、民主戦線など、名称は何でもよい」ので、自由を擁護し恐慌に反対する「民衆の大連合」を「緊急に実現せねばならない」と記したところにも、左翼の大同団結を求める気運の盛りあがりを窺うことができる。(63)ともあれ、急進党の冷淡な態度に意気消沈することなく、共産党中央委員会は一一月二日に声明「中産階級との同盟のために」を発した。声明には具体的な提言はなかったが、社共のあいだで「中産階級の獲得競争が始まった」という言葉が注目を集めた。一一月一三日の下院でもトレーズは、「労働者階級と中産階級の勤労者との兄弟的な同盟を打ち固めねばならない」と発言している。(64)

共同綱領をめぐる社共両党の交渉も不一致を露呈していた。社会党が共通のイデオロギー的土台にもとづく戦略的な綱領を求めたのに対し、共産党が戦術的綱領を求めたからである。それに、コミンテルン内部でも書記長ディミトロフと書記マヌイルスキーとのあいだに見解の相違があって、方針を提示しえなかった。かくして、人民戦線は足踏みし、統一戦線も「ファシスト・リーグ」との戦いに限定された。一一月に社会党書記長ポール・フォールが、「ファシストの脅威は、おそらく言われているほど本物でもさし迫ってもいない」とか、「指導者の強がりや大工業の財政援助にもかかわらず、また右翼機関紙の騒々しい宣伝にもかかわらず、フランスのファシズムは後退した」と記したように、(65)「ファシスト・リーグ」の脅威が遠ざかるとともに統一戦線も弛緩する。一九三四年末から三五年初めにかけての左翼連合の実態は以上のようであった。

急進党内にも大きな変化はなく、多数がフランダン首相の実験に熱中していた。ただし、一二月に『共和国《レピュブリク》』など数紙の急進党系新聞が、人民戦線の可能性を論じていた。『共和国』は、「連合への賛否」の特集を組んで、愛国青年団のピエール・テタンジェ議員、人権同盟総裁のヴィクトル・バッシュ、CGT書記長レオン・ジュオー、保守派議員のポール・レノーその他の見解を連載していた。[66] 翌三五年一月一八日には、左派のセーヌ県連がのちに人民戦線を構成する諸団体との共同集会に参加していたことが、新たな動きであった。[67] しかし、党の大勢を制するにはほど遠かった。この一月一八日集会には、ヴィクトル・バッシュが議長を務め、共産党のマルセル・カシャン、社会党のブルム、急進党セーヌ県連のジャン・セナック、急進党カミーユ・ペルタン派のガブリエル・キュドネ、CGTのガストン・ギロー(パリ労組連合書記)、CGTUのルネ・アラシャールなどが参加していた。CGTがこの種の集会に代表を送ったのは初めてのことであった。[68]

3 人民戦線への歩み

地方選挙

二月六日事件以後、右翼的な国民連合政府に参加してきた急進党は、一九三四年春以降、一連の選挙で後退をよぎなくされていた。三月から四月の補欠選挙では、ヴェルダンを除き国民連合や社会党に議席を奪われた。また、社会党が立候補辞退に応じたときには、急進党候補は反国民連合を条件づけられた。[69]

一九三四年一〇月の県会議員選挙は、中道政党の退潮と左右両翼の伸張を示した。共産党は、社共の各候補が劣勢のとき、反政府派の急進党候補を支持すると提案したが、これを受け入れた急進党員は皆無であった。したがって、急進党は一般に単独で選挙を戦った。一方、社急カルテルは一八の選挙区で機能した。[70] その結果、急進党は一九議席減の四八四議席(急進党を含む中道政党は四九議席減の七一六議席)、共産党は一七議席増の三四議席、社会党は三議席増の一一八議席、保守派は二九議席増の六五〇議席となった。[71] 急進党の敗北は表面的には小さかった。しかし、エリオ総裁が「われわれは五〇近くの議席を失った」[72] と述べているように、選挙結果は深刻に受けとめられた。左右両翼の伸張は、二年前のドイツを想起させるものがあったからである。社共両党は、第二次投票での立候補辞退を約束していた。統一戦線は選挙連合として機能しはじめた。共産党は倍増し、社共の選挙協力は共産党に有利に働いた。しかしながら、統一戦線派も大勝利ではなかったため、急進党と社共両党との連合の試みは平行線のまま三五年を迎える。

フランダン内閣

急進派の支持を受けて誕生したフランダン内閣も、一九三五年二月七日には四七人の急進派議員から反政府票を投じられた。二月二〇日、『新時代《エール・ヌーヴェル》』紙のなかでアルベール・ミヨーは「一九三六年には同盟はどのようなものになるであろうか。それは下院議員を悩ませる未知数だ」と表明し、フランダン型の中道多数派《コンサントラシオン》政府の活力に疑問を呈していた。二月二八日の党執行委員会でエリオは政府支持を繰り返していたが、春に行われた補欠選挙はエリオの言葉を裏切るものであった。二月にはオート＝ピレネー県で、三月一七日には同県の県庁所在地タルブでも、急進党候補が社共両党の協力で当選した。モントルイユ＝シュル＝メール（パ＝ド＝カレ県）においても同様の協力パターンで、急進党候補はフランダンの民主同盟候補を敗って当選した。四月にはブロワでも、第一次投票でトップに立ったファッショ的な「農民戦線《フロン・ペイザン》」（一九三四年九月結成）の指導者アンリ・ドルジェールを、左翼の協力を得た急進党候補が八六七票差で決選投票を勝ち抜いていた。『タン』は「選挙の闇取引が、ついには政党休戦を危殆に瀕せしめることは明白である」とか、「下院では、急進派は国家の建て直しや国民の安全と国防という愛国的な仕事に従事している。ところが、有権者の前には反愛国者との同盟者として姿を現している」などと不満を表明した。[73] 地方レヴェルではあるが、三党間の連合が第二次投票における選挙連合として成立したことは重要である。

一方、フランダンは下部の不平にもかかわらず、民主同盟と急進党との緊密な中道連合を志向していた。急進党の内相マルセル・レニエも五月の市町村会議員選挙をめざし、この連合を実現するために尽力した。三月二八日、急進党はリヨンで臨時党大会を開催した。この大会は、本来、経済問題にあてられていた。エリオは、「共和主義の良心」に訴える演説をしたが、大会は来たる選挙を各県連の自由に任せた。この決定は、社共両党との選挙協力に道を開くものであった。共産党のモーリス・トレーズは、二九日にリヨンで行った演説のなかで急進派に訴えかけていた。自由と平和を救うために反戦・反ファシズムの統一行動をという一般的な呼びかけに加えて、ブロワの選挙同様に来たる市町村会議員選挙でも、二年兵役法に反対し、ファシスト・リーグの武装解除と解散を支持する急進党候補に共産党は投票する用意があると訴えていた。『タン』はこの時期の急進党の混乱を記している。「急進党は政治のうえでは休戦協定に忠実であるが、選挙のうえでは不忠である。したがって、真の国民連合は構築されないだろう」(74)。

市町村会議員選挙

四月二〇日から選挙戦が始まった。フランダンとレニエの努力は実を結びはじめ、急進派は中道多数派《コンサントラシオン》を選択したかのようであった。四月二七日、エリオはリヨンで「公状況も私状況もすべてが脆い時期に、革命的無秩序は反動への第一段階となるであろう」と演説し、コンサントラシオンを擁護した。共産党は、急進党に中道の選択肢はありえず、民主的自由を維持しファシズムへの道を阻止するために市議会レヴェルでも努力を惜しまないと、急進党を牽制した(75)。五月五日、第一次投票が行われた。急進党系の『ウーヴル』(五月七日)は、「薄明下の予測不能の戦い」と第一次投票の結果を要約した。勝敗は五月一二日の第二次投票にもちこまれた。『タン』や『秩序《オルドル》』などの保守紙は、第二次投票での左翼の優勢を予測し、国民派と共和派と急進派の連合を求めた(76)。五月七日、社共連絡調整委員会は、第二次投票において「共和派の規律」に従うことを宣言し、「反動派の候補者に対して自由を支持する社共以外の候補者がトップの所では、反ファッショ候補の勝利のために全労働者の連合が実現されねばならない」と声明した(77)。これは、社共両党の候補が劣勢の場合には、急進派その他のリベラル候補を支持することを意味した。共産党は「階級対階級」戦術を採用して以降、「共和派の規律」を弾劾していたが(78)、一九三四年秋に「共和派の規律」に復帰したことで、左翼の選挙連合は完成をみた。他方、急進党のエリオは翌日、同盟の規準として「共和主義の擁護と国防」を掲げ、社共両党と一線を画すことを明確にした。[79] 社会党のブルムは、五月一一日付の『ポピュレール』で、急進党に「中立」という第三の道はありえないことを述べ、「民主的自由の城砦」たる「共同戦線」（＝統一戦線）を選ぶのか、それとも「ファシズム」の道を選ぶのかと迫った。[80] 左右両翼とも勝敗は、急進党の重心がどちらに傾くかにかかっていることを熟知していた。

第二次投票の結果は、共産党が四三の主要都市で勝利し、社会党は六の主要都市を落とした。急進党は二二二の主要都市を確保し、四都市を落としたのみであった。しかし、選挙はコンサントラシオンの限界をも示していた。急進党指導部は、コンサントラシオンを望んだにもかかわらず、選挙協力の組み合わせは各地で異なり混乱を露呈した。コンサントラシオン選挙区は、人口五〇〇〇人以上の市町村で五九の成立をみただけであった。社・共・急三党の人民戦線選挙区、社急カルテル選挙区、右翼との国民連合選挙区すら存在した。また、二人の急進党候補が相争う分裂選挙区もあった。[81] リヨンでは急進党は、単独で選挙を戦い勝利を博した。[82] しかし、ここでも第一次投票で当選を決めた候補は希で、総裁エリオすら社会党候補と決選投票を争うという状態であった。一九二九年の前回選挙では、エリオは一回で当選を決めていただけに、彼も政局の変化を痛感せずにはおれなかった。「パリはフランスの首都だが、リヨンは共和国の首都である」[83] と称されていただけに、エリオも状況の重大さを認識したことだろう。

この地方選挙では、人口五〇〇〇人以上の市町村八五五のうち六五〇は現職の議員が再選しており、大きな変化はみられなかったが、共産党の躍進とパリ周辺部での右翼の後退は、政治意識の左傾という印象を選挙に与えた。保守系日刊紙『エコー・ド・パリ』は、「戦後初めてわれわれは、急進党の圧倒的多数と社会党、共産党とが赤色戦線のなかで緊密に結合するのを目撃した」と不安を隠さなかった。[84] とりわけ、右翼に衝撃を与え左翼に感銘を与えた選挙は、カルチェ・ラタンがあるパリ第五区であった。それは急進党人民戦線派を勢いづけた。第一次投票の結果は表2－1のごとくであった。過半数にわずか満たなかったジョルジュ・ルベックは、二月六日の「英雄」にして全国退役兵士連合の総裁であった。第二位の共産党候補では左翼に勝運はなく、第二次投票におけるルベックの勝利は確実であった。そこで、人権同盟の元書記長で急進党下院議員のアンリ・ゲルニュは、決選投票にはＣＶＩＡ委員長のポール・リヴェ教授を左翼の新たな統一候補とすることを提案した。ゲルニュ案は左翼政党に受け入れられた。『ユマニテ』や『ポピュレール』は、選挙戦最終日の「ポール・リヴェ教授の熱い戦い」の報告を載せて投票に繋げようとした。この作戦は成功し、リヴェはルベックに一五二票差をつけて当選した。リヴェは「人民戦線最初の当選者」と称された。(85) 左翼の上げ潮は統一行動の気運をいっそう亢進《こうしん》し、社共両党は、五月一九日にパリ・コミューン追悼式典を「連盟兵の壁」の前で共催することになる。(86)

以上のように一連の選挙は、急進党の退潮と社共連合の伸張を特色としていた。かかる選挙結果は、急進派を危惧させた。社共両党による急進党候補を支持するアピールは、急進党議員を魅了したはずである。名望家的な議員政党たる急進党にとって、選挙に勝って議員になることはすべてに優先するからだ。したがって、一九三五年春の補欠選挙で急進党候補が社共両党の協力で当選したことは、急進党の態度に影響を与えずにはおかない。また、有力な右翼候補を左翼の選挙協力で破ったパリ第五区の例は、「左翼に敵なし《パ・デネミー・ア・ゴーシュ》」の伝統を復活させた。このように部分的ではあれ、三五年春に三党間の提携が第二次投票における選挙協力として始まったことを確認しておこう。あの教訓的なパリ第五区の人民戦線にしても、「ファシズム」に反対する左翼の選挙連合でしかなかった。リヴェ教授が、急遽、左翼の統一候補として担ぎ出された過程がそれを雄弁に物語っている。とはいえ、選挙連合を促す下からの熱いうねりや潮があったことも看過するべきではないだろう。

表２－１　パリ第五区の第一次投票の結果

1位	ルベック（右翼）	2311
2位	ネドレック（共産党）	722
3位	セナック（急進党カミーユ・ペルタン派）	589
4位	グリュニー（急進党）	523
5位	オデュベール（社会党）	505
6位	その他	24
	投票数	4674
	過半数	2337

出典　Georges Dupeux, *Le front populaire et les élections de 1936*, Paris, 1959, p. 86.

議会連合

この選挙連合は、当然、議会での連合を生むであろう。イニシアチヴを取ったのは、またもや共産党であった。それでは、議会内の連合から議会外の人民連合へといたるプロセスを検討しよう。

一九三五年五月二日、仏ソ相互援助条約がパリで調印された。これを受けてラヴァル外相が訪ソし、一五日に仏ソ共同コミュニケが発表された。コミュニケには重要な一文がはさまれていた。「仏ソ両国に課せられる第一の義務は、平和を維持するために、国の防衛手段をまったく脆弱にしないことである。この観点からスターリン氏は、フランスの安全保障に必要な軍隊を維持するフランスの国防政策を完全に理解し是認する」(87)。二ヵ月前の三月一五日、二年兵役法がフランスで可決されたときには、社共両党は激しい反対キャンペーンを繰り広げ、スイス国境に近いアン県の共産党機関紙『アンの斥候』は三月下旬まで反対キャンペーンを展開していた(88)。

しかし、共同コミュニケ以降、共産党は「スターリンは正しい」と声明して革命的敗北主義を撤回し、愛国者のシンボルを引き寄せた。共産党は、平和勢力ソ連と戦争勢力ドイツとのあいだで選択せねばならず、仏ソ相互援助条約はヒトラーの戦争を阻止するもっとも有効な手段だと述べ、ヒトラーの侵略からソ連を守ることはフランスのヒトラー勢力に対する保障であり、ドイツのヒトラー勢力の終焉だと評価した。マルセル・カシャンも『ユマニテ』で、「われわれ共産主義者は二つの義務をもっている」と述べ、「第一の義務はソ連の防衛」にあり、第二の義務は革命を準備し遂行することであり、これら二つの義務は補完的だと記していた(89)。それでも『アンの斥候』が三週にわたって共産党の方針転換を説明したところに、逆に支持者のあいだに戸惑いがあったことを傍証しているだろう。同紙は、「ソ連の平和政策は再度明確になった」(五月二六日)、「共産主義者は平和を望む。スターリンの言葉が意味するもの」(六月二日)、「スターリンは正しい」(六月九日)と読者に繰り返し説明している(90)。

これに対して、反対キャンペーンを領導してきた社会党書記局発行の党内情報紙『社会主義広報』は、「スターリンの言葉にもかかわらず、二年兵役制と政府に反対」だと、反戦平和の立場を力説し、共産党への不信をあらわにした。また、社会党左派が牛耳る社会主義青年団の機関紙『革命』も、同様に「仏ソ条約とスターリンの発言のあとでも、これまで以上に二年兵役制と軍国主義に対する戦いを粘り強く続ける」と断言し、「国防に反対するアンケート」を公表したのも、共産党への不信感によるだろう。また同紙は、栄養不足や病人へのいじめなどで二ヵ月に三五〇人

の兵士が兵舎で死亡したことを訴えて、軍の民主化を求めてもいる。(91)

共産党は、一九三四年夏以降、それまでのブルジョワ軍隊を全否定する反戦反軍国主義（革命的反軍国主義）から軍のファッショ化を阻止する反ファッショ反軍国主義へと転換していたが、三五年夏以後、フランスの軍事力の弱体化を追い求めることはしなくなり、三六年六月には軍の近代化政策を承認するにいたる。『ユマニテ』にはこう記されていた。軍の民主化を主張しつつも「兵員の削減を唯一可能にする方法として軍を近代化せねばならない」（六月三日）、「兵役期間の削減はなし遂げられるべきである」が、それには「われわれが強調するように、ヒトラーや国際ファシズムの急襲からわが国と国民《プープル》を守るために、とりわけ機械化の分野における軍の真剣な近代化をともなわねばならない」（六月一〇日）、「必要なのは軍の近代化だ」と力説しつつ、栄養・スポーツ・娯楽・図書室の整備などによる「兵士の物質的境遇の改善」（六月二七日）もあわせて訴えていた。(92) かくして、国防問題をめぐる急進党と共産党の牆壁《しょうへき》は取り払われた。

一九三五年五月一九日、クロワ・ド・フーその他の右翼勢力がジャンヌ・ダルク像（ピラミッド広場）の前を行進してジャンヌ・ダルク祭を挙行していたとき、ペール＝ラシェーズ墓地にある「連盟兵の壁」の前では、パリ・コミューン戦士を追悼する社共合同集会が開かれていた。警察発表によると、ジャンヌ・ダルク祭には三万八〇〇〇人が、「連盟兵の壁」の前には五万人が集まった。(93) その四日後の五月二三日、フランダン首相が財政全権を要求し、左翼諸政党に結集軸を提供する。反フランダンの共同行動を求める共産党の提案により、社共両党の議員は会合した。二八日のことである。そして、ブルムとアルチュール・ラメット（共産党下院議員）の署名入りの書簡を急進党などの穏健左翼政党に送った。「政府の財政提言に反対する行動の条件を共同で検討した結果、両党の代表は次の点で一致をみた。現状況において、協定が他の左翼政党に拡大されるなら、多大な利益があるであろう。したがって、われわれは今月三〇日（木曜日）午前九時三〇分に開かれる会議に代表を任命されるよう要請する」。五月三〇日に集まったのは社・共・急三党のほか、プロレタリア統一党、フランス国社会党、社会共和連合、左翼独立党など約四〇人であった。かくして、「左翼代表団《デレガシオン・デ・ゴーシュ》」という議会内左翼の協議機関が誕生した。(94)

五月三〇日、急進党右派の日刊紙『共和国』は、「左翼代表団」に臨む急進党国会議員団の立場を明らかにしていた。「国家財政の防衛と民主的自由の擁護とに関心を抱く全共和派の可能な限り最大の連合を現状が求めている」なかで、急進党国会議員団は「党書記局にこの共同集会で出される提案を理解する責任を負わせた」[95]。「左翼代表団」の会議で、急進党下院議員団長のイヴォン・デルボスは、自由と通貨の防衛のための共和派連合と社会党が参加する左翼政府を主張した。デルボスの主張はトレーズから予期せぬ支持を得た[96]。「上からの統一戦線」は「上からの人民戦線」へと転生していく。

三〇日の夜、トレーズは下院でエリオに呼びかけた。「ジャコバンの伝統、それはわが国の広範な大衆との触れ合いです。……ジャコバンの伝統を更新したわれわれ共産主義者は、エリオ総裁を支持する用意があります。ただし、あなたもしくは貴党のほかの指導者が貴党の政策を真に履行する急進党政府を率いるならばであります」[97]。エリオは、このまったく新しい提案を歯牙にもかけなかった。何と言っても、共産党は国会内では議席数一〇の弱小政党であったからである。同日、エリオはフランダン支持の熱弁をふるっていたが、急進派をまとめきれず、翌三一日、フランダンは三分の二の急進党議員の反対を受けて挂冠した。急進党議員の多数がフランダン内閣に反対したことは、コンサントラシオンの放棄と新たな道の摸索を意味していた。第一次世界大戦前にも存在したとはいえ、急進党が「左翼代表団」をただちに受諾したことはその証左である。

幻の左翼連合政府

フランダン内閣のあとを襲ったブイッソン内閣も財政全権が反対にあい、六月四日に倒れた。二つの政府危機をつうじて下院に左翼多数派が生まれた。翌五日、「左翼代表団」は下院で会議を開いた[98]。会議では左翼連立政府の方式や共同政府綱領が論議された。

急進党からは、エリオ、ダラディエ、ショータンその他の上院議員が出席した。急進党のゲルニュが党を代表して問題を提出した。急進党は下院解散のみを目的とする政府という社会党案に反対であり、永続的かつ現実的な政府を望んでいる。「いかなる与党によって支持される政府なのか。いかなる綱領をもち、いかなる政党から構成される政府なのか」と社会党をただした。トレーズもゲルニュに同調し、共産党は、恐慌と闘い民主的自由と軍縮を擁護する綱領をもったすべての急進党政府を閣外から支持すると述べた。また、トレーズは、社会党の政府参加については反対を示唆した。エリオの考えは、真に民主的な政府を望むが、財政逼迫に苦しむ現在にあっては、左翼政府は時期尚早であるというものであった。しかるにダラディエら左派は、ブルムが述べたフランス銀行の国有化も含む政策に肯定的な回答をし、急進党は不一致を露呈した。

会議は次の三点からなるトレーズのまとめを承認して休憩に入った。左翼諸集団の代表が状況に関する意見交換に着手したこと、この接触を祝し今後も継続すること、下院の多数派が二度、全権に反対を表明したことの三点である。

午後に会議は再開された。社会党の要求は、右翼リーグの解体という共産党の最小限の要求をはるかに超えるものであった。社会党は、基幹産業の国有化、失業保険の改善、週四〇時間労働、大公共事業、農業改革、商業状況の精査、価格統制、下院解散、比例代表制などを求めた[99]。青年急進派のジャン・ゼーは、即時の行動綱領は不要であり一般命題を確認しあうことで十分であると述べて社会党案に反対した。ゼーは、「急進党議員団は投機家に反対し、金融寡頭制に反対し、国の通貨と共和国の独立を擁護する決意をした。また、財政および銀行の分野で、圧倒的多数に支持された精力的な政策に加わる決議をした」と述べ、これが「ファシスト・リーグ」に対する措置をも意味することを明確にした。この後、社会党のマリユス・ムーテと社会共和連合のポール・ラマディエは、小委員会で共同綱領を起草することを主張した。ところが、社会党のブルムやヴァンサン・オリオールは、われわれはそのための委任を党から受けていないと述べて反対した。会議はふたたび休憩に入った。

夕食後、三度目の会議が始まった。急進党の名でマルク・リュカールは次のように声明した。「急進党議員団は、社会党が提案した諸方策——比例代表制、下院解散、軍事費の削減、基幹産業の国有化、フランス銀行を拘束する措置など——を拒否する」。これらの社会党の条件では、「急進党は戦う政府を組織しえない」というのである。「急進党議員団は、政府および議会次元におけるファシズムとの闘いに賛成である。社会党提案になる即時の諸方策の原理にも等しく賛成であるが、それにもかかわらず、これらの諸方策は不十分だと思われる」。急進党は、社会党提案が現時点での必要と一致していないと考えたのであろう。ダラディエは、三週間後に「無用な百科事典に終わる詳細なプランを提出するときではなく、行動のときである」とブルムに指摘した。[100]共産党のフロリモン・ボントも、「人民戦線のさまざまな政党に一政党の綱領全体を受け入れさせてはならない」と、社会党を批判する。しかし、社会党は譲歩を拒否した。

綱領論議は翌日まで続かなかった。社会党と急進党のあいだで経済政策の一致をみず、反ファシズム左翼連合政府は幻となった。急進党はラヴァル政府への参加を決定した。「左翼代表団」はしばし機能を停止する。しかし、人民戦線成立以前にこのような議会連合が生まれ、共同綱領をも議論したことの意義は計りしれない。経済政策では一致しなかったが、左翼諸政党が「政府および議会次元におけるファシズムとの闘い」で連合しうることが明らかにされた。とりわけ、二つの政府危機をとおして共産党の急進党への接近が注目された。これは、共産党が下からの人民戦線を放棄し、上からの人民戦線を明確にしはじめた証左である。上からの人民戦線とは、急進党のライン、つまり政府および議会レヴェルでの連合にほかならなかった。トロツキーが、崩壊過程にある急進党を統一戦線のリーダーが助けていると非難し、ダニエル・ゲランが「身分違いの結婚」と批判した状況は今後さらに強まるであろう。[101]他方、社会党は六月九日からミュルーズで党大会を開催した。[102]大会は、「労働者階級の組織統一の実現」やファシズムと恐慌に対する闘いを確認したが、同時にいかなるブルジョワ政党とも権力を分有しないことをも決定し、急進党左派に失望を与えていた。

財政状況を大義名分として、急進党はラヴァル内閣に六人の党員を送った。七月三日の執行委員会でエリオは入閣の理由を説明している。「財政事情の悪化や金の流出は、賢明な決定をわれわれにしいました。財政問題は常にわれわれの関心の的であります。国家財政の健全化はもっとも緊急の必要事です」[103]。しかるに、六月七日のラヴァル内閣の信任投票では、急進党議員の票は賛成七二人、反対七人、棄権七二人と分裂していた。これは、エリオの潮流が党内で多数派を失ったことを意味した。エリオは国民連合政府に参加したことを理由として、六月末に人権同盟リヨン支部から除名されている。[104] エリオの影響力の低下を示す事例だ。人民連合の話がもちあがったのは、急進党がこうした転換期にあったときである。

人民連合の誕生

一九三五年六月八日、共産党系のアムステルダム＝プレイエル運動が、ミュチュアリテ会館に左翼政党や労働組合の活動家と知識人を集めて、七月一四日（日曜日）に平和と自由を擁護する共同示威運動を行うことを左翼組織に呼びかけた。[105] 共産党は、院内での連合の失敗を院外での連合で補おうとした。トレーズの演説や『ユマニテ』の紙面に「人民戦線」という言葉が頻出するようになるのは、この六月からである。[106] しかし、六月九日から一二日にかけてミュルーズで開かれた社会党大会で、共産党との組織統一へと進む手段としての統一行動（ジロムスキーの動議）が退けられたように、共産党との関係においては慎重論もみられたが、それは統一行動の拡大を妨げるものではなかった。ブルムも「人民連合と労働者の統一」と題する論説（六月一六日）のなかで、「社会党大会決議が推奨する《人民連合》の行動は目新しいものではない。われわれ自身、一月六日以降その行動の先頭に立ってきた」と述べ、ただし「連合の土台は要求項目のみならず建設的な綱領のなかに求められる」必要があると社会党の立場を繰り返していた。[107]

六月一七日、全国初等教員組合の事務局で共産党・CGTU・CVIA・人権同盟その他の代表が協議し、「全左翼勢力の共同デモが民主的フランスによる抵抗の意思を表明する」ことで一致した。[108] 人民連合準備委員会の臨時代表に人権同盟総裁ヴィクトル・バッシュが、二人の書記としてアムステルダム＝プレイエル運動のオクタヴ・ラバテとCVIAのピエール・ジェロームが選出された。この時点では社会党とCGTは参加していなかったが、両組織は留保なしの支持を表明した。急進党は参加に躊躇していた。そこで準備委員会は、バッシュとCVIA委員長リヴェを急進党に派遣した。六月一八日、両者はエリオを訪問し、ファシズムと反逆的リーグの活動に反対する共和派と民主派との共同示威運動に、急進党も参加するように要請した。エリオは明日の書記局会議で検討すると回答した。

書記局会議は、まず秋に予定されている党大会の基調報告者を選出した。青年急進派のジャン・ゼーが選ばれた。

左派のゼーが選出されたことは、七・一四集会への参加問題の結末を予想させた。たしかに、この問題は議会や選挙の次元を超える問題ではあった。それは街頭で共産党と接触することを意味し、議論は白熱した。しかし、参加に公然と反対する者もいなかった。エリオは支持もしないが、積極的に反対の論陣も張らなかった。右派も参加拒否によって生じる不利益が大きいことを認識していた。共和政防衛は急進派の教義であったし、党内には総選挙の接近とともに政府で指導的地位を占めるか、さもなくば下野するかを望む声があげられていた。書記局会議は、七・一四集会の党代表として書記長オーボー、セーヌ県連会長エルネスト・ペルネー、ケゼールら五人を任命した。

準備委員会の呼びかけに多数の左翼組織が応じ、六月二一日午後五時、全国初等教員組合本部で人民連合準備委員会は初会合をもった。大きな討議もなく、委員会は七月一四日に共和国の人民祭を挙行する決定をし、民主的自由の擁護と労働者のパンと平和を求めるアピールを発した。ジャン・ゲーノの主張にみられるように、一七九〇年七月一四日の連盟祭が一九三五年七月一四日の祭典のモデルとなった。ゲーノは、「もっとも必要とされ、もっとも効果的なのは、活動家の大会ではなくて、フランス全土に通知され、……活動家に団結を促した《連盟祭》のように、政治を方向づける民衆の大連合、神秘に満ちた偉大な祭典だ」と述べていた。(109)

急進党と七・一四集会

準備委員会の決定を受けて急進党書記長は、六月二二日、書記局通達を全支部に送った。それは、「できるだけ多くの市町村で七月一四日を祝うこと」と「パリに代表を送ること」を求め、「一九三五年七月一四日に、増大するファシズムの脅威に反対し、労働と平和に賛成して決起すべきなのは共和派の全フランスにほかならない」と強調していた。人民連合の委員長にはバッシュが就任し、事務局員として急進党からはケゼールが参加した。人民連合は、急進党の内相ジョゼフ・パガノンと連絡を取り、集会を成功させるために万全を尽くした。集会の成功の予想と留保なしの急進党の参加は、六月末から党員と支持者双方を混乱の渦に巻き込んだ。

六月二八日にミュチュアリテ会館で開かれたパリ第五区の選挙勝利を祝う集会は、急進党に波紋を呼んだ。集会ではトレーズ、ブルム、ダラディエが肩を並べ、同じ演壇から挨拶をした。ブルムは、「第五区の選挙から生まれたものはフランス全土で実現されるでしょう」と語り、それには構造改革や政党の独立維持を含む最小限綱領をもつ必要があると述べた。大歓声で迎えられたダラディエは、「急進党の元総裁が社会党と共産党と同じ壇上から語るのは恥だと言う人がいるでしょう」が、「私は中産階級を代表しています。中産階級と労働者階級は自然な同盟者」だと述べ、金融寡頭制の打倒を訴えた。この時点のダラディエは書記局員でもなく、個人の資格で参加していた。「もし個人としての私の参加が一つの意味をもつとするなら、それは、共和主義の闘いにおける中産階級とプロレタリアートのあいだの友愛的な和合であります」。しかし、ダラディエの出席は急進党の参加と解釈された。六月三〇日にトレーズは、「急進党はもっとも偉大な政党であり、わが国の政治に最大の影響を及ぼしている政党である」と称え、「平和と自由」という「共通の大義」をめざすよう急進党に訴えた。『ユマニテ』が掲載した六・二八集会の二枚の写真は、超満員の会場の光景と立ちあがって演説をしているダラディエのスナップ写真であった(110)。

それゆえ『タン』は、エリオ総裁が激怒して「党のあちこちで起きていることを私は知悉している。もし党が過激派の言いなりになるなら、私は辞任に躊躇しないだろう」と述べたと記した。エリオはこの記事を言下に否定したが、問題は七月三日の執行委員会へもちこされた。急進党系の『ウーヴル』も七月三日に、エリオが人民戦線のデモへの参加を拒否し、「私の態度が承認されないなら、私には急進党総裁を辞任する用意がある」と語ったと記している。前日の二日には、急進党右派の『共和国』が、七・一四集会をめぐって「急進党はどこへ行く?」「急進党は分裂するのか?」と題して二論文を掲載していた。一つは元書記長エドアール・フェーフェルの七・一四集会に抗議する「急進派と共産主義者」という論説、もう一つはケゼールの七・一四集会を擁護する「二つの選択」と題された論説である。フェーフェルは、共産党への不信を前面に押し出して、プロレタリア階級独裁の党派との集会に反対を表明し、ケーゼルは、無力な孤立か行動綱領にもとづく連合かのあいだで、共和派の闘争への参加か共和国の敵を利するだけの怠慢かのあいだで、急進党は二つの選択をしたのだと述べた(111)。

こうした混乱のなかで、急進党執行委員会が開催された。執行委員会は、共産党との共闘を拒否するフェーフェルを除いて、以下のエリオ案を承認した。「共和政はフランスの決定的な政体である。……反逆的リーグの脅威は単に不安を引き起こすだけではない。それは、わが国のすべての民主的大衆の心に共和主義的エネルギーを覚醒させる。極左政党は、共和的自由が思想の自由を含む他のあらゆる自由の条件であり、あらゆる進歩の条件であることを理解した。七月一四日、バスチーユの同じ地区で、体制に与えられるこの称賛をわれわれは慶祝するのみである」。エリオはさらに、急進党の独立の維持と、左右を問わず共和国防衛を願う人を排除しないことを求めた。そして最後に、「私としては共和国のために戦いたいが、三色旗のもとにおいてである」と、赤旗のもとではないことを力説した。執行委員会は、共和政を擁護するために七・一四集会への参加を決定したが、同時に人民戦線を支持するか否かの討議を延期する決定もしていた。(112) 翌日の『ユマニテ』が、第一面で「急進党執行委員会は、七・一四人民戦線集会への参加を満場一致で承認した」という大見出しのもと、エリオ総裁の発言を詳細に報じたところに、共産党の並々ならぬ関心を窺うことができるだろう。(113)

『ポピュレール』(七月一四日)は、「革命万歳!」という大見出しのもと、「バスチーユ広場、大革命が最初の勝利を勝ち取った同じ場所で、ファシズムを通すなという二月一二日の誓いを新たにしようではないか」と、フランス革命とのアナロジーでパリの民衆に結集を呼びかけていた。(114) 快晴にも恵まれて、七月一四日は大成功であった。午前中に六〇〇機の飛行機が飛び交う軍事パレード、午後に反ファシズムのデモ、晩にクロワ・ド・フーの示威行進が混乱もなくスムーズに進行した。社共両党が七月一四日を祝ったのは、フランス史上初めてのことであった。

午前の七・一四集会

午前九時から、オルレアン門南に位置するモンルージュのビュファロ・スタジアムで集会が始まった。(115) まず、七二歳の委員長ヴィクトル・バッシュが一万人ほどの聴衆を前にして「自由と平和の大会」の開会を宣言した。彼は、フランス革命を想起しつつ、「ファシズムのバスチーユ」や「戦争のバスチーユ」を打ち倒す決意を表明し、さらに、人民戦線の闘いとドレフュス事件の闘いを結びつけ、聴衆に黙禱を求めた。というのは、二日前に死去したアルフレッド・ドレフュスの葬儀が、一四日に執り行われていたからである。[116] 人民戦線派の急進党員ケゼールは、アルフレッド・ドレフュスの甥であった。バッシュの挨拶ののち、非政党団体の代表と政党関係者が演説をした。そして、一七九〇年の連盟祭に倣ってフランス各地の代表六人が登壇することになっていた。弁士の演説は、反ファシズム、反戦平和、フランス革命の原理の継承や共和国の擁護を訴えるところに特徴があった。まず、人民連合を代表してノーベル物理学賞受賞者のジャン・ペランが、ジャンヌ・ダルクや三色旗やラ・マルセイエーズを奪おうとした特権者を非難する演説を行った。ついで人権同盟のフェルディナン・エロールが、ファシスト・リーグを解散させるまで、人民連合は団結しつづけると決意表明を行った。CVIAのポール・リヴェ教授は、二月六日以降の知識人の闘いを振り返り、ファシズム独裁を忍従しない人びとに「金融封建制の打倒」を訴えた。アムステルダム＝プレイエル運動を代表して作家のアンリ・バルビュスは、「恐慌と悲惨と破局しか予定しない体制の手先どもの反逆的なあらゆる企てに対して、統一戦線、人民戦線は回答した。一九三二年以降毎日、そして共通の目的のためにフランス人民の活動的な全勢力が誠実に団結したのを目撃した今日まで、力を増大させてきた」と称えた。ついで登壇した急進党セーヌ県連のジャン・セナックは、退役兵士行動委員会の名で、平和構築のために「死の商人」との闘いをアピールした。労働組合からはCGTのレオン・ジュオーとCGTUのラカモンが挨拶をした。

市民団体と労組の次に政党の代表者が登壇した。急進党のエルネスト・ペルネー、社会党のポール・フォール、共産党のジャック・デュクロ、[117] 左翼小政党を代表してウジェーヌ・フロが演説をした。そして、青年と農民代表の挨拶のあと、フランス各地の代表六人の挨拶が続くことになっていたが（東部を代表してアンブ、中部を代表して急進党下院議員のアルベール・シシェリー、南東部を代表して作家のアンドレ・シャンソン、南西部を代表して共産党下院議員のルノー・ジャン、西部を代表して女性教諭のジョゼット・エルネック、北部を代表して炭鉱労働者のクレベール・ルゲー）、集会の時間が押してきたこともあってアンブの挨拶のみとなった。最後に急進党のマルク・リュカールが、人民連合の宣言「軍隊への挨拶」を読みあげた。このなかでリュカールは、「共和派は、一個人ないし少数の反徒の野心の道具として軍を利用しようとする人びとを否認するために、国家の武力の表現たる軍、全人民の子からなる軍の忠誠をあてにしうることを知っています」[118]と語り、軍事クーデタの危険はないことを示唆した。

人民連合は次の誓いを朗読して集会を終えた。誓いを朗読したのは、アムステルダム＝プレイエル運動のオクタヴ・ラバテである。「われわれは、民主主義を守り、反逆的リーグを武装解除しかつ解散させ、ファシズムの手から自由を守るために団結しつづけることを誓う。共和国の最初の勝利を蘇らせるこの日に、われわれはフランス人民によって獲得された民主的自由を守り、労働者にパンを、青年に仕事を、世界に偉大な人類平和をもたらすことを誓う」。この「誓い」は、ジャン・ゲーノとアンドレ・シャンソンという二人の作家によって起草され、審議には急進党員のケゼールも加わっていた[119]。

図２－２　1935年７月14日デモ。三色旗を掲げた車上右端にピエール・コット

出典　Jean Lacouture, *Le Front populaire*, Actes Sud, 2006.

午後の七・一四集会

午後二時三〇分にバスチーユに集合した人びとは、誓いの言葉を唱和したのち、午後三時三〇分、トレーズ、ブルム、ダラディエが肩を並べてデモ行進をした。バスチーユ広場からナシオン広場まで、隊列は三〇万人（ワース）に及ぶ民衆の力を示してあまりあった。このデモコースには象徴的な意味があった。フランス革命の発火点であり、共和政の原点ともなったバスチーユ広場を出発し、「共和国の勝利像」（ダルー作）が鎮座するナシオン広場からヴァンセンヌ通りに入って流れ解散というコースをたどることで、デモ参加者は共和国を守る意思を打ち固め、一七八九年と一九三五年の七月一四日が合一する仕掛けになっていた。視覚的にも、バスチーユ広場の七月革命記念柱に掲げられた楕円形のプラカードがそれを表象していた。プラカードには、一七八九年と一九三五年という二つの年号が記されていた。

民衆地区のフォブール・サン＝タントワーヌでは、並走する二台の車が急進党と社共統一戦線との同盟、すなわち人民戦線を象徴した（図2-2）。三色旗を掲げた一台には急進党のピエール・コットとアンリ・ゲルニュとジャン・ゼーが、赤旗をはためかせたもう一台にはトレーズと社会党書記長のポール・フォールが乗っていた。(120) また同地区でデモ隊は、一八五一年にルイ＝ナポレオン・ボナパルトのクーデタに抗議して斃《たお》れたアルフォンス・ボーダン像の近くで誓いの言葉を唱和し、ヴァンセンヌへと歩を進めた。プラカードや横断幕のスローガンは反ファシズムに限定されたが、三色旗は多くなく、「いたる所にソヴィエトを」とか、ラロックとキアップを射殺せよなどのシュプレヒコールや、インターナショナルの歌声が響いた。この日のデモには、アルジェリアの独立をめざす民族組織「北アフリカの星」（一九二六年創設）も、「マグレブ、シリア、アラブ世界を解放せよ」というスローガンのもと参加していた。「北アフリカの星」は、人民連合の加盟団体となる。(121)

他方、右翼リーグはエトワール広場に五万人しか集めきれなかった。『ユマニテ』は、五〇万の男女がバスチーユ奪取を祝っているとき、コブレンツの末裔（反革命派を意味）である一万七七〇〇人のクロワ・ド・フー団員は、数千人の野次馬や外国人観光客が見つめるなか、凱旋門で軍事パレードをしたと嘲った。クロワ・ド・フーは、無名兵士の墓に炬火をあげたあとで行進に移った。まず、勲章を着けた退役兵士たち、ついで国民義勇隊が整然と続いた。歩道を埋めた多くの若い女性から、「ラロック万歳！」「フランス人のフランスを！」という熱い叫びが起こった。(122)

図2-3　1935年7月14日のクロワ・ド・フーのデモ。先頭はラロック。

出典　F. Denoyelle, F. Cuel, J.-L. Vibert-Guigue, *Le Front populaire des photographes*, Editions terre-bleue, 2006, p. 44.

七・一四集会はパリだけでなく、トゥールーズ、マルセイユ、ニーム、リヨン、ナント、サン＝テチエンヌ、ル・アーヴル、ボルドー、トゥール、ルーアン、クレルモン＝フェラン、ブルジュ、カレー、カルカッソンヌ、ミュルーズ、ペリグーなどの地方都市でも繰り広げられた。一万五〇〇〇人が参加したペリグーでは、インターナショナル、それより少ないがラ・マルセイエーズ、さらにフランス革命期のラ・カルマニョルとサ・イラの歌声がこだましていた。[123]

七・一四集会の成功は国内に熱狂を惹起し、人民連合（Rassemblement populaire）の存続が決定された。人民連合が人民戦線の正式名称であった。この時点で人民連合には四八団体が加盟していたが、次の一〇団体から人民連合全国委員会を構成することとした。四政党（社・共・急三党のほかに、社会主義小政党を合わせて一つの代表とした）、二労組（CGTとCGTU）、人権同盟、CVIA、アムステルダム＝プレイエル運動、退役兵士行動運動の一〇団体である。数のうえでは政党は少数派であるが、非政治団体の中心メンバーは、いずれかの政党に所属しているため、実際には政党が人民連合を左右した。

また、夏（七月二五日～八月二〇日）に開かれたコミンテルン第七回大会で人民戦線戦術が国際的にも承認され、フランスの事例が評価されたことは国内の運動に弾みをつけることになる。[124] この頃から、人民連合全国委員会は人民連合の規約と綱領の討議を開始した。会議が軌道に乗るのは夏休み明けの秋を待たねばならない。秋には急進党の党大会が予定されていた。

4　急進党パリ党大会

クロワ・ド・フーの活動

一〇月二四日から急進党は、パリのワグラム会館で第三二回党大会を開催した。大会は「ファシスト」の脅威という問題一色に塗りつぶされた。「ファシスト・リーグ」の跳梁と、エチオピア戦争の勃発が急進派を脅えさせた。

一九三五年、耳目を驚かせた右翼リーグはクロワ・ド・フーであった。[125]クロワ・ド・フーは二月六日事件からもっとも利益を引き出した右翼リーグで、三五年七月には二四万人の団員を数えた。[126]クロワ・ド・フーは、すでに三五年四月一〇日に社会党の牙城であるリールで、集会禁止を無視して一二〇〇台の自動車を用いて五〇〇〇人を動員した大集会を開き、翌一一日にはボルドーで二〇〇〇人の集会を開いていた。また、慎重すぎるラロック中佐の指導に不満な青年団員の一部が、四月一二日にパリの社会党本部を襲撃した。[127]六月から七月にかけては、フランス各地で大集会や動員演習を行っている。六月一〇日のアルジェでは飛行機三〇機を用いて、アルジェリアの支部員一万五〇〇〇人を動員した集会を組織していた。[128]この場でラロック中佐は、ダラディエが入閣するならパリで騒動が起きるであろうと警告したと報道された（『アルジェリア通信』六月一一日）。また、六月二二日のシャルトルでは六〇〇〇台の車によって二万五〇〇〇人集会が開催され、[129]七月七日には中佐は、法を意に介さずまもなく権力を取るだろうと使嗾《しそう》した。このように、オートバイ・自動車・飛行機をも用いるクロワ・ド・フーの大示威運動は、その機動性、迅速性、集中性ゆえに「パリ進軍」のリハーサルといった印象を左翼に与えた。また、五月の選挙で当選した前警視総監キアップがパリ市議会の議長に選出されたことは、左翼の不安を募らせた。

首相フランダンは、二月六日暴動一周年の三五年同日に「ファシスト・リーグ」から暴力をふるわれていたが、それだけでなく、急進党議員も「ファシスト・リーグ」の被害にあっていた。[130]三月半ばの集会でポール・エルベル（ヴォージュ県選出）は片眼を殴られ、五月末の人権同盟主催の集会で、ピエール・コットが二人組に襲われ硫酸を顔に投げつけられていた。硫酸は右耳をかすっただけで大事にはいたらなかったが、こうした「ファシスト・リーグ」の蛮行は、社・共・急三党の行動の統一を促す。六月二二日にクロワ・ド・フーが集会禁止を無視して二万人集会を組織したことに対して、エリオは閣議で抗議した。下院でも左翼政党の代表（ブルム、トレーズ、ダラディエ）が、ラヴァル首相に抗議に赴いた。

夏のあいだ活動を控えていたクロワ・ド・フーに代わって暴れたのが、アンリ・ドルジェールを指導者とする農民戦線である。ドルジェールは、農民に税の不払運動と下院への進軍を説いていた。たとえば、八月一八日にオート・

ガロンヌ県のルヴェルで開かれた集会では、農民戦線は一万から二万人の支持者を動員していた。[131] 農業恐慌が最悪であったことを想起しよう。

クロワ・ド・フーは、九月下旬に忽然として活動を再開した。二万人集会を繰り広げ、人民戦線は公敵ナンバーワンであるとか、ラヴァル政府が倒されたときには直接行動に訴えるといった発言が相継いだ。九月二三日にセーヌ＝エ＝マルヌ県のモーで開いた二万人集会を皮切りに、[132] 一〇月には頻繁に開かれた。五日、ルーアンとドルドーニュ県ベルジュラク。六日、パリ近郊共産党市政下のヴィルパント。[133] 七日、ブリュノワ。八日、ルドー。一〇日、イムーチエ。一二日、ブール。一五日、パリ。一五〜一六日、レームとトゥール。一八〜一九日、クレルモン＝フェランとディジョンといった具合である。一〇月九日、『エコー・ド・パリ』は、ラロック中佐がボルドーの集会で団員に「来るべき時代のための指示を与え」、全国の支部を遊説しつつある旨を報道していた。[134] 教員組合書記長のアンドレ・デルマスは、一〇月二〇日の上院選挙で首相ラヴァルの苦戦が伝えられたことも、クロワ・ド・フーの活動の一因であったと回想している。[135]

ラヴァル首相の態度は、クロワ・ド・フーの活動をいっそう不気味なものとしていた。ラヴァルは「親ファシスト」ではないのかと考えられ、急進派に疑心を抱かせていたからである。すでに一九三一年末、首相ラヴァルがアメリカから帰国するのを五〇〇〇人のクロワ・ド・フーの団員がサン＝ラザール駅で出迎え、「ラヴァル万歳、キアップ万歳」と唱和していた。[136] 新聞記者のワースは、ラヴァルの親友が語った言葉を紹介している。クロワ・ド・フーには「真のフランス人」が、「フランスの最良の若者が含まれている」と、ラヴァルが述べたという。[137]

一九三五年六月二二日、急進党のリュカールは準軍隊的組織の活動を規制する法案の審議を要求したが、ラヴァルに拒否されていた。また、一〇月三日に始まったエチオピア戦争に対するラヴァルの宥和的態度も、左翼の一部を不安にした。対伊制裁を主張するエリオが右翼紙から脅迫されたことは、急進派の恐怖感を高めたであろう。『エコー・ド・パリ』（九月一九日）はエリオの親ソ主義を非難し、『タン』はエリオら制裁派の立場を「攻勢的平和主義（Pacifisme agressif）」と形容し、制裁派を「好戦的平和主義者（Pacifistes belliqueux）」とか「平和主義戦士（Les guerriers pacifistes）」

と呼んで攻撃した。『アクシオン・フランセーズ』(一〇月四日)は、エリオをイギリスの召使いと批判し、「進軍ラッパが鳴り響いたとき、エドアール・エリオ氏はいの一番に弾丸を浴びるだろう」と教唆していた。一〇月四日、シャルル・モーラス、ロベール・ブラジヤック、レオン・ドーデ、ドリュ゠ラ゠ロシェルら六四人の右翼知識人は対伊経済制裁を非難する声明(「西洋の防衛を求めるフランス知識人の声明」)を発した。声明は、「アフリカの未開部族を寄せ集めた国の独立を守るという口実のもと、イタリアを有罪とし、世界に共通の敵と名指しした」ことを非難し、国際連盟が「優者と劣者を、文明人と未開人とを平等に扱うという間違った法的普遍主義」を採ったことを糾弾した。[138]

ただし、エチオピア戦争それ自体が左翼にとって脅威となったのではないことに注意すべきだろう。エチオピア戦争に対する「ファシスト・リーグ」の反応こそが、左翼を恐怖させた。フランス左翼は一部を除いて強硬な制裁を望まず、人民連合全国委員会も九月三〇日に曖昧な決議をあげたにすぎなかった。また、急進派の多くも戦争に無関心を示し、イタリアは人口膨張ゆえに領土の拡大もやむをえず、その権利もあると確信していたからである。フランスも植民地帝国であったことを銘記すべきだろう。モーラスは、『アクシオン・フランセーズ』(九月二二日)で、フランスがイタリアと戦うことになるなら、真っ先に流れるのは一四〇人の左翼代議士の血だと公言し、一四〇人の「暗殺」リストを掲載した。右翼の国民戦線も「制裁は戦争だ」と叫んで、制裁反対の集会を繰り広げていた。[139]したがって、「ファシスト」の脅威は外にではなくて内に求められるべきである。一九三六年三月のラインラント進駐すら、四月の総選挙の争点とならなかったことも、それを傍証している。

ともあれ、クロワ・ド・フーの活動再開に対して左翼は強力な反ファシスト・キャンペーンを展開した。時には対抗デモを組織して物理的に対決すらした。九月三〇日にドルドーニュ県で開かれたクロワ・ド・フーの集会に対して、人民戦線県委員会は同日同時刻に対抗集会を組織し、二〇〇〇人を動員している。急進党のイヴォン・デルボスは、この集会で初めて社共指導者とともに演説をしていた。アン県の共産党機関紙は、一〇月六日に「クロワ・ド・フーの動員に対して人民戦線」の結束を訴え、一〇月一二日に県内のブールでクロワ・ド・フーが集会を開いたとき、人民戦線派による二〇〇〇人の対抗デモで「狼狽したラロック大佐は、機動隊に守られて密かに逃亡した」と記した。[140]

もっとも効果があったのは、二ヵ月にわたる左翼紙のキャンペーンであった。社会党の『ポピュレール』は、「先週〔九月二九日、リジー＝シュル＝ウルク〕の大衆的な動員は億万長者の農民の土地で行われた」（一〇月二日）、「クロワ・ド・フーは内乱の準備ができている」（一〇月三日）、「クロワ・ド・フーはヴィルパントで流血の乱闘を惹起した」（一〇月七日）、「クロワ・ド・フーは、内乱に向けた準軍事的演習を新たに用意している。……先のリジー＝シュル＝ウルクで動員された三万五〇〇〇人は、パリに集められる要員である」「クロワ・ド・フーの内乱計画」（一〇月九日）、「ラロックは次の大演習を地方で用意している」（一〇月一〇日）、ラロックは「これまでフランスに存在したなかで最強の内乱部隊」を率いている（一〇月一一日）と記したり、クロワ・ド・フーのクーデタ計画（一〇月一六日）やパリ占拠計画（一〇月二〇日）なるものを暴露し、「パリ地域のクロワ・ド・フーの結集は来る日曜日に予定されている」（一〇月一七日）、「ラロック大佐は内乱軍隊の動員を地域で続けている」（一〇月一八日）、「ラロック大佐の即時逮捕を」（一〇月二一日）と述べたりしていた。一〇月二二日には、ブルムの署名入りで「国家の安全に対する陰謀」という論説記事が一面に載せられた。[141] 急進党系の『ウーヴル』も、「ラロック大佐とその手下は、ここ数日、共和国に対する実力行使《クー・ド・フォルス》をわれわれに告げた」（一〇月一六日）と記している。ワースは、左翼紙の読者はパリが一揆《プッチ》の前夜にあることを疑わなかったであろうと評している。同時にワースは、左翼紙のスタッフが語った言葉を紹介している。それによると、左翼紙のキャンペーンにはやや誇張があり、キャンペーンは急進党大会に向けられていたというのである。[142]

急進党パリ党大会

急進党パリ党大会（一〇月二四～二七日）は、かかる雰囲気のなかで開かれた。[143] 大会の前日、大会のムードに気づいたエリオは、ラヴァル首相に何らかの措置をとらなければ政府は倒れると告げた。ラヴァルは右翼リーグを取り締まる緊急令を準備し、これによって急進派を融和しようとした。しかし、「パリ進軍」物語に驚愕した急進派は、ラヴァルの譲歩を信用しなかった。クロワ・ド・フーは、緊急令に悩む必要はないというアンリ・ド・ケリリス（保守系ジャーナリスト）の発言は、急進派をいっそう硬化させた。

大会三日目の午後に一般政策が審議された。一般政策の基調報告者はジャン・ゼーであった。[144] 彼は「共和制度の防衛」という根本命題から、右翼リーグの問題と選挙次元と政府次元での政党協力の問題を主に論じた。急進派が政府を支持し政府に参加するのは、「共和政防衛」という条件下においてであることを強調し、急進党の「共和政防衛」の意思が満たされるために二つのことを要求した。第一に「反逆的リーグの実質的な解散」、第二に「準軍事的演習ないし大衆的結集」が私的な場所で行われていようと、公道同様に取締りが行われることの二つである。クロワ・ド・フーの支持者には、数ヘクタールの私有地をもつ者がいたからである。

ついでゼーは政党協力の問題に移った。彼は、人民戦線を共和国が危殆に瀕したときに噴出する共和主義の伝統と歴史のなかに位置づけた。そして、人民連合による「団結《コエジオン》は、わが党が常に忠実であった共和派の規律の勝利と拡大とをときどきもたらした」[145]と、選挙に有利に作用したことを述べた。ただし、共産党も「共和派の規律」に参加したことが新たな現象であった。しかし、共産党との関係についてゼーは明確に語らなかった。ゼーは、譲歩しているのは急進党ではないこと、急進党は何も要求されていないこと、急進党は党の独立と教義と綱領の優越を守ることに努め、他党との共同行動の土台作りの用意があることを述べるにとどめた。

ゼーが明言を避けた共産党との関係を含む同盟の問題を論じたのは、左派のセザール・カンパンキ左翼代表団議長（コルシカ県選出の下院議員）であった。彼は、人民戦線に反対するアルベール・ミヨーに反論すべく努めた。カンパンキは、急進党が「私的所有と国防の党」であるという点でミヨーと認識を共有していることを確認した。社共両党は「共和政体と万人の自由」の救済を支持し、「綱領のうえでもわれわれに多くの譲歩をしている」。スターリンはブルジョワ国家の国防を承認し、共産党は下院で「急進派の政策を実現する急進党政府に賛成票を投ずる」と繰り返し、社会党書記長は、われわれとの連合《ユニオン》に「反ファシズム闘争と私企業による兵器製造の禁止」以外の条件をつけないと記している。共和国が脅かされている今、われわれは市民的自由を守るために教義の相違を忘れるよう全共和派に求めよう。このように語って、カンパンキは「大多数のフランス人は、左翼政党間の連合の必要性にまだ納得していない」と述べつつも、「共和国と平和の擁護」のために人民戦線を支持した。カンパンキにとっても、人民戦線とは「革命」ではなく、右翼リーグに対する「牆壁《しょうへき》」であり、「秩序と自由」を手段とし「繁栄」を目的とする「明日の政府」であった。[146]つまり彼は、人民戦線が社会党と共産党の譲歩によって初めて可能となったのであり、急進党は社共両党と連合しても「自分自身たりうる」ことを訴えた。この主張は、当然、右派に安心を与えるものであった。

このあとの審議で発言に立った弁士たちは、右翼リーグの問題に集中し、人民戦線については触れなかった。大会がクロワ・ド・フーを先頭とした「ファシストの脅威」という雰囲気のなかで開かれたことを考慮すれば、こうした反応は一驚に値しないが、それでもこの反応は、急進党内における人民戦線への関心のありかを測るバロメーターであった。弁士の発言を多少紹介すると、ラヴァル首相が右翼リーグの取締りに熱意がないと非難するもの、アクシオン・フランセーズの「殺人アピール」（一四〇人の暗殺リスト）を糾弾するもの、セーヌ＝エ＝オワーズ県が「ファシストの練兵場」と化しているのに政府がそれを放置していることに抗議したものなどである。[147]

このあと一般政策の審議は、ダラディエとエリオを残すのみとなった。ダラディエは自信に満ちた演説をしたが、エリオの演説はいつもの雄弁と比べると弁明的であった。それでは、急進党人民戦線派のリーダーとなったダラディエの発言に耳を傾けてみよう。

ダラディエ名誉総裁は、右翼リーグと人民戦線の問題を扱った。[148]彼の演説は二つの点で際立っていた。演説の九割以上を右翼リーグの問題に費やし、人民戦線には一割にも満たない分量しか割りあてなかった。さらに、その演説はフランス革命とのアナロジー、すなわち共和主義の伝統を強く意識した内容であった。ダラディエは、現在が「一七八九年前夜のような前革命状況」にあり、「ファシスト・リーグ」はこの状況を利用して「内戦の大演習」を行っている。それは「ヒトラー主義の手法のフランスへの移植」であると語り、「一七八九年の大革命の子」であるわれわれは、「決してファシズムを通さない」と決意を表明した。そして、政府に右翼リーグの規制と「準軍事結社」の解散を要求し、もし政府がこれに従わないならば「政府を更迭するのはわれわれの義務である」と述べた。

人民戦線について彼は抽象論を語るにとどめ、人民戦線への急進党の協力体制を強固にすることを訴えた。人民戦線の目的として、まず共和政の「防衛」を掲げ、ついで「一七八九年の理想に従いつつ新たな国《シテ》の建設」を語った。歴史学教授でもあるダラディエの巧みなレトリックのおかげで、この演説は歓呼で迎えられ、代議員は起立して名誉総裁を称え、「ラ・マルセイエーズ」の歌声が会場を包んだ。まさに、ジャコバンの末裔という矜持をもつ急進派にふさわしい情景であった。

畢竟《ひっきょう》、ダラディエが語った人民戦線とは共和政の擁護を任務とする左翼連合であり、これは右派にも許容しうる定義であった。しかも、依拠すべきは「一七八九年の理想」であって、一七九三年や一八四八年の理想ではない点にも注意する必要がある。ダラディエの演説から、代議員たちが人民戦線の目的である共和政の防衛とは、第一にリーグ対策だと理解しても、それはやむをえないだろう。代議員は、ダラディエの演説の配分比率が、主題の力点をも案分するものと諒解したであろうし、それにダラディエは、連合の性格について何ら具体的なことを語らなかったからである。

最後にエリオ総裁が登壇した。エリオは自分への批判が党内に潜在していることを充分意識しており、演説のすべてを自己の総裁かつ大臣としての行動の弁明にあてた(149)。このため、総裁は人民戦線にはまったく言及しなかったが、彼の弁明は急霰《きゅうさん》のごとき拍手で承認され、引き続き総裁に選ばれた(150)。

急進党大会の決議

急進党大会は、「ファシスト・リーグ」に対する法案が下院に提出されないなら、急進党は閣僚を引きあげると決議したが、ラヴァルにタイムリミットのある最後通牒を送らないことも決議した。ラヴァルは救われた。急進党は、ラヴァルの親リーグ的態度に反対したが、財政政策ではあまり反対しなかった。リーグ対策とデフレ政策を取り扱う内務省と財務省を急進派が握っていたことは、急進党の曖昧さを拡大させた。

「ファシスト・リーグ」の脅威の前で、人民連合の問題は片隅に追いやられた感があったが、党大会は間接的な表現ながら正式に人民連合に参加することを闡明《せんめい》した。大会は「防衛的で合法的で有益な戦線」を歓迎し、「この自発的な歩み寄りが、共和派の規律の拡大のみならず緊急の課題を実現する建設的な連合《ユニオン》への希望をもたらした」ことを承認し、「誠実で誠意あるすべての共和主義者」と欣然と協力することを決議した。[151]「共和派の規律の拡大」という言葉は、急進党にとって選挙の考慮が重要なことを如実に示している。

人民戦線は「防衛的で合法的で有益な戦線」と定義されたが、連合内での共産党との関係は不問に付された。また、人民戦線の目的は「共和派の規律の拡大と緊急の課題実現」とされたが、経済問題以外に「緊急の課題」が何であるのかについては明示されなかった。さらに、人民戦線を構成する団体についても、「誠実で誠意あるすべての共和主義者」と述べられたのみで、政治的所属は明確にされなかった。これらの団体と「行動の土台」作りをめざすことが語られているにすぎなかった。しかもこの場合ですら、急進党は「完全な独立と教義とを油断なく守る決意であるなら」という条件が付されていた。大会をつうじて人民戦線について真の議論はなされず、人民戦線は暗々裏のうちに批准された。

大会最終日にセザール・カンパンキが朗読した党宣言も、同じ基調のもとに起草されていた。[152]右翼リーグと人民戦線について述べている箇所を検討しよう。「ヨーロッパの地平線はなお脅威に覆われており、国内の状況は曖昧模糊としたままである。現在、否定しえぬ不快が全政党にのしかかっている。反共和的リーグの煽動がその主要な一因であり、リーグの武装解除と解散はただちに実行されるべきである（割れるような拍手）。世論は、フランス人のあいだに流血の衝突を惹き起こした反逆的陰謀の鎮圧を要求している（新たな拍手）。……わが党の行動は、もし孤立したままなら有効たりえぬおそれがある。したがって、他の左翼政党との関係が問題となる。左翼政党は、すでに七月一四日の壮大な大衆的示威運動のなかで結合し（拍手）、共和政体と万人の自由を守ろうと望んでいるすべての人に熱狂をかきたてた（拍手）。これらの政党が、積極的な政府の行動をめざす共同綱領にもとづいて団結するなら無敵であるだろう（万雷の拍手）。今や可能となった連合《ユニオン》は、共和秩序の貴重な保障となった。われわれが望みさえすれば、ファシズムは跋扈《ばっこ》せず（ブラボー、ブラボー、拍手喝采）、平和は正義によってふたたび樹立され、国民は近代封建制から解放されるであろう。あたかも、国民が旧制度の封建制をかつて打倒したように（万雷の拍手）」。

この党宣言における人民戦線の扱いは、一般政策の議事日程《オルドル・デュ・ジュール》（決議案）より後退していることは明白である。党宣言のなかでは、共同綱領にもとづく左翼の団結が求められているにすぎない。さらに、党宣言にも議事日程にも「人民戦線」はおろか「人民連合」という表現すらないことに注意すべきだろう。この事実は、急進党が人民戦線を熱狂して受け入れたのではないことを傍証している。パリ党大会の「本質的な唯一のテーマはリーグの問題[153]」であって、人民戦線ではなかったことの論理的帰結でもあった。

したがって、人民戦線の問題は大会では充分議論されなかった。一般政策の審議のとき、ミヨーら人民戦線に批判的な右派が一人も登壇しなかったため、いっそう議論は白熱しなかった。おそらく、右派も党内での自己の劣勢を意識し、人民連合が伝統的な左翼連合にとどまり、防衛的性格をもつ限り忍従したのだろう。それだけ、右翼リーグへの怒りが党内に横溢していたことの表れでもあった。カンパンキも述べるごとく、「人民戦線とは必要によってよぎなくされた即興的産物であり、許しがたい挑発に対する抗議《レプリク》であった[154]」からである。急進党大会の意味を『タン』の論説が的確に捉えていた。『タン』は、「賢者が愚者《フー》に勝利した」と記して急進党が現状を維持したことを称えたが、それでも急進党内の人民戦線に好意的な心理状態は、ラヴァル内閣の休戦政策と両立せず、党大会は「本質的矛盾」をも示したと不安を隠さなかった[155]。

急進党が人民戦線への参加を決定した大会は以上のようであった。大会は左翼連合の性格を明確に定義することなく閉会した。急進党が考える連合政策とは、共和秩序を擁護するための伝統的な左翼連合であった。しかも、「共和派の規律の拡大」という表現にみられるように、選挙連合として機能することが期待されていた。大会には「ファシスト・リーグ」に反対し、急進党の共和国を守ろうという情熱が横溢していた。それは、鉄鋼連合会（Comité des Forges）の機関紙をして「急進党大会がこれほど驚くべき知的衰弱を示したことは一度もなかった」と落胆せしめるものであった[156]。党大会にみられた急進党の態度は、人民連合の綱領論議のなかでも表明された。

人民連合の綱領

すでに一九三五年六月三〇日、パリ第五区の人民戦線委員会が自由（右翼リーグの禁止、組合活動の自由、世俗学校の維持）・平和（軍縮）・金融封建制との戦い（フランス銀行）・恐慌との戦い（公共事業・週四〇時間労働法）に関する簡素な綱領を起草していた。[157] このように、人民連合の綱領論議はゼロからの出発ではなかった。秋からその綱領の議論が本格化する。人民連合全国委員会の会議は丁重かつ誠実であったが、急進党と社会党の議論は平行線をたどった。というのは、急進党が社会党と対立したとき、共産党は急進党を支持し、急進党と共産党が対立したときには、社会党は亀裂を深めようとする傾向がみられたからだ。また、経済委員会などの小委員会で一致をみた綱領草案は、一〇大組織に持ち帰られ、全組織が同意したときにのみ成案となるという過程を経たため、作業は迅速には進まなかった。

一一月一五日、急進党のケゼールは全国委員会の前で党の立場を明確にした。「われわれは、諸政党の独立を何ら傷つけない人民連合の定義に賛成であり、四重の関心をもって綱領案を検討した。第一に共和政防衛の大義に役立つか、第二に七月一四日の誓いに忠実であるか、第三にパリ党大会の決定に忠実であるか、第四にわれわれが実行しえない約束をして大衆に失望を与えていないか」。彼は、この四つを規準として綱領の政治と経済の各報告の不備を指摘したのち、これらの報告は、選挙綱領としても政府綱領としても役に立たないと述べた。そして、急進党にとって綱領とは即時実現すべきことを取り扱い、しかも、人民連合に加盟した諸政党の各綱領の共通項を表すものであると結論した。ケゼールの意見がとおり、全国委員会は、選挙綱領も政府綱領も単純な綱領すらも作成せず、ただ各組織の一致点を記録する宣言を作成することにとどめる決議をあげた。

「戦線」という戦闘性は、人民戦線の諸機構には具現されなかった。このことを如実に示しているのが、一九三六年一月一〇日に公表された人民連合の規約と綱領である。[158] 人民連合の規約にはこう記されていた。「人民連合は、政党でも政党を超える組織でもない。人民連合は、加盟組織の独立を維持しつつ、共同行動のために結集した諸組織・諸団体の連絡センターであり、この国の反ファシズム勢力の連絡調整を目的とする。……人民連合全国委員会は、会員証や会員バッジを交付せず、……個人加盟も受け入れない」。こうして、諸組織の独立は維持され、共産党が主張した「個人加盟」は退けられた。これは、共産党の細胞活動を恐れる社会党と急進党の主張が勝利したことを意味した。

綱領は即時実施可能な諸方策に限定され、兵器産業以外の国有化を拒否した。共産党のデュクロは、急進党に国有化のスローガンを強要しないと述べ、CGTUのブノワ・フラションも「われわれは、基幹産業の国有化を怠っていると非難されている。……われわれは、大企業とトラストの国有化の党派だと繰り返し言おう。しかし、……大資本家に国有化をしいる条件を実現せねばならない」と、国有化の明記が「労働者に幻想を与えること」に注意を喚起していた。[159] モーリス・トレーズは、一九三六年七月一一日の共産党全国協議会でこう述べた。「人民戦線の考えを提唱したとき、われわれは、ある人びとから嘲笑され生ぬるいと非難された。というのは、われわれは、人民戦線綱領に現体制の枠内で実現可能な経済的要求しか書き込まないと主張したからである。社会党の同志は、とくに《生産手段の国有化》を導入したがっていた。われわれは、当時、《可能なこと》をすでに知っていた。現在と未来にわたって、あらゆる煽動に反対するわれわれ、具体的な成果の獲得をめざす大衆運動を効果的に組織したいわれわれは、幻想をまき散らすことを拒否した。われわれは社会党の要求に耐えぬいた。われわれは正しかった[160]」。

こうして共産党と急進党の主張が勝利し、基幹産業（鉄道・保険・炭鉱・電力など）の国有化を求める社会党は押し切られた。社会党は自分たちが政府に参加できるような構造改革のいくつかを政府の綱領に含むように求めたが、急進党は自由主義経済機構の枠内にとどまり、恐慌をくい止めるための新政策に進む気はなかった。急進党は、彼らが第一次世界大戦前の党大会で承認していた程度の国有化すら拒否した。急進党の主張がとおった背後には、共産党の支持があった。共産党は、急進党パリ党大会で起草された綱領は、人民戦線に加盟する他集団に多かれ少なかれ共通の一連の諸方策を含んでいると評価していた。[161] 共産党の柔軟さが目についた。社会党は構造改革を貫こうとしたが、共産党は国内と国外の反ファシズム闘争を優先し、中産階級を脅えさせる綱領を控えたのである。したがって、一九三六年一〇月に急進党のショータンが、「議会が最近可決したすべての方策はわれわれ自身の綱領から借用されたものだ」と述べたのも決して誇張ではなく、急進党右派にとっても人民戦線綱領は「かなり慎重で不十分」（アルフレッド・ドミニク）であり、「実現されたのは急進党の綱領だ」（ポール・マルシャンドー）と認識されていた。[162]

一九三五年六月の社会党大会で「社会党は、ファシズムと戦うもっとも確実な方法は恐慌と戦うことだと絶えず言いつづける」と決議し、[163]反ファシズム闘争が反恐慌闘争でもあることを明示していたが、恐慌対策に関して人民戦線派の主要三政党のあいだには基本的な合意はなかった。社会党はデフレ政策に反対してフランス版ニューディールを掲げ、共産党は「金持ちに支払わせる」ことを強調し、急進党はデフレ政策以外の政策をもちあわせていなかったからである。[164]これが三六年一月時点の実情であった。

一九三五年九月に『タン』は、人民戦線の綱領には穏健な言葉が散りばめられているとはいえ、その本質は「革命独裁」をめざす「革命的綱領」だと批判していたが、[165]人民戦線の綱領は、急進党の古い綱領と変わらなかった。それでも、綱領は「パンと平和と自由」というスローガンとして定式化された。実際には、綱領は政治的要求と経済的要求の二部からなっていた。政治の要求は自由の擁護であり、右翼リーグの解散、組合の権利の擁護、非宗教学校の擁護などがあった。自由の擁護に比べると、平和の擁護は具体性に欠けたが、軍需産業の国有化が予定されていた。経済的要求は、人民戦線の妥協的性格が明らかな部分である。フランス銀行の国有化の要求もあるが、「反デフレーション、反平価切り下げ」が基本的スタンスである。アメリカのニューディールに示唆を受けたこの綱領は、公共事業・失業基金・高齢者退職年金・給与削減をともなわない労働時間の短縮、投機から市場を守るための穀物公団の創設などによる大衆の購買力の上昇をめざした。この綱領はきわめて穏健なものであった。しかも、これは選挙の第二次投票での立候補辞退の基礎でしかなかった。第一次投票では諸政党はそれぞれの綱領で戦うのである。このように、人民戦線は曖昧なものを含んでいたが、右翼の不統一と対照的に左翼が人民戦線という組織によって団結して選挙を迎えることができたことは左翼に幸いした。

ともあれ、規約と綱領論議にみられたようにともに勝利したのは急進党であった。急進党の人民連合に対する一抹の不安も取り除かれた。一二月一八日、急進党執行委員会が人民連合への参加継続を決議したのも頷けるだろう。急進党の総裁が、右派のエリオから左派のダラディエに代わったのもこの時期である。

二人のエドアール

急進党は、一九三五年夏以降、与党であると同時に野党でもあるというアンビヴァレントな位置にあった。この二つの政治傾向を党内で代表していたのが、エドアール・エリオとエドアール・ダラディエである。両者は、ともに教授有資格者で教鞭をとりもした。二人は一九二七年から三九年まで交互に党総裁を務め、急進党を代表する政治家であった。二人のエドアールは、三二年の対米戦債支払問題で意見の不一致をみていたが、対立を深めるのは二月六日事件以後、とりわけ三五年であった。

一般的にはエリオが右派でダラディエが左派とみなしてよい。エリオは国民連合政府に参加しつづけ、内政面では均衡予算による財政再建を第一とし、外交面では国際連盟と集団安全保障を行動原理としていた。各党大会では雄弁によって左派の批判をかわし、「エリオ万歳」という歓呼の声をあげさせていた。当然ながら人民戦線には留保を示した。他方、ダラディエは二月に挂冠してから左傾を強めた。クレルモン＝フェラン臨時党大会では青年急進派との連帯を表明し、ナント党大会では一時間半に及ぶ演説をして熱烈な喝采を受けていた。「二〇〇家族は、フランス経済の支配者であるのみならず、フランス政治それ自体の疑う余地のない支配者でもあります」と語り、さらに二〇〇家族を「経済教団（les congrégations économiques）」と呼んで「宗教教団」になぞらえ、[166] 反教権主義を教義とする急進派の心情に訴え、左派の指導者としての地位を確立した。ダラディエがかくも早く二月六日事件の失態を挽回しえたのは、世論の一部がダラディエに好感をもちつづけていたからである。

ダラディエは、一九三五年五月に「共和派連合（Rassemblement des répulicains）」や、「自由戦線（Front de la liberté）」をアピールする。六月二八日のパリ第五区選挙勝利の祝賀集会では、「プロレタリアートとともにバスチーユを奪取し、プロレタリアートに友情を表明し、プロレタリアートの信頼に背かない小ブルジョワジーを私は代表しています」と述べ、「もしわれわれが一致するなら、われわれは新時代の炎を灯すことができるのです」と人民戦線を支持した。[167] この演説はエリオを立腹させ、両者は七月三日の執行委員会で衝突する（既述）。

パリ党大会では、ダラディエはさらに大胆な演説をした。「ファシスト・リーグ」を指弾したあとで、「人民戦線、それは第三身分とプロレタリアの同盟です（拍手）。第三身分とプロレタリアが団結したとき、彼らは、一七八九年、一七九三年、一八四八年、〔一八七〇年〕九月四日をなしとげました。彼らが分裂したとき、テルミドール、ブリュメール、〔一八五一年〕一二月二日〔のクーデタ〕が襲いかかりました（万雷の拍手）。自由が失われ、国民《プープル》を隷従状態に置いたあとで、国民はワーテルローとスダンに導かれました。自由が失われたのち、祖国の保全が破壊されたのです」と訴えた。(168)

ダラディエ総裁の誕生

こうした「二人のエドアールの争い」も、ダラディエに有利となった。エリオは指導力を低下させ、活動家の左傾を押しとどめることはできなかった。一九三五年秋、エリオは政府の財政政策は支持するが、外交政策には反対するというジレンマに陥っていた。二人のエドアールの力関係の変化を象徴するのが、党総裁の交代劇である。それは二次的な事件から生じた。

一九三五年一二月一八日の執行委員会でエチオピア問題が審議されたとき、左派の活動家が「不正取引《マキニョナージュ》」を支持するために、ここに来ているのではないとエリオを非難した。エリオとラヴァル首相のあいだに不正な取引があるというのである。エリオはこの侮辱に立腹し辞任した。エリオの辞任戦術はいつものことであったので、ダラディエも慰留に努めた。しかしエリオの決意は固かった。左派はダラディエを総裁に推した。右派はエリオに翻意を促す一方で、万一の場合にはショータン元首相を推すことにしていた。ところが、執行委員会は新総裁選出を延期することにした。『タン』は、「エリオ氏は国務大臣であり、彼の政府参加は急進派が休戦政策と共和派連合《ユニオン》を支持する物的印であった」と述べ、総裁辞任が閣僚の引きあげを惹起することを危惧した。(169)

一九三六年一月になると、急進党内の反ラヴァル感情はさらに高まった。(170) 一月一六日には、八八人の急進党議員が反政府票を投じていた。反政府派急進党議員はその夜会合し、ラヴァル政府のなかに急進派が存在することは「急進党の教義に抵触する」と決議した。一九日に執行委員会が開かれた。エリオが総裁選不出馬を表明したため、満場一致でダラディエが新総裁に選出された。執行委員会は一週間ほど前に公表された人民連合の綱領を承認し、急進党国会議員団の行動の統一と投票規律とを可決した。投票規律はラヴァル不信任を意味した。二二日、急進派大臣が辞任してラヴァル内閣は倒れた。与党かつ野党という急進党の曖昧さは消失した。ダラディエの総裁就任は、人民戦線の最終的完成を意味した。総選挙は三ヵ月後に迫っていた。

急進党の人民戦線参加因

本章の最後に、急進党が人民戦線に参加した理由と問題点などを検討しよう。内因として次の三点を指摘できる。

第一に、青年急進派を中心として急進主義の蘇生がみられたことである。共和国の権威回復を求め、共和国の防衛を第一とする彼らの運動は、多くの活動家の琴線に触れ、党を左傾させる動因となった。ダラディエを指導者としたことによって、三五年には青年急進派の力がエリオの雄弁を凌駕した。パリ党大会で左派のジャン・ゼーとマンデス＝フランスが書記局員に選出されたことは、この変化を物語っている。

第二に、総選挙の接近とともに選挙の考慮が第一義とされたことである。急進派にとって党内権力の源泉は議員であることにあった。したがって選挙は最大の関心事であり、書記長すら容喙《ようかい》しえない事項であった。ところが二月六日事件以後、急進党は一連の選挙で後退をよぎなくされていた。こうした状況下で、社会党と共産党の支持を得た急進党候補の闘いは急進派に深い印象を与えた。社共両党による「共和派の規律」の呼びかけは、「左翼に敵なし」の伝統を復活させた。選挙への関心の高まりを書記局会議に窺うことができる。一九三五年七月、急進党反人民戦線派のフェーフェルは、書記局が共産主義の教義を非難しようと望んでいないのは、「急進党の候補者が来たる選挙でボルシェヴィキの立候補辞退を期待している」証拠だと、人民戦線に傾斜しつつある書記局を批判した。[171] また三六年一月一五日の書記局会議では、「全問題は、ラヴァル内閣が選挙を統轄することにわれわれが耐えられるか否かである」と苛立ちが表明された。[172]

第三に連立政府のパートナーの問題がある。急進党はフランス政界に占める位置からして、あらゆる連立政府の軸となった。右翼政府の左足として、中道結集政府《コンサントラシオン》の背骨として、左翼政府の右足としてである。また、議員政党たる急進党は政権党でないなら無に等しかった。ところが、一九三二年から三四年にかけてのコンサントラシオンはフランスの危機に責任があった。政党休戦と財政再建を名分とした右翼政党との国民連合も、状況を好転させることができずに失敗した。とりわけ、ラヴァル政府の緊急令政治は国民の顰蹙《ひんしゅく》を買った。かくして、政府レヴェルにおいても残された連立方式は左翼連合しかなかったのである。

外因として次の三点が指摘できる。第一に、「ファシスト・リーグ」、とりわけ、クロワ・ド・フーを中心とした右翼リーグの暴力行為である。「ファシスト・リーグ」の跳梁は、急進党を共和秩序の防衛に赴かせた。クロワ・ド・フーの不気味な示威運動は共和秩序への挑戦と考えられ、急進派に共和国防衛の胸臆を吐露させた。一九三五年一〇月の党大会直前に、書記長オーボーが「ファシストの脅威がなければ人民戦線は存在しなかったであろう」と記したことは意味深い[173]。右派のラムールーも、「人民戦線は右翼リーグの脅威に直面した共和国を防衛するための、全共和派の一大連合として現れた」と回想している[174]。左派のケゼールは、三六年五月一九日の講演で直截簡明に、人民連合はクロワ・ド・フーの示威運動に対する自然発生的な反応の結果生まれたと述べている[175]。アルベール・サローも、三七年九月四日のモントーバンで、人民戦線は反徒の「秩序破壊行為に対して自然発生的に生じたもの」であり、「二月六日がなければ、公的安寧を乱した暴動がなければ……、人民戦線は存在しなかった」と演説している[176]。また、ジャン・ゼーが、三五年の党大会で「人民戦線の創始者は共産党でも社会党でも急進党でもない。それはラロック氏だ[177]」と指摘したことは、皮肉も込められているとはいえ急進党員の偽らざる実感であった。アクシオン・フランセーズのモーリス・ピュジョーも、ラロックこそが、煽動的な声明を発してトラック・飛行機を用いた一連の示威を行い、左翼の結集に弾みをつけたと分析している[178]。

一九三五年一一月にも左右両翼の衝突は続き、急進派の不安は鎮まらなかった。一一月一一日（第一次世界大戦の休戦記念日）、シャンゼリゼ通りで左翼の退役兵士と右翼リーグ（フランス連帯団と愛国青年団）のデモ隊同士が衝突して修羅場と化し、一一月一六日にフランス中部リモージュで開かれたクロワ・ド・フーの集会に抗議する左翼のデモは、クロワ・ド・フー団員の発砲もあって双方に約二〇人の負傷者を出す惨事となっていた。[179]

第二に中産階級の不満が高まったことである。この不満が与党たる急進党に向けられるのは必然だ。不満の原因は農業恐慌や緊急令にあった。ラヴァル政府は五〇〇もの緊急令を制定し、公務員給与、金利、家具、年金、ガスや電気料金を一〇％引き下げるデフレ政策を打ち出した。ところが、税金や鉄道運賃は引き下げられなかったため、三五年夏にはパリの公務員やブレストとトゥーロンの兵器工場の労働者が抗議行動を起こした。七月一九日の晩、約五万人の公務員がサン＝ラザール駅からモンマルトル一帯の道路を占拠して二六〇〇人の逮捕者を出し、八月上旬の兵器工場の抗議行動では死傷者が出ていた。[180]

農民の不満は直接急進党を脅かした。それは、フランダン首相が小麦の最低価格制を廃止したときにみられた。この措置は豊作とあいまって価格の暴落を引き起こした。急進党の選挙区から激しい抗議がなされ、フランダンの措置に反対した急進党議員は右派左派を問わず歓迎された。このため、フランダンを支持した急進党議員も態度を変えざるをえなくなった。[181] 三五年党大会の党宣言にあったように、「農民大衆の深奥から生まれたわが党ほど農民の魂に近い政党はない」[182]と自負していただけに、農業危機は深刻に受けとめられた。急進党は、中産階級の利益を擁護する大胆な政策を求められていたのである。

第三に共産党の戦術転換である。共産党は、一九三五年夏以降、「政治ゲットー」を抜け出しフランス社会と融合しはじめた。党の正式名称がコミンテルン・フランス支部（ＳＦＩＣ）からフランス共産党（ＰＣＦ）に変更されたのも偶然ではない。三五年春まで共産党は、反ファシズムと反帝国主義の闘いを一体のものとして展開してきたが、五月の仏ソ共同コミュニケでスターリンがフランスの国防を承認して以降、共産党系の機関紙から植民地独立の言葉が消えた。共産党は、従来の反植民地主義の方針を反ファシズム運動に従属させ、植民地の民族独立ではなくて改良主義的同化路線へと方針を転換し、植民地独立によるフランスの弱体化を防ぐために、結果的にフランス帝国主義を黙認した。植民地ロビーをかかえた急進党との同盟を優先する以上、反植民地主義には消音器をつけざるをえなかった。また、三六年春にはカトリックにも「ファシスト・リーグ」にも手を差しのべるにいたる。[183]

このような共産党の柔軟さは、「ファシスト・リーグ」の蛮行と対蹠的であった。トレーズは、一九三五年六月三〇日に七・一四参加問題を審議する「急進党執行委員会を前にして」、急進党に「共通の大義」への参加を訴え、「急進党はもっとも偉大な政党であり、わが国の政治に最大の影響を及ぼしている政党である」と阿諛《あゆ》していた。(184) 共産党の変貌はダラディエに対する評価に一目瞭然だ。ダラディエは、三四年二月には「銃殺者」として打倒の対象とされたのに、三四年一〇月には勇敢な左派の闘士として扱われたからである。こうした変化は急進党にも認識されていた。パリ党大会でカンパンキは、「左翼の隣人はわれわれに譲歩し、右翼の隣人はわれわれに譲歩を求めています。この相違は重要であります。われわれは、右翼の敵に対してよりも左翼の友人に譲歩するほうを好みます」と述べていた。(185) かくして、ジャコバンの伝統を更新した共産党ニュー・ジャコバンとジャコバンの伝統を憧憬する急進党オールド・ジャコバンの提携は可能となったのである。

以上の内因と外因とが相互に作用しあって、急進党は人民戦線に参加した。したがって、一九三八年一一月に急進党が人民連合に訣別を宣言したとき、「党は共和政の防衛を目的とし、大きな指針において党固有の教義とかけ離れておらず、また、かつてないほど理想的な綱領を実施するため人民連合に加入した」(186) と述べたが、これだけが参加因ではないことはこれまでの分析で明らかだろう。次にこれらの参加因から導き出しうる急進派の人民戦線像を検討しよう。

急進派の人民戦線像

ランド県のある急進党紙はこう記した。「人民戦線とは、全民主勢力の同盟であり、それは何ら新しいものではない。……一八七七年〔のマクマオン事件〕以来、共和派は教義は異なれど一旦緩急の際は体制の敵に対してブロックを形成してきた。……かかる見地からすれば何一つとして変わっていない」(187)。三五年の党大会直前に穏健派のショータンは、人民連合の性格について右翼リーグの攻撃に対する防衛的なものだと語り、人民戦線は「全共和派を漏れなく含む連合《ラサンブルマン》である。……選挙の観点からは、人民戦線は四〇年前から機能している共和派の規律以外の何物でもない」

と述べていた。左派のジャン・ゼーすら、パリ党大会で次のように発言していた。「数ヵ月前にある種の再結集《ルグルプマン》が国内で生み出されました。諸君はそれを好きなように名づけることができます。なぜなら、実際それは危機ないし脅威が存在したときには常に同じ激烈さで表明され、歳月とともに変わったのはその名称だけであるからです。この人民戦線について語られるとき（万雷の拍手）、われわれは事実、共和国が過去において経験した危機《ムナス》のときに、同じく自発的で同じく抑えがたい防衛の同一の運動が策略に譲歩することなくみられたし、観察されたと言いましょう」[188]。

ここに共通してみられるのは、人民戦線を伝統的な「左翼対右翼」の聖戦のなかに位置づける思考様式である。たしかに、活動家や左派議員にとっては、「ファシスト」の脅威から急進党の共和国を防衛しようという熱情が優位を占め、右派議員にとっては選挙の考慮が優位を占めたという違いはあった。しかし、ともに人民戦線を以前からあった左翼連合としてイメージしていた。それは、人民戦線の成立以前に行われていた「共和派の規律」や「左翼代表団」にほかならなかった。「共和派の規律」とは、選挙の第二次投票における立候補辞退を含む左翼の選挙協力を意味していた。急進党にとって、人民戦線とは「拡大されたカルテル」であった。ここに、人民戦線を革命的な大衆運動や民衆的な政治文化の新たな出現と捉える左翼との齟齬が胚胎していた。

人民戦線が、いかなるものとして誕生したのかもすでに明らかであろう。「ファシズム」に反対し恐慌からの脱出を求める人びとの願いは、左翼政党の領袖を動かすにいたった。共産党の戦術転換はこの動きに拍車をかけた。かくして成立した人民戦線は、機能において妥協的な綱領をもった左翼の第二次投票での選挙連合、議会連合に収斂した。連合の基軸は急進党にあった。しかも、綱領論議にみられたごとく人民戦線諸政党の結合力は完璧ではなく、人民戦線は金甌無欠ではありえなかった。これが人民戦線の実態《ザイン》であった。

ところで、共産党は一九三六年一月の党大会で人民戦線をこう規定した。人民戦線とは「階級協調を行う」左翼連合ではない。人民戦線とは「ブルジョワジーと資本とファシズムに反対」する労働者階級の闘いのなかに中産階級を引き入れることである。人民戦線政府とは武装団体を解散させ、ファシズムの脅威をなくし、大銀行の独裁に終止符を打ち、労働者階級が権力を完全に獲得する準備を可能にする政府である[189]。たしかに、理念《ゾレン》としての人民戦線は共産党の言うとおりかもしれない。しかし、人民戦線は「ファシズム」に対する闘いでは一致しえたが、「ブルジョワジーと資本」に対する闘いでは一致していない。人民連合の綱領論議のなかで、共産党が社会党の構造改革要求を退けたのも、急進党の歓心を買うためであった。したがって、共産党の人民戦線規定は、いわばゾレンであってザインとは言いがたい。共産党がザインとゾレンを架橋しようとすれば、たちどころに人民戦線は分解したことであろう。

他方、社会党のブルムにとって、人民戦線政府とは資本主義の枠内での改革（「権力の行使」）、ないしファシストの脅威に対する防衛的で予防的な「権力の占有」であって、社会主義革命をめざす権力奪取（「権力の獲得」）の政府ではなかった。ブルムは、そのことをすでに一九三五年七月初めに明確に定義していた。社会党書記長ポール・フォールも、人民戦線を拡大されたカルテル（左翼連合）と考えていた。[190] このように、三大政党三様の人民戦線像をもって人民戦線は生まれた。同床異夢として出発した人民戦線の現《うつつ》を支配したのは急進党であった。ただし、三六年の総選挙における人民戦線派の勝利がもたらした喜びのなかで、労働者が人民戦線の実態を正しく理解しなかったことはおおいにありえた。

最後に、一九三六年春までに急進党内に現れ、のちの人民戦線政府の四肢を縛ると思われる否定的因子を列挙しよう。第一に左派の脆弱性である。人民戦線に熱狂したのは左派のみで、右派議員（ロッシュ、ミヨー、マルシャンドー）を中心に批判勢力が存在していた。「人民戦線」の名称を用いたのはダラディエら数名であり、ケゼールすら「人民連合」のほうを用いた。第二に青年運動の変化である。三六年には組織をもたない青年急進派は影響力を失い、それに代わって党の青年組織である急進青年団という右派が台頭した。ビアリッツ党大会で暗躍したのも急進青年団であった。[191] 第三にダラディエの左派性の問題である。総裁就任とともにダラディエは、人民戦線に対し自制を示しはじめる。エチオピア戦争ではラヴァル外交を支持していた。この態度はのちの「ミュンヘン会談」（一九三八年九月）を予示させた。ラーモアは、ダラディエが左派であったのは、エリオが右派であったからだとすら述べている。たしかに、ダラディエはもっとも保守的な県連の代表であり、何度も陸軍大臣を務め軍とのパイプも太かった。すでに、三六年一二月には党内右派から「われらの指導者」と呼ばれていた。[192] つまり、二月六日事件で失脚したダラディエの起死回生策が党内の趨勢とマッチした左傾であったと言いうる。

第四に「ファシズム」の脅威の逓減である。一九三五年一二月にクロワ・ド・フーは準軍隊的組織の解散に同意し、三六年二月にはアクシオン・フランセーズ系の団体が解散させられた。したがって、急進党に人民戦線への参加を促した内因の一つは重要性を失いつつあった。残るは選挙の考慮のみである。総選挙における急進党の勝敗いかんによっては、急進党は人民戦線を再考せざるをえないだろう。第五に県連の独自性である。党中央の決定が県連で無視されることも依然としてあった。その理由は、地方においては急進党の選挙ライヴァルが社会党であったこと、急進党の支持基盤が中道右派へ移行したことにある。急進党第二の県連であるノール県連は、三六年選挙にコンサントラシオンで臨もうとしていた。また、ソーヌ＝エ＝ロワール県連は、三六年二月九日、「共和主義を支持しファシスト反動のあらゆる試みに対して戦う」ことと、「他政党によって指導された連合《コアリシオン》のために県連の行動の自由を譲渡しないことを決定した」[193]。以上のネガティヴな因子を孕んだまま、急進党は三六年四月の選挙を迎えたのである。

第三章　三六年六月

ブルム内閣の閣僚たち

Jacques Girault, *Au-devant du bonheur*, CIDE, 2005, p. 112.

1　一九三六年の総選挙

ブルム襲撃事件

ピエール・ラヴァル内閣のあとを襲ったのは、急進党のアルベール・サロー内閣であった。一九三六年一月三一日、人民連合を構成する二組織（急進党と社会主義小政党）が選挙管理内閣を率いた。首相のサローは、一九二七年に「共産主義は敵だ」と言い放った人物であり、三名の保守派が入閣していたにもかかわらず、共産党は、信任投票において反対票ではなくて棄権票を初めて投じた。人民戦線にヒビが入らないための配慮を窺うことができる。このように、春の総選挙に向けてすべての政治エネルギーが注がれていたときに起きたのがブルム襲撃事件である。二月一三日のことだ。この日、ブルムは議会から自動車で帰宅する途中、王党派の青年組織カムロ・デュ・ロワの団員に襲撃され、頭から多量に出血するほどのケガを負った。(1) 前日には二月一二日のゼネスト二周年の記念集会がパリと地方で開かれ、パリでは五〇〇〇人の労働者が左翼の統一と反ファッショ闘争の決意を新たにしていた。(2) それゆえ、ブルム襲撃事件は右翼リーグに対する義憤とブルムへの同情をもたらし、人民戦線派の選挙戦に弾みをつけることになる。

事件は偶発的に生じた。王党派の歴史家ジャック・バンヴィルが二月九日に死去したため、『アクシオン・フランセーズ』は翌日からバンヴィルの業績についての特集を組んで最大級の賛辞を捧げ、一三日に「バンヴィルの国民葬」を執り行うことを告げていた。(3) ブルムはこの葬儀に出くわしたのである。午後一時前、サン＝ジェルマン通りをブルムを乗せた車が通りかかったとき、葬列の通過による渋滞のため停止せざるをえなかった。歩道には百合の花飾りの腕章をつけた男たちがいた。バンヴィルの葬儀に参列したアクシオン・フランセーズの団員たちであった。ブル

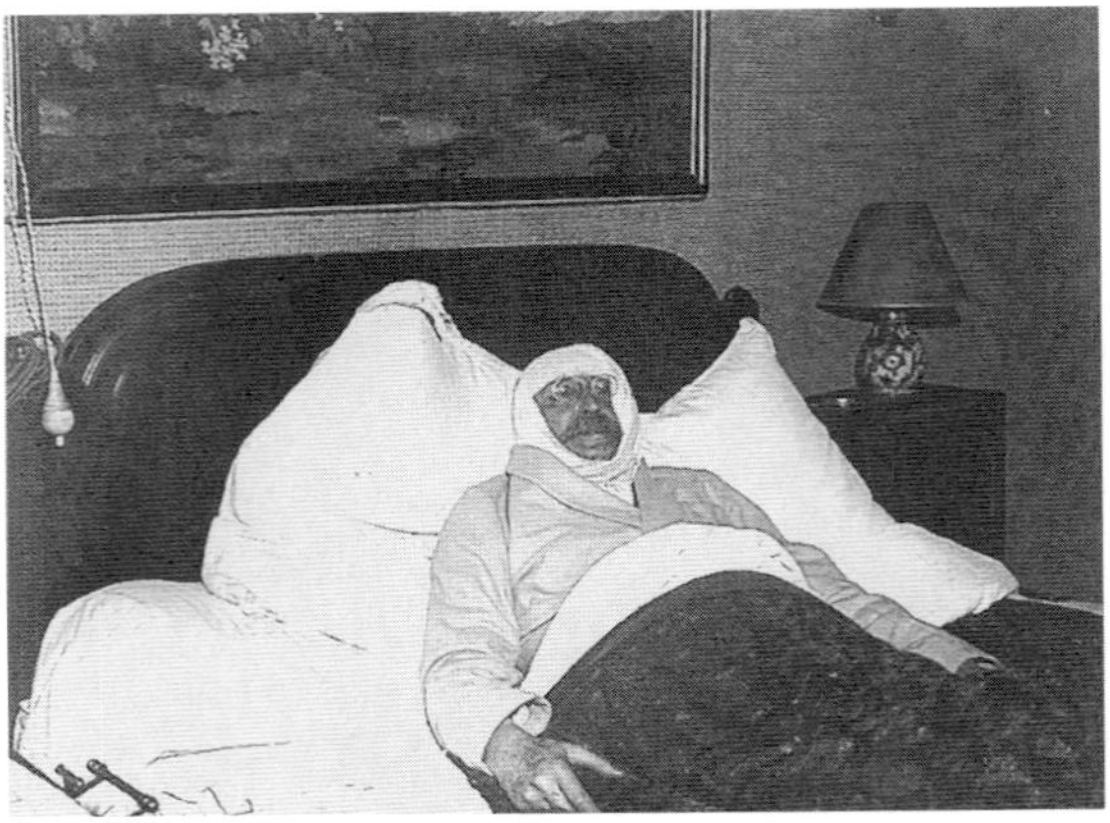

図３－１　1936年２月13日に襲われて負傷したブルム

出典　Denis Lefebvre et Rémi Lefebvre, *Mémoires du front populaire*, Ours, 1997, p. 16.

ムが乗った車のフロントガラスには、国会議員の車であることを示す円形のステッカーが貼ってあった。運転していたのは社会党議員ジョルジュ・モネ、後部座席にはモネの妻とユダヤ人の社会主義者レオン・ブルムが同乗していた。ブルムは、王党派のシャルル・モーラスが「背中に撃ち込んで銃殺すべき人間」(4)として長年にわたって殺害を煽動してきたその人であった。モネが引き返そうと車を動かしたとき、車中のブルムはカムロ・デュ・ロワ団員に見とがめられた。団員の怒りが爆発する。若者が車の窓をたたき割って車中のブルムに襲いかかり、拳の雨を降らせ、窓ガラスの破片でこめかみを切りつけた。近くで働いていた建設労働者や警官が駆けつけて、ブルムを救出し病院に運んだ。頭を一二針も縫うことになったが、幸いにも傷は動脈まで達してはいなかった。

　事件の知らせを受けた左翼代表団は、ブルム襲撃に対して必要な措置をとるために緊急に集まった。午後三時三〇分に下院が開かれた。サロー首相は、ブルムに対する恥ずべき行為を罰するだけでなく、犯罪行為がたくらまれた本丸を抑え込む必要があると述べた。社会党のヴァンサン・オリオールや急進党のエリオも同様の演説を行った。社共連絡調整委員会も、「反逆的リーグの解散」を要求する抗議声明を発している。午後五時、ふたたび左翼代表団がダラディエ主宰下に集まり、ブルムへの同情とアクシオン・フランセーズの解散を改めて要求した。午後六時三〇分に緊急に開かれた閣議でサロー内閣は、アクシオン・フランセーズとカムロ・デュ・ロワ、それに王党派の全国学生連盟の三団体を解散させる決定をくだした。(5)

　翌日の『アクシオン・フランセーズ』は、「大逆罪。葬列が通過する時間に大通りを車で渡ろうとしていたブルムは、参列者から非難され軽いケガをした」と記し、葬列を遮るかたちで通過するという、死者に敬意を表しない無礼な振る舞いに参列者は憤慨したのだと団員を擁護した。(6) 他方、社会党の機関紙『ポピュレール』は、「レオン・ブルム、ファシストによる暴行の犠牲者」という見出しと、頭を包帯でぐるぐる巻きにしたブルムの写真を載せ、連日、反右翼リーグ・キャンペーンを展開した。労働総同盟（CGT）の『プープル』も『ポピュレール』と同じ写真を掲載し、「レオン・ブルムに対する卑劣な攻撃」を糾弾し、「ファシズムを通すな」と訴えた。共産党の『ユマニテ』も、「暗殺者にはうんざりだ！　ファシズムこそ敵だ。アクシオン・フランセーズの非合法化。同じ方策がすべての反徒に必要とされる」という見出しのもと事件を報じた。(7) 人民戦線派の新聞も同様の反応を示した。『マリアンヌ』編集長のエマニュエル・ベルルは、「暴言・暴力・恐怖」を語って「軽薄な刺客」を糾弾し、『リュミエール』は「暗殺者の逮捕」を要求した。(8)

二月一六日のデモ

人民連合は二月一六日午後に抗議集会と抗議デモを行うことを決め、一五日にはそれぞれの機関紙をとおして呼びかけた。人民戦線派の週刊紙『ヴァンドルディ』は、「暴力に反対する作家たち」という号外を出して足並みを揃えた。赤旗と同数の三色旗を掲げることを条件にサロー首相がデモを許可する。一六日午後二時三〇分、デモ隊は、パンテオンからサン＝ルイ島にあるブルムの私邸を通り、バスチーユを経てナシオン広場へと六キロの道程を「ブルム万歳！　ファシスト・リーグを解散させるぞ！　ドーデを収監せよ！　モーラスを収監せよ！　ファシズムを通すな！」などと叫びつつ歩いた。出発地ではインターナショナルが、バスチーユ広場ではラ・マルセイエーズの歌声が響きわたった。先頭集団には、社会党を中心に政党や労組の指導者、知識人が勢揃いした。社会党書記長ポール・フォール、社会党議員ロジェ・サラングロやレオ・ラグランジュ、社会党左派のジャン・ジロムスキーとマルソー・ピヴェール、急進党のダラディエ、ガブリエル・キュドネ、CGT書記ルネ・ブラン（書記長のレオン・ジュオーは後列の労組集団内にいた）、人権同盟総裁ヴィクトル・バッシュ、反ファシズム知識人監視委員会のポール・リヴェとポール・ランジュヴァンらが歩き、その後ろをトレーズ、デュクロ、マルセル・カシャンといった共産党のリーダーたちが続いた。次いで青年組織、退役兵士、弁護士、女性、労組員など数十万人（『プープル』）が、五時間にわたってデモ行進した。『プープル』は、デモを「王党派の卑劣な攻撃に対する強力でかつ冷静にして威厳に満ちた回答であった」と称えた。(9)

襲撃事件が起きるまで、貴族的な雰囲気をもつブルムは、党員大衆から尊敬はされても人気のある指導者ではなかった。全国初等教員組合書記長のアンドレ・デルマスもブルムの評判について触れている。それは、「趣味として社会主義の道に入ったが、豆のできた手をもち、ぞんざいな話し方をする民衆には注意深く距離を置く貴族という評判」であった。(10) しかし、襲撃事件によってブルムは党員大衆の「一員」として認知された。それは、『ポピュレール』に連日掲載された労働組合や社会党地方支部からの手紙や電報によるいたわりと激励のメッセージに窺うことができる。また、三六年三月にフランス中部ヨンヌ県に建てられたユースホステルが「レオン・ブルム」と命名されたところにも、襲撃事件以後のブルムに対する共感の高まりを読みとることができる。(11) フランス中西部で発行されていた週刊紙『ヴィエンヌ県人民戦線』（二月二二日）のなかで、リセ教授のクロード・ジャメが襲撃事件を報じつつ、ブルムに最大級の賛辞を捧げ、ジャメ自身八月末に「ブルムの党」に加盟するところにも、ブルム人気の広がりが示されている。(12) しかも、二月一六日に隣国スペインで行われた選挙でスペイン人民戦線が勝利したことは、ブルム襲撃事件で昂揚したフランス左翼の士気をさらに高めることになった。こうして、ブルム襲撃事件は左翼の団結をさらに打ち固めるセメントの役割を果たしたのである。

シャルル・モーラスは、対伊制裁派の殺人を教唆した記事（一九三五年九月二二日）を三六年一月一三日に機関紙『アクシオン・フランセーズ』に再掲して犯罪を煽動した罪により、三月二一日に軽罪裁判所で四ヵ月の禁固刑が科せられた。さらに、機関紙（五月一五日）で「ブルムを葬り去らねばならないのはユダヤ人としてである」とブルム殺害を煽動した記事ゆえに、五月二三日に八ヵ月の刑が宣告され、(13) 一〇月にサンテ刑務所に収監された。モーラスが釈放されたのは、二五〇〇日後の三七年七月六日のことである。

労働組合の統一問題

人民戦線運動の進展は、一九二二年に分裂した労働組合に再統一の気運を促し、一九三六年三月上旬、共産党系の統一労働総同盟（CGTU）が労働総同盟（CGT）に復帰するかたちで再統一された。[14] 総選挙を前にした両労組の合同は、左翼の上げ潮を印象づけた。それでは合同にいたる過程を一瞥しておこう。

一九三四年二月以降、労働組合の統一を求める声の高まりとともに、地方レヴェルで両労組の統一の動きが広まっていた。[15] しかし、二月一二日のデモ以後、両労組のあいだで非難合戦が再開されたのも事実であった。三月末に開かれたCGTUの全国委員会でブノワ・フラションは、「CGTは、ブルジョワジーの独裁が強化されるのをおおいに助けた責任を負う」とCGTの「改良主義」を糾弾し、「統一行動に反対するCGT」を非難した。[16] 三四年時点での組合員数は、CGTが四九万一〇〇〇人（三分の二が公務員）、CGTUが二六万四〇〇〇人であった。

社共の統一行動協定に向けた協議が始まりつつあった一九三四年六月八日、CGTUは緊急令に反対する「共同行動」をCGTに提案した。CGTは、一二日の返書のなかで行動の統一ではなくて組織の統一が先だと取りあわなかった。CGTUが一四日に再提案（組合統一に向けた合同大会の招集やその日程の協議・即時要求項目のための統一行動・未組織労働者の組合加盟促進）したこともあり、その後も細々とながらも交渉は続けられ、同年一〇月九日に両労組間で会談がもたれるにいたった。CGTは、自派の規約保持と国際労働組合連盟（FSI）への加盟維持を主張したのに対して、CGTUは統一に向けた合同委員会の即時結成と合同大会への準備を主張し、協議は平行線をたどった。CGTUのブノワ・フラションは、CGTの「無為こそ労働者階級にとって致命的だ」と『ユマニテ』（一〇月一一日）に不満を書きつけている。[17]

しかも、共産党の機関誌『ボルシェヴィズム手帖』（一九三四年一一月一日）に掲載されたコミンテルン書記ピアトニツキーの論文が事態を紛糾させた。ピアトニツキーが、「フランスの同志たちは、当然のことながら組合の統一問題を労働運動の独立という問題に従属させることなく行動した。……共産主義者は、労働組合内部におけるフラクション活動を放棄するのか？　もちろん否である」[18] と述べていたため、共産党の細胞活動を恐れるCGTの反発を買い、両労組の協議は物別れに終わった。ＣＧＴ指導部は、ＣＧＴＵの統一提案はＣＧＴ内部に分裂を惹起するための策略《マヌーヴァー》だとみていた。三五年一月二日、ＣＧＴＵのマルセル・ジトンは、労組統一に消極的で反緊急令の共同行動を拒否するＣＧＴ執行部を批判する。三五年二月一日の会議を最後に両労組の話し合いは中断し、非難合戦が再開された。ブノワ・フラションのＣＧＴ批判に対して、ＣＧＴ機関紙『プープル』のなかでレオ・ラグランジュが、「ＣＧＴＵは共産党の付属物でしかなく、その共産党はモスクワの付属物である」とやり返し、「いつか統一が実現されるのだろうか」と疑問を呈しつつ、「多くの組合活動家と同じく私も統一を諦めた」と記していた。(19)

事態が大きく動いたのは、やはり、一九三五年五月の仏ソ条約の調印とスターリンの声明以後である。それは、共産党が「上からの人民戦線」へと転回した時期と重なっている。社共両党の組織統一（「プロレタリア統一政党」）に向けた交渉が始まったのもこの頃からである。三月一六日に社会党が組織統一委員会の結成を共産党に呼びかけ、四月一一日に第一回会合が開かれた。社会党と共産党の交渉は中断しつつも三七年一一月まで続いたが、みるべき成果もなく大戦に突入したのである。(20)

労働組合の統一問題に話を戻そう。一九三五年六月六日に共産党の書記でもあるマルセル・ジトンは、「組合内の共産党フラクションの存在が労組の統一を妨げる最後の障害」だという非難に対して、改めて労働組合の独立を保証し、「ＣＧＴ統一への道を切り開かなければならない」と語った。二日後の『ユマニテ』には、ＣＧＴＵ書記のジュリアン・ラカモンによる「労組統一のために」と題した論説と、ＣＧＴＵ執行委員会の統一に向けた声明が掲載され、組合の独立や組合民主主義の擁護、組合大会が最高の議決機関であることの承認、フラクションの禁止などが提示された。この新提案は、六月一二日にＣＧＴに伝えられ、一七日にＣＧＴから肯定的な回答がなされた。(21)

ＣＧＴの再統一

こうして、両労組の統一に向けた会談がふたたび始まる。一九三五年六月二七日と七月四日の二度にわたる交渉の結果、七月二四日に両労組は、組合運動の独立と組合民主主義の擁護、フラクションの禁止、国際労組への加盟問題の検討開始などに合意した。ただし、執行部の構成（組合員数による案分）については継続審議となった。合意文書は、「労組統一を実現するために」と題して『プープル』に公表された。[22] 八月一三日には統一に向けた手順が決められ、九月一三日にも大会に向けた最終的な詰めの協議が行われた。[23]

九月二四～二七日、両労組は大会を開催した。[24] CGTがパリのミュチュアリテ会館で、CGTUがイシー＝レ＝ムリノーで大会を開き、最終日の二七日にCGTUがミュチュアリテ会館に合流し、両労組による「歴史的な会議」が開かれた。CGTの統一条件をCGTUが受諾したことで正式に両労組の統合が決議され、そのための作業委員会として合同委員会の設置も承認された。「歴史的な会議」は、金属労働組合連盟書記レオン・シュヴァルムの司会のもとに、ラカモンとジュオーの挨拶で始まった。たしかに参集した組合員のあいだには、インターナショナルの歌声や人民戦線を表象する握り拳などの熱狂が垣間見られた。しかし、CGT系の組合員にはCGTU系の組合員に対する友好的ムードはあまりなく、閉会後も両労組員は出口で混じり合うこともなく散会した。CGT系の組合員は、数ヵ月前まで自分たちを糾弾してきたラカモンから「組合内部での思想の自由を擁護する」という発言を聞いても、にわかに信じることはできなかった。九月の大会でジュオーは、「組織力の相違、気質の相違、思想の相違すらあっても、統一は実現され維持されるだろう」と即興的に言祝いだが、彼自身、両労組の統一に最後までためらいを示した一人であった。[25]

一九三六年一月二八日にCGTの全国委員会が開かれたとき、合同が実現していない組合もかなりあった。この日の全国委員会の重要議題は、新CGTの臨時執行部の選出であった。議論が沸騰したのは、組合と政党の兼任問題および臨時執行部の役員数の配分問題であった。後者の問題について、CGTUは九人からなる執行部案とそのうちの三人を自派に要求したが、CGTは八人執行部案とそのうちの二人をCGTUに割りあてる案を提示し、採決の結果、CGT案が賛成九七人、反対三二人、棄権一人で可決された。CGTUからは、フラションとラカモンが臨時執行部に加わることになったが、この両名が共産党中央委員であることが問題になった。CGTからは、サンディカリズムの伝統である労働組合の政党からの独立という原則に抵触したからである。兼任問題は、激論になったこともあって三月の統一大会まで先送りされたが、「旧CGTが再建された」という『プープル』（一月二九日）の見出しに、CGT派が勝利の余韻に浸っているさまを窺うことができる。[26]

一九三六年三月二〜五日、南西フランスのトゥールーズにある運動公園でCGT統一大会が開催された。[27]トゥールーズが選ばれた理由の一つは、共産党系の労組が力をもつパリを避けたかったからである。三六八九組合から一七三九人の代議員が参集した（女性代議員は四二人）。[28]大会の主要議題は、新CGTの機構問題、兼任問題、国際労組への加盟問題、今後の運動方針の四つであった。旧CGTの主張がとおり、旧CGT派は三分の二の多数を得て勝利した。機構問題に関しては、集権制ではなくて連邦制がとられた。つまり、大会が基本方針だけでなく全加盟組織の指導部人事の議決権ももつという旧CGTU案ではなくて、大会は基本方針を定めるが、新CGTは、産業別労働組合の代表者からなる全国委員会によって運営され、全国委員会が執行委員と書記局員を任命するという旧CGT案が採択された。政党との兼任問題については、県レヴェルと全国レヴェルで対応を区別することになり、兼任禁止の措置は全国レヴェルの労組指導者に限定された。このため、三月九日にラカモンとフラションは共産党中央委員の辞任届けを党書記局に提出した。[29]国際労組との関係については、旧CGTUはプロフィンテルン（赤色労働組合インターナショナルISR）への加盟を主張したが、国際労働組合連盟（FSI）への加盟継続を主張した旧CGTが勝利した。今後の運動方針は論争になった。旧CGTは構造改革を含む自派の「プラン」を掲げたのに対して、旧CGTUは人民連合綱領を対置した。旧CGTは、人民連合綱領の経済的要求では不十分だとみていたが、CGTも人民連合の一員であることもあり、ジュオーも人民連合綱領を否定することはできず、大会は「プラン」と「綱領」の双方を承認するという曖昧決着をはかった。

大会終了後の六日に全国委員会が開かれ、執行委員と書記局員を任命した。書記長にはレオン・ジュオーが就任し、書記も四人（ブラン、ボトロー、ブイエ、デュポン）が旧CGT系で、二人（ラカモン、フラション）が旧CGTU系であった。執行委員会のメンバーは、四三人（旧CGT系三三人、旧CGTU系一〇人）が選出された。新生CGTの組合員数は約九〇万人となった。深まりゆく経済危機が二労組の統一をもたらしたが、指導部における両労組出身者の反目は解消せず、CGT右派は労働組合の独立と平和主義を掲げて、一九三六年一〇月に自派の機関紙『サンディカ』を発行するにいたる。[30] CGT書記のルネ・ブランは、『サンディカ』発行の目的は共産党系に取りこまれつつあるジュオーを旧CGT陣営に連れ戻し、共産党系との分裂にいたる全面的な決戦に備えることであったと回想している。[31]
このように、新生CGTは一枚岩からはほど遠かったとはいえ、春の総選挙を前にして左翼政党に次いで労働組合が大同団結したことは、大いなる希望を左翼支持層に点灯させた。CGTは、三六年末には約四〇〇万人の組合員を擁するまでになるだろう。

三六年総選挙

表3-1　第一次投票（フランス本土のみ）

	1932	1936
登録有権者	11,533,593(100%)	11,798,550(100%)
共産党	783,098(6,78)	1,468,949(12.45)
社会党系	2,034,124(17.63)	1,996,667(16.92)
急進党系	2,315,008(20.07)	1,955,174(16.57)
(小計)	5,132,230(44.48)	5,420,790(45.94)
右翼	4,307,865(37.35)	4,233,928(35.88)
有効投票	9,440,095(81.84)	9,654,718(81.82)

出典　Georges Dupeux, *Le front populaire et les élections de 1936*, Paris, 1959, p. 126.

それでは、フランス本土の六一八議席をめぐって、四八〇七人が立候補した総選挙をみておこう。四年前の総選挙の立候補者数（三八三七人）と比べても、約一〇〇〇人ほど候補者が増えており、政治的熱気の高まりを窺わせるに十分である。[32] それは、投票率が一九一四年以来最高の八四・三％になったところにも表れている。[33] 人民戦線派の政治意識の高まりは、「人民戦線の勝利」「人民戦線のマーチ」「パンと平和と自由のために」「オーケストラのスト」といったシャンソンが、三六年に作られて歌われたところにも窺うことができるだろう。[34]
表3-1および表3-2は、一九三二年と三六年の総選挙において、各党が第一次投票で獲得した票数と最終の議席数を示したものである。[35] 一瞥して明らかなように、議席数のうえでは人民戦線派の圧勝であるが、得票数からは左右両翼のあいだに大きな変動はみられない。反人民戦線派は二％弱の票を失ったにすぎず、完敗したとは考えていなかった。社・共・急三党の総得

表3－2　1936年選挙前後の議席数

	選挙前	選挙後	増減
共産党	10	72	＋62
プロレタリア統一党 その他	11	10	－1
社会党	97	146	＋49
社会共和連合	45	26	－19
独立派	22	11	－11
急進党	159	116	－43
人民戦線派合計	**344**	**381**	**＋37**
左翼急進派 独立急進派	66	31	－35
左翼共和派	99	84	－15
人民民主派	23	23	0
民主共和連合	77	88	＋11
保守派	6	11	＋5
反人民戦線派合計	**271**	**237**	**－34**
総計	**615**	**618**	

出典　Georges Dupeux, *Le front populaire et les élections de 1936*, Paris, 1959, p. 138 より作成。

票数も、三二年選挙より二八万八〇〇〇票増えただけであった。ただし、共産党の大躍進に窺えるように、左翼内部での票の移動が顕著であった。社会党は議席を増やしたものの、得票数では三二年を下回った。当選した社会党議員一四六人中、新人は七二人であった。惨敗したのは急進党である。急進党右派のエドアール・フェーフェルが、急進派が失うのは数議席だろうと選挙戦中に記したように、党内には楽観論が支配していた[36]。それだけに、四一万票と五一議席（下院会派数）を失ったことは衝撃であった。

選挙地理学上、左翼が勝利した地域はローヌ川流域・南フランス地中海岸・アキテーヌ盆地・中央山塊の西部と北部・北フランスの工業地帯・都市部であり、右翼が勝利した地域は、ブルターニュ西部・フランス東部・中央山塊南部・バスク地方であった[37]。

四月二六日に行われた第一次投票の結果は、共産党が一九三二年の倍に当たる一五〇万票（全投票数の一五％）を獲得し、社会党は現状維持の二〇〇万票（二〇％）、急進党は一九五万票（一九・五％）と、人民戦線派は五四・五％を獲得した。しかし、第一次投票で決まったフランス本土の議席は一七四議席であり、残りの四二四議席は決選投票にもちこまれた。しかも、第一次投票で決まった一七四議席中の一二二議席が右翼候補の手に落ち、左翼にとって予断を許さない展開が予想された。そこで四月二八日、左翼主要政党の指導者は、「共和派の規律」に従うという共同宣言にサインした。人民連合委員長のバッシュは、『ヴァンドルディ』のなかで有権者にも「規律」を訴えた[38]。

決選投票になった四二四選挙区のうち、五九選挙区で規律違反がみられた。共産党の規律違反は一二件であり、社会党の二五件、急進党の二二件と比べると、共産党が「規律」を遵守したことが分かる。(39) 共産党の獲得議席は七二議席に達し、その二四議席は社会党から奪い、急進党からは一三議席を奪った。社急両党から奪った三七議席のうち、二〇議席は社急候補の立候補辞退に負っていた。急進党は四三議席減の一一六議席と惨敗し、社会党が獲得した議席は一四六議席であり、三三年のネオ・ソシアリストの脱党の穴を埋めただけでなく、さらに一五議席をのばした。(40)

選挙前の予想に反して社会党は第一党となった（下馬評では急進党が第一党）。未来の首相レオン・ブルムは五月五日にこう述べた。「われわれには自分の役割を果たす用意が、すなわち人民戦線政府を組閣し指導する用意があります」。五月一〇日の社会党全国評議会の場では、ブルムは率直に心情を吐露している。「こうした闘いには指導者が必要です。……新たな状況を前にして、一人の人間のなかにもう一人別の人間が目覚めねばなりません。……かくも困難な闘いのなかで、指導者の資格が私にあるのか分かりません。……それは諸君が私に課した試練であり、私が自分自身に課した試練であります。しかし、私には十分に備わっているものがあります。それは、決断力であり、勇気であり、誠実さであります」（代議員は立ちあがって熱烈にいつまでも喝采）(41)。ここには、急遽、政権を担当せざるをえなくなったブルムの戸惑いや不安と同時に責任の自覚というアンビヴァレントな感情を窺うことができるだろう。

それでも、ブルムは冷静に現状を診断していた。それは、五月三一日の社会党大会における発言に示されている。「すべてが可能である」とはやる活動家に対して、党大会の場でブルムは、社会党は単独で過半数を獲得しえなかったし、プロレタリア政党を糾合しても過半数に達していないと自重を求めた。「社会党は過半数を獲得しなかっただけでなく、プロレタリア政党を合わせてもなお過半数に達しませんでした。……人民戦線綱領を拠り所とする人民戦線多数派が生まれたのであります」。これは有権者の深部において

DEUXIÈME ÉDITION
l'Humanité
VICTOIRE!
Le Front Populaire triomphe
DANS TOUT LE PAYS, DES MANIFESTATIONS PUISSANTES ET ENTHOUSIASTES GROUPANT DE DIZAINES DE MILLIERS DE PERSONNES ONT SUIVI LA PROCLAMATION DU SCRUTIN
Résultats pour les deux tours de scrutin
SONT BATTU

図3－2　下院選挙の勝利を告げる『ユマニテ』（1936年5月4日）
出典　Philippe Bauchard, *Léon Blum, le pouvoir pour quoi faire?*, Paris, 1976.

は、左右の政治潮流が拮抗していることにブルムが気づいていたことを示唆している。ブルムはさらに言葉を続けた。「われわれの目的、われわれの職務、われわれの義務は、人民戦線綱領を実現し実施することであります。……われわれは、現在の社会体制内で行動することになるでしょう」。それは、「資本主義社会の枠内での権力の行使」であって「権力の革命的獲得」ではないと党員に自制を求めた。社会党中央派の議員アルノルも、七月下旬に「われわれは、未来を、すなわち社会主義を実現するための社会主義による権力の獲得を準備する」が、当面、社会党の綱領を実現することはできず、「与党が受け入れた綱領」を実行するだけであると語っている。「与党が受け入れた綱領」とは、人民戦線綱領にほかならない。下院に初登場した六月六日にもブルムは、「われわれの目的は、社会体制の転換ではありませんし、社会党固有の綱領を実施することでもありません。その目的は、人民戦線綱領を実現することです」と述べ、中産階級の不安の払拭に努めた(42)。

また、選挙で敗北し第二党に転落した急進党にあっては、当選議員の二五%が人民戦線に批判的であり、しかも、第二次投票で右翼の支持を得て当選した議員が三二年の選挙より増えたこと（五%から一三%）などの意味は、人民戦線派の勝利という祝祭的雰囲気のなかで見逃された。三二年選挙で急進派が優勢であった一七四選挙区のうち、三六年選挙では一四〇選挙区で得票数が減少し、増えたのは三四選挙区だけであった。とくに打撃を被ったのは、穏健派と穏健左派であった。穏健派は四〇議席から二三議席（一七減）、穏健左派は五三議席から三七議席（一六減）と大きく減らした。これに対して、左派と右派の減少幅はそれより少なく、左派は二八議席から二四議席（四減）、右派は三七議席から二八議席（九減）であった。数字の上からは、左派と穏健左派が議員団の多数派を占めたが、急進党が得票数を増やした選挙区では右派が最強であった(43)。

左翼の選挙戦

このような左右の政治意識の安定ないし均衡を再確認し、急進党右派の伸張を目撃した選挙戦は、どのようにして戦われたのであろうか。選挙戦は四月七日から始まった。この日、立候補者名が選挙掲示板に張り出された。もちろん、選挙準備はそれ以前から始まっていた。共同綱領に未練のある社会党は、三月一二日の人民連合全国委員会の席上、各政党の立候補者に人民戦線の規律と精神に結びついた多数派に参加し、常に政府を支持することを約束するように求めた。[44]急進党は、将来の政治交渉で手足を縛られることを嫌ってこの提案を拒否する。総裁ダラディエは、三月二二日にオワーズ県ボーヴェの有権者を前にして、「ファシズムへの道を阻止するために第二次投票では極左と手を結ぶ」けれども、「第一次投票ではわが党の旗のもとに立候補する」と明言した。共産党も、社会党の提案を人民戦線の団結を危険にさらすものだとして、その提案は「時宜を得ておらず」、「人民連合は選挙連合とは別物であり」、人民戦線は「政党超越組織《スュペル＝パルティ》」でも「選挙調整委員会《コミテ・ダルビトラージュ・エレクトラル》」でもなく、真の役割は民衆の利益の擁護だと語った。[45]

それゆえ左翼勢力は、プロレタリア統一党などの小党を除いて、一九三六年一月に公表された人民連合綱領を共同の選挙綱領とはせず、独自の綱領を掲げて第一次投票に臨んだ。[46]とはいえ、党としての選挙綱領を有権者に提示したのは社共両党のみであった。急進党は執行委員会の名でマニフェストを発したが、誰も注意を払わなかった。急進党の新鮮味のない選挙マニフェストが『タン』に掲載されたのが、選挙戦も半ばを過ぎた四月一六日であったことも、そうした事情を傍証している。[47]選挙は急進党の主要関心事ではあったが、エリオは地元のリヨンでしか選挙運動を行わず、[48]ショータンも選挙戦には参加せず、三二年選挙のような興奮はみられなかった。党総裁ダラディエのみが重要な地方遊説やラジオ演説などを行っていたが、総じて急進党左派の選挙キャンペーンは党内右派に気配りをした抑制されたものであった。ダラディエの地元における演説も、右翼を批判しつつ社会党に対しても、「無益で不毛な論戦は共和派に必要な団結にとって有害であり」、「一部の社会党員のわが党に対する非難は、度を超しており不当である」と語っていた。[49]これに対して急進党右派の共産主義批判が目についた。なお、ラジオが選挙戦で用いられたのは史上初のことであり、三五年末のラジオ所有台数は二六二万五〇〇〇台、三七年には四〇一万八〇〇〇台、三九年五月で五〇二万五〇〇〇台になっている。[50]

急進党の選挙戦を分析したラーモアによれば、急進党系の地方紙四七（四七人の候補者がそれぞれ地方紙をもつ）のうち、一〇人の候補者は反人民戦線派であり、一七人は態度を明らかにせず、二〇人は左翼を支持したが人民戦線に言及したのはこのうち一〇人であり、しかも二次的扱いであった。また、一〇一人の候補者のマニフェストのうち、人民戦線を明記して支持したマニフェストは一五、名指し批判のマニフェストが五つあった。フィニステール県で立候補したジャン・ペローは、「人民連合は革命運動からはほど遠い。……人民連合は政党でもない。それは、共和政を防衛する一大組織であり、その綱領――パンと自由と平和――は、より公正で常により人間的な共和国を欲するすべての市民によって受け入れられるだろう」と訴えていた。左派のマルク・リュカールも、人民連合に参加しても自分は急進党員のままであり、「私は、ラ・マルセイエーズの呼びかけに答えたのだ」と語っていた。(51) 急進党は、組織的脆弱性ゆえに全党的綱領を候補者に強制しえず、候補者および地方委員会の自由裁量に委ねたために、地方レヴェルの綱領が多かった。急進党左派の若手マンデス＝フランスすら、六三の選挙公約のうち五一が地方の利益に関するものであった。(52)

社会党は、四月五日に、反戦・軍縮・反失業・リーグ解散・上院の権限縮小・団体協約・有給休暇・フランス銀行の改革などを内容としたマニフェストを公表している。(53) ブルムは、襲撃事件後、トゥールーズ近郊にある党友ヴァンサン・オリオールの家で療養生活を送り、選挙戦のあいだそこに滞在していた。ブルムは、機関紙『ポピュレール』をとおしたペンによる闘いと、地元ナルボンヌの市役所で行った演説がラジオ＝パリから放送されたこと（四月二一日）によって選挙戦に参加した。彼は、社会党が反戦平和と反ファシズムの闘いの先頭に立ってきたことを述べ、経済政策としては反デフレ政策と購買力政策を訴え、人民連合綱領にもとづく政府を有権者に約束した。四月一六日にはヴァンサン・オリオールが、トゥールーズ＝ピレネー放送のマイクから、有権者に保険や銀行などの基幹産業の国有化や減税などの社会党の政策を訴えていた。(54)

共産党の選挙戦

もっとも躍動的な選挙戦を展開したのは共産党である。弱冠三六才の書記長トレーズの若さが十二分に活かされた。共産党は、選挙戦で九種類のパンフレット七五〇万部を配布した。あらゆる手段で民衆に接近すべく、ラジオも活用した。四月一七日にラジオ＝パリ（トレーズ）と二四日にパリ郵便・電信・電話公社（マルセル・カシャン）から、一四日に南西部トゥールーズ＝ピレネー放送から農民に向けて（ルノー・ジャン）[55]、一九日に北仏リールの郵便・電信・電話公社からアルチュール・ラメットが「ノール県の勤労者に」演説を行った。ドルドーニュ県の農村でも共産党は、週に一〇回の選挙集会を開くという精力的な選挙戦を展開していた。その効果があったのか、ドルドーニュ県選出の下院議員六人中、二人が共産党員であった[56]。

　共産党の選挙綱領は、革命ではなくて改革をモットーとし、フランス大革命を追憶する言葉が散りばめられた。フランスを支配する「二〇〇家族」という「近代封建制」との闘い、「ジャコバンの伝統」との結びつきや「ジャコバン精神への忠誠」が説かれた。さらに「二〇〇家族は、フランス大革命の国フランスに、ヒトラーやムッソリーニのような不名誉で野蛮な行為を押しつけたがっている」とか、「わが祖先の《ラ・マルセイエーズ》、三色旗、共和暦二年の兵士を人民の敵から取り戻したのはフランス共産党の功績だ」などと、革命精神と民族精神を融合する言葉遣いが意識的にとられ、「フランス人の和解」や「フランス国民の団結」が主張された[57]。共産党のスローガンは「自由でたくましくて幸せなフランスのために」であり、週四〇時間労働、団体協約、有給休暇、失業基金の創設、失業者への家賃免除、就学年限の延長、税制改革、農作物の価格安定、商人に有利な融資、五〇万フラン以上の富裕層への累進課税、ファシスト・リーグの解散、女性参政権などを訴えた[58]。

図３－３　1936年４月17日，ラジオ＝パリから政見放送をするモーリス・トレーズ

出典　F. Denoyelle, F. Cuel, J.-L. Vibert-Guigue, *Le Front populaire des photographes*, Editions terre-bleue, 2006, p. 73.

　四月一七日にはトレーズはラジオから大胆な演説をした。「恐慌の責任は、フランスの政治経済を支配する二〇〇家族にあり」、恐慌がもたらしたものは「農民の破産」「道徳的堕落」「退廃的な文化」である。ファシストはフランス人のあいだで分裂を画策する輩であり、ラロックやモーラスらの「ヒトラーの共犯者」に対する闘いと、ファシスト・リーグの武装解除と解散を訴えた。また、「フランス人民の未来のための闘い」として富裕税を提唱し、「二〇〇家族に反対するフランス国民の団結」と「フランス人民の真の和解」のために、カトリック教徒、クロワ・ド・フーの団員（国民義勇隊と退役兵士）などあらゆる「人民の子」に「手を差しのべた」。マルセル・カシャンがラジオをとおして共産党の政府不参加を語り、ルノー・ジャンのラジオ演説では、「共産主義者は農民に土地を与えたい。……共産党は農民のための政党だ」として、農作物価格の引き上げ・土地投機の抑制・肥料や農機具の価格引き下げ・土地譲渡税や小作料の減額などの政策を訴えた。[59]

投票三日前から『ユマニテ』は、「秩序のために共産党に投票せよ！」「自由のために共産党に投票せよ！」「共産主義とは秩序である！　共産主義とは平和である！　戦争とファシズムと貧困に反対し、共産党に投票せよ！」と一面トップに大見出しを掲げた。選挙後の五月一〇日には、「民衆の乙女」ジャンヌ・ダルクは王党派のものではなくて「フランス人民のもの」だと、ジャンヌというシンボルの再領有を宣言している。[60] さらに、六月二六～二八日に、共産党は国歌「ラ・マルセイエーズ」の作者ルージェ・ド・リール没後一〇〇年祭を盛大に祝いもした。ルージェ・ド・リールが没したショワジー＝ル＝ロワは、トレーズの選挙区でもあっただけに、共産党は三五年秋から一〇〇年祭の準備に取り組んでいた。ただし、ナショナルな傾向を強める共産党は、反スターリン主義左翼から民族共産主義者（nationaux-communistes 略称ナコ nacos）と批判されることになる。[61]

対外政策の綱領においても、急進党は『急進党と対外問題』と題したパンフレットを公表し、集団安全保障と相互援助にもとづく平和をアピールした。共産党の綱領は、戦争挑発者たる国際ファシストの危険を説き、親ソ政策を強く打ち出していた。社会党は平和の政策を説き、軍縮会議再開に向けたフランス政府のイニシアチヴを主張した。ニュアンスの相違はあるものの、これら主要三政党の「戦争と平和」をめぐる問題への基本的立場は、人民連合綱領における「平和の擁護」の要求項目と合致していた。しかし「平和の擁護」は、「パンと自由」すなわち経済的・政治的要求項目の具体性に比して抽象性を否めず、綱領全体のなかに占める比重は小さいと言わざるをえない。人民戦線に結集したどの政党も等しく平和を強く訴えていることは注目に値するだろう。

右翼の選挙戦

右翼と中道政党は、反人民戦線・反共産主義という共通項はあったものの統一綱領を有権者に提示しえなかった。民主同盟（中道右派）のマニフェストには、人民戦線は「共産党から生じた」ものであり、「その勝利がもたらすものは革命と独裁と対外的危機の悪化だ」と記されていた。また、民主同盟の元法相ジョルジュ・ペルノは、「人民戦線は戦闘組織であって組閣の方式ではない」とラジオ＝パリから訴え、共和連盟（保守派）のグザヴィエ・ヴァラも、社急カルテルは「統治能力の欠如」を証明し、もし一九三五年に政権にあったならばイタリアとの戦争に突き進んでいただろうと、リヨンのラジオ局から述べていた。中道右派のサレは、「人民戦線が勝利すれば、共産党は自分の目的にまっすぐに突き進み、スペイン同様に議会と政府の一体性を打ち砕き、……〔フランスという〕建造物を揺さぶり、崩壊させ、その廃墟の上で主人公になることしか考えていない」とリヨンのマイクから語っている。カトリック教会も反人民戦線派を後押しした。枢機卿大司教会議議長のモーラン枢機卿（リヨン大司教）は、四月三日にコミュニケを公表している。「共産主義と社会主義は教会によって糾弾されてきました。カトリックの有権者は、それらの主義を標榜する候補者を無視するだけでなく、すべての信徒は、糾弾された教義を支持し擁護する機関紙を絶対に読んではなりません。それは義務です。キリスト教社会主義というものはありえませんし、今後もありえないでしょう」と語っていた。[62]

しかし、右翼陣営でも急進党以上に右翼政党の党としての選挙綱領はなく、候補者に一任されていた。外交面では、中道右派のある候補のように国際連盟と集団安全保障を支持して急進党と同じ立場をとる者もおれば、共和連盟の候補のように国際連盟に失望し、軍事力による平和と安全を訴える者もいた。一般に右翼候補は、国防の強化と二国間の同盟政策網という伝統的な外交政策によってフランスの安全と平和を維持しようと訴えていたが、右翼としての一致した外交政策はなかった。しかも、右翼勢力は最初から負け戦を覚悟しているかのようで選挙戦も生彩を欠いた。

「国民共和派宣伝センター（Centre de propagande des républicains nationaux）」を舞台に右翼の選挙戦を領導していたアンリ・ド・ケリリスも、議席数という「算術的勝利の代わりに、心理的勝利が得られるだろう」と述べざるをえなかった。しかし彼は、次の大方針のもとに選挙戦を展開するように右翼勢力に呼びかけていた。第一に、史上例のないほど左傾した議会は破産する。第二に、人民戦線諸政党は破綻が明らかな実験を要求しているが、政府綱領では不一致を露呈しており、おおいなる欺瞞が存在している。第三に、外交政策上、反伊・親ソ政策を追求する人民戦線は戦争をもたらす。第四に、ゆゆしき革命状況に陥っているスペインはフランスに最大の警告を発している。(63)

スペインと選挙戦

アンリ・ド・ケリリスらは、右翼候補の選挙戦に資するためにパンフレットを編集していた。『人民戦線と闘うために』と題されたこのパンフレットは、共産主義の恐怖を煽動し、人民戦線から利益を得るのは共産党であり、それは共和的自由の抑圧と内戦、革命独裁、対外戦争をもたらすと主張していた。この主張を裏づけるかのように右翼紙と保守紙は選挙戦の前から、スペインに人民戦線政府が出現して以降の混乱した状況を詳述し、有権者にフランスもスペインの二の舞を演ずるのかと警告を発し、「いわゆる人民戦線という革命戦線に反対の票を投ぜよ」と声明していた。カトリック系の日刊紙『クロワ』は、「スペインがわれわれに示しているのは、人民戦線の勝利がもたらすものに注意を払わないなら大きな間違いだということだ」と述べ、「教会の放火」や「カトリック教徒がほとんど常に犠牲になっている流血の衝突」に触れていた。(64) その他の右翼紙も、スペインの「ムルシアに戒厳令」（『アクシオン・フランセーズ』）、「バルセロナで銃撃」「フランス人よ、スペインで起きていることを直視せよ」（『エコー・ド・パリ』三月一九日）、「アリカンテ近郊の教会に放火」（『ジュール』）、「バルセロナにベラ・クーン〔ハンガリー共産党員〕が？」（『タン』三月二九日、なお同紙は二日後にこのニュースを否定）と書きたてた。(65)

このようにスペインの状況は、同じ人民戦線をいただくフランス国内の政治状況との関連で理解され利用された。右翼にとって「人民戦線、それは戦争！」（『エコー・ド・パリ』三月二三日）であった。(66) アンリ・ド・ケリリスは、四月中旬にも『エコー・ド・パリ』のなかで、「スペインの事例がわれわれに示すものは選挙の敗北から生じる災厄である。無秩序、アナーキー、暴動、外国人の支配は四月二六日の投票箱からもたらされるかもしれない」とか、「スペインの例は示唆的であり、「赤色連合」が選挙で勝てば、社共の指導者は急進派を脅すために突撃隊を路上に放ち、「赤の選挙勝利から舗道の暴力による革命独裁までは指呼の間だ」と危機感を煽っていた。[67]

　こうしたスペインの事件を利用した右翼の人民戦線批判の激しさは、以下の社共両党の反応に示されている。共産党は、「スペインで何が起きているか」というビラのなかで、スペイン人民に反対して偽造写真や虚報を報道するフランス紙を糾弾し、内戦を引き起こす右翼リーグの解散とフランス市民の団結（l'union du peuple civile français）を主張して、右翼に反論した。また七月に社会党の『ポピュレール』は、内戦を引き起こしたのはスペイン政府だと言わんばかりの『タン』を批判し、外国からフランス政府の非公式新聞とみなされている『タン』は、実際には鉄鋼・石炭業界の機関紙だとやりこめた。[68]

　保守系高級紙『タン』ですら選挙の接近とともにスペインへの言及が増えた。『タン』は、社会的混乱をもたらしている「スペイン人民戦線の実験」について社説で再三とりあげ、四月一一日には三月七日以降にスペインで起きた騒動と死傷者数のリストを掲載した。[69] そして、『タン』は急進党に的を絞って論陣を張り、連日、急進党批判を展開した。[70]「選択の時」という三月一九日の社説のなかで、社・共・急三党の共同選挙綱領に触れつつ、急進派に左翼連合の犠牲者にならないように用心せよと説き、「急進派は革命と手を切るのか、それとも荷担するのか正式に決断せねばならない」と語った。「二つのブロック」という翌日の社説のなかでは、急進党の選挙方針（第一次投票は独自候補を擁立し、第二次投票では左翼連合候補を支持）を批判し、重大な対外的事件がすべての愛国者の団結《ユニオン》を求めているときに、フランス人が二つの敵対的組織で投票に臨むのであれば、その責任はあげて急進党にあると非難した。二一日には、急進党が選挙協力だけでなく、人民連合によってマルキストと政権を担当しようとしていることを批判し、二二日には、三二年議会期の教訓として、左翼連合《カルテル》の勝利がもたらしたものは、議会の腐敗と国民連合であったことを想起させ、急進党がふたたびカルテルを選択したことを批判する。また二六日にも、人民戦線が先に勝利したスペインの政治状況から、急進党は教訓を引き出すべきだと述べ、「政権党」であり独立を維持することを望む急進党は、同じ危険に身をさらすのかと問いつめた。そして「スペイン人民戦線の実験」（三月三〇日）や社共が与党の真の支配者となった「スペインの実例」（四月四日）を他山の石とするように求めた。また、ダラディエ批判を繰り返す一方で、二極化を批判した急進党右派のマルシャンドーや、急進党はほかの左翼勢力の言いなりにはならないと述べた右派のジャン・ミストレを称えた。(71)

ワースの選挙報道

それでは次に視点を変えて、フランス人の政治意識を当時の報道からみてみよう。まずは、抑制された雰囲気のなかで始まったと言われる選挙戦について、イギリスの新聞記者アレグザンダー・ワースの取材から浮き彫りにしてみよう。(72)

ワースは、四月に二〇日間ほどかけてフランス各地を取材した。四月五日に北フランス（パ＝ド＝カレ県）の炭鉱地帯ランに入り、一一日から中央フランスの農村地帯モンリュソンおよびゲレ、一五日にリヨン、一九日にフランス東部のストラスブール、二三日にナンシーという旅程であった。

北フランスの炭鉱都市には社会党市長がいたように、社会党の地盤であったが、選挙戦はまだ進んではいなかった。公式の選挙戦は四月七日から始まるからである。ノール県では、二四の議席をめぐって史上最多の一一一人が立候補していた。(73)ランの立候補者は、炭鉱労働者の労組書記長（元CGT）と同労組幹部（元CGTU）、クロワ・ド・フーに支持された弁護士、自称アナキストの四人であった。この地区の労働者の目には、クロワ・ド・フーは反動的な資本家政党と映っていた。ランの人口三万三〇〇〇人のうち七〇〇〇人が外国人で、外国人の五〇〇〇人がポーランド人であり、組合事務所には外国人部門が置かれ、組合書記はポーランド人であった。ブリュエ村の社会党村長は、「三月七日事件〔ドイツによるラインラント進駐〕は、ヒトラーとフランスの反動派が左翼の選挙勝利を阻止するために仕組んだものであり、……村人のなかには、右翼がヒトラーと関係を結ぶことでわれわれを戦争から救出すると考えている者もいる」と語った。リエヴァンは共産党市政の町で、二〇〇人ほどの炭鉱夫と婦女子が出席した選挙集会が開かれていた。共産党市長は「二〇〇家族」を非難したが、社会党攻撃や社会党候補を名指し批判はせず、党の最終目的はフランスにソヴィエト共和国を樹立することだと話を締めくくった。

　四月一一日からワースはフランス中部の農村を訪ねた。アリエ県モンリュソンは、この地域の中心都市で人口四万二〇〇〇人を数え、タイヤ工場や軍需品工場、化学肥料工場がある工業都市であり、ここから南には工場の煙突一本も見ることなく地中海に達した。市長は社会党のマルクス・ドルモワであり、アリエ県は、隣のクルーズ県と並んで農村社会主義の地盤である。農村社会主義は都市社会主義とは様相を異にし、反資本主義的ではあるが革命的でも集産的でもない。ワースは、農民が集まったドルモワの選挙集会に足を運んでいる。ドルモワは、二〇〇家族・死の商人・ヒトラーやムッソリーニに買収された新聞を攻撃して喝采を浴びた。平価切り下げに反対し、小麦公団に賛成を語った。国際問題ではラインラント事件に関心が集まった。しかし何と言っても地元の利害に関わる問題が一番熱気を帯びた。ドルモワは、一万フランの助成金を水利事業のために確保し、二つの道路が国道に昇格したことで維持費が削減でき、自動電話の延伸を約束してきたことを成果として語ったが、聴衆からは高い市税が批判された。ドルモワは、私は国会議員候補者としてここにいるのであって市長としてではないとかわしたが、ワースは、国民代表ではなくて、地元への利益還元が常に求められるフランスの議員に同情すらしている。

　一三日にワースはクルーズ県のゲレに入った。ここではファシズムを誰もまじめに取りあげず、共和国は永遠であり、パリの空騒ぎは軽蔑の目で眺められた。ゲレの人口は八〇〇〇人でクルーズ県の中心都市である。住民は金利生活者・退役兵士や退職官吏が多い。三五年に農民戦線がここで集会を開いたが不発に終わった。この選挙区の現職議員は急進党員であるが、ワースは社会党に奪われるだろうと予測している。急進党のゲレ市長も社会党の進出に懸念を表明し、当地の社会党員は急進党員より穏健だとも述べている。クルーズ県の温泉町エヴォー＝レ＝バンでも、ワースはカフェで会った人びとが急進党右派のリュシアン・ラムールーは社会党候補に敗れるだろうと予言するのを耳にした。この予言は成就された。

四月一五日、リヨン着。一九三五年の絹生産量は一三年の五割、二八年の二割以下であった。絹の輸出額は、二八年に三二億五〇〇〇万フランあったのが三五年には五億四〇〇〇万フランと八三％の下落となり、失業も最悪であった。[74] この沈滞した町には一二の選挙区があり、八人の急進党員と二人の社会党員、二人の右翼が議席を占めていた。リヨンの主は急進党元総裁のエドアール・エリオであるが、社会党の影響力は議員数より大きかった。ワースはリヨン市役所でエリオと会見している。ワースの目にはエリオが疲れており、選挙の見通しもないように映った。新政府に入閣する気も外務大臣になる気もなかった。ワースはその夜、カフェで開かれたエリオの二つの選挙集会に参加した。小店主・労働者・郵便配達夫・鉄道員などがいた。仏ソ条約、ドゥーメルグ政府とラヴァル政府への参加と離脱、ラヴァル外交への反対などをエリオは説明した。最後はいつものように「エリオ万歳」の叫び声で終わった。青年労働者がエリオに「リヨンの若者はあなたを支持しています」と興奮気味に語ったが、エリオの選挙区では、第一次投票でトップに立ったのは右翼候補であった。エリオは、三二年選挙と比べて二〇〇〇票以上を失い、得票率も三二年の四四・五％から二六・五％に減少していた。[75] エリオは、社共両党の立候補辞退のおかげでかろうじて第二次投票を勝ち抜くことができた。

四月一九日、ワースはアルザス地方のストラスブールに足をのばした。三月七日にドイツ軍がラインラントに進駐してロカルノ条約を侵犯したにもかかわらず、ロカルノ問題はアルザス、ロレーヌなど国境沿いの諸県を除いて争点とならなかった。アルザスでは、仏独接近や仏ソ条約反対のスローガンがあり、ロレーヌ地方の住民の多くは、ラインラント事件のときに進軍しなかったサロー内閣を批判した。そのアルザスでは、一九三二年に選出された一六人の議員のうち一〇人が親仏派であるが、残りは反フランス的な自治主義者であった。ワースは、まず、共産党異端派の郷土戦線（労農党）の集会を覗いた。前ストラスブール市長シャルル・ユベールと現職議員のジャン＝ピエール・ムーレの二人が演説した。ムーレは、社会党候補ジョルジュ・ヴェーユと仏ソ条約とユダヤ人を非難する一方、ヒトラーを称え、ドイツとの友好を主張した。選挙の結果、ムーレは再選され、ユベールはヴェーユを破った。このようにアルザスは、人民戦線派が苦戦した地域であった。

四月二三日に人口八万のナンシー着。ナンシーは、ナショナリストの作家にして政治家モーリス・バレスの生地であることや対独復讐の故郷ということもあり、ナショナリズムが強力である。ロレーヌ地方のほとんどの議員は右翼であり、ナンシーの王党派組織は一〇〇〇人の活動家を擁し、パリに次ぐ力をもっている。クロワ・ド・フーや愛国青年団、フランシストも根強い。三二年の選挙では、共和連盟総裁のルイ・マランが六〇〇〇票の過半数を確保し、排外的な新聞の編集者かつクロワ・ド・フーのデジレ・フェリーは一万票を獲得していた。マランは、選挙集会でドイツと急進党の批判を展開したが、ある者には反動と映り、ある者には旧式の保守派と思えて不満が募った。フェリーは、新聞で「二月六日の精神」を称え、急進党指導者を糾弾し、反議会主義運動を支持した。急進党のピエール・オリヴィエ・ラピーは、選挙集会で反デフレーション・反二〇〇家族・ロレーヌの兵器工場主批判を展開し、左翼も国防には心を砕いており、仏独国境沿いの要塞マジノ線は左翼の陸相ポール・パンルヴェによって建造されたことを有権者に訴えた。ラピーは、ワースに左翼の選挙集会が右翼によって銃撃されたこともあったと語っている。しかし、ナンシー郊外の工場地区の選挙集会では、人民戦線の熱狂がみなぎっていた。三六年選挙の結果、マランは再選されたがフェリーは落選し、ラピーは社共両党の支援で当選した。人民戦線連合の力をみせつけた選挙であった。

2　工場占拠ストライキ

五月のストライキ

一九三六年六月四日、ブルム内閣が成立したとき、フランスは航空機産業から百貨店にいたるまで自然発生的な工場占拠ストライキの波に洗われていた。この時期に起きた一万二〇〇〇件のストライキのうち、九〇〇〇件（七五％）が工場占拠をともなっていた。のちに「社会的爆発」[76]と形容されるストライキである。こうしたストライキは三六年に突如として始まったものではない。三五年一月以降、「社会的爆発」を予兆するストライキはマルセイユで起きていた。[77]一月に賃金カットに対して打たれたゴム製造工場の抗議ストは八週間続き、三月には炭鉱夫三〇〇〇人が「飢餓行進」を行い、組合統一とファシズムとの闘いを訴えた。さらに、一二月にも賃下げ反対の理由で二一〇〇人の港湾労働者がストに入った。一二月のストでは知事が仲裁に入り、当初の賃下げ案は否定された。三六年に入ってもフランス各地でストは起きていた。一月にラ・ミュール炭鉱（四週間）、リールやルーベの路面電車従業員（五週間）、そしてノール県の織物工（三ヵ月）、二月にはマルセイユの港湾労働者やクレルモン＝フェランにあるミシュラン工場の労働者、四月にはリヨンの金属工がストに突入した。[78]

このように、フランスのどこかで労働争議が起きているという状況のなかで一九三六年春の総選挙が行われ、社会党が第一党になった。政権交代が「社会的爆発」の引き金となる。五月のストライキは、メーデー（当時は休業日ではない）に参加した労働者の解雇問題に端を発した。[79] 四月末にCGT書記のルネ・ブランは、「一九三六年五月一日を全国的な一大示威運動にする」ために「五月一日を準備しよう」と動員をかけ、書記長ジュオーも「明日、すべての労働者はCGTの回りで結束しよう」と呼びかけていた。[80] パリ地区では一〇万人の金属工が五月一日に欠勤した。この意味で二つの投票日のあいだに行われたメーデーは、人民戦線の選挙勝利への貢献度という点では二次的役割しか演じなかったとしても、「社会的爆発を引き起こす雷管の役目を果たした」。[81] それでは「社会的爆発」の実態を検討しよう。

メーデーの日に、ル・アーヴルのブレゲ航空機製造会社でも九割の従業員が出勤しなかった。このため、五月九日にブレゲ社のル・アーヴル工場で二人の組合活動家が解雇された。五月一一日、五〇〇人の労働者が二人の労働者の解雇に抗議して工場占拠ストライキが始まる。地方の金属工に端を発したストが、隣接業種や隣接地域へと伝染し、全国へと拡大した。五月一三日、トゥールーズのラテコエール航空機製造会社でも同様の問題で占拠ストライキが行われた。その後、ストの性格が解雇撤回から賃上げや待遇改善要求へと変化する。五月一四日、クールブヴォワのブロック航空機製造会社の争議がその種の最初のものであった。ブロック社の労働者は相対的に高い賃金を得ていたが、クールブヴォワ工場は賃上げ・有給休暇・従業員食堂などの要求を掲げた七〇〇人の労働者によって占拠された。これら三つの占拠ストライキは、市長の調停もあって労働者に満足のゆく結果に終わった。ブレゲ社のル・アーヴル工場では解雇が撤回され、一二日の午後九時にストは終了した。ラテコエール社のトゥールーズ工場でも三人の解雇撤回を勝ちとり、一四日に労働が再開された。ブロック社のクールブヴォワ工場では、一五日に賃上げ（一時間あたりの最低賃金を二五サンチーム引き上げ）や有給休暇を獲得した。[82] 一八日にはヴェニシューやロンギーの製鋼所でもストが起きているが、いまだ全国的に注目される状況ではなかった。というのは、『ポピュレール』は五月一五日に「二日間にわたる工場占拠ののち、ル・アーヴルのブレゲ工場の労働者は完全な満足を勝ち得た」と報じていたが、『プープル』にはこの記事は載らず、『ユマニテ』が「ブレゲ工場の労働者はいかにして勝利を勝ち取ったのか」と、ル・アーヴルの争議に触れたのが五月二〇日であったからである。[83]

五月二四日（日）、ペール＝ラシェーズ墓地にある「連盟兵の壁」の前で、社共合同セレモニーが開かれた。[84] 数十万人（『ポピュレール』）が赤旗や三色旗をもって行進し、民衆の巨大な力を指し示した。そのパリにストライキが波及する。ペール＝ラシェーズへの集合を第一面で呼びかけた二四日付の『ユマニテ』は、第五面で「給料の引き上げを求めて、航空機製造工場における一連の素晴らしい勝利」という見出しのもと、ブレゲ、ラテコエール、ブロック、ニウポール各社の事例を詳述し、ストが地方の金属工や機械工からパリ地域の金属工へと広がりつつあることを記していた。[85] この日の『ユマニテ』はペール＝ラシェーズでも売られ、また、集会には多くの金属工も参加していたので、先述した工場ストライキの情報が交換されたことは想像にかたくない。二五日にパリの軍需工場ソーテ＝アルレで、賃上げ要求がストライキを構えることとなく認められたところにも、こうした影響を垣間見ることができる。[86]

図３－４　1936年５月24日，ペール＝ラシェーズ墓地にある連盟兵の壁の前にて，トレーズとブルム（第２列，左から２人目とその右後ろ）

出典　F. Denoyelle F. Cuel, J.-L. Vibert-Guigue, *Le Front populaire des photographes*, Editions terre-bleue, 2006, p. 83.

五月二六日、パリ近郊のイシー＝レ＝ムリノーにあるニウポール航空機製造工場で、八五〇人の労働者がブロック社の工場と同様の要求を掲げて工場占拠ストライキを始めた。これが巨大なストライキ運動の始まりであった。『タン』が報じたストの模様は以下のとおりである。(87) 五月二一日に労働者代表が三項目の要求書を使用者に通知した。労働者の要求は、第一に時間外労働の廃止と週四〇時間労働、第二に労働者代表の承認、第三に最低賃金の保証であった。経営側が二度にわたってこの要求の受入れを拒否したため、ストに突入し建物が占拠された。工場占拠ストライキは新しいスト戦術の始まりであった。三日間でストは自然発生的に拡大し、社共両党やCGT指導者の予想を超えて広がった。トゥールーズのドヴォワチーヌ飛行機製造工場でも、二七日にストが始まった。二八日にはルノー、二九日にはシトロエン、フィアット、タルボなどの自動車工場や、グノーム・エ・ローヌ航空機エンジン製造工場、それに三七年万博会場の建設現場もストに突入した。二八日に、パリ地域の労組リーダーが労働大臣の仲介を要請する。こうして、労相フロサールが労使の仲介に乗り出し、航空機製造工場の争議については空相マルセル・デアが調停に加わったこともあって、ストの第一波は終息に向かった。(88)

ルノー工場の事例

ワースは、ルノー工場の機械工で穏健な社会党員ジャック（仮名）の例を紹介している。(89) ルノーのビヤンクール工場は、戦車や装甲車、飛行機、大砲なども作っており、ジャックは大砲製造の部署で働いていた。五月二八日（木）に出勤すると、午前八時に共産党員が午前九時からストをすると語り、九時五分、ストに突入した。三〇分後には全工場がストに入った。九時過ぎに共産党員がストの理由を説明しにきた。週四〇時間労働と二週間の有給休暇、時給五〇～七五サンチームの賃上げ、団体協約、シャワー付きバスやトイレの改善、スト参加者を処罰しないことなどであった。最初は何をすべきか分からず苛立つこともあったが、午前一一時に従業員三〇～四〇人につき二名の職場代表を選出することで合意が得られた。

工場での楽しみは午後から始まった。工場での即席の音楽会やダンスパーティが催された。午後二時には工場からセーヌ川の島までデモ行進をした。労働者はとてもくつろいでおり、「今日はわしらが主人だ」と高揚感に包まれ、赤旗を手にした一万二〇〇〇人が、「いたる所にソヴィエトを」「有給休暇を」「領主を倒せ」と叫びながら行進した。インターナショナルとフランス革命期に歌われたカルマニョルとラ・マルセイエーズが歌われた。夜になっても経営側からの回答はなく、誰も工場を去らなかった。混乱もなかった。夜にふたたびダンス、歌、飲酒、トランプ遊び、新聞を読んだり状況について話し合ったりして過ごした。翌朝、カフェに行くことが許されたが、みな退屈していた。午後はダンスに興じ、労働者の妻たちがラジオや毛布や魔法瓶などを運んできた。赤子を連れた女性や子どもたちも工場にやってきた。午後五時になっても状況は変わらず、午後六時にはストの見通しが不透明なことへの苛立ちが現

図３－５　1936年５月28日，ルノーのビヤンクール工場における占拠ストライキの第一夜

出典　Danielle Tartakowsky, *Le Front populaire*, Paris, 1996, pp. 4-5.

図３－６　1936年５月28日，ルノーの工場占拠ストライキ

出典　F. Denoyelle, F. Cuel, J.-L. Vibert-Guigue, *Le Front populaire des photographes*, Editions terre-bleue, 2006, p. 98.

れはじめ、聖霊降臨祭の前日であることも重なって今夜は帰宅するという人が多くなってきた。午後七時になって先の共産党員からスト中止が告げられた。『ユマニテ』(五月三〇日)は「ルノー工場の勝利!」と大見出しを掲げ、六月二日(火)からの労働再開を告げていたが、[90] ストの成果はとるに足らぬもの(超過時間労働の廃止・最低賃金の増額・トイレと更衣室の完備など)であり、ジャックは「われわれはストで損をした」と結論した。

五月二九日(金)、パリ地区だけで七万人がスト決行中ではあったが、いまだ地方にまで広がってはいなかった。労働者の要求も地域によってさまざまで、地方的な要求と全国共通の要求が混在していた。全国共通の要求とは、団体交渉・週四〇時間労働・有給休暇などの要求である。三〇日にアルザスで最初のストが始まる。サント=オディール山麓にあるサン=ナボール石切場で働く労働者一二〇人が、一〇%の賃下げに反対し、団体協約が更新されるまで労働を再開しないと抗議した。六月二日に賃下げのない新しい協約が締結され、労働が再開された。[91]

六月のストライキ

六月二日にストライキは突如として拡大した。[92] 聖霊降臨祭の週末、パリでは一五工場の五〇〇〇人がストに参加したのに対して、火曜日までに七〇~八〇の企業でストが打たれた。ほとんどの機械工場がストに加わった。ルノーやシトロエン社のように先週の金曜日に一時的に解決をみたところでも、仕事は再開されたものの今にもストが再開されそうな気配であった。ノール県のリールなど、地方の中心都市にも拡大したのが新たな現象であった。六月三日までに、パリ地域のスト参加人数は三五万人に達した。香水工場、チョコレート工場、アシェット社の新聞配送業、オチキス社、プジョーの修理工場、自動車工場、航空機製造工場、印刷工、製油業、製紙業、クリーニング業、セメント工場、建設業、ビスケット製造工場などにも広まった。

六月四日、さらにストは拡大する。トゥールーズの航空機製造工場や先述のルノー工場のように共産党員が関与したケースもあるが、ストは自然発生的に広まった。ジョルジュ・ルフランは、CGT労働者教育センター(Centre confédéral d'éducation ouvrière)の事務所での体験を記している。あちこちでストが始まっているのでストを始めたものの、何を要求すべきか分からずに事務所を訪れたスト代表者の事例である。彼らは、要求事項を決めるのは自分たちなのだと諭され、失望を隠さなかったという。[93]

このようにCGTもスト参加者の過半数を統制できなかった。CGTは、無制限に拡大するストに人びとが批判的になるのを恐れて、六月四日に「労働運動は、子ども・老人・病人の食糧確保が労働者階級の義務であることを忘れてはいない」と声明し、翌日にもラジオからストの指導者に向けて、食糧・衛生・安全の確保について「住民から完璧な共感」を得るように要請した。[94]しかしながら、これらの声明に顕著な効果はなかった。トラック運転手のストで野菜や魚が駅に荷積み状態のまま留め置かれたため、パリのレ・アール中央市場への配送ができなくなり、イチゴなどが腐る事態も出てきた。石油業界にもストが広がり、ガソリンが買えなくなった。四日の朝にラテコエール社のトゥールーズ工場でもストライキが再開され、晩にはルノーのビヤンクール工場が再占拠された。ノール県でも四日に炭鉱を含む九四工場で占拠が行われ、三万六六二八人のスト参加者を数えたが、九日にはストの件数と参加者も激増し、一一四四工場でストライキがあり、二五万四五五二人がストに参加していた。アルザスでは一〇日にミュルーズの化学工場、一一日にリンゴルスハイムの皮革製造工場などで工場占拠ストライキが始まった。労働省は、六月のスト参加者を一八三万一〇〇〇人、スト件数を一万二一四二件と見積もっている。ストが多かったのは、組合組織率の低い金属・繊維・食品工業（順に四%、五%、三%）であって、組合組織率が高い鉄道員・郵便局員・公務員・教員（順に二二%、四四%、三六%、三五%）の職場ではなかった。[95]

図3-7　1936年6月，ストライキ中のラファイエット百貨店の店員に語りかけるレオン・ジュオー

出典　Jacques Girault, *Au-devant du bonheur*, CIDE, 2005, p. 102.

図３－８　ボルドーでダンスに興じる工場占拠ストライキ中の労働者

出典　M. Margairaz et D. Tartakowsky, *Le Front populaire*, Paris, 2009, p. 72.

百貨店とルノー工場

ＣＧＴ書記長のジュオーは、ストの多くは未組織の労働者が起こしたものなのでＣＧＴは統制できないと述べていたが、その典型が六月四日朝から百貨店で始まったストライキである。ワースはラファイエット百貨店に足を運んでいる。(96) 男女従業員が地階に集まり、経営者への要求事項を協議していた。労働組合権の尊重、労働者代表の承認、スト参加者に報復しないこと、五〇～七五％の賃上げなどである。若い女性は新しい経験としてストを楽しんでいるようであった。ラファイエット百貨店のストライキは、ＣＧＴからの指令もなしに自然発生的に始まった。状況を討議するために、ＣＧＴに人を派遣するように求めてからＣＧＴに加入したという。サマリテーヌ百貨店でも五日からストが始まった。(97) サマリテーヌの店員たちは、歩合制や配達業務における成果主義（ブドーシステム、後述）に不満を感じていたうえに、年に四回の日曜無給出勤や厳格な就業規則に憤慨していた。その規則には、着席禁止（妊婦でも補助椅子禁止）、お喋り禁止、女

図３－９　1936年６月13日，勝利を祝うデモに向かうルノーのビヤンクール工場の労働者たち

出典　M. Margairaz et D. Tartakowsky, *Le Front populaire*, Paris, 2009, p. 77.

性の服装は黒のワンピースと黒靴に会社支給のストッキング、断髪禁止。男性も黒の上着と縞柄のズボン、靴下と靴も黒、ハードカラーの服装と決められていた。サマリテーヌ百貨店のストは商品配達係が主導したが、持ち場を占拠できなかった。そこで、パリ地区従業員組合の代表がストライキ委員会の指揮をとり、成果主義の廃止などを掲げて六月二四日までストが続いた。

ワースはルノーのビヤンクール工場にも出向いて、ストライキ実行委員会の事務所を訪ねている。(98) 委員会の雰囲気は、ソヴィエトというよりもジャコバン・クラブに似ていた。先週のルノーの工場占拠ストライキは無政府的状況下で始まったが、今やすべてはスト実行委が統轄し、会社の資産は細心に取り扱われ、新車のなかで眠ることも禁止されていた。ルノー工場の再占拠について、ふたたびジャックの話に耳を傾けよう。工場占拠ストライキは、第一回目よりは規律正しく組織された。スト参加者の半数は正午に帰宅し、翌日の午前一一時三〇分に戻ってくる。これに違反すると「軍法会議」で裁かれたり、脱落した労働者には、脱落者の名前が記された棺を作って模擬葬儀を執り行ったりした。毎日多くの行事があった。映画が上映され、多様なアーティストが工場を訪れて演じ歌った。五〇フランでピアノが借り出された。スポーツでは、ボクシングの試合や自転車競争、サッカー試合もあった。クロワ・ド・フーのラロック中佐の模擬裁判も行われた。たいていの日に踊り・歌・行列があった。

ストは整然と行われた。毎朝午前五時にクラリオンの音色で目覚め、消灯を告げるのもクラリオンであった。毎朝、工場は磨かれ掃除された。機械には手を触れない。寝具としてテントが張られた。暖をとるために石炭火鉢が用意され、毛布もたくさんあった。車のなかで眠ることを許された者もいたが、車を完全に綺麗に保つことが求められた。夜には消防夫が、すべてが整頓されているか見回った。女性と一八歳以下の青年は夜には帰宅した。工場は無数の旗や写真で飾られた。ただし、外出できないので刑務所のようでもあった。暴力行為や窓ガラスの破損、時計や道具の窃盗などはあったが、(99) 概して静穏が保たれ整然としていた。もっとも、工場には多くのスパイがおり、ジャックの回りにはクロワ・ド・フー団員もいた。ここ数日で多くの労働者がCGTに加入したが、多くの労働者は、退屈ゆえにストが早期に終わることを望んでいた。『フィガロ』の記者も「労働者の砦」と化したルノーのビヤンクール工場を六月七日（日）に訪れ、ワースと同様の占拠生活（カーニヴァル的な仮装行列やコンサート、赤旗や赤い花、インターナショナルと規律）をルポルタージュしている。[100] ビヤンクール工場に寝泊まりしていた経営幹部のフランソワ・ルイドゥーも、同様の観察をしている。サッカーや一日に二度の数千人の行列があり、社長ルイ・ルノーやラロックやルイドゥーの人形《ひとがた》が燃やされたという。[101]

パリのデモには荷車に乗せた棺（「資本の死」と記されていた）が登場したり、フランス中西部ポワチエのガス工場労働者が工場の中庭に置かれたコークスの山に「緊急令」の棺を霊柩車（荷車）で運んで象徴的な埋葬を執り行ったように、カーニヴァル的な祝祭空間があちこちで出現していた。[102]

与党の反応

六月五日にブルム首相がラジオから、労働者には規律の遵守と経営者には寛容を訴え、国民には流言に惑わされずに静穏を求めた（後述）。しかしこの放送もストを中止させることはできず、六日、ブルム内閣が下院に登場したときには、一〇〇万人以上のフランス人がストに参加していた。こうした工場占拠ストライキを、前革命状況と捉えた社会党革命左派《ゴーシュ・レヴォリュシオネール》のマルソー・ピヴェールのように、「すべてが可能である」（五月二七日）と檄を発した者もいた。ピヴェールは半月前にも、「人民大衆の内奥から生じる本能的行動は指導部の先を行っている」と、民衆の自発的な行動を称え、返す刀で合法性に執着して行動に移らない党指導部を非難していた。[103]

しかし、共産党のマルセル・ジトンは即座に「すべては可能ではない。……マルソー・ピヴェールよ、明日の政府にとって《外科手術》は論外だ」（五月二九日）と反論し、事態の沈静化に努めた。共産党政治局は「パンの防衛のために秩序と規律」を訴え（六月五日）、『ユマニテ』も「秩序が成功を保証する」（六月六日）という大見出しを載せた。トレーズも「満足が得られたならば、ストをやめねばならない。すべての要求がまだ受け入れられていなくても、もっとも本質的でもっとも重要な要求に関して勝利が得られたならば、示談に同意すべきである。……すべては可能ではない」（六月一一日）と語った。その後も共産党は、「人民戦線は秩序である」（六月一三日）、「人民戦線は革命ではない」（八月六日）と声明し、ブノワ・フラションも「工場占拠はストの唯一の形態ではなく、ストは要求を満たす唯一の手段ではない」（七月一三日）と呼応した。ジャック・デュクロも「急進派が私的所有に対するいかなる威嚇も容認しないと声明するとき、彼らは正しい」（六月二七日）と発言していた。これらの主張が示唆するように、共産党の関心は、中産階級を怯えさせず国内の混乱と人民戦線の分裂を回避し、一致団結して内外のヒトラー派に対処することにあった。それがソ連の利益でもあった。こうした共産党の方針は、六月一三日の共産党中央委員会で、党の穏健路線を批判した中央委員で左派のアンドレ・フェラを七月上旬に追放した事情とも軌を一にしている。(104) CGTの『プープル』（六月一四日）も、「労働の完全再開に向けて」アピールを発していた。(105)

ブルム内閣も秩序維持を優先した。政府は、民兵団の結成を要求したトロツキストの機関紙『労働者の闘い《ラ・リュット・ウーヴリエール》』（六月一二日）を差し押さえ、六月一四日に予定されていた人民連合の選挙勝利を祝う集会も、不測の事態を恐れて取りやめさせた。また、七月七日の上院で、急進党議員ビアンヴニュ＝マルタンが工場や農園が新たに占拠されたときの政府の対応をただしたとき、サラングロ内相はこう答弁した。「私は繰り返し述べますが、政府は公けの秩序を保障する決意であります。もし明日にでも商店や事務所や工場や農園の占拠が企てられるならば、政府は、適切なあらゆる手段を尽くしてそれを終わらせるように努めます(106)」。

ストの原因

一九六〇年頃まで、こうしたストの原因についてさまざまに論じられてきた。(107) ストの責任は、革命のために不安や無秩序を煽ってブルム内閣の信用を失わせようとする共産党にあるとか、社会主義の実験に対して、ブルジョワや農民を怯えさせるべく挑発者を用いた大資本にあるとか、「社会法」の実施を求めてストによる圧力をかけたCGTにあるとか言われてきた。

一九三六年八月に右翼政治家ジャック・バルドゥーが唱えた説、共産党とコミンテルンによる「六月一二日の陰謀」説は考慮に値しないが、『タン』は、社急政府の信用を落として革命状況をもたらすために共産党がストを煽っているのは「明白な事実《エヴィダンス》」だと記し、「革命的無秩序」を非難している。[108] 反スターリン主義左翼のピエール・モナットも、共産党はブルムを窮地に追いこんで、仏ソ友好派のエリオを政権に就けるためにストを起こしたと主張していた。[109] たしかに、ルノーの工場でストが始まったのは共産党の力が強い職場からであり、ブレゲ社の工場占拠ストライキを周到に準備したのが共産党の活動家ルイ・ウディエであったように、地域レヴェルで共産党員のイニシアチヴがあったことは間違いない。ノール県の炭鉱ストも、共産党活動家とシンパによる自主的な行動が決定的要因であった。

それゆえ、ジャック・ドリオの次の主張、共産党は最初にストライキを始動させると同時にブレーキをかけるという「ダブル・ゲーム」を演じていたという主張も出てくる。[110] しかし、「ダブル・ゲーム」というよりは、末端の共産党フラクションの自発的行動と人民戦線の維持を優先する党中央の自制的対応の表れと考えるのがよいだろう。アントワーヌ・プロが指摘するように、モスクワに従順な共産党が、フランスの安定を求めるソ連の意図に反して混乱を助長することは戦略的にありえず、しかも工場占拠ストライキが、共産党が影響力をもたない労働セクターや組合組織率の低い民間セクターで広がったことは、戦術的にも共産党主導説を否定している。[111] 反画一主義の月刊誌『新秩序《オルドル・ヌーヴォー》』も三六年夏に、「共産党の目的は、ヒトラーの侵略という推定上の脅威からソ連を解放することであり、だからこそ、共産党は突然ナショナリストになったのである。それゆえ、共産党は革命的であることをやめた」と記していた。[112]

では、CGTはどうだろう。書記長ジュオーは、六月一六日の全国委員会の席上、次のように述べている。「諸君も知ってのとおり、また諸君自ら確認したように、ストライキ運動がどのようにして、どこで始まったのか、正確には誰にも分かりません。明白なことは、われわれが人民大衆の不満の爆発を目撃したことです。人民大衆は、長年虐げられ抑圧され、絶えず不満を感じてきました。五月三日、民衆の意思表示から生じた解放的な雰囲気のなかで、人民大衆はこうした不満を表明できたのです」[113]。事実、六月七日、機関紙『プープル』は、ブルム内閣の信任を告げる紙面の第一面に「規律・冷静・信頼」という「CGTのスローガンは全員に課せられる」と記し、「労働者の要求を勝利に導く闘争は静穏のなかで続けられる」と、労働者に規律を求めるブルムの演説に同調する主張を載せていた。

しかも、『プープル』が第一面にストに関する記事を掲載したのは、『ユマニテ』や『ポピュレール』より遅い五月二八日のことであり、「航空機製造工場における《工場占拠》ストライキは静穏のなかで続く」という見出しとニウポール社のイシー工場の写真とともに、ビヤンクールのファルマン社とトゥールーズのドヴォワチーヌ社のストに触れていた。(114) CGTもスト運動の張本人ではなかった。

つまり、工場占拠ストライキは社会革命をめざしたものではなくて、シモーヌ・ヴェーユが観察したように解放感から生まれた「純粋な喜び《ジョワ》」のストライキであった。アンドレ・マルローも、「自立し、自由であることの喜び、今や服従する必要がないという事実によって、突然、自分を《別人》だと感じる喜び」について記している。右派のベルトラン・ド・ジュヴネルの目にも、「職場占拠ストライキはピクニックの延長」(『マリアンヌ』一九三六年六月一七日)と映った。人民戦線期を「もっとも低劣な時代」とか「もっとも卑俗な時代」と唾棄する極右作家のロベール・ブラジヤックも、「初期のストライキには喜びと自由の精神が横溢し、解放と希望をめざす心地よい緊張感に満ちていた」と回想している。当時さまざまな情報を知る立場にあった内閣府長官ジュール・モックは、ストライキ運動について「三〇年後の今では想像もできないが、選挙の勝利がもたらした熱狂の結果として自然発生的に生じた喜びの爆発」と回想している。(115) 意外なことに、クロワ・ド・フーの反応もこの種の一つだろう。クロワ・ド・フーは、パリから地方へのスト拡大を前にして所有や秩序が侵されていることを非難し、共産主義者への不信を募らせつつも、人民戦線の権力到達が大衆を陶酔させた理由であり、労組の要求(最低賃金の保証・有給休暇・団体協約など)は、クロワ・ド・フーの長年の関心と一致していると一定の理解を示していた。(116)

こうした自然発生的な喜びの爆発説に対して、ジョルジュ・ルフランは、組合活動家にとって軍や機動隊やファシストが工場を襲いに来るのではないかという緊張感や恐怖心がない交ぜになった「喜び」だと記している。(117) 社会党員のマドレーヌ・ラグランジュ(レオ・ラグランジュの妻)も、「一九三六年六月は、危機のさなかの喜びの爆発であった」と回想している。(118) ストライキ委員会のリーダーにとってはルフランやマドレーヌの指摘があてはまるだろうが、一般の組合員にとっては工場で初めて体験する「純粋な喜び」であったことだろう。

「喜び」が爆発した構造的な要因を指摘することができる。アントワーヌ・プロは、長中短という三つの時間の重なり（長期＝テーラーシステムによる新しい労働条件や労働形態の影響、中期＝恐慌の影響、短期＝ストを始動させた政治文化の影響）を指摘している。[119] プロの指摘を敷衍すると次のようになるだろう。労働者は、長期にわたって政治の場から疎外されてきたうえに、政治経済システムの制度疲労が、恐慌に対する柔軟かつ迅速な対応を不可能にしたことで、労働者の不満は高まっていた。さらに、生産の機械化と合理化が進む社会にあって、労働の意味が見失われつつあったことも不満の原因であった。科学的な労務管理をめざすテーラーシステムを応用したブドーシステムが、世界恐慌後のフランスでもいっそうの広がりをみせていた。[120] 成功報酬と不成功減収を組みこんだ点数制による能率給制度が、一九世紀的な労働者の社会的結合関係《ソシアビリテ》を寸断しつつあった。流れ作業による労働疎外は、ルネ・クレール監督の映画『自由を我等に』（一九三一年）やシモーヌ・ヴェーユの『工場日記』にも描かれている。労働者は出来高払いの競争をしいられたうえに、経済恐慌による失業や賃金カットなどの生活苦が追い打ちをかけた。こうした閉塞感が漂うなかで、反ファシズム民衆文化の到達点として成立をみた人民戦線政府は、労働者に希望を抱かせる事件であった。しかし、選挙後すぐに改革が始まると期待した労働者にとって、一ヵ月待ちぼうけを食わされることは素寒貧の生活が一ヵ月続くことを意味し、彼らは、そのあいだに政府が自分たちを忘れるのではないかと恐れた。この不安が労働者を行動に駆りたてた。[121] 政権交代によって膨らんだ希望と不安が、「社会的爆発」[122] の原動力となったのである。

もちろん、マルソー・ピヴェールやダニエル・ゲラン、コレット・オードリのような社会党革命左派にとって、状況は前革命状況と思えた。ゲランが戦後に著した書物の副題『人民戦線――革命の破産』（ジュリアール社、一九六三年）が、何よりもそのスタンスを如実に示している。経営者のなかにも、工場占拠ストライキを革命の開始と捉えた者もいた。繊維産業の経営者団体は、「本質的に革命運動」だとブルムに抗議書簡を送っている。[123] しかし、工場占拠はもっと実際的理由から始まっていた。つまり、経営者の工場閉鎖《ロック・アウト》やスト破りによる工場の稼働を避けるため、および使用者に圧力を加えるためであった。労働者は経営者の所有権も管理権も否定しなかった。シモーヌ・ヴェーユも、「もちろん何日か経てば、ふたたびあの過酷な生活が始まるだろう。……みんな戦時中の賜暇《しか》兵士のようだ」と、工場占拠の一過性を記している。[124] CGT書記のルネ・ブランも、工場占拠ストライキの正当性を語る論文のなかでこう述べた。機械が敵ではなくて解放の手段であることを理解した労働者階級にとって、工場占拠は「機械の停止」である。それが「違法」だという主張に対してブランは、「今日合法なものも違法なものとして始まった」ことを指摘し、「ストは労働者の最後の武器だ」と擁護した。[125]

「社会的爆発」に直面したアルベール・サロー首相は、ブルムにただちに組閣して事態に対処するように進言したが、ブルムは合法性を尊重し、一九三二年議会の任期が満了する六月まで待った。[126] そのあいだに、国内はストによって麻痺状態に陥っていた。三六年五～六月、ストがなかった県は、フランス全土九〇県のうち、わずか三県のみであった。[127] ブルム内閣は、嵐のなかを船出したのである。

3　ブルム人民戦線内閣の成立

組閣交渉

フランス史上初の社会党首班となったレオン・ブルムであるが、彼がめざしたのは、資本主義の枠内での合法的な「権力の行使」であって革命的な「権力の奪取」ではなかった。社会党にとって、政府参加は原理的問題を提起しつづけていた。ブルムは一九二〇年以来この問題を考えていたが、一九二四年に左翼政府が成立したときは、閣外支持という道を選ぶことによってブルジョワジーとの協力という共産党の批判をかわしつつ、改良の道を探るという路線を選択した。ブルムはこの難題を、「権力の獲得」と「権力の行使」を概念的に区別することで切り抜けようとした。「権力の獲得」は、社会党単独ないし社共両党で過半数を獲得したときにのみ可能となる形態であった。そのときにのみ、フランス社会の構造改革を委任されたとブルムは考えた。「権力の行使」とは、資本主義の枠内での権力の行使であり、急進党の支持を必要とする単なる左翼の多数派では、所有制の変更をともなう構造改革は授権されない。だからこそ、既述の社会党大会（五月三一日）におけるブルムの発言、「われわれは、現在の社会体制内で行動することになるでしょう」が生まれるのである。なお、一九三五年七月初めには、高まるファシズムの脅威を前にしてブルムは第三の権力概念「権力の占有」を語っていた。「権力の獲得」と「権力の行使」に加えて、「防衛的で予防的な価値」をもった「プロレタリアートによる政治権力の占有が必要不可欠になると考えるようになった」「権力の占有は、ある状況下でファシズムに対する社会主義の闘争の決定的段階になるだろう」「反ファシズム人民戦線政府とは、実のところ権力を占有する政府のことだ」「権力を占有する目的」が「人民戦線綱領」であることに意見の一致をみているなどと記していた。(128)

先の選挙結果は左右の政治意識の均衡と急進党右派の伸張を明らかにしたが、その意味は理解されず、祝祭的雰囲気のなかで「すべてが可能である」かのような幻想を与えていたことも事実であった。したがって、「権力の行使」概念が末端の活動家にどの程度理解されたのか疑問である。一九三六年一一月の全国評議会の場でもブルムは、権力の行使と権力の革命的征服の混同が活動家やプロレタリアートのなかにみられることに注意を喚起している。(129) それでは、組閣にいたるプロセスを検討しよう。

選挙戦が始まる前の四月五日、社会党書記長のポール・フォールは、社会党ジロンド県連主催の集会で、「人民戦線に結集するすべての政党が政府の責任を等しく負う」ことを述べていた。(130) 選挙後の五月六日、社会党執行委員会が開かれた。即時の組閣を求めるマルソー・ピヴェールに対して、任期切れまで待つというブルムの合法主義が勝利を収め、五月一〇日に全国評議会を開催することが決まった。一〇日の全国評議会では組閣問題が審議され、人民戦線の枠内で政府を率いることが承認された。そこで、ブルムとフォールは連名で、CGT書記長レオン・ジュオーに「人民戦線の共同綱領を実現する任務を帯びた政府に入閣する」ように求める書簡を送った。一二日にCGT執行委員会が開かれ、入閣問題が審議された。翌日、ジュオーは、労働組合の自立というCGT執行委員会と書記局の結論を踏まえて、CGTプランの実現および公共事業の推進をめざして新設の経済運営組織に参加することで新政府に協力はするが、入閣は辞退する旨の返書をしたためた。協力の中身については、五月一八日開催のCGT全国委員会で詰めることとなった。そのCGT全国委員会では、四つの即時要求項目（週四〇時間労働・労働者管理・団体協約・教育年限の延長）を決定している。五月二九日にも社会党とCGTの鳩首協議は続けられた。ブルム、フォール、ジュオー、ブラン、ラカモンが経済政策や社会法について協議を重ねたが、公共事業を担当する組織やその予算措置などの点で一致しなかった。[131] 入閣を見送ったCGTは、みずからの要求をとおすために政府の委員会に代表を参加させている。七月五日、社会法委員会にはジュオーとフラションを、公共事業委員会にはジュオーとロベール・ボトローを、金融委員会にはブランとラカモンを送り込んだ。[132]

五月八日にブルムとフォールは、ダラディエと接触して急進党の入閣を要請していた。五月二二日に急進党執行委員会は、一人の反対（急進青年団団長マルセル・サブロー）を除いて、政府参加を次のように決議した。「内外の難問を前にして、共和国と国民に対する義務を自覚する急進党執行委員会は、人民戦線綱領を実施するために樹立される政府に全面的かつ献身的に協力せねばならない」[133]。

共産党との組閣交渉

共産党のトレーズは、一九三五年には入閣に前向きな発言をしていた。夏のコミンテルン第七回大会で彼は、「わが党が支持し、万が一参加するかもしれない人民戦線政府」について語り、三五年秋には「ファシストの攻撃を前にしてわが党の綱領を何ら否認することなく、われわれは人民戦線政府内で責任を果たす用意がある」（一〇月一七日）とか、「われわれがめざす政府は、高まる大衆運動やプロレタリア統一戦線や人民戦線委員会に支持される政府、単一のCGTに集う労働者の闘争意思に答える政府、ファシストの危険に毅然と対峙し、大銀行の独占や二〇〇家族の独裁に対抗する決定的方策をとる政府、そして内乱を引き起こすリーグの脅威に終止符を打つ政府だ」（一一月一〇日）と述べていた。ジャック・デュクロやマルセル・カシャンも同様の主張を展開している。デュクロは、「人民戦線政府に対してのみ、わが党の政府不参加という伝統的態度を修正する可能性」があり、その人民戦線政府とは「金融寡頭制の諸特権とファシスト・リーグに戦いを挑む闘争内閣」（一一月一二日）だと記し、カシャンは、「その名に値する人民戦線政府のきわめて重要な仕事」とは、「大ブルジョワジーの財産に課税する効果的な政策を行うこと」

だと語った（一一月二五日）[134]。

しかし、一九三六年一月下旬に開かれた共産党ヴィルルバンヌ党大会では、トレーズは「われわれは、ブルジョワジーの事業を管理する気もないし、ありきたりの政府参加に埋没する気も毛頭ない」と語り、人民戦線政府への参加に留保が示された。一月二八日にジャック・デュクロは、「政府不参加という党の立場に変わりはなく」、人民戦線政府という「単なる議会制政府に参加する道は、労働者階級を救済する道ではない」と述べ、政府参加が可能な条件として「支配階級が、力強く発展する反ファッショ大衆運動をもはや抑えることができず、ブルジョワジーの国家装置が大きく損なわれ停止したとき」をあげた。トレーズは、選挙勝利後の五月六日にも内外の新聞記者との会見のなかで、「われわれは入閣しないつもりです。われわれは、選挙戦中、そのことを正直に繰り返し述べてきました」と発言している。五月一二日、スターリンもトレーズに政府には不参加だが人民戦線綱領の実現のために、右翼に対抗して政府を支持するという党の立場は正当だとお墨付きを与え、内相や外相には反ファシズム闘争や仏ソ友好の見地から好ましい人物が就くように要請していた[135]。

ブルムは、五月九日午前にトレーズとデュクロを私邸に招いて、政府に参加しないという共産党の態度に変わりはないのかを尋ねた。共産党首脳は、「入閣の拒否、明日の政府を忠実に支持すること、フランの防衛」を確認した。ブルムの入閣説得は実を結ばなかったが[136]、毎週水曜日午前九時にブルム邸で共産党との非公式協議を行うという提案は、共産党に受け入れられた。そこで、社会党は五月一二日に共産党に入閣要請の公式書簡を送った。同日の『ユマニテ』では、ヴァイヤン＝クーチュリエが「左翼政府の傍らで、政府を支持しその安定を保証しつつ、共産主義者は、人民戦線のもっとも熱情的かつ規律ある構成員の協力を得て、閣外から一種の民衆省《ミニステール・デ・マス》を実現するだろう」と記していた。二日後、共産党政治局は入閣の拒否を伝えてきた。その理由として、選挙戦中に入閣しないと述べてきたことや、共産党が入閣することで恐慌に陥った右翼に攻撃の口実を与えることよりも、社会党首班の政府を誠実に支持することで人民の大義によりよく奉仕できることをあげていた[137]。これ以外の理由として、閣外協力という立場は、好ましい政策の果実を享受できると同時に、対スペイン不干渉政策のように不人気な政策については免責されることが指摘できるだろう。

ブルム内閣の成立

一九三六年六月四日にブルム内閣が誕生する。ブルムは組閣方針として、第一に首相は国政全般を統轄するために他の大臣を兼任せず、第二に関係閣僚を六つ（国防、一般行政、対外関係・海外フランス、財政・国債、国民経済、社会連帯）にグルーピングして連絡調整を容易にし、第三に首相を補佐する内閣府長官職を置くことを掲げた。社会党と急進党が入閣し共産党は閣外から政府を支持した。二一人の大臣と一四人の次官が任命された。一六人の大臣と次官が社会党員で、一四人が急進党員であった。首相はブルム、副首相兼国防大臣はダラディエ、経済関係の閣僚と内務大臣を社会党が占め、急進党は軍・外務・法務・国民教育省などの大臣ポストを占めた。[138] ジャン・ゼー国民教育大臣は、就任時の年齢が三一歳一〇ヵ月と第三共和政史上最年少の大臣であった。

ブルムが「両性の平等にむけた第一歩」と自負したように、女性に参政権がなかった時代に、三人の女性が次官として入閣したことは目新しかった（三六年時点で既婚女性の五五％が働いていた！）。児童保護担当次官にシュザンヌ・ラコール、科学研究担当次官にはノーベル物理学賞を受賞したイレーヌ・ジョリオ＝キュリー、[139] 国民教育担当次官にセシル・ブランスヴィックが就任した。極右のロベール・ブラジヤックは、セシルを「権威的でデブのユダヤ女」、シュザンヌを「痩せっぽちで陰険な顔つきの女教師」と評している。[140] 新設の内閣府長官には、社会党のジュール・モックと急進党のフランソワ・ド・テサンが任命された。さらにブルムは、革命左派のマルソー・ピヴェールを情報担当次官として閣内に取りこみ、左派の政府批判を一部封じることに成功した。ダニエル・ゲランは、次官ポストを提供することで「ブルムは革命左派を骨抜きにしようとし」、「われわれは政府に結びつけられて身動きが取れなくなった」と述懐している。[141]

六月六日、ブルム内閣は下院で三八四票（反対二一〇票）を得て信任された。『アクシオン・フランセーズ』は、連日、「無為無策、タルムード、モスクワ」（六月一日）、「ユダヤ人に従うフランス」（六月五日）、「合法性というユダヤ人の活動停止期間」(六月六日)、「下院のユダヤ人問題」(六月七日)、「無能なユダヤ人の長」(六月九日)、「万事よし、ラビ氏よ」(六月一〇日)、「漂流するユダヤ丸」(六月一三日)、「勝利に酔いしれるユダヤ革命」(六月一四日)、「ユダヤの大攻勢」(六月二一日)などと、一面に大見出しを掲げて反ユダヤ主義のキャンペーンを展開していた。(142) モスクワ文書中のブルム個人文書を最初に調査したイラン・グレイルサマーは、ブルムが保管していた反ユダヤ主義のブルム宛書簡や首相就任が反ユダヤ主義の激発を招くことを恐れるフランス在住ユダヤ人からの手紙などを紹介している。(143) ブルムの首相就任が、反ユダヤ主義者たちを刺激したのは間違いなかった。

アンドレ・ジッドは、右翼作家アンリ・マシスやモーラスのブルム批判に対して、ブルムは困難な事業を首尾よくなし遂げる能力をもっていると擁護したが、(144) こうしたキャンペーンと連動するかのように六日の議場では、ブルム内閣の多難な前途を予想させる出来事が起きていた。共和連盟の議員グザヴィエ・ヴァラの発言が、議場を騒然とさせた。(145) ヴァラがボタン・ホールに着けていたクロワ・ド・フーの徽章は、遠くからもよく目立った。この徽章に彼の立場が示されている。ヴァラは議長エリオの制止を振り切って発言した。「あなたの首相就任は明らかに歴史的な事件となりました。ガロ＝ロマン時代から続くこの古き国は、初めてユダヤ人によって統治されるのです。……フランスは初めて、フランスのディズレーリ〔ユダヤ人の英国首相〕をもつことになりました。……フランスのような農民の国を治めるには、明敏なタルムード学者よりも、たとえ下層の出身であってもわが国土に深く根ざしている人のほうがよいのです」と、反ユダヤ主義的言説がフランス官報に記録されることになった。さらにヴァラは、ユダヤ人の一群《セナクル》(アンドレ・ブリュメル、モック、オレスト・ローザンフェル)がブルム内閣の決定に影響を及ぼしていると非難しさえした。

『リュミエール』は、ヴァラのブルム攻撃に対して「クロワ・ド・フーは反ユダヤ主義者だ」と非難し、ユダヤ富豪の「ロベール・ド・ロートシルト氏とフィリップ・ド・ロートシルト氏は、ラロック中佐の反ユダヤ・リーグに大金を注ぎつづけるつもりか」と批判した。ともあれ、右翼勢力のブルムに対する誹謗中傷(ブルムは、本名がカルフンケルシュタインというブルガリア人だとか、いやハンガリー人、ドイツ人だなど)は、このあとも続く。あまりに執拗な攻撃に対して、ブルムも一九三八年一一月に「私はフランス人だ」という反論を公表せざるをえなかった。(146)

マチニョン協定

既述のように、ブルム内閣が成立したとき、フランスは未曾有の工場占拠ストライキに見舞われていた。[147] ストの拡大を前にして、ジュオーは五月三〇日、各単組や県労組に情報の提供を求める通達を出した。CGTは、パリ地域のスト参加者を五月二九日段階で六万五〇〇〇人、六月四日で約一〇〇万人とみていた。ジュオーは労働者の要求を汲みあげ、まとめあげていった。週四〇時間労働・年二週間の有給休暇・賃上げ・団体協約による雇用の保証などの要求である。

六月四日午後七時、ブルムは、エリゼ宮でルブラン大統領に組閣名簿を提出した。その際ブルムは、大統領から事態収拾のためにラジオから労働者に訴えるように懇請され、翌日マイクから呼びかけた。政府は、週四〇時間労働と団体協約と有給休暇法案を上程する予定であるが、「政府の行動が有効に発揮されるためには公的安寧が必要です。……政府の行動は、無秩序や国民の生活に直結する業務の中断によってマヒするでしょう」と述べ、労働者に要求実現を法に任せること、経営者には労働者の要求を公正に検討すること、国民には冷静を求めた。[148] ブルムの演説が午後二回と夕方の計三回放送されたことは、政府も事態の沈静化を重視していることの現れだろう。

五日の朝、ブルムは国務院時代の友人で鉄鋼委員会の総裁アレクサンドル・ランベール＝リボから経営陣とCGTの仲介を求められた。[149] そこでブルムは、ストを終息させるために労使の調停にのりだす。五日夜にブルムは、経営者団体幹部との話し合いを私邸でもった。集まったのは、フランス生産総連合（CGPF）会長のルネ・デュシュマン、パリ商工会議所会頭ピエール・エチエンヌ・ダルブーズ、ランベール＝リボであった。会談をとおしてブルムは、流血の衝突を避けるための協力を要請し、経営陣からCGTとの交渉の用意があるとの確約を得た。経営陣との会談の前に、労使交渉の可能性についてCGTにも伝えられていた。六日の午後三時にCGPFの中央評議会が開催されてCGTとの協議が承認され、この決定は七日午前一一時に首相官邸に伝えられた。また、七日午前、内相ロジェ・サラングロがCGT本部を訪れ、午後に開かれる労使交渉への参加を求めた。執行委員会を開催中のCGTは、労使交渉への参加を決定する。こうして、首相官邸で労使交渉が始まる。

七日午後三時一五分、ブルムは経営者代表と労働組合代表を首相官邸に集めて協定案を審議させた。政府側からはブルムと内務大臣サラングロ、内務副大臣マルクス・ドルモワ、内閣府長官ジュール・モックの四人、経営陣からはデュシュマン、ルネ・ブランほか三人が出席した（フラション以外は旧CGT派）。政府と労使の三者は、社会危機を解決させるという意思を共有していた。デュシュマンによると、交渉は慇懃ではあったが、工場占拠や結社の自由をめぐる意見の相違は解消せず、また、労働者のあまりに低い給与には心が痛んだという。ジュール・モックも、交渉は丁重ではあったが厳しかったと回想している。[150]このため、賃上げの率をめぐる労使の議論は平行線をたどり、午後六時一五分に交渉は中断した。労使双方の代表は、議論をそれぞれの組織にもち帰って協議することにした。午後一一時三〇分、再開後も交渉はまとまらなかったが、給与に関してはブルムの調停もあって、組合側は平均一二％（七〜一五％）の賃上げで合意した。ブルムは、交渉再会前に、週四〇時間労働・有給休暇・団体協約の三法案が九日に上程されることを約束する個人書簡をジュオーに渡している。[151]その結果、八日午前〇時四五分に団体協約、労働組合権の承認、賃上げ、職場代表の選出方法、スト参加者への不処分、労働再開を主な内容とするマチニョン協定（全七条）が締結された。[152]

三法案の行方

六月八日の『プープル』は「貧困に対する勝利」を宣言した。『ポピュレール』も、「労働者階級の勝利」や「勝利！　経営者は降伏した！　……労働者階級の自律的行動の大勝利！　……人民戦線政府の大勝利」を告げ、『ユマニテ』も「勝利は得られた」と続いた。ジュオーはラジオから国民に呼びかけた。「昨夜得られた勝利は、新時代の始まりを確認しました。……史上初めて、ひとつの階級全体が生活状態の改善を同時に獲得したのです。……このことが異論の余地なく示していることは、労働者階級が国民経済のなかで協力者の地位に就くのに、全体主義的で権威主義的な国家を樹立する必要はなく、民主主義を正しく運用し促進すれば、それが可能になるということであります」。八ヵ月後にもジュオーは、「その夜われわれは、労働者階級が未来への道を切り開いたところであることを知った」と述懐している。ＣＧＴ全国委員会は六月一六日にマチニョン協定を満場一致で裁可し、「新しい社会政策が誕生した。……万人の未来はその完全な成功にかかっている」と声明した。[153]

これに対してランベール＝リボは『タン』（六月九日）のなかで、「経営者は、自分に課せられ、自分が忍従する実験の結果にまったく幻想を抱いていない。経営者が政府の調停を受け入れたのは、政府が新状況の全責任を今後負うと言ったからでしかない。状況は危機的かつ曖昧である。政府の提案を受け入れつつも経営者は、きっぱりと態度を保留した」と記して、労組代表との温度差を示した。『タン』もストライキの圧力によってマチニョン協定をもたらした共産党の「民衆省」と、ジュオーの「経済ファシズム」を非難する論説を載せている。『タン』の「経済ファシズム」批判に対して、『リュミエール』編集長のジョルジュ・ボリスは、マチニョン協定は独裁政府の代表によってではなくて民主政府の後援のもとに締結されたことを力説し、「『タン』は本質的な相違を無視している」と反論した。[154]もっとも、ルノー工場の共産党活動家のように「マチニョン協定は不正な取引《マキニョン》だ」と非難し、もっと多くを獲得するためにストを続行すべきだと主張する者もいた。[155]こうして、マチニョン協定はただちにストを終息させず、逆にスト期間中の給与の支払い問題や団体協約の内容などをめぐって、ストの材料を新たに提供することにもなった。[156]八日、パリ地域の建設関係の労働者がゼネストに突入し労使交渉を続けた。この日、百貨店や保険会社もストに入った。ノール県やパ＝ド＝カレ県でもゼネストが行われている。『プープル』が、「今や規律と静穏と秩序のなかで勝利を具体化せねばならない！」と労働者に自重を求め、逆にトロツキーが、六月九日に「フランス革命が始まった！」と語ったゆえんである。[157]それでも、マチニョン協定とトレーズ書記長のスト終結を求める一連の演説（先述）によって、工場占拠ストライキも妥結に向かい、六月一五日（月）には多くの職場で労働が再開された。

一九三六年選挙でも、従来どおりカトリック教徒は右翼政党に大量に投票していたが、フランスの司教がブルム内閣の社会法に同意を表明したことは政府に追い風となった。六月五日にパリ大司教ヴェルディエ枢機卿は、労使双方に経済問題の解決に尽力すべき義務があると声明し、フランス・キリスト教労働者同盟（ＣＦＴＣ）も工場占拠ストライキを非難したが、三法案には賛成の立場を表明していた。[158]

ブルムが迅速な法制化を約束した三法案はただちに上程され、有給休暇法は一一日に下院（五六三票対一票）を通過し、一七日に上院（二九五票対二票）で可決された。有給休暇の要求は、社共両党の綱領には添え物のように存在していたが、人民連合綱領にも急進党の綱領にもなかった。五月一八日のCGT全国委員会で決議された四つの要求（週四〇時間労働・労働者管理・団体協約・教育年限の延長）にも入っておらず、五月二九日のブルムとの会談でもジュオーは有給休暇を要求していない。「社会的爆発」のなかで有給休暇を掲げたのはパリ地域の金属工などの一部に過ぎなかった。それゆえ、有給休暇法の可決にはブルムの個人的決断と指導力があったと言ってよい。[159]とはいえ、すでに一九二五年のパリで有給休暇の獲得を唯一の目的としてストライキが初めて打たれ、一九一九～三五年の首都で起きた二四五三件の争議のうち、七九件のストで有給休暇の問題が提起されていたことも忘れてはならない。[160]さらに、意外に思われるかもしれないが、クロワ・ド・フーの選挙マニフェスト「人民のために、人民によって」のなかでも、「企業に忠実な労働者や従業員は、職種や地域の状況に応じて年次有給休暇の恩恵に浴するべきである」と掲げられていた。[161]それゆえ、有給休暇の要求は左右両翼からあがっており、また、自然発生的に生じたものでないことも確かであった。

団体協約法は、一一日に下院（五二八票対七票）を通過し、一八日に上院（二七九票対五票）で成立した。一九三四年段階でフランスの労働者の四％しか、団体協約をもっていなかった。三五年に調印された団体協約は二八であったが、三六年六～九月にかけて七〇〇以上が調印され、一二月までにその数は二三三六、三七年秋までには五〇〇〇に達した。団体協約によって、雇用条件や最低賃金や職場代表などの条項が整備された。もっとも反対が多かった週四〇時間労働法も、六月一二日に下院（三八五票対一七五票）を、一八日に上院（一八二票対六四票）を通過した。ジュオーは、九日にジュネーヴで開かれた国際労働機関の総会でフランスの成果を報告した際に、週四〇時間労働法が一八日までに両院で承認されるという見通しを述べたが、そのとおりになった。[162]週四〇時間労働法も「社会的爆発」のなかで実現されたと言える。というのは、人民連合綱領には「週給の減額をともなわない週労働時間の短縮」とあっただけで、労働時間数を明示していなかったからである。社会党の選挙公約も同様であった（「給与の減額をともなわない労働時間の短縮」）。週四〇時間労働を掲げたのは、CGTを除けば共産党の選挙公約のみであった。[163]

マチニョン協定と三法案の成立は、CGTに大量の組合員をもたらした。六月一四日に組合員は二五〇万人を数えるにいたり、年末には四〇〇万人に達した。ルノーのビヤンクール工場では二週間のスト期間中に、CGTの細胞組織員が七〇〇人から二万五〇〇〇人に増え、南西フランスのドルドーニュ県でも、マチニョン協定後一ヵ月のあいだにCGT組合員は一万人を超え、六六の組合が新たに結成されている。それと同時に、フランスの労働組合運動は、第一次世界大戦前のようなアナルコ＝サンディカリズムから大衆サンディカリズムへと相貌を変えていく。また、全国的に組合員が激増したのは金属・化学・製紙工業の業界であり、それは再統一したCGT内の力関係を逆転させるにいたり、旧CGTU系が多数派を形成していく原因にもなるだろう。[164]

労組同様、社会党と共産党の党員数も三六年六月から増加している。社会党の党員数は三五年比で約八万人増えて二〇万二〇〇〇人となり、共産党の党員数は三五年の八万七〇〇〇人から三六年には二八万五〇〇〇人と三倍強に拡大した。しかし、「社会的爆発」の影響下で入党した人民戦線世代の共産党員と、一九二〇年代のボルシェヴィキ化を体験した共産党員とのあいだには、世界観や社会参加の方法をめぐって見解の相違があった。人民戦線世代の党員は、反資本主義闘争より反ファシズム闘争や民主主義の戦いを優先させ、既存の一切を否定するのではなくて人民戦線政府という現状を肯定する傾向にあり、また、既成社会と絶縁せず、国民的民主的価値を擁護する政治態度をとった。こうした前世代とは異質なタイプの党員の加盟で、共産党の政治文化は一時的ではあれ穏健化せざるをえないだろう。[165]

第四章　権力の行使

1936年７月14日，サン＝タントワーヌ街を通るデモ隊

F. Denoyelle, F. Cuel, J-L. Vibert-Guigue, *Le Front populaire des photographes*, Editions terre-bleue, 2006, p. 208.

1　ブルム内閣の内政

法律革命

フランス版ニューディールをめざすブルム内閣は、矢継ぎ早に改革に取り組んだ。「法律革命（Révolution par la loi）」とも称されるように、短期間のあいだに次々と立法化された。一九三六年八月一四日の下院でブルムは誇らしげに述べている。「わが国の議会史上、一〇週間でかくも多くの法律が可決された事例を私は知りません」。実に七三日間で一三三の法律が成立していた。[1] 前章で触れた有給休暇、週四〇時間労働法、団体協約以外の法律を検討しよう。

六月一一日にジャン・ゼー国民教育相は、義務教育年限を一年延長して一四歳までとし、そのために必要とされる教員三五〇〇人の増員案を上程した。この法律は反対なしで可決され、八月九日に公布された。教員増は、退職年齢の五五歳への引き下げによる定年退職によって相殺されると考えられた。この法には、飽和している労働市場への参入を一年遅らせることで、失業者の減少に繋がることが期待された。一九三六年には五二四一人分の初等教員ポストが創出され、三七年には中等教員一二〇〇人が増員されている。[2] また、急進党下院議員で体育担当次官のピエール・デザルノーの尽力で、三七年初めに体育とスポーツの再編計画が採択された。体育授業は週五時間となり、そのうちの三時間は野外学習にあてられた（第六章参照）。このため、専門指導員のポストが師範学校に設けられた。職業教育の分野では、三七年三月一〇日に徒弟修業が義務化されている。国民教育担当次官のセシル・ブランスヴィックは、在任中に一五〇〇の学校食堂をつくり、児童の保健衛生にも気をくばった。[3]

ラヴァルの緊急令を修正する法案として、六月一二日に上程された公務員に関する法案と退役兵士に関する法案は、大きな反対もなく議会を通過したが、六月一八日に上程された小麦公団設置法の審議は長引いた。この法案は、生産過剰や投機による小麦価格の暴落を防ぐために、政府による公定価格での小麦の買入れと協同組合のみを買入機関と認めることで、投機的な商人を閉めだして市場の安定化をはかることを狙いとしていた。しかし、農業部門を自己の領分と考えてきた急進党は、ジョルジュ・モネ農相の提案に気乗りがせず、七月四日に下院を通過した法案を上院は七月二〇日まで審議しなかった。上院は、この法案が国家管理主義的だと非難して、かなりの修正を加えて下院に差し戻した。法案は両院を七往復したが、やっと八月一四日に上院を通過した。ジョルジュ・モネ農相は、上院の抵抗に打ち勝つまでに六週間を要したのである。こうして、八月一五日に小麦公団の設立が承認された。その目的は、過剰生産と対処し、優越的な大規模生産者や製粉業者と戦うことで市場を規制することにあった。小麦生産者（二九人）・消費者（九人）・製粉業者（九人）・政府代表（四人）など、計五一人の委員からなる中央会議は、収穫高の予想や通年価格の決定などを任務としていた。

　六月一八日デクレ（政令・命令）によって、政府は右翼リーグの解散に取り組んだ。これは、一九三六年一月一〇日法（公共の秩序を脅かすおそれのある組織を解散する権限を政府に付与）の適用であり、ブルム内閣の新政策というわけではなかった。かくして六月三〇日、右翼リーグのクロワ・ド・フー、愛国青年団、フランス連帯団、フランシストの四団体が非合法化された。そこでラロックは、クロワ・ド・フーを政党化させることで法の適用を免れようとして、フランス社会党（ＰＳＦ）を結成した。彼は、「ＰＳＦに大挙して加入せよ。国家の再建というわれわれの壮大な事業は、三色旗の回りで家庭的にして公民的な細胞の力強い再生を革命的な計画に対置するだろう」と宣言し、七月一二日に第一回大会をワグラム会館で開いた。[4] こうして、クロワ・ド・フーは共和制度の枠内での政治運動へと脱皮し、それとともにＰＳＦは大きく躍進して三七年初頭には党員数も一〇〇万人を超えるにいたる。同時にＰＳＦは、フランス職能組合（ＳＰＦ）を結成し、組合員は自称五〇万人に達したという。[5] もっとも、体制内化したクロワ・ド・フーに飽きたらない過激派は、ウジェーヌ・ドロンクルの指導下で、秘密結社、革命的行動秘密委員会（ＣＳＡＲ、通称カグール）を組織し、共産主義の脅威と戦うために爆弾闘争を展開した（第五章参照）。

一九三四年六月に共産党を除名されたジャック・ドリオは、フランス人民党（PPF）を三六年六月二八日に結成している。結成時の党員（一二万人）に元共産党員が多いこと、反共反ソの主張に特色があった。それは、結党大会における三時間に及ぶドリオの演説（「ソ連の政策はドイツの攻撃を阻止し、ドイツをフランスに向かわせることにある」がゆえに、「ソヴィエトとは戦争」であり、「共産主義を打倒せよ」というアピール）や、その後の発言（「モスクワは、わが国に内戦と対外戦争をもたらす大政党〔共産党〕を養い、金を出し、指導している」）に示されている。[6] さらに、仏ソ接近がフランスを戦争に追いやるという主張を展開して、フランス政治への影響力には限界があった。とはいえ、PPFはPSFと異なって弱小党派にとどまったので、中産階級の不安を利用しようとしていた。

労働法関連では、六月二四日に団体交渉法が成立し、労働組合の権利を保障しつつ、労使交渉を促進するために政府に介入の手段を与えた。団体交渉法を補完する法として、一二月三一日には労働争議の強制仲裁制度が導入されている。[7]

二つの集会

「法律革命」を後押しするかのように、ブルム内閣の誕生を祝う集会があいついで開かれた。一つは、六月七日に社会党セーヌ県連がパリの冬季競輪場（ヴェロドローム・ディヴェール、通称ヴェル・ディヴ）で主催した集会、もう一つは、六月一四日に共産党がモンルージュのビュファロ・スタジアムで開催した集会である。前者の集会に対して『フィガロ』が、「ミュンヘンやベルリンでの演出同様に赤の広場での盛大な演出から着想を得ている」と評し、後者の集会に対しては、イギリスの記者アレグザンダー・ワースは、個人のイニシアチヴと組織性の欠如を特徴とした過去の人民戦線派の集会とは異なる政治文化を嗅ぎとっていた。[8] それでは二つの集会を紹介しよう。

六月七日、ヴェル・ディヴの上階席は赤旗で覆われ、下の席には社会党のシンボルである三本の矢と闘争スローガンを記した大きな横断幕、それに社会主義の偉大な先人の肖像、マルクス、エンゲルス、カール・リープクネヒト、ポール・ラファルグ、ルイーズ・ミシェル、エドアール・ヴァイヤンらの肖像と、ひときわ大きなジャン・ジョレスとジュール・ゲードの肖像で飾られ、点滅するプロジェクターがそれらの肖像を映し出していた。集会は、赤旗を掲げた青年衛兵（Jeunes Gardes）の入場で始まった。コーラス、吹奏楽団の演奏、揃いの服での行進や統制のとれたパレードが印象的であった。中央に深紅の演台があり、マリユス・ムーテ植民地大臣、ペルネー急進党セーヌ県連会長、ポール・フォール、シュザンヌ・ラコール厚生次官、ブルム、トレーズらが演説した。会場には二万五〇〇〇人が集まったという。『ポピュレール』は一面にムーテの演説写真を載せて、植民地大臣がこうした集会で演説する斬新さを強調していた。(9)

六月一〇日、人民連合全国委員会は不測の事態を避けるために、六月一四日（日）にパリで予定されていた人民戦線の選挙勝利と労働組合の勝利を祝う巨大デモを七月一四日に延期することを決定したが、地方では六月一四日のデモを大規模に行うよう諸組織に呼びかけた。(10)

共産党は、六月一四日にモンルージュのビュファロ・スタジアムで「五月の選挙と六月の闘争という二つの勝利を祝う」集会を開いた。社会党からはジロムスキーも参加し演説をしている。ワースは、会場にある旗や幟や横断幕その他の飾り物に、ベルリンやモスクワのような組織立った規律を感じとり、「これまでパリで見たなかでもっとも印象に残るもの」だと述懐している。スタジアムの屋根は「自由でたくましくて幸せなフランス」というスローガンを記した巨大な横断幕で覆われ、演壇には一九三五年八月三〇日に死去した作家アンリ・バルビュスの巨大な写真が飾られた。演壇左には楽団がインターナショナルや革命歌を演奏して雰囲気を盛りあげていた。参加者には女性や子どももかなりおり、全員が紙製の赤い花ないし赤い記章を身につけていた。ストライキ委員会の入場で集会が始まる。ルノーのビヤンクール工場のストライキ委員会がルノー出身の共産党議員アルフレッド・コストに先導されて入場したとき、ひときわ大きな拍手と歓声が沸き起こった。コストは三色リボンを肩からかけ、女性労働者は赤いスカーフをまとい、「われわれが勝利したのは団結していたからだ」と繰り返した。『ユマニテ』の写真にあるように、ルノーのストライキ委員会の横断幕には槌と鎌（共産党）・フリジア帽（共和国）・三本の矢（社会党）が描かれ、労働者政党と共和国との団結を明示していた。次いで槌と鎌が描かれた巨大な円盤が演壇に運ばれ、そのあとを党の執行委員とジロムスキーが続いた。その時、スタジアムの中央に四本の大きな赤旗が掲揚され翩翻《へんぽん》と翻った。その赤旗は新たに考案されたソヴィエト＝フランス国旗であり、上端に三色旗が描かれ、フランス共和国を意味するRFの金文字と金文字のあいだに槌と鎌がデザインされていた。こうした演出をともなう四時間の集会に一二万人が足を運んでいる。[11]
このような熱狂のなかで七月一四日を迎えた。

七月一四日

人民戦線派の週刊紙『ヴァンドルディ』（七月一〇日）は、編集部の三名がフランス革命の意義を再確認する記事（ジャン・ゲーノが「自由」について、アンドレ・シャンソンが「平等」について、アンドレ・ヴィオリスが「友愛」について）を執筆し、さらに「一九三六年七月一四日の誓い」を公表して七・一四集会の気運を盛りあげていた。[12] 法律革命やマチニョン協定の余勢を駆って開かれた七月一四日の祭典は、好天にも恵まれて大成功であった。一四日午前に左右両翼の群衆が、軍事パレードを見るためにシャンゼリゼやアンヴァリッドに集まった。群衆のあいだで口論が起きたりもしたが、総じて「もっとも印象に残る軍事パレード」（ワース）は、国民の団結気運を高めた。

図４－１　1936年７月14日のデモ
出典　F. Denoyelle F. Cuel, J.-L. Vibert-Guigue, *Le Front populaire des photographes*, Editions terre-bleue, 2006, p. 89.

午後には人民戦線派のデモのみ許可された。アレグザンダー・ワースは、「これまでパリで見たこともないもっとも巨大なデモであった」と語っている。[13] チュイルリーと共和国広場の二ヵ所から出発したデモ隊は、バスチーユ広場で合流した。バスチーユ広場にある七月革命記念柱は、巨大な三色旗や各地方の旗で飾られ、記念柱の前に設けられたステージの回りには、ロベスピエール、マラー、ヴォルテール、ディドロ、ルソー、ユゴー、バルビュスなどの肖像パネルが二〇ほど置かれた。デモ参加者のなかには、フランス革命時代の衣裳をまとい、大革命の事件を描いた山車を引く者もいた。こうして何十万もの群衆が、赤旗や三色旗やプラカードを掲げて、バスチーユから二手に分かれてナシオン広場に向けて行進し、ヴァンセンヌ通りで解散した。道中では、インターナショナルやラ・マルセイエーズやカルマニョルが歌われ、「ブルム万歳」「人民戦線万歳」「ファシズムを倒せ」のシュプレヒコールがこだました。

図４－２　1936年７月14日，ナシオン広場にて。壇上，左からブルム夫妻，トレーズ，サラングロ，モーリス・ヴィオレット，ピエール・コット

出典　M. Margairaz et D. Tartakowsky, *Le Front populaire*, Paris, 2009, p. 93.

　午後五時からナシオン広場で大集会が始まった。演壇にはブルム夫妻、トレーズ、サラングロ、マルセル・カシャン、ダラディエ、コットらが整列して、群衆の歓呼に応えた。まず、人民連合全国委員会の名で人権同盟総裁のヴィクトル・バッシュが発言した。彼は、ブルム内閣の成果を列挙し、「人民連合は正義を求める崇高な愛によってのみ行動します。この至高の正義とは人間同士や諸国民間の平和のことであります。社会的正義は現在作動中であり、それを止めるものは何もないでしょう」と締めくくった。次いで登壇したダラディエは、急進党が中産階級とプロレタリアートを和解させたことを述べたあとで、中産階級を助け、共和政を強固にするための方策を求め、「人民戦線が窮地に陥るとすれば、それは内紛によってのみでありましょう」と予言的な言葉を発した。共産党のジャック・デュクロは、カトリックの労働者も含む「フランス人の連合がかつてないほど必要になりました」と訴えた。

　「社会的共和国」の建設を訴えた労働総同盟（ＣＧＴ）書記長レオン・ジュオーの挨拶ののち、インターナショナルの歌と握り拳のポーズで迎えられたブルムは、演壇から聴衆に語った。社会法や右翼リーグの解散や軍需産業の国有化（後述）などの成果を示したあと、復讐の機会を窺っている反動勢力に対する注意を喚起して述べた。「正義へのあらゆる努力、あらゆる前進は、フランスの労働者を祖国に結びつけるのと同様に共和国に結びつけます。……人民連合の目的は、共和国を防衛する新たな理由を提供することであります。ですから、人民連合は革命の偉大な伝統を蘇らせたいのです。だからこそ七月一四日は、革命祭典であると同時に人民連合の祭典でもあるのです。……私が主宰する政府は革命の嫡流であり、諸君と同じ目的をもって働いています。政府は、諸君とともに共和国を強化し発展させることを望んでいます。共和国をその歴史に結びつけ、新しい運命へと導く《崇高な愛》で共和国に生命を吹き込むことを願っています」[14]。午後七時に集会が終わったとき、まだ出発できない大勢のデモ隊が出発地点にいたほどであった。晩には花火大会があり、セーヌ河岸に数千人が集まった。街角では、即興楽団が演奏する音楽にあわせて人びとはダンスに興じた。この日の人民戦線派リーダーの演説は、ラジオから全土に放送されてパリとの一体感が演出され、さらに、レコード化されて販売されもした[15]。

翌日、人民戦線派の各紙は「自由と民衆の勝利の祭典」（『ヴァンドルディ』）の模様を高揚感に包まれて報じた[16]。「共和政のフランスは、昨日、大革命の祭典と人民戦線の勝利を祝った」「一九三五年七月一四日は戦う七月一四日であった。一九三六年の七月一四日は勝ち誇る七月一四日となった。勝利に酔いしれる民衆の七月一四日ではなく、落ち着きを取り戻した幸せな国民の七月一四日であった」（『ポピュレール』）。「人民戦線はかつてなく団結を打ち固めた！」「一〇〇万人以上がパリに」（『ユマニテ』）。「人民連合の巨大デモ。一〇〇万以上の労働者が七時間にわたってボーマルシェ通りとチュイルリーからやって来た二つの隊列でもってヴァンセンヌ通りまで行進した」（『プープル』）。「精神が自由であるのは、労働者が自由であるときでしかない」「サン＝ジュストは幸福は新しい思想だと語った。われわれは今日、パリの空気のなかにこの思想の新しさと初々しさを嗅いだ」（『ヴァンドルディ』）。こうして幸福感のうちに七月一四日は終わった。

軍需産業の国有化と軍事費

軍需産業の国有化法案は、六月二〇日に上程され、八月一一日法として成立をみた。すでに、七月一六日に軍需産業の一部国有化が決定されていたが、八月一一日法と施行細則を定めたデクレによって、兵器製造業のオチキス社やブラント社、それに弾薬製造業のマニュルアン社など八大軍需工場が国有化された。ピエール・コット空相がみずから定めた第一の任務は、航空機産業の国有化であった。彼は、二〇ほどあった航空機製造会社を六つの「航空機製造国有会社」に再編した。飛行機の組立工は国との契約のもとに働いていたこともあり、八月一一日に航空機製造会社は国有化された。トゥールーズでは、ドヴォワチーヌ社は経営状況が思わしくなかったこともあって国有化に反対ではなかったが、ラテコエール社は断固反対であった。三七年三月にトゥールーズのドヴォワチーヌ社は、南フランス航空機製造国有会社（ＳＮＣＡＭ）となった。ラテコエール社では、経営方針をめぐってストライキが生じ、空相コットの介入などもあり、ラテコール社も国有化された。航空機エンジン製造会社グノーム＝エ＝ローヌは、三八年初めに国有化された。[17]

人民戦線政府は軍需工場の国有化を実行しつつ、一九三六年九月七日の閣議でダラディエ国防相提案の軍の装備近代化四ヵ年計画を承認した。[18] 四年間で総額一四〇億フランの計画であった。参謀本部があげてきた九〇億フランの予算要求を、ダラディエが増額したのである。なぜなら、仏独国境沿いの要塞マジノ線はほぼ完成していたとはいえ、三六年七月一日時点での陸軍の装備は嘆かわしい状態にあったからである。自動機関銃や軽戦車を陸軍は一つももっていなかった。それゆえ四ヵ年計画には、二五ミリ対戦車砲六〇〇〇門や軽戦車五〇大隊、重戦車一二大隊など合計三二〇〇輌の戦車予算が計上されていた。装備の機械化と機動力向上のために、四年間で三二億八〇〇〇万フラン（二三・四％）をあてる予算が組まれており、機械化関連予算は一五費目のなかで最高額が計上されていた。

軍の近代化計画が承認されるには、ダラディエのイニシアチヴがあった。資本の流出が続くという厳しい財政状況のなかで、ブルムとオリオール財相を説得したのはダラディエ自身である。ブルムの説得には、ドイツ再軍備の脅威に対抗してフランスの安全を確保するための軍備計画を訴えた。増税や新たな借金を渋るオリールに対しては、「あなたが恐れる平価切り下げを、あなたは財相に就任するやすぐに決断すべきであったでしょう。平価切り下げをやりましょう。私もその責任を負いますから」と財政の改善策を支持することで説得したのである[19]（後述するように平価切り下げは九月二六日に断行）。もちろん、軍備近代化の背景として、八月二四日にドイツが兵役期間を二年に延長したことが国防関係者の危機意識を高めたことや、九月八日からニュルンベルクでナチ党大会が開かれる予定であったことなども指摘できるだろう[20]。

陸軍の近代化に続いて、同じく九月七日に政府は、コット空相提案の戦闘機一五〇〇機を増強する三ヵ年計画（五〇億フラン）に同意し、数週間後には海軍の三ヵ年計画も承認した[21]。戦艦、航空母艦、魚雷艇、潜水艦など三四隻の計一五万トン強の建艦計画であった。こうして、一二月に政府は三七年度の再軍備予算を可決する。軍事費は三六年比で四二・七％増となり、三八年の軍事費は歳出の三四・五％、三九年は六一・七％を占めた。国民総所得に占める比率では、三七年で七・一％、三八年で八・六％（ドイツ一七％、イギリス八％）、三九年で二三％であった。最終的にはフランスは、陸軍二五〇億、海軍一二三億、空軍二九五億の約六七〇億フランを再軍備費に充当した。このように人民戦線政府は、平和の綱領とは裏腹にバターより大砲を重視するという現実主義的政策をとった。もちろん主観的には、再軍備は戦争をするためではなくて、平和を維持しパンと自由を守るためのものと考えられていた。独墺合邦《アンシュルス》後の三八年三月に誕生した第二次ブルム内閣は、航空機二六〇〇機を含む軍事費を採択したが、このときは平和のためではなくて戦争に備えるためと、再軍備の位置づけが変わっていた。

ともあれ、一九三六年九月に決定された装備の近代化計画は資本流出と投機を招き、九月下旬にフランの切り下げを行わざるをえなかった。軍事費の増額が不要であれば、三七年の財政状況はおおいに改善されたことも事実であった。つまり、軍事費の増大による財政悪化が、フランスの対英依存を強め、ブルム内閣の行動の余地を狭め、対スペイン不干渉政策をもよぎなくしたのである。ロベール・フランクはこう述べている。「結局、レオン・ブルムはフランス再軍備のために人民戦線綱領を犠牲にすることを決意した。それが、三七年二月に制定公布された《改革の休止《ポーズ》》の深遠な意味」であり、「ブルム内閣は国《ペイ》を再武装しつつ、自分自身を無防備にしてしまった[22]」。ここにみられるのは、「平和」を綱領に掲げた人民戦線が戦争準備をよぎなくされるという悲劇的な逆説であった。

経済政策

「ブルムの実験」と総称される社会経済政策は、三つの時期に区分して考察するのがよいだろう。[23] 組閣からフラン切り下げまでの第一期（一九三六年六月〜九月）、切り下げから「改革休止」までの第二期（三六年一〇月〜三七年二月）、「改革休止」から内閣退陣までの第三期（三七年二月〜六月）である。第一期には購買力政策が展開され、第二期には切り下げによる政策転換が始まり、第三期には「ブルムの実験」が終焉を迎えた。三期にわたる経済政策を検討する前に、この時代には大学に経済学部が存在せず、経済学は法学部の周辺的科目として講じられていたことを記憶にとどめよう。第三共和政期の政治家の多くは、人文主義的な教育を受けており、政策科学を学んだ政治家は皆無に等しかった。法律家にして文人のブルム首相もそうした一人である。しかし、彼が経済政策全般を統轄する省として国民経済省を設け、構造改革プランに共感するシャルル・スピナスを大臣に任命したことは、彼の決意を示すものであった。

政府は財政悪化と対処すべく、六月一九日、フランス銀行とのあいだで協定を締結した。[24] それによって、フランス銀行により再割引されていた一四〇億フランの国庫債券は、フランス銀行からの国家貸付に変えられ、利率も六%から二%に引き下げられると同時に、フランス銀行は同じ条件で一〇〇億フランの追加貸付に応じることを承認した。この措置によって、それまで毎日二億フランが国外に流出していたが、七月九日までに五億フランが還流したという。さらに七月一〇日、インフレ抑制のために「オリオール公債」と呼ばれる短期公債を売り出し、財政の改善に努めた。九月二三日までに四三億フランの応募をみた。また、六月一九日に、財産を外国に隠匿する者に対する罰則を強化し、投機を抑え込むための法案を提出し、三七五票対一二九票で下院を通過した。

同じく六月一九日には、フランス銀行の定款改正案も提出されていた。しかし、政令による約款変更を可とする法案は反対にあい、政府はこの法案を撤回して新しい法案を七月一二日に上程した。新法案では、総会における投票権は二〇〇の大株主に限定されることなく、四万人の株主に与えられることになった。また、一五人の理事からなる理事会も廃止され、官僚や労働総同盟、フランス生産総連合、全国消費協同組合連合などの代表を含む二〇人の評議員からなる評議会が設立されることになった。この新法は、七月一六日、四四四票対七七票で下院を通過し、七月二四日に公布された。とはいえ、この措置によってフランス銀行が人民戦線に好意的になったわけではない。フランス銀行の改革は、象徴的意味にとどまり実質的な効果は期待できなかった。

六月七日のマチニョン協定を補い、新しい社会法の適用から生じた諸問題を解決するために、第二のマチニョン協定の可能性が論議され、九月一四日に政府と労使の三者会談が行われた。しかし状況の変化が五つあった。

第一に、ヴァカンスから戻ってきた労働者は物価高に直面し、六月の賃上げ分が相殺されてしまった。たとえば、卵一二個の値段は七月九日に七・二五フランであったのに、九月三日には八・三五フランと一四・八％上昇していた。六月の諸立法によって給与は二七％上昇したが（マチニョン協定分一二％、有給休暇分四％、労働時間の短縮分九・二％など）、インフレによって目減りしてしまった。[25] また、小麦公団が一キンタル当たり一四〇フランに小麦価格を決定したので、パン価格の上昇（一・四〇フランから一・九〇フランへ）がもたらされ、政府による公定価格の決定は農業生産者に恩恵を与えなかったと批判された。[26] それに、後述する政府のスペイン政策への反対もあって、九月初めにストが再燃していた。

第二に、経営陣のあいだでも繊維業界を始めとしてマチニョン協定への不満が表面化した。協定締結は恥ずべき降伏条約だとか、「パニック状況のなかで思いつかれたゆゆしき即興の産物」であり、「違法な勝利」だと非難された。また、経営者団体のフランス生産総連合（Confédération générale de la production française）は、パリ地域の大企業が中心であり、すべての経営者を代表していないと地方の中小経営者から不満の声が高まっていた。ルイ・ルノーが、七月二一日に「パリ商業会議所は、地方の商業会議所会頭すべての賛成を得て、全国商工会議所協商委員会を設置するためのイニシアチヴをとった」と記したように、同委員会は七月二〇日に設立され、八月三日に初会合が開かれている。[27]こうした流れを受けて、八月四日、フランス生産総連合はフランス経営者総連合（Confédération générale du patronat français）に名称を変更し、一〇月九日の総会で承認された。単に名称が変わっただけではなくて、マチニョン協定締結時の経営者を執行部から排除し、新しい会長にピエール・ラヴァルのブレーンであったクロード＝ジョゼフ・ジヌーが就任した。こうして、組織上の危機を切り抜けて誕生したフランス経営者総連合は、政府との対決姿勢を強めることになる。先述した九月一四日の政労使の交渉には、経営陣からは、デュシュマン、ダルブーズ、ランベール＝リボのほかに、強硬派のシャルル・プチエ男爵が加わっていた。(28)

第三に、三六年八月のモスクワ裁判（スターリンによるオールド・ボルシェヴィキの粛清裁判）は、左翼政党と労働組合の活動家を混乱の渦に巻き込んだ。第四に、反ファシズム知識人監視委員会において、ドイツ認識や平和確保の方法をめぐる内部対立が激しくなった。第五にスペイン内戦の影響がフランスにも及んでいた。(29)こうした状況下で、政労使の三者会談は実ることなく、一一月二六日、第二のマチニョン協定の夢は最終的に潰えた。

週四〇時間労働法の適用はデクレに委ねられた。遅々として進まない状況に業を煮やした『プープル』は、一九三六年一一月初めに経営陣を非難する論説を掲載している。「週四〇時間労働という改革に対する経営者の敵意は、景気の回復を妨げるために用いられた策略と同種のものであり」、その目的は「新しい社会法を妨害し、人民戦線政府の経済と社会の復興という《実験》を阻止すること」にあった。(30)この批判が功を奏したのか、週四〇時間労働は軌道に乗りはじめた。最初の適用という栄に浴したのは石炭産業であり、一一月一日から実施され、ついで金属工業で一一月二八日から施行された。週四〇時間労働法の実施時期は業種によって異なり、運輸業界では一九三七年四月一日から施行されている。それでも三七年六月には、主要産業の労働者の九割がこの法の適用を受けていた。しかし、週四〇時間労働法の導入はルノーの工場にみられるように、逆に機械化による合理化をもたらしたため、減った労働時間を失業者に回すワークシェアリングによって救済するという立法者の意図は実現しなかった。それでもルノーは、三六年一〇月から三七年二月のあいだに五〇〇〇人の労働者を雇っている。(31)これに対して有給休暇法は、七月一日の通達が法の即時実施を明記し、八月一日デクレが実施細則を明示していた。有給休暇は、分割して二週間とることも可能であった。

平価切り下げ

後述するスペイン問題をかろうじて乗り切ったブルム内閣も、一九三六年九月二六日、ついに平価切り下げに追い込まれた。[32] 三六年四月に三〇億フランの金が流出し、五月の第一週だけでも二七億フランが流出していた。ブルムは、為替管理か平価切り下げかの選択を迫られたが、五月一〇日に人民戦線は平価切り下げに反対である旨を声明し、六月六日の下院の演説のなかでも平価切り下げをしないと約束した。反デフレ・反平価切り下げを掲げたブルム内閣は、いかにして平価切り下げを受け入れたのであろうか。

一九三四年六月二八日の下院で保守派のポール・レノーが、フランスの恐慌の原因は内外価格差にあると述べ、平価切り下げを断行した国とそうでない国との景況を比較して平価切り下げを主張していた。しかし、社会党も含めて公然とレノーを支持する政治勢力はなかった。人民連合の綱領論議のなかで、非共産系組織の代表者のあいだでは平価切り下げの原理が承認されたが、綱領の最終案には書き込まないことで一致をみていた。[33] それゆえ、アクシオン・フランセーズから共産党まで平価切り下げ反対の大合唱があったと言ってよい。三五年一一月に『マタン』紙が「平価切り下げは窃盗だ」と非難していたが、同様に三五年六月にレノーの逮捕を要求していたアクシオン・フランセーズのシャルル・モーラスは、三六年一月にはさらに批判をエスカレートさせて、レノーを「イギリスの手先であることを包み隠したプロイセンのスパイ」と名指し、「まっ先に処刑すべき人殺し」と糾弾した。[34] 共産党も春の選挙戦で提示した綱領のなかで、「共産党は平価切り下げに反対しフランの防衛に賛成します。なぜなら、資本家はフランの下落からも騰貴からも利益を得ているのに対して、労働者はフラン下落の犠牲者であるからです」と、平価切り下げに反対の立場をとっていた。同党のジャック・デュクロも、四月一日に「人民戦線に反対する平価切り下げ論者たち」を非難している。[35]

一九三六年六〜八月に生じた国内外の状況が、通貨問題を喫緊の争点におしあげた。賃上げによる労働コストの上昇やヴァカンスによる休業が企業の体力を弱めたうえに、縮小しない内外の価格差は、フランス産品の輸出にとって足かせとなり、企業の収益を悪化させた。流出した資本は戻ってこなかった。また、スペイン内戦の勃発が緊張を高め、ドイツの兵役二年制の導入がフランスの国防予算の増額をしいたこともあり、政府は財政の建て直しに迫られた。

一九三四年四月初めにブルムは、イギリスのように大量の金を保有している国であれば、平価切り下げは「国内市場における購買力の増大と国外市場における販売力の進展」が期待できると「イギリスの事例」に触れてはいたが、[36]半年後には平価切り下げを頻繁に論じるようになった。三四年九月後半の『ポピュレール』にブルムは、通貨問題に関する論説を一〇回連載している。[37]そのうちの六回が「平価切り下げ」をタイトルに掲げたように（「価値下落《デプレシアシオン》と平価切り下げ」「平価切り下げに対する賛否」「平価切り下げの懸念」「平価切り下げと生活費」「平価切り下げと労働者階級」「平価切り下げの条件」）、彼は平価切り下げの必要性を理解していた。三五年一一月末の下院でブルムは、「反デフレ、反切り下げ」を主張しつつ述べた。「私は、労働者の活動家たちに平価切り下げの問題を説明しようと努めました。とりわけ、金の購買力の増大が何を意味するのかを彼らに理解させようとしました。……金本位制を維持している通貨でも、いかにして、なぜ通貨の全体的な動きに従わざるをえないのかを理解させようと努めました。……現代世界にあっては、金の裏づけがあっても国際的な経済動向と無関係なままの通貨を考えることはできません」。一一月初めにはブルムは、フランスは「デフレか切り下げかの二者択一」に追い込まれており、「かたくななデフレ政策の最大の危険は、……執拗に続けられたデフレの失敗が強制的な切り下げ以外の解決策をもたらさないことだ」と、ラヴァル内閣のデフレ政策を批判しつつ、社会党が提唱するリフレーション政策（購買力政策）にしか未来はないと述べていた。[38]このように、デフレは全否定であったのに対して切り下げは部分否定であったことに注意しよう。

しかし、首相としてのブルムは切り下げに反対を言わざるをえなかった。一九三六年六月六日の施政方針演説のなかでブルムは、「国民はある日、平価切り下げ、つまり通貨のクーデタを告げる白い張り紙で壁が覆われるのではないかと予期したり恐れたりする必要はありません」と約束した。[39]財務大臣のヴァンサン・オリオールも、七月一五日に「金や外貨の保有者は、自分自身の利益に応じて売ってよいでしょう。というのは、平価切り下げの危機は遠のいたからです。不信は時に正当化されてきました。しかし、もはやそうではありません。なぜなら、政府の政策は健全だからです」と、国民に安心感を広めていた。[40]

平価切り下げの不可避性を認識していたブルムも、切り下げの衝撃を和らげるためにフランス単独では切り下げをしたくなかった。そこで六月六日、為替相場の調整に断固反対のフランス銀行総裁ジャン・タネリを更迭して、従順なエミール・ラベイリを任命していた（強力な切り下げ派のピエール・ケネーではなかったが）。さらに、英仏協調のもとに切り下げを断行すべく、ブルムは、アメリカの考えを探るために駐英フランス大使館付き金融担当官で平価切り下げ派のエマニュエル・モニックをワシントンに派遣した。六月一四日のことである。公式には、モニックはアメリカで数週間休暇をとっていると説明された。モニックは、アメリカ財務長官ヘンリー・モーゲンソーやローズヴェルト大統領と会談し、英・仏・米三国の通貨協定に賛同を得た(41)。

実はブルムは、五月一五日に私邸でモニックと会って切り下げを進言されていた。また、六月五日には、パリ駐在アメリカ大使館付き金融担当官マール・コクランが財務大臣オリオールを訪れて、英・米・仏三国連携のもとにフラン切り下げを提案した。翌六日にもコクランは、モーゲンソーの意を受けてオリオールと会い、切り下げに否定的なフランスの意向を確認している(42)。こうして、ブルム内閣は金融政策の選択の幅を狭められていった。財務局長であったウィルフリート・ボーンガルトナーの証言（「実際には一九三六年の平価切り下げは、政権就任後半月でブルムによって決定された」）も、こうした事情を推察させる(43)。それを裏書きしているのは、ブルムの周囲に存在した親米派である。彼らは、三四年にブルムのブレインとして理工科学校《エコール・ポリテクニク》卒業生からなる「社会党ポリテク連合」を結成していた。ジュール・モックや『リュミエール』の編集長ジョルジュ・ボリスがその代表的メンバーである。ブルムの経済顧問でもあるボリスは、ケインズの『雇用、利子および貨幣の一般理論』（一九三六年、仏訳は一九四一年）に結実する理論に一九三〇年前後から精通していたフランス人であり、三八年の第二次ブルム内閣では財務省の官房長官に就任している。ボリスはローズヴェルトのニューディール政策を称え、「アメリカの実験〔ローズヴェルトの実験〕とフランスの実験〔ブルムの実験〕との類似性」を指摘し、「平価切り下げ以外の解決策は認めない」と断言していた(44)。

三国通貨協定

夏場に資本の流出が加速し（一九三六年八月の一ヵ月間で四三億八〇〇〇万フラン）、景況は悪化の一途をたどった。九月八日、財務大臣オリオールの執務室にボーンガルトナーとその補佐ジャック・リュエフ、モニック、コクランが集まった。その場でフランス政府は、英米政府に平和と自由を守るために国際的な通貨協力の必要性を訴える声明文を起草することを訴え、英米両国から原則的賛成を得たが、三国通貨の安定が意味するものはフランの切り下げであった(45)。

九月二四日、フランス銀行が公定歩合を三％から五％に引き上げ、二日後に政府は金の流出を禁止した(46)。その夜、オリオール財務相は英・米・仏三国の通貨協定締結を告げた。二八日、フラン価値を金四三〜四九ミリグラムのあいだとする平価切り下げ法案が上程された。二五〜三三％の切り下げを意味する法案は(47)、三五〇票対二二一票で下院で可決されたが、両院ともに審議は難航した。上院では急進党のジョゼフ・カイヨーが抵抗勢力となり、危うく倒閣にまで動きそうであったが、ショータンの説得が功を奏して法案は僅差でとおった（一三七票対一二七票）。ジョルジュ・ボリスが切り下げを歓迎したのは当然だろう。『リュミエール』は「平価切り下げは危機を解決するだろう」と楽観論を展開し、ボリス自身も「今日言いうるのは、一九三二〜三四年の左翼政府が平価切り下げをタイムリーに決めておれば、《二月六日》はなかっただろうということだ」と述べ、「通貨改革がファシズムからクーデタの機会を奪う」ことを指摘し、「経済回復のすべての功績は人民戦線のものであり、その全成果は人民のものであるべきだ」と記した。『ヴァンドルディ』にも「平価切り下げは論理的に復活の始まりを告げるはずだ」と、政府に理解を示す専門家の論説が載せられた(48)。

そもそもブルム内閣は、財政政策として緊縮財政による均衡予算ではなくて購買力政策をとった。社会党には、恐慌は過剰生産によってではなくて過少消費によって引き起こされたという認識があり、購買力政策による消費の拡大によって経済を浮揚させようとした。つまり、賃上げや公共支出を増大することによって国民の購買力の増大を計り、それが生産拡大と財政面での税収の増加に結びつき、財政赤字の解消にいたるというシナリオである。しかし、生産性の低い伝統的な経済構造にメスを入れない政策は奏功しない。それは生産力視点を欠いた分配政策であった。資本家は賃上げ分を価格に転嫁した。賃上げ分はインフレによって相殺されてしまった。したがって資本の国外流出はやまず、経済の回復も期待されたほどではなかった。資本の国外への逃避に直面してもブルムは、ベルギーが為替管理に失敗していたこともあって為替管理に踏み切れなかった。さらに、フランス銀行の金準備高は一九三六年九月末には五二六億フランとなり、四月から一〇二億フランも減少していた。金準備高は、国防上必要とされる最低限の額（五〇〇億フラン）に限りなく近づいていた。そこでついに公約に反するかたちで、二五〜三三％のフラン切り下げを断行したわけであるが、時期も遅かったうえに切り下げ幅も不十分であり効果をあげなかった。英米両国は、それぞれ三一年と三三年に四〇％以上の切り下げを断行していたことを想起しよう。このため内外の価格差はあまり縮まらなかった。ともあれ、改革の「暗々裏の休止」が始まったことを確認しておこう。

オリオールは、フランの切り下げを「経済平和と人類平和の条件である通貨平和の開始」だと弁明し、内閣府長官で社会党員のジュール・モックも、仏・英・米三国政府は「通貨戦争を終わらせ、新たな外国為替レートに着手することで意見が一致した」と述べ、今回の措置が「一方的な切り下げ」ではなくて、三国協調による「金融平和協定」だと称えた。それゆえ、社会党最大の県連であるノール県連の機関紙『バターユ』が「ベルギーの平価切り下げの成果」を紹介し、「フランの切り下げから国際的な通貨調整へ」の期待を語って、政府を援護したのは当然であったが[49]、世論は切り下げに狼狽した。

世論の反応

ブルムも「三大国が公的な行動によって、世界における通貨と経済の正常な関係を再構築するために共同で努力し、かくして政治的安定の条件にして前提である一種の通貨の安定に達する意思を国際世論に明示したのは初めてのことだ」と礼賛したが、『アクシオン・フランセーズ』は、「泥棒どもを倒せ！」と「二月六日事件」前夜と同じスローガンを載せて「フラン切り下げ」に抗議した[50]。『フィガロ』の社説を執筆したリュシアン・ロミエは、「平価切り下げは既成事実である」と受け入れつつも、二五〜三五％の引き下げでは「フランは安定しない」とみており、国際的な解決を志向する政府に対して、財政赤字の増加は、貿易の縮小とフランスの先行きに対する「外国人の不安の高まり」にあるのであって、フランの損失が財政赤字の増加に本質的原因をもちつづけるならば、どんな彌縫策《びほうさく》も損失を止めることはできないと警告していた。『タン』も、フランの損失は購買力政策による財政不均衡の拡大と、賃上げの結果として内外価格差がさらに開いたことによると、政府の経済政策の破綻を指弾した。また両紙は、労働者・退職者・年金生活者に対する緩和措置として政府が考慮している賃金の物価スライド制は、国内価格を押し上げる働きがあり、切り下げの効果を台なしにしてしまう結果、通貨の安定にとって重大な危険をもたらすと批判した。『新秩序』は、平価切り下げを断行したことで「政府は完全な失敗を認めた。というのは、切り下げが意味するものは六月に可決された社会法の間接的な破棄でしかなく、それゆえに、上院は切り下げに賛成したのである」と分析した。[51]

急進党内には、正統派の財政政策（均衡予算）を求める声があがった。共産党の『ユマニテ』は、切り下げを報じる記事のなかで「金持ちこそが支払うべきだ」と従来の主張を大きく掲げ、ジャック・デュクロも、公約に反する切り下げによって労働者の生活が悪化することを批判した。[52] 共産党は、切り下げの犠牲となった退役兵士やプチ金利生活者への補償や賃金の物価スライド制などを要求している。トレーズ書記長は、一〇月三〇日にミュチュアリテ会館でパリ地区の党員を前にして政府批判を展開した。彼は、社会党のジロムスキーの発言（『ポピュレール』一〇月一五日）を引用しつつ、「反動とファシズムの傲慢な言動は、人民戦線政府が味わっている諸困難と同様に、《内外のファシズムを前にした政府の弱腰と後ずさりと降伏の結果であります》」と述べた。そして「われわれは、人民戦線綱領を厳格かつ完全に実施するなら勝利するでしょう」と語って、綱領を逐条的に吟味し、実現されたものとそうでないものを腑分けした。トレーズは、人民戦線とは「選挙上の作戦」でも「単なる議会連合」でもなく、「共同綱領を完全に実施することで人民戦線の成功を保証するはずの大衆運動です」と力説し、綱領を完全実施しない政府を公然と非難した。[53]

とはいえ、一九三六年九月の切り下げは、オリオールが戦後に弁明したように、一九二八年のポワンカレ・フラン（金六五・五ミリグラム以上に切り下げ）や三七年から三八年のジョルジュ・ボネ財相やポール・マルシャンドー財相による切り下げほど、国民にとって厳しくなかったことは確かであった。というのは、三七年六月三〇日の切り下げの結果、一ポンド＝一一〇フランが一五〇フランとフラン安になり、また、三八年五月四日の切り下げで一ポンド＝一七九フランに定められたからである。しかし、フランス経営者総連合会長のジヌーが、オリオール・フランによっても「フランスの景況はまったく回復をみなかった」と述べたように、中途半端な切り下げが逆に効果を減殺してしまったことは否めない。[54] 人民党のジャック・ドリオからも、「平価切り下げはわが国を除くすべての国を豊かにした」のに、「人民戦線下の切り下げは金保有高をかなり減らすのに貢献した」と非難された。[55]

2　ブルム内閣の外交

スペイン内戦

内政面でダイナミックな政策を打ち出したブルム内閣にとって、一九三六年七月一七日に突発したスペイン内戦が躓《つまず》きの石となった。なぜなら、人民戦線に結集した諸組織は、国内のファシズムとの戦いでは一致していたが、国外のファシズムとの戦いにまで戦線を拡大するのか否かについては不問にしていたからである。国外の反ファシズム戦線に加わることは、人民戦線の平和の綱領に矛盾していた。人民戦線に結集した多くの組織は、平和主義に染まっていた。

ブルム内閣成立後四〇日あまりで勃発したスペイン内戦は、この間に獲得した社会経済諸立法によって高揚した左翼の士気を阻喪《そそう》させるのに十分な事件であった。それは、フランス人民戦線内に潜在していた亀裂を顕在化させる最初の事件でもあった。この亀裂は、共産党と非共産左翼政党のあいだに生じたのみならず、社会党のように一政党内部にも混乱と対立というかたちで具現された。またスペイン内戦は、総選挙で敗北し五月から六月の「社会的爆発」で後退をよぎなくされた反人民戦線派にとって、勢力を挽回する好機となった。さらにスペイン内戦は、フランスの安全保障上ゆゆしき事態を惹起した。というのはフランス政府の対応は、すでにドイツ軍のラインラント進駐以後に表面化していたベルギーや小協商国（チェコスロヴァキア・ユーゴスラヴィア・ルーマニア）の離反を決定的なものとし、フランスは国際社会で孤立を深め、イギリスへの依存の度合を高めざるをえなかったからである。

フランスではスペイン内戦は、武器援助問題として争点化された[56]。フランス政府は紆余曲折のすえ不干渉政策を採択したが、当初ブルムがスペイン共和政府の支援に傾いていたことは問題を大きくした。つまり七月二〇日に、スペイン共和政府から武器援助の要請を受けたブルムは、ただちに関係閣僚と協議し武器を援助する線でとりまとめていた。しかし、この情報はスペイン大使館付き陸軍武官によって右翼紙にリークされた。『エコー・ド・パリ』は、「フランス人民戦線は、スペイン人民戦線をあえて武装させるのか」（七月二三日）、「政府によるスペインの共産主義者への補給を阻止せねばならない」「武器供給命令を出したのはブルム氏だ」（七月二四日）、「ピエール・コット氏によって引きわたされたフランスの飛行機はバルセロナに向かうのか」（七月二五日）と反対キャンペーンを展開した。『アクシオン・フランセーズ』も、「血まみれの契約は結ばれたのか。……ユダヤ人ブルムとコットには、フランスを不名誉な冒険に巻き込む権利はない」と述べて、「死の商人」と化したブルムとコットの「裏切り」を糾弾し（七月二三日）、さらに「スペイン問題を奇貨としてユダヤ人ブルムはわれわれを戦争に導くのか」（七月二四日）、「戦争屋ブルムは退却すべきだ」（七月二五日）と批判を繰り広げた[57]。

ブルムは、急進党閣僚や右翼の反対に直面して方向転換する。こうしてフランスは八月八日に一方的不干渉に踏み切った。もっとも、この三週間に約五〇機の飛行機がスペイン共和政府に引きわたされた。空軍官房に勤務していたジャン・ムーランやガストン・キュザンが、その衝にあたった[58]。ともあれ不干渉政策は、イデオロギー的連帯を重視する左派の態度を硬化させた。ジョルジュ・ボリスが『リュミエール』のなかで、「中立協定は欺瞞であってはならない」と記したように[59]、左派は政府批判を強め、九月七日には封鎖に抗議する一時間の政治ストライキが打たれたが、前日のブルム演説（戦争の回避と平和の維持を国際法の論理から説く）を境に、社会党内でのブルム批判は鎮静化した。一一月一五日にもブルムは、ソワッソンの集会でジャン・ジョレスの発言を紹介しつつ、「戦争が回避できるときは、いつでもそうせねばなりません。戦争とは悪そのものであります。戦争は、高貴にして善なるものを何一つとして生み出しません。人類は、戦争に幸福を期待することはできません。革命的なのは戦争ではなくて、平和こそが革命的なのです」と語っていた。[60]

共産党からの非難はやむことがなかったが、その共産党も武器援助問題が争点であった時期には、人民戦線を拡大する「フランス人戦線」や「フランス戦線」の構築を訴え、武器援助に批判的な勢力にも手を差しのべるという矛盾に満ちた主張を展開していた。だからこそ『ヴァンドルディ』は、「フランス戦線」を提唱する共産党に対して、疑わしい分子を受け入れると規律を危うくするがゆえに、綱領で結合した人民戦線の団結と規律で必要かつ十分だと語ったのである。[61] 社会党ノール県連の機関紙『バターユ』に、フォール派の下院議員フェルナン・ルケロールが「人民戦線、イエス。フランス戦線、ノー」と記し、また、社会党と共産党のあいだで迷っていたクロード・ジャメが、八月末に社会党に加盟したのは「フランス戦線」がきっかけであった。ジャメは、「フランス戦線とはヒトラーに反対しソ連に仕える神聖連合」であり、「トレーズの《フランス戦線》の提案以来、私は共産党に幻想をなくした」と述べている。[62] 社会党系の活動家からの批判の高まりを前にして、共産党が「フランス戦線」に消音器をつけるのは八月下旬のことであり、それ以後、共産党の政府批判が強まった。

先述した一〇月末の党員集会でトレーズは、「外交政策に全責任を負うのは、政府、とりわけ同志レオン・ブルムであります。レオン・ブルムこそ、ヒトラーに屈服した責任をとるのであり、レオン・ブルムこそ、事実、スペインに反して向けられた不干渉の責任を負うのです」と、名指しで非難した。一二月五日の政府の外交政策をめぐる下院本会議で共産党は、政府のスペイン政策に反対して不信任を意味する棄権票を投じた。人民戦線派が採決で割れたのは初めてのことであった。ブルム内閣は三五〇票（反対一七一票）を得て信任されたが、アンリ・ド・ケリリスは、『エコー・ド・パリ』のなかで人民戦線連合に生じた亀裂に言及していた。「人民戦線は死んだ。〔ブルムと共産党の〕不一致は決定的である。……議会では、レオン・ブルム氏はたしかに引き続き政権を担当できた。しかし、彼は社急カルテルの指導者となったようだ。彼は、中道連合の指導者にすらなるかもしれない」。[63] 一二月中旬に開かれた公務員労連の大会で、CGTの構造改革プラン実現のために「人民戦線の刷新」や「人民戦線の活力の回復」が主張されたのは、こうした背景からであった。[64]

図４－３　1936年７月14日にデモをする北アフリカの代表団

出典　F. Denoyelle F. Cuel, J.-L. Vibert-Guigue, *Le Front populaire des photographes*, Editions terre-bleue, 2006, p. 87.

植民地問題への対応

「大いなる希望と期待がわれわれの仕事に注がれています。ここフランスの国土で、フランスの国旗に覆われた領土で、北アフリカおよびわが植民地で、大いなる希望と期待がわれわれの仕事に注がれています」[65]。これは、一九三六年六月六日の議会でブルムが述べた言葉である。ブルムは、植民地や保護領の独立が不可避にして必要と考えていた例外的な政治家の一人に属するが[66]、植民地問題はブルムのみならず人民戦線にとって大きな関心領域ではなかった。人民連合の綱領には、海外フランス領土（とくに北アフリカとインドシナ）の政治・経済・精神状況に関する議会調査委員会を設置するという一項目しかなかった。主要三政党のあいだにも一致点はなかった。

社会党の選挙パンフレットには、被抑圧民の擁護と人種平等という抽象的主張と人道的な植民地行政の要求があっただけであり、急進党の領袖にはアルベール・サローのように植民地の要職を占めた者が多く、急進党は植民地法規の見直しに反対であった。急進党に近いジャーナリストのエマニュエル・ベルルも、「人民戦線とは愛国戦線の一つの形態である。フランス人は内戦を望んではいない。……われわれは、天が下もっとも美しい王国を、世界第二の植民地帝国を防衛しなければならない」と語っていた[67]。共産党も、かつては反帝国主義の見地から植民地の民族独立運動を支持してきたが、一九三六年からは反ファシズム闘争を優先させ、フランスと植民地の紐帯を擁護する方針に転じていた。後述するアルジェリア民族組織「北アフリカの星」（一九二六年五月結成）の解散を、共産党が支持したところに方針の転換は如実に示されている[68]。『ユマニテ』は「アルジェリアの反仏破壊分子」（三六年八月一一日）を非難し、また、アルジェリアのムスリム会議が三六年七月に採択した穏健な綱領について、「歴史的に築かれた友誼のなかで、進歩的で若いアルジェリアとフランス人民とを結びつけるだろう。……執拗なファシストに狙われたわが国にとって恐ろしい危機を回避できるだろう」（三六年八月二一日）と論評した。[69]

それゆえ、人民連合の加盟団体である「北アフリカの星」が中心となって、一九三六年の七・一四デモに「北アフリカ、シリア、アラブ世界を解放せよ」というプラカードを掲げて、六〇〇〇人のアラブ人（警察報告）がデモ行進していたが、一般のフランス人がどれだけそれに共感を寄せたのかは疑問である。『プープル』がアラブ人の七・一四デモに触れた記事は、わずか六行であった。[70]「北アフリカの星」は、六月二六日にミュチュアリテ会館で、植民地先住民の要求を訴える集会をポール・ランジュヴァンとフェリシアン・シャレー、アンドレ・ヴィオリス（『ヴァンドルディ』の女性編集者）の司会のもとに開き、「北アフリカの星」の指導者メッサリ・ハジとチュニジアの「ネオ・デトゥール団」（一九三四年創設）指導者ハビブ・ブルギバが演説を行っている。[71]

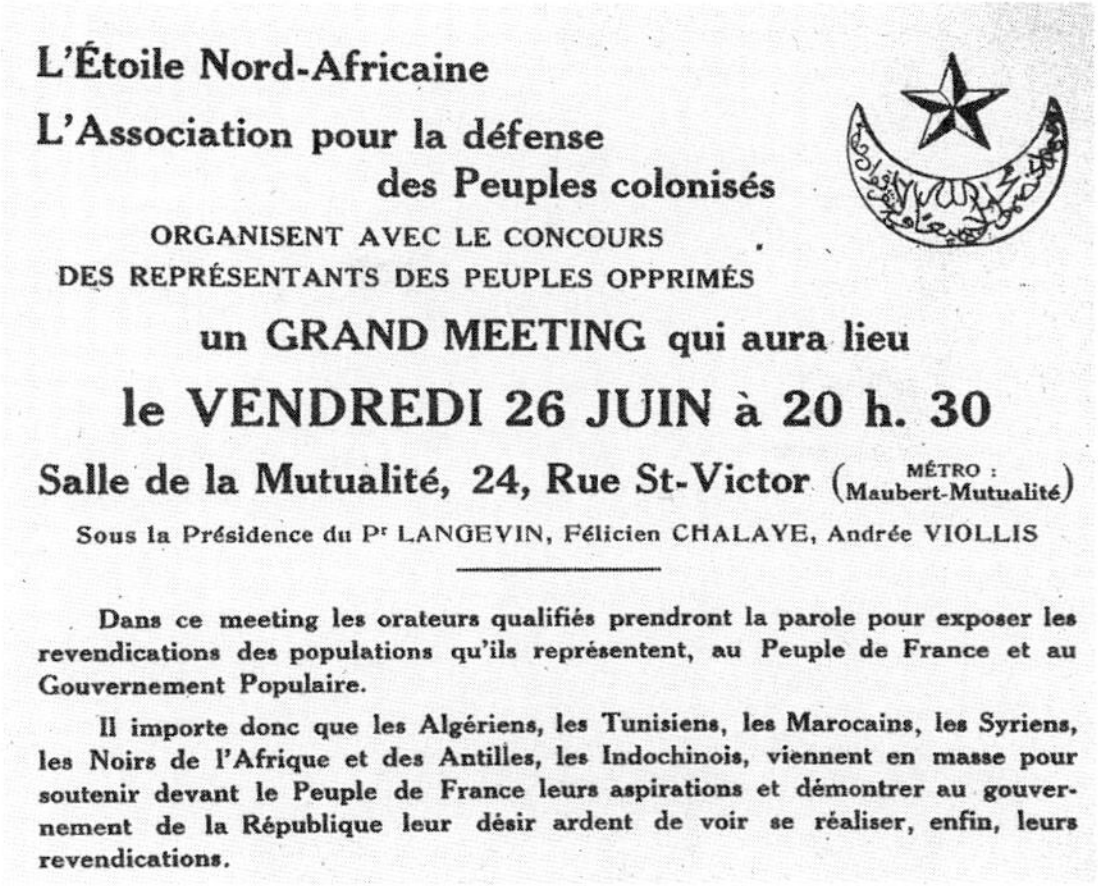

図４－４　1936年６月26日開催の植民地先住民の要求を訴える集会のポスター

出典　M. Margairaz et D. Tartakowsky, *Le Front populaire*, Paris, 2009, p. 178.

ブルムによって内閣府に地中海・北アフリカ高等委員会を設立する中心人物に指名されたシャルル＝アンドレ・ジュリアンは、一九三六年五月末の『ヴァンドルディ』のなかで「人民戦線の植民地政策」についてこう記していた。[72]植民地における公衆衛生の仕事は、新政府のきわめて重要な事業であり、調査委員会が新しい保障を提示しないと失望を生むと述べ、植民地における公正で完璧な調査から大胆な改革の土台として役立つ公平なバランスシートが作成されるべきであり、また調査委員会の委員から国会議員を除くことや抑圧的な植民地行政を行っていた官吏の更迭を訴えた。そして、緊急性の高い項目として、大赦、新聞の自由や結社の自由、原住民統治法典の廃止、縦割りの植民地行政を廃して内閣府に植民地政策を起案する組織の設置、減税や賃上げや失業基金などの社会経済改革を指摘した。ジュリアンも「人民戦線は植民地に関して驚くべき成果をあげえない」ことを自覚していたが、同時に「約束された調査や民主的改革」がなされず、「失望した原住民が挑発分子に使嗾《しそう》されて暴力的な示威に出るならば、人民戦線の敵は確実に《フランス全体》の聖なる利益の名において世論を人民戦線に対して煽動しようとするだろう」ということも認識していた。ジュリアンは、「植民地化が道徳的に唯一正当化されるとするなら、それは原住民の独立を準備することにあるだろう」という考えをもっていたが、こうしたフランス人は希であった。

社会党は、一九三六年五月末に開かれた党大会で北アフリカに関する政策を決議していた。経済・社会・行政・教育・政治にわたる改革が要求された。組合の権利の承認、社会保障の充実、原住民統治法典の廃止、フランス人と同一条件での公務員への道、給与や手当ての平等、職業教育の推進、小学校の増築、礼拝の自由と政教分離法の厳格な適用、公共事業、現地人の小所有地の発展などが採択された(73)。

ブルムは、社会党の下院議員で植民地問題の専門家マリユス・ムーテを植民地大臣に任命した。ムーテは、長年にわたってインドシナの労働条件を研究してきた人権同盟の活動家でもあり、二〇ヵ月ほど大臣にとどまった。彼は、一九三六年六月七日にパリのヴェル・ディヴで開かれた集会で、拷問や植民地徒刑場の廃止といった人道的改革、水利工事や食糧増産による飢饉からの解放などを訴えていた。『ヴァンドルディ』のなかでアンドレ・ヴィオリスは、「寛容大臣」ムーテはまもなく「植民地刷新大臣と呼ばれるだろう」と植民地相に期待を表明している(74)。ムーテは「愛他主義的植民地化（colonisation altruiste）」(75)を掲げ、植民地に対して帝国主義的アプローチではなくて同盟と友愛の原理を対置し、従属民衆の権利回復と先住民への社会的政治的教育を目標にあげた。グアドループのトップとして、黒人のフェリックス・エブーエを初めて任命したのもそうした信念の表れである(76)。

しかし、一九三七年五月一一日の通達のなかでムーテはこう述べていた。「フランス国民に植民地教育を急ぐ必要があるのは明白です。わが海外領土に有利な宣伝は、われわれの活動の一つであり、わが植民地政策の本質的な要素です。……フランス国民に植民地教育の義務を自覚させ、植民地化の目的を率直に知らせねばなりません」。この発言は、植民地博覧会がヴァンセンヌで開かれていた三一年七月二日のポール・レノーの次の発言、「植民地化は避けがたい現象です。なぜなら、進化の高い水準に達した民族が低い水準の民族を自分たちの水準にまで高めるために身を乗り出すのは自然のなり行きであるからです」と大きく異なるものではなかった[77]。大臣を退いた三八年二月にも、「野蛮な征服」、つまり「原住民の搾取や植民地の富の強奪」による「植民地主義は、われわれにとって資本家の帝国主義の一形態であった」と拒否していたが、自分の役割として「植民地化は文明の事業たるべきだという考えを真面目にとること」をあげていた[78]。つまり、ムーテのスタンスはシャルル゠ロベール・アジュロンが指摘するように、「民主的植民地化」とか「植民地ヒューマニズム」と評されるものであったことも否めない[79]。このように、人民戦線の植民地問題に対する行動は控え目なものであった。第三共和政のフランスが、「植民地共和国」[80]であったことを忘れてはならない。それでは次項で、具体的な政策を検討しよう。

植民地政策

人民連合綱領に明記されていたフランス海外領土調査委員会は、一九三七年一月三〇日法によって設立された。委員長には急進党上院議員で元モロッコ総督のテオドール・ステーグが就任し、議会外からは、ジュオーやデルマスらの労働組合関係者、パリ大司教ヴェルディエ猊下、アンドレ・ジッド、人権同盟書記のアンリ・ゲルニュも委員に名を連ねていた。しかし、調査委員会の初会合が開かれたのは三七年七月八日であり、しかも委員会は、人口・衣食住・健康・体育・社会福祉事業などの社会問題、農工業の経済問題、政治行政問題を検討課題として掲げていたが、現地調査をすることもなく、収集した資料を分析して総括的な報告書を提出することもなかった。現地当局の消極性もあって、委員会は三八年二月に活動を停止し、七月初めに解散をよぎなくされた[81]。

一九三六年八月一三日にムーテ植民地大臣は、植民地総督会議を一一月三日に開催する旨の通達を送り、そのなかで植民地における税の軽減措置や予算負担金の削減、生産拡大と通貨の切り上げなどの大問題を審議するように求めた。[82] インドシナでは、三六年一〇月一三日デクレによって労働時間が一〇時間から九時間に短縮され、同年一二月三〇日デクレによって先住民のために労働法が制定されたが、一二月一四日にはマルチニックやグアドループなどの海外領土でも、現地の状況に応じて週四〇時間労働法や有給休暇法など本土の社会法が適用されていた。セネガルなどのフランス領西アフリカでは、三六年九月一六日デクレで女性や児童の労働保護が定められた。また、三七年三月一一日デクレで組合の自由が認められたが、その前提条件としてフランス語能力（読み・書き・会話）や小学校の卒業資格が要求された。インドシナや南米のフランス領ギアナでは恩赦が実施され、三七年初めには一九〇〇人の政治犯のうち、一一〇〇人が釈放され、一五〇人が減刑された。この恩赦は、植民地における強制労働の廃止（三七年八月一二日デクレ）とならんで、人権同盟の闘士ムーテの本領発揮である。三六年一〇月には、学位を所持するインドシナ人にはフランス市民権が付与された。しかし他方で、ムーテは秩序の維持を求めて三六年一〇月には「インドシナ民族会議運動」の指導者を逮捕し、翌年の二月には民族会議運動を禁止する措置を講じてもいる。また、三六年一二月二二日にシリアの独立を認める条約が調印されたが、批准のためにその条約が議会に提出されることは一度もなかった。[83]

アルジェリアでは、ブルム＝ヴィオレット法案は、左翼にとって神話の域にまで高められた。[84] 一九三六年一二月三〇日に上程された法案は、実は三一年七月のヴィオレット法案の再上程であり、ムスリムのエリートに国政選挙の投票権を付与することを謳っていた。二万四〇〇〇人がその恩恵に与ることになっていた。この同化政策法案に対して、アルジェリア在住のヨーロッパ人（入植者《コロン》）から強力な反対が起きた。「北アフリカの星」も、「アルジェリア人民は不可分であり、二万人という一部分によって分割されるべきではない」と述べ、アルジェリア人に分断をもたらすヴィオレット法案に反対した。社会党の革命左派も同様の見地から法案に反対した。法案は事実上、元アルジェリア総督のモーリス・ヴィオレット一人によって練られたものだが、ブルムもヴィオレットを支持しなかった結果、審議は委員会で行き詰まった。結局、上院と急進党の反対、社共両党も熱意がなかったことによって法案は葬り去られてしまった。同化政策やフランスと植民地の絆の強化を掲げた社会党も、北アフリカのナショナリズムの台頭に尻込みしたのである。三七年一月に「北アフリカの星」が、同年三月には「モロッコ行動委員会」（一九三四年創設）が解散させられ、チュニジアでも三七年七月に公の集会が禁止され、「ネオ・デトゥール団」の指導者が逮捕されていた。

ヴィオレット法案が廃案になった理由は、法案が秩序破壊的とみなされていたこと、誰も重要と思わない問題で人民戦線を分裂させるつもりはブルムにもなかったことによる。それだけ、植民地主義が浸透していた証左でもある。反帝国主義よりも反ファシズムを優先する共産党のトレーズも、一九三七年一二月のアルル党大会でこう語っていた。「今日の決定的な問題がファシズムとの戦いに勝利することであるなら、植民地人民の利益はフランス人民との連合のなかにあるのであって、ファシズムの企てを助長し、ムッソリーニやヒトラーの軛《くびき》のもとにアルジェリア、チュニジア、モロッコを置き、インドシナを日本の作戦基地にするという態度のなかにではない」。落胆したヴィオレットは、「ムスリムが求めているのは、諸君の国に迎え入れられることであります。もし諸君がそれを拒むなら、彼らが遠からず自らの国を作ることがなきよう用心されるがよいでしょう」と議会で不満を述べている。とはいえ、ヴィオレットにも二〇〇万の先住民ノン・エリートにまで選挙権を広げる気は全然なかった。[85] 一九四四年三月七日にフランス国民解放委員会のシャルル・ドゴールが、ブルム＝ヴィオレット法案の基本条項を取り入れた政令を発したが、時すでに遅く、アルジェリア人は同化を拒否し独立を要求していた。[86]

ヨーロッパ外交

ブルムは、一九三六年六月二三日の施政方針演説のなかで、破局を生む武装平和から非武装平和に移行するための方針を述べ、ジャン・ジョレスに言及しつつ「仏独協調」を語っていた。仏独協調は、ゲルマン主義の拡大を優先させるヒトラーを相手にしても可能であったであろうか。協力と抵抗という二律背反をブルムは解決しえたのだろうか。八月二五日にドイツ帝国銀行総裁ヒャルマール・シャハト（兼経済相）が訪仏した。ブルムはシャハトに、旧ドイツ植民地に対するドイツの要求は検討されるだろうと述べた。しかしドイツ政府は、ブルムが望んだ経済協力とヨーロッパの安全保障とを結びつけることを拒否した。シャハト訪仏に対して、共産党のトレーズは首相に抗議書簡をしたためている。「ヒトラーが軍備競争に拍車をかけ、世界平和とフランスの安全に重大な脅威を与えているときに、ドイツ帝国銀行総裁にとりたてて敬意を表することは、わが人民の尊厳と平和の大義にかなっているとは思えません」[87]。三七年一月二四日のリヨンでもブルムは、ドイツと「協働するためには、平和のなかで働くことができねばなりません」と述べて、ドイツとの「直接対話」のあり方について触れた。それは、「経済協力と平和の機構および軍備競争の停止との不可避的な連関」とか、「経済協力と政治的解決と平和の機構との必然的な連関」として呈示された。つまり、ブルムはドイツとの政治協定とフランスの経済的譲歩とを取引することは拒んだが、軍備制限協定は経済協定を必要とすると語っていた。結局、政治的解決は進展しないまま、三七年五月のシャハト再訪後の七月一〇日、仏独間に通商協定が締結され、「経済協力」のみが推し進められていくことになる。[88]

イタリアとの関係改善は、独伊枢軸やスペイン内戦へのイタリアの介入によって不可能となった。対ソ関係についても、ブルム自身は仏ソ条約の強化を望んだが、フランス参謀本部は赤軍の軍事能力に懐疑的であり、さらに、ポーランドやルーマニアが赤軍の自国領土通過を拒否したため、赤軍の実戦的有用性についても疑問符がつけられた。こうして、フランス政府の外交努力は、仏英関係を除いてほとんど実を結ばなかった。このように、ブルム内閣独自の対外政策というものは存在せず、以前の諸政府と大きく異なるものではなかった。[89]

平和主義

一九三〇年代初めのフランス外交は、一九二〇年代のブリアン外交を基調としていた。それは、仏独協調と国際連盟の枠内での国際協調を軸とした。エリオやアリスティッド・ブリアンは、ヨーロッパ協調外交を継続したが、同時にフランスは、過去においてなしえたように、ヨーロッパの運命に影響を与えることはもはやできないことを悟っていた。とりわけ、一九三〇年代後半のフランスは、経済的にも社会的にも脆さを露呈し、国際政治のうえでも二流国に転落したと言われた。第一次世界大戦の悪夢の再来を避けたいという気持ちは強まるばかりであった。

保守派や急進党は、国益の擁護を第一とする強硬策を望んでいた。他方、社会党は永続的な平和を打ち立てることを願っていた。社会党の党首ブルムは、一九三一年に『平和の諸問題』を出版し、軍縮による平和を説いていた。ブルムは、三六年六月三〇日の国際連盟における演説のなかでも、「フランス国民の平和政策」を熱く語っている。(90) 一四〇万人の死者を出した第一次世界大戦の惨禍からまだ二〇年しか経っていなかった。第一章でも触れたように、三五年の時点で、フランスには五五〇万人の退役兵士がおり、その数は二〇歳以上の男子人口の四二％を占めた。五五〇万の半数が戦傷経験者や傷痍軍人であり、四五〇万人が実戦経験者であった。

一九三六年七月一二日には、先の大戦の激戦地ヴェルダンで、各国から参集した退役兵士・戦争未亡人・遺児による一〇万人の世界大会が開かれ、和解のセレモニーが行われた。凱旋門の下にある無名兵士の墓の灯火が、夕刻、ヴェルダンに到着し、そこで点灯された。深夜に及んだ追悼セレモニーは、「死者に負っている平和を、われわれは守ることを誓う」という「平和の誓い」で締めくくられた。(91) また、三八年一一月一一日の第一次世界大戦終結二〇周年式典では、無名兵士の墓の前で、午前一〇時三〇分から大統領や首相臨席のもとに式典が行われた。夕方まで無名兵士の墓に詣でる人びとの列が続き、午後一一時に無名兵士の墓で松明の点灯儀式があった。前日にフランス本土と海外領土から運ばれた一一七本の松明がグラン・パレの周囲に飾られていたことや、同盟国の松明はアンヴァリッドで保管されていたことを想起しよう。これらの松明が一一日に凱旋門に集結したのである。また一二日には、コンピエーニュ、アミアン、シャロン゠シュル゠マルヌ、ノートルダム゠ド゠ロレット（パ゠ド゠カレ県）、ドゥオーモン（ヴェルダン）など多くの兵士が眠る五ヵ所の墓地めぐりの松明リレーが行われ、二二五人の運動選手が五グループに分かれてパリから墓地へと松明を繋いだ。(92)

このように、先の大戦の記憶はなお鮮明であった。平和主義のムードは、『西部戦線異状なし』（一九三〇年）の映画やジャン・ジロドゥーの戯曲『トロイ戦争は起こらないだろう』（一九三五年）にも表われている。反ユダヤ主義者のセリーヌが、自伝的小説『夜の果てへの旅』（一九三二年）のなかで、「この世の真実は死だ」と断言してはばからない主人公を造形したところにも、第一次世界大戦の影響を垣間見ることができる。素朴な平和主義、平和待望論は、フランス人に共通の社会心理となって、フランス社会を覆っていた。この平和主義に共産主義脅威論が重なった反共平和主義は、のちの宥和政策の土壌となるだろう。

その代表者の一人が、リセ教授の人権同盟員で絶対平和主義者のフェリシアン・シャレーである。彼は、すでに「国民の防衛は国民の死をもたらすだろう」（一九三一年）とか、「ヒトラーを前にしてすら、安全は《非武装平和》のなかにしかありえない」（一九三三年）と主張していた。三五年のエチオピア戦争時にもシャレーやレオン・エムリーは、対伊制裁反対を正当化するために、イタリアは子どもたちを養う義務があるとか、イタリアの痩せた国土は植民地帝国の建設を正当化するといったムッソリーニの論法を支持するにいたった。(93) 三六年一月末にもシャレーは、ロマン・ロランの言う「不可分の平和を守るための戦争」を否定し、ドイツが仮にフランスを攻撃したとしても、最大の犯罪にして愚行である「戦争への不参加」を主張し、「国際紛争の平和的解決は何であれ戦争より勝る」と断言した。さらに、三月二六日には「戦争と比べれば外国の侵略はより小さな悪である。……戦争をするよりむしろ侵略されること」を語っていた。(94) ここには、戦争より敗北を願う主張が展開されており、こうした主張は三八年秋のミュンヘン協定を支持する世論となるだろう。

3　急進党ビアリッツ党大会

三六年急進党大会

人民戦線内部の空気も変わりつつあった。それを端的に示したのが一九三六年一〇月の急進党大会である。一〇月二二日から二五日まで、急進党はピレネー国境に近いビアリッツで党大会を開催した。人民戦線への参加を決議したパリ党大会から一年が経過していた。この一年間に、フランス社会は政治・経済・社会の全領域で新しい実験をしていた。ブルム内閣は矢継ぎ早に改革を断行したが、他方でこれまた史上初の大規模な工場占拠ストライキ、スペイン内戦、平価切り下げとも直面した。先の選挙での人民戦線の勝利は、中産階級の支持票のおかげであった。ところが、中産階級を代表する急進党の党大会では共産党批判が噴出し、「本質的な問題は急進党が人民連合にとどまるのか否か」であると言われた。急進党は、共産党の選挙での躍進、工場占拠ストライキ、スペイン内戦などに不安を感じていた。所有権の不可侵や反共産主義が力説された。党内では、左派の青年急進派に代わって右派の急進青年団が力をもってきていた。

急進党内の政治風土の変化は、右派のノール県連会長エミール・ロッシュの発言に明瞭であった。彼は、総選挙後の五月二二日夕刻に開かれた執行委員会の席上、党は政府に誠実に協力すると述べていた。もっとも、この日の午前に開かれた県連会長会では、ロッシュの副官といってもよい急進青年団団長マルセル・サブローが、人民戦線の破棄を主張する動議を出したものの、全員の反対にあって取りさげるという事態が起きていた。これに対して、四〇日後(七月一日)の執行委員会では、ロッシュは共産党批判を繰り広げ、「われわれは自由のために戦っている。しかし、われわれはその自由への脅威を共産主義のなかに見出すのだ」と語り、その証拠としてバ＝ラン県の共産党書記の通達を読みあげた。その通達には、「人民戦線政府は、革命的なソヴィエト政府を速やかに誕生させるべきである」と記され、そのために努力すべき四点が列挙されていた。ロッシュは日刊紙『共和国』(七月二日)のなかでも、「われわれはもう騙されない！　人民連合？　イエス！　共産党の独裁？　ノー！　急進派は正しい！」と主張していた。こうした状況を踏まえて『フィガロ』は、「共産党の態度が何人かの急進派に不安を与えている」(七月二日)という見出しを掲げたのである。[95]

この激動の一年を総括する急進党大会は、本書冒頭に記したような混乱から始まった。翌日のフランス各紙がこぞって、党大会の混乱を取りあげたところにも反響の大きさを推し量ることができる。『タン』は、この事件を「ラ・マルセイエーズの党」「常識の復讐」という見出しを掲げてコメント加えている。[96] たしかに、この混乱は党内保守派の不満の高まりを反映していた。急進党右派のジョルジュ・ボネは、一〇月上旬の『新共和国』に次のようにしたためた。「白色ファシズムに対して共和国を防衛するという目的で団結した人びとは、もう一つのファシズム、すなわち赤色ファシズムにいたる扉を少し開けてしまった」と述べ、「CGTと共産党の軽率な陰謀」への警戒を呼びかけていた。三七年の県会議員選挙でドルドーニュ県のボネ派候補者のなかには、クロワ・ド・フーの政党（ＰＳＦ）と協定を結ぶ者も出るだろう。[97] こうした党内の不満や不安は、春の総選挙における急進党の敗北と共産党の大躍進、工場占拠ストライキ、スペイン内戦への介入要求といった共産党の行動によって触発されたものであった。したがって、三五年の党大会が右翼リーグの問題に費やされたとするなら、三六年の党大会は共産党との関係の問題に費やされたと言ってよい。この問題は、パリ党大会では不問に付された問題である。ビアリッツ党大会の接近とともにジャーナリズムの関心を集めたのは、共産党と急進党の関係であった。[98] 共産党に対する急進党の苛立ちは周知の事実となっていた。

そこで急進派の不安を鎮めるために、社共両党は声明を発し、政府も行動を起こすにいたる。ブルム首相とロジェ・サラングロ内相は、それぞれ地方集会で秩序と安定を訴え、一〇月七日と一五日には、初めて工場を占拠する労働者を実力で排除し、急進派に秩序維持の毅然たる態度を示した。[99] 共産党中央委員会は、一〇月一七日、急進党総裁ダラディエに書簡を送り、公秩序と法と私的所有を尊重し、自由と平和を擁護することを約束していた。[100] ＣＧＴも急進党大会に祝電を送り、自由と民主主義と平和を擁護し、国民経済の復興に協力し、秩序と合法性の枠内での改革をめざすことを誓った。[101]

人民戦線派の『ヴァンドルディ』も、人民戦線を誕生せしめた政党が一つでも欠ければ「人民戦線は自壊する」ので、フランスが独裁と殺戮を免れるために「歴史状況が課す義務を理解せんことを」社・共・急三党に求めた。同紙は、急進党大会開催中の一〇月二三日には「わが友急進派に」直接訴えている。「秩序は維持されねばならない」と急進派に理解を示しつつも、「秩序の問題とは警察や鎮圧のそれではなくて、正義と機構の問題だ」と経済的無秩序の問題性を指摘し、急進派の思想と決議に鼓舞された人民連合綱領の実現を呼びかけた。[102] しかし、左翼のこうした働きかけも急進党の不安を鎮めるにはいたらなかった。

それでは、急進党大会におけるダラディエ総裁の開会の辞から始めよう。[103] 総裁は、一五分の佇立後、大会が「秩序と威厳と冷静さ」のなかで続行されることを訴えて、少し前の「熱狂」を戒めた。総裁はまず、党大会が内外の重大な時局のなかで開かれており、それゆえ大会の責任も重いことを指摘した。そして総裁は、人民戦線の弁護論を展開し、党の団結を求めたが、その弁護論は、人民戦線の積極的擁護というよりも、三五年党大会の曖昧な規定の再確認とブルム政府の政策の弁護であった。ダラディエは次のことを語った。急進党は教義と思想を犠牲にしていないこと、「人民戦線という新しい名をもつ全左翼の連合《ユニオン》」に加わらなければ、党は選挙でもっと多くの議席を失ったこと、党の多数は政府が提案し議会が可決した社会改革の多くを支持していること、労働者のなかに行き過ぎはたしかに存在し、それに対して党は個人の自由・共和秩序・法・私的所有の尊重という観点から、六月以来「静謐と理性と社会平和」をアピールしてきたこと、現在、与党の分裂が論じられているが、人民戦線が「秩序と平和のなかで」活動を続けるなら、人民戦線は維持されるべきであること、以上のことを総裁は訴えた。私的所有の尊重が、工場占拠への非難を意味していることは言うまでもない。

この演説はある意味で、右派の不満にも気を配ったものと言いうるが、しばしば野次や演説妨害にさらされ、ダラディエも一般政策の討議まで「諸君の野次や怒号をとっておきなさい」と不満を口にせざるをえないほどであった。また、この演説のなかで、ダラディエが、人民戦線の活動を「秩序と平和のなかで」行うのであって無秩序と紛争のなかにおいてではないと明言したことは注目に値する。

かくして波瀾含みの党大会はスタートした。一般政策は大会三日目の午後に審議されることになっていた。初日の事件は、一般政策における左右両派の対立の伏線となった。大会二日目まで巧みに避けられてきた両派の対立が、この日ついに表面化した。三日目の午前に、議員団の活動報告をしたガストン・マナン（下院議員）が、「行動における慎重さと思想における大胆さ」を訴えたのも、一般政策の討議で混乱が予想されたからである。[104]

一般政策の討議

一般政策の会議の議長を務めたショータン国務大臣は、開口一番、この会議から「急進派の統一の維持のみならず、人心の融和と同意」が生まれ、「何人にも傷を残さない」希望を表明した。初日の事件がいかに衝撃的であったのかをこの発言は示唆している。続けて議長は、右派の苛立ちに理解を示しはしたが、秩序の維持を要求しにきた諸君が「無秩序の例を示すなら逆説的だ」と述べて、代議員に秩序ある大会運営を求めた。そしてショータンは、秩序・法・社会平和の尊重といった諸君の関心は急進派大臣の行動を鼓舞してきた関心でもあり、「最近議会によって可決された措置は、われわれの綱領から取り出された」ものだと語って、ブルム内閣支持を間接的に表明し、社会改革が秩序と法の尊重のなかでなされるべきことを要求して右派の綏撫《すいぶ》に努めた。(105) 議長の発言は総裁の立場に近かった。

ショータンは、弁士の一番手として一般政策委員会の報告者たるセザール・カンパンキ下院議員団長を指名した。本来ならばカンパンキが基調報告をすることになっていた。しかし、内部対立ゆえに基調報告をまとめきれず、議事日程《オルドル・デュ・ジュール》(決議案)もない単なる報告者として登壇するという異例の事態が生じていた。カンパンキは、社会的混乱を生み出している占拠の糾弾と、人民連合の擁護の二つを主張した。(106) 彼は党内に不一致や不安、躊躇や敵意を生じさせた理由を、工場・商店・農場における違法な占拠ストライキに見出した。彼は、「人民戦線綱領のなかにはない」占拠を、諸外国にフランスがボルシェヴィキ化したと信じさせる原因だと指弾する。しかし、このあと議員団長は急進党の教義に話を移しつつ、人民連合を擁護する。その論理は次のように要約できた。部分的に急進党の綱領でもある人民連合綱領から党は抜け出ることはできないこと、急進党はあらゆる独裁に反対し、自由と社会秩序を擁護し法を尊重する点で共産党とは一線を画すが、穏健化した共産党は信頼しうること、代替政府がイデオロギー的にも不可能である以上、急進党は政府危機を引き起こしてはならない。しかしこの擁護論は、大会で共産党との分裂を獲得すると宣言していたエミール・ロッシュを納得させることはできなかった。ロッシュは、『共和国』(三六年一〇月一一日)のなかで、「共産主義者と絶交せねばならないと急進党大会は告げるだろう」と記していた。(107)

右派の発言

右派を代表してノール県連会長のロッシュが登壇し、大会で共急関係の問題が明確に説明されることを求めた。(108) 彼の演説は、ポレミックなかたちで右派の見解を代弁しているだけに検討に値する。彼は演説のすべてを共産党批判にあてた。その目的は、共産党の人民戦線戦術の背後にある「真の意図」を代議員の前で剔抉《てっけつ》することであった。ロッシュによれば共産党にとって人民戦線とは、フランスにソヴィエト体制を樹立し、フランス人を外国の権力に隷従させる手段でしかなかった。彼はこのことを代議員に説明するために、レーニン、デュクロ、トレーズ、ドイツ共産党員ヴィルヘルム・ピーク、カシャン、それにマルクスといった共産主義者自身の発言をふんだんに引用し、ソヴィエト権力樹立のプロセスとして、六月以降の共産党の行動を描いてみせた。

まず五月の共産党の入閣拒否は、議会外での大衆運動のために行動の自由を保持することを目的としていると解釈された。六月の工場占拠ストライキの波は、共産党細胞の指令にもとづいて始められたと事実を曲げてまで断言された。八月からは共産主義者は、スペイン内戦にフランスを巻き込もうとして、いたる所で集会やデモを組織し、マドリッド政府に武器や大砲を供給するよう要求している。これらの事実は、共産党が三五年七月一四日の誓いに背いていると非難された。ロッシュは次いで、共産党を共和国の防衛部隊と考えるゲルニュやアルベール・バイエら左派に批判の矛先を向け、最後に独自の議事日程を朗読して降壇した。

その議事日程は共産党批判で一貫していた。共産党がスペイン不干渉政策への反対・工場占拠ストライキ・デマゴギー的な政府批判・ソヴィエト権力の樹立をめざす暴力的プロパガンダなどを放棄せず、人民連合の規約や綱領を侵犯しつづけるなら、急進党は「一九三六年五月から左翼四政党を結ぶ協定を共産党が破棄したことを確認せざるをえないと宣言する」。この議事日程は、共産党に「ソヴィエト権力の樹立」という綱領を放棄することを迫っており、それは共産党にとってとうてい容認しえないものであった。ロッシュは、主観的には政府危機を惹起するつもりはないと述べているが、この絶縁状はカンパンキがもっとも恐れる政府危機を引き起こすに十分な内容をもっていた。[109]ともあれロッシュの演説は、反共批判の激しさで際立っており、急進青年団の騒々しい示威と並んで急進主義の新しい相貌を示したものであった。彼の演説は、右派にいわば騎虎の勢いを得させた。

また、ロッシュの演説は、急進党が人民連合に加入した動機を語っていることでも注目に値した。[110]彼は右翼リーグによる党首脳への攻撃、経済恐慌、万人の自由の擁護、左翼連合しか可能な選挙連合が存在しなかったことをその理由としてあげている。しかし五月三日の選挙で、ノール県では「共和派の規律」が「極左」に有利に機能したことに不満を述べていることは、選挙結果が重視されていたことを逆に示している。

このあと登壇した弁士のうち、アルフレッド・ドミニク、ポール・マルシャンドー、ジョルジュ・ボネはロッシュを支持した(111)。もっとも、その支持の度合はドミニクが積極的であり、他の二人は抑制されていた。ドミニクは、人民連合綱領や左翼連合政策への忠誠と、秩序・自由・法の尊重を訴えたあとで共産党批判を展開した。彼はロッシュと同様の論理で、工場占拠ストライキとスペイン援助キャンペーンを糾弾した。そして急進党の教義を再確認し、フランスを「対外的冒険と国内分裂に委ねるおそれのある政策に協力しえない」と締めくくった。マルシャンドーは、今大会には「共和国の利益と未来」とが賭けられているとその重要性を指摘し、比喩を交えて社共勢力との分岐を訴えた。ボネは、急進派が財政と街頭の無秩序を放任するなら、国民《ペイ》が新たな指導者を「沈黙したままの急進派」に求めないと主張し、「共和秩序とレジームの運命」が急進党の双肩にかかっていることを訴えた。

左派の反論

このような右派の攻勢に対して左派も反撃した。ロッシュのあとに登壇したジャック・ケゼールが先鋒を務めた(112)。彼は、ロッシュも含め誰一人として急進派大臣の辞任による倒閣を望まなかったことを指摘し、政府を維持するために「われわれの教義に鼓舞された人民連合綱領の実施」を求めた。ただし、「パンの防衛」を実現するために、この実験が秩序と平等のなかであらゆる自由を守りつつなされること、具体的には工場占拠の中止と、法が労働者のみならず資本家によっても尊重される必要性とが述べられた。「平和の擁護」の領域では、ケゼールは仏独関係とスペイン内戦をとりあげ、政府が共産党に譲歩しなかったことを称え、シャハト訪仏にみられたように、政府はドイツとの話し合いや接触の機会を求めており、スペインでは「わが党が閣内で行きわたらせた不干渉テーゼ」を支持していると右派に反論した。そしてケゼールは、資本家が反撃の態勢を整えつつあるときに、人民戦線を維持する必要性を訴え、共産党に対しては、急進派大臣が監視していることに楽観を表明し、急進派の三つの使命（フランス人同士が戦うのを阻止し、フランスの大きな不安を鎮め、独裁への道を妨げること）を述べて、三七県連[113]によって提出された議事日程を朗読した。その議事日程は、「民主勢力の広範な連合《ラサンブルマン》から急進党を分離しない意思を表明」していたが、ロッシュの批判にも耳を傾けた内容も含んでいた。なぜなら、議事日程は同時に外国の影響やイデオロギー的介入を避けて平和を擁護し、工場占拠を中止させ、中産階級と農業の利益を無視せず、大胆な社会改革を継続することを要求していたからである。

アルベール・バイエは、ケゼールより直截簡明に語った。[114] 彼は、急進党に人民戦線を解体するイニシアチヴをとらせないように全力を尽くした。バイエは後継政府の組み合わせを代議員に尋ね、右翼との連立は不可能なことを述べる。スペインについては、「われわれは決して軍事介入を要求しなかったし、今後も要求しないであろう」。不干渉に賛成したのは、「中立が欺瞞であってはならない」という条件下においてのみである。「われわれは、フランスがスペインに介入することを要求していない。ただ、ドイツとイタリアがスペインに干渉しないことを求めているのである」。このように語って、バイエは不干渉協定の遵守を要求した。共産党との関係については、公秩序の維持と法の労使双方による尊重、個人的小所有の尊重といった急進党の教義を保持しつつ、「共産党との同盟を維持すべき」と宣言された。なぜなら、イタリア・ドイツ・スペインの歴史が示すように、ファシズムの勝利と成功は民衆勢力や左翼勢力の分裂に起因していたと彼は考えるからである。最後にバイエは、われわれの歌である「ラ・マルセイエーズは、封建的専制を転覆したように貨幣の専制を転覆し、独裁を一掃するであろう」と、ラ・マルセイエーズが左翼のシンボルであることを強調した。

アンリ・ゲルニュは、「忠誠と必要性と公正」という三つの理由から急進党が人民連合にとどまることを要求した。[115] つまり、人民連合の約束への忠誠と、社共両党なしに多数派形成は不可能であるという連合政治上の必要性と、独裁体制に訴えることなく議会制民主主義の忠実な運用によって一国の社会構造を修正しうることを世界に示したいという議会主義の公正さである。工場占拠という行き過ぎについては、所有の移転は合法かつ正当な手段によって達成されるべきであると述べた。ゲルニュは、人民連合への忠誠を連合パートナーにも要求し、大会が人民連合への忠誠を宣言することを期待した。

以上のように左右両派から議事日程が提出され、ともに採決を求めるという異例の大会となった。しかし、それぞれの議事日程や発言を仔細に検討すれば、そこには一つの共通認識を見出すことができる。急進党の教義への忠誠は、両派とも異論のないことであった。右派は人民連合からの離脱を公式には要求せず、ただ共産党に対する保障を求めていた。他方、左派は人民戦線の維持を望んでいたが、共産党に対する右派の不満や恐怖の妥当性を承認した。(116) こうして妥協案に向けた端緒が開かれた。その責任を引き受けたのはダラディエ総裁である。

最後に登壇したダラディエは、「根本的思想において、われわれは決して分岐していない」と左右の融和に努めた。(117) 総裁は、左翼連合の問題と党の教義の問題について、全党員は一致していると主張する。彼は、急進派大臣の辞職と人民連合の分裂は誰からも要求されなかったし、逆に誰もが共和秩序・個人の自由・個人所有を維持することを主張したと述べる。そして総裁は、「分裂が生じるであろうと言われた今大会が友情と統一の熱烈で熱狂的な表明となること」の希望を語って、ダラディエ、エリオ、ショータン、モーリス・サローの連名になる議事日程を朗読した。朗読後、ロッシュ、ケゼール、バイエは自己の議事日程を撤回し、党首脳の議事日程に賛意を表明した。こうして、この議事日程は満場一致で可決され、急進党は統一を保ち、異常な大会を収拾することができた。

大会決議

それでは、満場一致で受け入れられた議事日程の全文を記し、どの点で左右両派は納得し、いかなる問題が残されたのかを検討しよう。

急進共和急進社会党は、総裁と急進派の大臣が人民連合政府内であれ、各々の省庁内であれ一般政策の次元であれ、絶えず党の教義を精力的に擁護したことに対して感謝する。

結ばれた契約に忠実な党は、民主主義の憲章たる人権宣言が所有の不可侵を聖別したこと、および工場・作業場・農場・商店の占拠が自由に対する容認しえない打撃であることを想起させる（拍手）。

街頭の絶えざる喧騒が経済活動の回復と矛盾することを想起させ、時局の重大問題を前にして、かつてないほど急進派の教義全体を実施する必要性を党は強調する。

この教義は次のことを命ずる。友好の維持による国際平和の保障、国際連盟の諸協約や規約の尊重、ヨーロッパ紛争を惹起しうる原因を取り除くための監視、隣国の内戦の恐怖を緩和するための寛大なイニシアチヴ。

国防の強化。

国民主権の精力的な維持。合法性の尊重による公共の秩序の維持、あらゆる反逆的団体の武装解除と解散、あらゆる社会法の忠実な適用。

調停と強制仲裁による社会紛争の解決。

国民活動に従事するすべての職人間に有効な連帯と農産物の監視的防衛。

あらゆる打撃、とりわけ権益《アンテレ》の大連合からの打撃に対する国家の権威の維持（拍手）。

通貨安定の保証たる均衡予算のために精力的に努力する。

大会は、党の議員にこれらの原理を正確に実施することを委ね、政府活動のなかでその原理を防衛しつづけるために党の政府代表を信任する。

大会は、国内の秩序維持と国際平和のなかで追求されるべき社会進歩の仕事を実現するために、すべての活動家《ミリタン》に不可欠な連合が国内における急進党の活動強化に繋がるという確信をもっている（万雷の拍手）。(118)

一読してただちに諒解しうることは、このテクストが右派の主張を取り入れた内容となっていることである。テクストが急進党の教義を強調し、工場占拠ストライキを糾弾し、名指しこそしていないものの街頭で公秩序を乱す共産党を非難していることは明白であるからだ。右派が、この議事日程を「満足」（ロッシュ）して受け入れたのは当然であろう。他方、左派にとってもこのテクストが、人民戦線の破棄を声明せず、人民連合政府内での急進派大臣に謝意を表明し、急進党は「結ばれた契約に忠実」であることを明記し、反共的言辞もないことなどの理由で受諾可能と考えられた。したがって、ケゼールはこの議事日程が「われわれに満足を与えうる」と評したのである。[119] しかし、両派のあいだに人民戦線に対する認識の相違が存在することは歴然としていた。この議事日程は大会をつうじて表面化した左右両派の溝に蓋をしたかたちとなり、人民戦線はしばし猶予を与えられたが、急進党がブルム内閣に与えたのは「条件つき執行猶予」[120] でしかなかった。

大会最終日に朗読された党宣言は、当然ながら一般政策の議事日程の反復であったが、左派の主張も一部取り入れ、一般政策の議事日程とのバランスをはかっていた。それは、「労使は同一の資格で締結された協定を尊重すべきである」と、資本家への警告が挿入されたことや、「われわれが結びついたままの人民戦線の枠内で」とか「共同綱領の実現」といった表現に看取しうる。[121] またルフランも述べるように、労働争議においては、急進党は「資本家の肩も労働者の肩ももたぬ」ことを声明したと、この宣言から読みとることも可能だろう。[122] この党宣言も満場一致で承認され、波瀾含みで開幕した党大会は、どうにか夕凪を迎えて閉幕した。たしかにそれは、一時的な夕凪でしかなかった。大会は右派と左派の折衷案によってほころびを繕ったが、大会後、党内には共産党への警戒と共同綱領以外のことでは協力しないという意思が残り、右派は今後も活動を強めるからである。急進党にとって人民戦線の選択は、急進主義の危機への解決策ではなくて、危機のさらなる悪化であった。急進党の人民戦線への熱狂はすでに歴史となっていた。

急進党の変貌因

この一年で急進党の人民戦線に対するスタンスが変化した。その理由をここでまとめておこう。第二章末に、われわれは、急進党が人民戦線に参加した理由（内因・外因それぞれ三点）と、三五年末までにのちの人民戦線政府の四肢を縛ると思われる否定的因子（五点）が現れたことも指摘しておいた。

内因　①左派を中心とした急進主義の蘇生。

②左翼の選挙連合への期待。
③かなめ政党という連合政治上の要請。
④右翼リーグの蛮行。
⑤デフレ政策に対する中産階級の不満。
⑥共産党の戦術転換。

外因

否定的因子

①左派の脆弱性。
②右派の急進青年団の台頭。
③ダラディエのリーダーシップの実態。
④ファシズムの脅威が逓減したことの影響。
⑤県連の独自性。

三六年春の総選挙後のフランスの政治社会状況は、まさに急進党内のネガティヴな因子をポジティヴな因子に転換させる触媒として作用した。

触媒

①急進党の総選挙での敗北。
②共産党の総選挙での圧勝。
③工場占拠ストライキの波。
④右翼リーグ四団体の解散。
⑤共産党の不干渉政策への反対。

触媒①は参加因②が存在理由を失ったことを意味し、触媒④は参加因④が重要性を失ったことを意味した。触媒②

と③と⑤は、参加因⑥がやはり欺瞞であったことを証明したと受けとめられ、共産党への不信を党内に高めることになる。なぜなら、それまで共和秩序の擁護者を自称していた共産党が、以前の秩序破壊者に戻ったと急進派の目に映ったからである。このような事態は、否定的因子①・②・④・⑤を強め、③を弱めることになった。その結果は、右派の台頭と反共産主義の氾濫、それにダラディエ総裁の右傾である。右派が、人民連合にとどまることにメリットを感じなくなったのは論理的必然であった。

したがって、わずか一年のあいだで急進党が変貌した理由は、人民戦線に対する急進党の心象態と人民戦線の現実態の乖離に求めることができるだろう。敷衍すれば、急進党が人民戦線に抱いていた既述のイメージと人民戦線政府誕生後の予期せぬ事態とのギャップである。すなわち、第一に、急進党はパリ党大会で、人民戦線や共産党との関係について論議することなくナイーヴな人民戦線像をもって総選挙に臨み一敗地にまみれた。第二に、総選挙からスペイン内戦勃発にいたるプロセスは、人民連合から利益を引き出しているのは共産党であり、この間の秩序擾乱の責任を負うのも共産党であるという反共産主義の奔出を促したこと、この二つに急進党が変貌した直接の理由を求めることができる。

パリ党大会では論じられなかった共産党との関係を、ビアリッツ党大会は議論せざるをえなくなったが、ここでも真の解決はなされず、彌縫策による収拾がはかられた。しかし、急進党内に生じた逆流の波は夕凪を終わらせ、人民戦線に暗夜をもたらすことになるだろう。政治ムードの変化は、一九三七年一月三日にフランス中部アリエ県で行われた補欠選挙でも示された。三六年春の総選挙で社会党候補のために立候補辞退をしいられた急進党右派のリュシアン・ラムールーが、補欠選挙では立候補辞退に応じない社会党候補を破って返り咲いたのである。ラムールーが第一次投票で獲得した票は、三六年四月の選挙時よりも三二六七票多い一万一六六〇票であった。一月三日の決選投票では、ラムールーは社会党候補に七九九票差の一万二五二二票を得て当選した。ラムールーには右翼の票も投じられていた。(123)

4　ブルム内閣の崩壊

サラングロ内相の自殺

一九三六年一〇月の急進党大会における共産党批判、一二月五日の信任投票における共産党の棄権に示されたように、秋以降、人民戦線諸政党に入った亀裂は徐々に広がりつつあった。一一月に起きたロジェ・サラングロ内相の自殺は、左翼勢力のあいだに右翼勢力に対する復讐心や対抗心を燃えたたせはしたが、同時に意気消沈させる出来事でもあった。

社会党全国評議会がブルム内閣への信任を熱狂的に更新した[124]一〇日後の一一月一八日、リールの自宅でサラングロ内相がガス自殺をした。サラングロは、『グランゴワール』や『アクシオン・フランセーズ』などの極右紙による悪辣な人身攻撃の犠牲者であった。サラングロは、七月一〇日、ノール県選出の政敵で共和連盟に所属するアンリ・ベカールが、先の大戦中のサラングロの行動について問いただす書簡を陸相に送ったのが事の発端であった。[125]この情報がリークされたのか、七月一四日に『アクシオン・フランセーズ』は、「サラングロ氏の困った冒険」と題して、「サラングロは敵前逃亡により死刑を宣告された」と一面で報じた。[126]彼は、一九一五年一〇月にシャンパーニュ戦線で脱走して敵に投降し、フランスの軍法会議にかけられたと極右紙から告発された。この告発は、実は一五年ほど前に共産党の地方紙『ノールの無産者』が行っていたものでもあった。

陸軍省に提出された彼の記録が調査された結果、極右の非難には根拠がないことが明らかになった。サラングロは、戦友の遺体を捜索するために上官の許可を得て前線を離れ、敵前で捕虜になっていたことが判明したからである。また、軍法会議でも無罪判決が出ていた。しかし、八月下旬以降、『グランゴワール』がサラングロ非難キャンペーンをエスカレートさせた。サラングロは、反論の書簡を『グランゴワール』に送り、自分はフランスの軍法会議で裁かれておらず、ドイツの軍法会議で二年の刑を宣告されたのだと抗議した。[127]こうして、サラングロは極右紙との消耗戦に巻き込まれてゆく。

極右紙の執拗な非難キャンペーンはこのあとも止むことなく、一〇月末から一一月初めにかけてさらに高まった。『グランゴワール』（一一月六日）のなかでアンリ・ベローは、「サラングロの疑いは晴れた。彼は、まさに潔白居士《ブロブラングロ》だ」と内相を揶揄する大統領宛の公開書簡を載せた(128)。また、先の大戦中に自転車伝令員であったサラングロは、同性愛者を暗示させる「後方自転車乗り」と渾名され、さらに、三五年五月に死去した夫人の墓に、花輪代わりに自転車の車輪が置かれるという侮辱を受けていた。

一一月一三日の下院でも審議が始まった。右翼議員アンリ・ベカールの非難に対して、ブルムはこう述べた。「私は、サラングロが確信に満ちた戦闘的な社会主義者であることを知っています。動員令がくだった日に、サラングロは国民的見地からして疑わしい人物として逮捕されたと聞いています。しかし、私は真実を言わねばなりません。召集以後、いずれにせよ中隊に配属されてからのサラングロの愛国心については、一点の曇りもありません」(129)。ブルムは、サラングロの行動を仔細に語り、内相に対する濡れ衣をはらした。ブルムの発言の前には乱闘騒ぎもみられたが、下院は内相への告発を四二七票対一〇三票で退けた（一〇三の反対票のうち、四〇票がただちに投票を訂正した）。

事態はこれで落ち着くかにみえたが、リール市長でもあるサラングロの多忙な生活は変わらなかった。リール市職員は一ヵ月前からスト中であったうえに、一四日にはノール県の社会党県連大会が予定されていた（一五日に延期）。サラングロは一六〜一七日に県議会に出席、その合間を縫ってリール市役所の執務室に戻り、二二日に予定されたブルム主宰による人民戦線の大集会の準備に余念がなかった。一五日（日）にサラングロは弟のアンリに、心身ともに参っていると語っている。この四日間、サラングロと接触した友人たちは皆、サラングロの顔色が悪く、疲労の色が強くにじんでいることに気づいていた(130)。

一七日午後九時過ぎに疲労困憊して帰宅したサラングロは、台所の籐椅子に倒れこんだ。その椅子は、一八ヵ月前に妻が息を引き取った椅子であった。死の想念が彼に取りつく。この日で四六歳五ヵ月と一八日を迎えた彼は、まさに妻が生きた歳月とまったく同じ時間が経過したこと、しかも妻が最期を迎えた同じ籐椅子にいることに気づいた。

死が身近なものになる。四通の遺書をしたためたのち、サラングロはガス栓をひねった。

中傷による心労や妻の死去による喪失感に加えて、中傷を苦にした母親が病床に伏したことへの罪悪感、それに職責の重圧などから自裁に及んだ。[131] ブルム宛の遺書には、こう記されていた。「一八ヵ月前、妻は中傷で死んだも同然でした。その中傷は妻をも容赦することなく、それゆえ彼女はおおいに苦しみました。母親は、術後の回復も思わしくないうえに、中傷によって骨の髄まで蝕まれています。私としては頑張って戦ってきましたが、もう疲れ果てました。たとえ彼らが私の名誉を傷つけることに成功しなかったとしても、少なくとも私の死に責任があるのです。私は脱走兵でも裏切り者でもありません。わが党は私の命であり喜びでした」[132]。

サラングロの葬儀

『パリ評論』は、三六年七月にサラングロの小伝を掲載していた。それは、労働争議の解決に示したサラングロの手腕によって人民戦線首脳の評価が逆転し、今や社会党内では「ロジェ・サラングロ氏が指導者《シェフ》であり、レオン・ブルム氏はシンボルでしかない」という空気を反映していた[133]。このように、ブルム首相の後継者をサラングロに期待していた社会党員にとって、内相の死は大きなショックであった。ただちにリールに駆けつけたブルムは、一八日午後、復讐に燃える民衆に冷静な行動を求めるアピールを市役所から発した。「サラングロが諸君に禁じる二つのことがあります。それは忘却と復讐です。彼の名において私が諸君にお願いするのは、冷静さを保ち、怒りを抑えることです」。翌日の社会党機関紙

LE POPULAIRE DE PARIS
ORGANE CENTRAL DU PARTI SOCIALISTE (S. F. I. O.)
Directeur Politique : BRACKE suppléant LÉON BLUM
Administrateur-Délégué : EUGÈNE GAILLARD
LE NUMÉRO : 30 centimes
JEUDI 19 Novembre 1936

ILS L'ONT TUÉ!

Roger Salengro est mort

Il a mis fin à ses jours la nuit dernière

L'abjecte campagne de calomnie a brisé la force de résistance de ce vaillant socialiste, de cet héroïque soldat.

La « feuille infâme » de la famille Chiappe et ceux qui se sont solidarisés avec l'ignoble Carbuccia sont responsables de cette mort.

FASCISME ASSASSIN !

L'émotion est grande à Lille et dans tout le Nord.

A Paris règne une vive effervescence dans les milieux politiques et parmi les travailleurs.

A la Chambre, même des députés de droite stigmatisent l'odieuse campagne menée contre Salengro et qui vient d'avoir un si tragique dénouement.

Léon Blum, Président du Conseil, accompagné de M. Viollette, Ministre d'État et de Bedouce, Ministre des Travaux Publics, s'est rendu aussitôt à Lille pour saluer la dépouille mortelle de son collaborateur.

Paul Faure, Ministre d'État, et Raoul Aubaud, Sous-Secrétaire d'État à l'Intérieur, sont partis pour Lille dans l'après-midi.

Le Ministre du Travail, Jean Lebas se trouve à Lille également.

LA LETTRE DE ROGER SALENGRO A LEON BLUM

La C. A. P. du Parti Socialiste flétrit la campagne abjecte de la " feuille infâme "

Le Président du Conseil a décidé d'assurer lui-même l'intérim du ministère de l'Intérieur

La " feuille infâme " ne paraîtra pas

Les obsèques de Roger Salengro auront lieu à Lille, dimanche à 14 heures

図４－５　サラングロの死を告げる『ポピュレール』（1936年11月19日）

出典 Denis Lefebvre et Rémi Lefebvre, *Mémoires du front populaire*, Ours, 1997, p. 74.

図４－６　1936年11月22日，ナシオン広場でサラングロにオマージュを捧げる集会参加者

出典　M. Margairaz et D. Tartakowsky, *Le Front populaire*, Paris, 2009, p. 118.

『ポピュレール』は、第一面を黒枠で囲って「奴らが殺した！ロジェ・サラングロ死去。ファシズム、暗殺者！」と大きく報じた。編集者のブラックも「奴らが殺した！……ロジェ・サラングロの名前は、共和国を愛するすべての人びとの記憶に残るだろう」と哀悼の意を表した。『ユマニテ』が「ヒトラーの命令に従う殺人新聞に対して行動せよ！」と呼びかけたことを捉えて、『タン』は左翼の「忌まわしい暴力」を批判し、国民に冷静を求めた。(134)

社会党のセーヌ県連が主導して、二一日の午後八時三〇分からパリのヴェル・ディヴで追悼抗議集会が開かれた。ベートーヴェンの交響曲「英雄」が、サラングロに敬意を示す曲として用いられた。二人の国務大臣モーリス・ヴィオレットとポール・フォール、ダラディエ、トレーズ、人権同盟のエミール・カーン、CGTのラカモンらが演説を行った。ポール・フォールは、「ここ数週間ロジェ・サラングロが標的になっていた恥辱的なキャンペーンと戦うためには、鋼のような精神が要ったことだろう」と語っていた。演説の合間には、「中傷」がキーワードの戯曲『セビリアの理髪師』（ボーマルシェ）が朗読されたり、モーリス・ロスタンの詩が朗誦されたりした。(135)

二二日午後二時、リール市役所ホールでサラングロの葬儀が営まれた。全国から参加する代表のために特別列車が走った。ブルム首相の長い弔辞は、ラジオからパリにも中継放送された。ブルムは次のように述べた。「日も浅い政府内で、彼はもっとも重い責任を引き受け、歴史的な瞬間に歴史的な役割を果たしてきました。……しかし、彼が死んだのは過労によるのでも病気によるのでもありませんし、彼が愛した女性、亡くしてしまった女性に対する癒しがたい思い出によるのでもありません。……彼の遺書は真実を語っています。彼は残忍で卑劣な中傷の犠牲者なのです。……私は、死者に話しかけるのと同様に生者に話しかけます。というのは、われわれは君の不在に慣れていないからです。いや、慣れることはないでしょう。われわれは、君との別れによって穿たれた空白を長きにわたって、非常に長いあいだ感じることでしょう。それゆえ、君は死後もなお、われわれのあいだで生きつづけるのです」。さらにブルムは、「中傷は罰せられねばならない」と述べつつも、「共和的な諸制度を強化する」以外の報復行為を労働者に戒めた。吹奏楽団がインターナショナルを奏でるなかを、長い葬列がゆっくりと墓地に向かった。サラングロの葬儀にあわせて、パリでもバスチーユからナシオン広場までの哀悼抗議デモが挙行されている。ボルドーやディジョンなど、多くの地方都市でも同様の集会が開かれ、サラングロにオマージュが捧げられた[136]。

社会党ノール県連の週刊機関紙『バターユ』は、一一月二二日号では記事が間に合わなかったのか、サラングロの死とブルムのアピールを簡潔に報じただけであったが、一一月二九日には、「奴らは〔第一次世界大戦前夜に〕ジョレスを暗殺した。奴らは、レオン・ブルムをすんでの所で殺害するところであった。奴らは、道義的にサラングロを殺した」「自殺が問題なのではない。殺人が問題なのだ」と抗議し、葬儀のもようを詳述した[137]。

サラングロに代わって内相に昇格したのは、内務副大臣のマルクス・ドルモワである。「暗殺者を糾弾」した『リュミエール』が「誹謗新聞に反対する共同戦線」を呼びかけ、エマニュエル・ベルルが急進党系週刊紙『マリアンヌ』のなかで、「中傷には戦いを、自由には平和を」と訴えたように[138]、世論の後押しを受けた政府は、一二月八日に新聞による名誉毀損や虚報を取り締まる法案を下院で可決させた。しかし、上院が出版の自由を口実として時間稼ぎを行ったため、ブルム内閣は法案の成立を断念せざるをえなかった。サラングロの一周忌に際してブルムは、「政府の任務は法を上程することであり、議会の任務は迅速かつ即時に法を実施することであった」と、悔しさをにじませる文章をしたためている[139]。

改革の休止

フランの切り下げによって一時的に景気はもち直したが、長続きはしなかった。資本の流出はやまず、輸出も期待されたほど伸びなかった。一九三七年二月の消費者物価は、三六年六月比で二二％騰貴していた。(140) ブルムの実験が終焉を迎える第三期の始まりである。

一九三七年二月三日、両院の財政委員会でオリオール財相は、年末までに国庫が五五〇億フランの赤字になるという見通しを明らかにした。給料が平均三二％値上げされたことで、原価も一六％から三〇％に上昇していた。こうした物価高騰が、平価切り下げを台なしにするおそれがあった。社会党のジャン＝バティスト・セヴラックも、『ポピュレール』のなかで物価高に関心をもつ労働者に、物価上昇が続けば「有効かつ迅速な治療薬が効かなくなる病気がもたらされるはずだ」(141) と指摘して、言外に賃上げを迫る労働者に自重を促していた。

かくして一九三七年二月一三日、正式に改革の「休止《ポーズ》」が宣言される。その日の『プープル』には、CGT書記長レオン・ジュオーの論説「構造改革なくして真の治療法なし」が載せられていた。(142) ブルムはラジオから「改革の休止」を声明した。「民間経済は、いまだ虚弱な回復期の状態にあります。なぜなら、数ヵ月のあいだに導入された大規模な社会改革と為替相場の改定とが時を同じくしたために、民間の経済はまったく新しい条件下に置かれ、その均衡がまだとれていないからであります。だから一時的な休止が必要なのです」。ブルムは、休止は「後退ではなくて慎重な地固めの局面だ」と取り繕ったが、『タン』はショータンの発言に触れつつ、「休止は一時的な休戦ではなくて、諸政党と諸階級の最終的な武装解除をもたらすだろう」と、「袋小路から抜け出すために」階級闘争にもとづく政治からの訣別を求めていた。『フィガロ』でもウラディミール・ドルメソンは、教義や情熱よりも経済の現状を直視せよと述べ、休止は停止なのか政策の転換なのかはっきりさせるように求め、「秩序だった飛躍」という「フランスの真の問題」解決のためには、「政党のげす根性や個々人の敵対関係や委員会の専横を超える」必要があると政府をただした。(143)

一九三七年二月二〇～二一日、ブルムとジュオーは、フランス西部にあるナントとサン＝ナゼールで一～二万人の労働者の前で演説をしている。[144] ブルムは「休止」について理解を求める場として利用し、ジュオーも政府批判を口にしなかった。二〇日のナントでジュオーは、銀行や大工業の国有化といったCGTプランの実現を主張しつつも、「困難な過渡期」にある現在、「人民大衆に支持された政府を壊すことはできず」、「われわれの意思を人民戦線政府に押しつけたくない」と語っていた。ブルムは、「世界平和を打ち固めるためには、財政難が以前のそれ同様に乗り越えがたくなっている」と率直に述べ、ブルム内閣と前任政府との成果を比較するとき、ある種の誇りを感じると自負しつつ、「人民戦線政府は公共の福祉のための政府であることを望みました。……わが政府は存続せねばなりません」と決意を表明した。翌日のサン＝ナゼールでもジュオーは、「新しい労働規約が再建のためのすべての行動の基礎である」ことを要求し、都市労働者と農民や中産階級との緊密な関係の構築に期待しつつ、現在の無能な経済制度に比して「CGTプランは無効ではない」と語りはしたが、「人民戦線の主要勢力の一つであるCGTは、社会正義実現のために人民戦線にとどまる」と語った。ブルムもサン＝ナゼールで、「休止」の弁明に努めた。彼は、食料必需品の価格引き上げは農業収入の上昇による購買力の増大をもたらし、そのことは経済回復による部分的な財政再建に繋がるという道筋を示した。そして「われわれは退却しません。われわれは獲得物の一つたりとも放棄しません。……国民への重い負担を避けるために、決められた次の行程へと再出発する前に休息が必要なのです」と語った。つまり、「休止」によって人民戦線政府は難局を乗り越えることができるというのである。

ジュオーは、「休止」を一時的なものだと考えていた。一九三七年四月一三日の全国委員会の席上、彼は「政府の言う休止が必要なのは既得の改革を消化するためであり、……休止の期間は、必要不可欠な新しい改革の研究や既得の改革の保持のために使われるべきだ」という考えのもとに休止を受諾したと述べている。三月にも彼は、休止は自由主義経済の「最後の機会」であり、「その結果が思わしくなければ、迅速かつ躊躇なくもう一つの道、すなわち計画経済の道へと踏み込まねばならない」と記していた。[145] 革命左派のマルソー・ピヴェールは、社会党執行部と革命左派の方針の不一致ゆえに、とくに「大手銀行への屈服」に対する抗議の徴として二月二八日に情報担当次官を辞任した。[146] 共産党内でも不満が表明されたが、トレーズ書記長は三月一二日の党中央委員会の場で、「不平はこぼさねばならないが、同意せねばならない」と語っていた。

人民戦線派の『リュミエール』は、「改革の休止《ラ・ポーズ》は一休み《ユヌ・ポーズ》でしかありえない」ことに希望を繋いだが、[147]「休止」とはいくつかの改革の放棄にほかならなかった。「休止」は保守派を満足させた。財政状況の改善のために、政府も緊縮財政を受け入れざるをえなかった。二月二六日の下院でブルムはこう述べた。「休止」は「全面的退却」でも「改悛の祈り」でもないと「休止」に理解を求めつつ、政府の政策を縛る矛盾に言及（後述）したうえで、「休止とは経済・財政・通貨の安定」であり「再出発する前の小休止」だと弁明した。そして、「休止」終了後、「人民連合綱領の達成という同一目的に向けて再出発する」ことも表明していた。[148]三月五日、為替市場を監視し政府に助言を与える四人の専門委員会が設置された。委員に就任したのは、エミール・ラベイリ（フランス銀行副総裁）、ポール・ボードアン（インドシナ銀行頭取）、ジャック・リュエフ（財務省財務局長）、シャルル・リスト（フランス銀行総裁）など、人民戦線の経済綱領に批判的な保守派経済人であった。左翼政府は、政府に敵対的な経済界の支持をあてにすることはできなかった。

クリシー事件

「休止」が宣言されて約一ヵ月後の一九三七年三月一六日、パリ郊外クリシーにおける左翼と警察との衝突で死者五人、負傷者三〇〇人という事件が発生した。[149]クロワ・ド・フーの後身、フランス社会党（ＰＳＦ）が映画鑑賞会を左翼の地盤であるクリシーで開いたことが事件の発端であった。映画館オランピアで上映された『戦闘』は、クロード・ファレールの小説を題材にした無邪気な映画であったが、左翼はこれを挑発行為と捉え、阻止運動を起こした。社会党市長シャルル・オフレーと共産党下院議員モーリス・オネルと共産党県会議員モーリス・ネルは、午後七時に市庁舎前での示威行動を呼びかけた。数百メートル離れたところでＰＳＦのレクリエーションが行われており、五〇〇人ほどが参加していた。[150]市庁舎前には左翼勢力六〇〇〇人が集合し、緊張が高まる。警察への投石が始まり、バリケードが築かれた。午後八時頃、デモ隊は隊列を組み、インターナショナルを歌いつつデモ行進をした。その間隙をついて、PSF映画会の参加者は映画館から抜け出すことができた。現場に戻ってきたデモ隊は、敵がいないことを知って激怒し暴動となった。午後一〇時頃、マルクス・ドルモワ内相とアンドレ・ブリュメル内閣官房長官が現場に駆けつけて仲裁に入ろうとしたが、ブリュメルは市庁舎前広場で脇の下に銃撃を受けて重傷を負ってしまった。ドルモワもデモ隊に罵倒され、乱闘は深夜まで続いた。パリでオペラを観劇中であったブルムは、午後一一時に負傷者が収容されているクリシーの病院に駆けつけたが、夜会服姿の首相は、救急車や負傷者とその家族でごった返す病院のなかでは場違いであり、共産党員や右翼から非難される口実にもなった。[151]

翌日の『ユマニテ』は、「流血を招いた醜悪な挑発。人民に対する陰謀。ラロックが集会を開いたクリシーで、警察の指揮官が労働者大衆に向けて発砲させた。五人死亡、重傷者多数！　警察をさし向ける命令を出したのは誰か。誰が一斉射撃の命令を出したのか」と政府の責任を問い、警察幹部の粛清、ラロックとドリオの逮捕や「ファシスト・リーグ」の解散などを訴えた。社会党革命左派が強いセーヌ県の社会主義青年団やセーヌ県連も、機関紙やビラで、「社会党員が内相を務める人民戦線政府のもとで、労働者の活動家が警察によって殺された」と書きたて、「反ファッショ労働者に発砲した警察」を糾弾した。それに対して、『ポピュレール』の論調は抑制されたものであった。「元クロワ・ド・フーによる耐えがたい挑発は、クリシーで労働者の血を流させた。四人死亡、一〇〇人ほどが負傷し、内閣官房長官アンドレ・ブリュメルも二発の銃弾で重傷を負った」という記事からは、クロワ・ド・フーへの怒りと同時に流血の事態への困惑も窺うことができる。同様に事件の衝撃を隠しきれない『ヴァンドルディ』編集部は、「フランスの血を大事にしよう」という論説のなかで、「緊急の義務」として「この国を暴力の宿命から解き放つこと」、政府の義務として「流血が自由の代償であるという気風をなくすこと」を呼びかけ、国民に自制を求めていた。保守系の『タン』は集会の自由を侵す社共両党を「暴力政党」として非難し、『プチ・パリジャン』は「共産党員と機動隊の激しい衝突」を詳述した。[152]

この暴動事件が、極右秘密結社カグール（第五章参照）によって使嗾されたことはありうる。デモ隊死者の一人と負傷者の何人かは、ノール県の戦闘的な経営者が利用してきたスト破りの男たちであり、また、カグールの指導者ウジェーヌ・ドロンクルの副官、ジャック・コレーズの姿も現場で目撃されていた。[153] しかし、クリシー事件は、共産党の準軍事的自衛組織「労働者自衛団（Autodéfense ouvrière）」や社会党の「社会主義青年衛兵（Jeunes gardes socialistes）」などの「赤の脅威」を保守派に印象づけることになった。[154] 社会主義青年衛兵から、準軍事組織の「常住兵団（Toujours prêts pour servir）」が生まれていた。

反ファシズムの気運の高まりのなかで、ラロックの逮捕や警察の粛清を要求するストライキやデモが行われた。三月一七日、パリにある万博会場の建設労働者が一時間の時限ストと集会を行った。ルノーやシトロエンの数千の労働者もデモに繰り出し、パリ郊外のアルジャントゥイユ、ジュヌヴィリエ、イヴリー、イシーなどでもデモが行われた。ジュオーの反対にもかかわらず、CGT執行委員会とセーヌ地区労働組合連合は、三月一八日に正午まで抗議のゼネストをパリ地域で行うよう決定した。こうして、「クリシーの犠牲者への弔意と連帯の徴として、半日のゼネストがパリ地域で貫徹され」（『ポピュレール』）、

図4－7　1937年3月18日，クリシーの犠牲者を追悼するパリのデモ

出典　M. Margairaz et D. Tartakowsky, *Le Front populaire*, Paris, 2009, pp. 120-121.

六一万人が参加した。一八日の晩には共産党は、ヴェル・ディヴで抗議集会を開いている。そこでは、PSFの集会を認めたドルモワ内相が非難され、責任者の処罰や警察幹部の粛清が要求された。『タン』は、当然ながら「国民に対する過ち」でしかない「ゼネスト」を批判し、「民衆省」の圧力を政府に加える共産党の暗躍を指摘した。さらに同紙は、人民戦線政府が合法的で責任ある統治を放棄して、「違法で無責任で混乱した《民衆政府（gouvernement des masses）》に公然と代わった」ことを非難しつづけた。[155]

三月二一日（日）午後、クリシーで事件の犠牲者の葬儀が大規模に挙行された。『ユマニテ』は、「一〇〇万人以

上！　共和国広場からクリシーまで、整然としていたが悲しみと憤りに包まれ、九キロに伸びた葬列が大群衆のなかを七時間にわたって進んだ。それが死者に対するパリ民衆の敬意だ」と大きく報じた。葬儀会場では、ジュオー、トレーズ、社会党のセヴラック、急進党のエルネスト・ペルネーらが弔辞を述べた。[156]

三月二三日の下院でも、右翼議員ティクシエ＝ヴィニャンクールやジャン・イバルネガレーらが、政治ストを打ったCGTを非難し、一八日にナショナリストの集会が禁止されて集会の自由が侵害されたことに抗議したうえで、クリシー事件に対する人民戦線派の責任を追及し、PSFとクロワ・ド・フーはまったくの別組織であることを主張した。それに対してブルムは、PSFは解散したクロワ・ド・フーが再建されたものでしかないことを認めたうえで、こう述べた。「政府は集会の自由を保障すべきでありますが、公の秩序をも保障せねばなりません。……われわれの義務は人びとの興奮を鎮め統御することであって、興奮をかき立て刺激することではありません。……クリシーの民衆に発せられたアピールは、私の考えでは、不手際《フォート》というよりもっと悪い過失《エルール》であります」。そして、誰が最初に発射したのかなど事件にはなお謎めいた点があるが、現在もっとも必要なことは「共和秩序、市民の和合、法の尊重」だと語った。クリシー事件を知ったとき、ブルム自身は辞任を考えたが、左翼代表団の支持もあり、三六二票対二一五票でブルム政府は信任された。[157]

急進党の苛立ち

急進党員セザール・カンパンキの「ブルム内閣の未来」という予言的な論説が急進党系の週刊紙『マリアンヌ』に載ったのは、クリシー事件から半月後のことである。彼は、難局の一部は労働者階級から生じているとして、散発的に続く労働争議が中産階級の重要な部分を人民戦線政府から離反させているだけでなく、労働の質や生産性の減少が万博の成功を危うくさせるおそれがあり、ここにブルム内閣の危機があるとして労働者階級に自重を求めた。[158]しかし、四月初めでも週四〇時間労働法が実施されていない業界（理容業、ガス・電気、製粉工場、樽製造や酒蔵係などのぶどう酒醸造労働者、リヨン市職員や交通局員、厚生福祉担当のセーヌ県職員など）では、不満が高じていた。セーヌ県職員組合は、県知事に抗議書簡を送っている。[159] さらに、四月中旬に開かれたCGT全国委員会の席上、ジュオーは政府が公共事業を中止したことを批判し、改革の「休止」が「永久の休止」になることを認めたわけではないと不満を表明した。[160] 不満は労働者のあいだにあっただけではない。「休止」が宣言された時期とさまざまな職種における週四〇時間労働法の実施デクレとが重なったことで、小経営者の怒りが再燃していた。[161]

四月一八日、南フランスのカルカッソンヌ（オード県）に六〇〇〇人を集めて開かれた急進青年団の大会は、急進党内に広がる不満を示していた。[162] 歓迎の挨拶をしたオード県連書記長の上院議員クレマン・レノーは、ここには集産主義や政府に取って代わる労働組合はなく、ここにあるものは個人所有や自由の擁護、秩序の維持だと述べた。マルセル・サブロー団長、ジャン・ミストレ下院外交委員長など、二二人の国会議員が発言した。サブローは、「急進青年団の目的は、急進党に新しい血を注ぐこと」だと述べて、「ナショナリストと人民戦線のあいだで揺さぶられるのにはうんざりだ」と人民戦線からの離脱を求め、ミストレは「秩序の維持と自由の擁護」を訴えた。

同日開かれた急進党オード県連の年次大会でも、アルベール・サローは、急進党の任務が個人独裁と労働者階級の独裁から国を守ることにあり、政府がこの義務に背くならば急進党は自由を取り戻すだろうと述べ、デルボス外相すら、外交問題を語る前に「青年の熱気が先輩の経験と結びついた大集会は、急進主義の活力をみごとに証明している」と急進青年団に賛辞を送り、個人や社会集団の権利と義務のあいだの均衡、改革綱領と実行可能性とのあいだの均衡と調和の必要性について語った。急進青年団の大会について、『タン』は急進党が「真の伝統、教義、理念を再発見した」と位置づけ、「この再生の企図が青年によってもたらされたことは重要だ」と急進青年団を称揚した。

六月六日にはダラディエも、南フランスの急進党集会で「すべての生産者の規律ある労働、契約の尊重と法の主権性の尊重から生まれる秩序」を訴え、「週四〇時間のよりよい機構が不可欠」であり、「個人ないし政党の独裁、労働者階級の独裁は国に繁栄をもたらさない」と、急進党右派の主張に近い演説を行うにいたった。『タン』は、同日に人民戦線政府の達成物を称賛したブルムと、悪い経済数値をあげて「人民戦線の政策が苦い果実を生んだ」と指摘したダラディエとの相違を「二つの鐘の音」と捉え、「見るべき目と聞くべき耳をもったフランス人は、唖然としつつも今日の問題を提起する。この政府はどこへ行く」と記した。[163]

パリ万国博覧会の遅延

先述したカンパンキの危惧は杞憂に終わらなかった。スペイン館にピカソの「ゲルニカ」が飾られたことでも有名な一九三七年パリ万国博覧会は、ストライキの影響もあって開会を延期せざるをえなかった。社会党の『ポピュレール』は、一八八九年や一九〇〇年開催のパリ万博の開会も遅れたことを指摘して弁明に努めたが、五月一日に開会が予定されていたパリ万博は、工事の遅延で五月二四日まで延期をよぎなくされた。[164] その二四日当日ですら、多くのパビリオンが工事中であった。この日、シャイヨー宮テラスで公式のセレモニーが行われたが、参加者が眼下に見たものは未完成のまま残された建築群であった。フランスのパビリオンは一つも開館していなかった。現代美術館とパリ市のパビリオンがオープンしたのは、六月一七日のことである。それゆえ、五月二四日の大統領と首相一行の公式訪問も、未完成のパビリオンを見ないですむように建物の正面しか歩けなかった。「それは屈辱的な瞬間であった」と、「万博が政治闘争の焦点になってしまった」ことをジャン・ゼーは回想している。[165] 大統領一行は、六月二五日に海外フランス・センターの開館にあわせて万博会場を再訪し、現代美術館にも足を運んだ。

遅延という事態を避けるため、一九三七年二月一一日にブルムは、レオン・ジュオーやマルセル・ジトンらとともに、万博会場の建設労働者に協力を求める演説を労組と協同で行っていた。[166] 会場のトロカデロには「五月一日の万博開幕は、人民戦線に集う労働者の戦いだ。われわれは勝利するだろう」という大きな横断幕が張られていた。パリ地区建設組合書記長イヴ・トゥディクとジュール・モックの司会のもと、建設労連書記長のルネ・アラシャールが登壇した。彼は、一五％の賃上げや週四〇時間労働法の尊重、夜勤・土日労働には二〇％の賃上げ要求を支持しつつ、事業の成功のために必要事をなすよう労働者に求めた。共産党のジトンは、労働者の要求に理解を示しつつも、「万博は労働者の祭典日である五月一日に開かれます。その成功は人民戦線を強化する一要素となります。……人民戦線の敵は万博の失敗を願っています。労働者は万博がこれまでになく成功することを望んでいます」と、集まった一万人の労働者に作業を迅速に進めることを訴えた。ジュオーも「万博は、労働者階級と人民戦線と自由の勝利となるでしょう。それは自由の体制が独裁に優ることを証明するでしょう」と語った。ブルム首相は、十分な労働力と資材を供給しない請負業者を非難しつつも、建設労働者に労働効率を高めるように求めた。「万博を成功させねばなりません。遅延は許されません。ましてや失敗は許されません。……私は、皆さんに土日の労働も必要だと率直に申しあげます。……公正なもの以上に要求しないように、私は皆さんにお願いします」。

『ポピュレール』（二月一二日）は、「万博は大成功を収めるだろう。……五月一日の万博開幕が保証された」という見出しを掲げたが、ブルムの言葉は一五％の賃上げや週末休暇を要求して「労働に反抗する労働者」（サイドマン）の心には届かなかった。[167]『ユマニテ』は、一九三七年の元旦にマルセル・ジトンの論説を載せ、万博の経済的効果やメーデーの日に開催されることの意義を述べて「万博の成功が是非とも必要だ」と力説していた。二月にも『ユマニテ』のなかでヴァイヤン＝クーチュリエが、メーデーに開催される「万博は労働者の祭典でもあり、それはフランス・ファシズムに対するフランスの勝利でもあるだろう」（二月一二日）と記し、アラシャールは「労働組合は万博の戦いに勝利するだろう」（二月二六日）と、労働者の士気を鼓舞する記事を載せたが、あまり効果はなかった。[168]開会式の延期で、人民戦線政府の威信が大きく損なわれたことは言うまでもない。のちに、政府刊行の万博記念誌のなかでショータン首相が、「かなりの数にのぼった来場者が証明するように、三七年万博は驚異的な成功を博した」と記したにもかかわらず、[169]一一月二五日まで開かれた万博の入場者数は、予想を約二〇〇〇万人下回る三一二一万人であった。

工事が遅れた原因は、労働争議やストライキが断続的に続いたことであった。また、公共事業費六〇億フランの削減によって、万博工事終了が失業に繋がるという恐怖も遅延の一因となった。ブルム自身、二月一一日に「万博の遅延はファシズムの勝利となるであろう」と述べていたが、六月六日にオート＝ヴィエンヌ県の集会でも次のように発言している。「もし労働者が、意志の弱さゆえに自分たちの代表が結んだ約束を守らなかったならば、もし労働者が法に訴えるのではなくて暴力で答えたなら、もし彼らが自由と放縦とを混同したのならば、わが国民《プープル》は存続することはできず、運命を自らの手中にすることもできないでしょう」[170]。労働者の自己規律力に疑問を抱かざるをえなかったブルムは、超過勤務を拒否して万博工事や軍需工場などで生産性を低下させた労働者を第二次世界大戦中に批判するにいたる。[171]

ブルム内閣の崩壊

対外的な威信が傷ついたブルム内閣は、六月一三日、財政状態の悪化を食い止めるべく七月三一日までの財政全権を議会に要求した。[172] 四月には資本の流出がふたたび始まっていた。三月五日に設置された為替や財政のお目付役の専門委員四人が、貴重な時が失われた今、総合的計画が必要だと声明して六月一〇日に辞任した。下院は、六月一五日、三四六票対二四七票で政府に全権を付与する。しかし、急進党右派のジョゼフ・カイヨーが率いる上院の反対にあい、政府案は否決された。

シャルル＝アンドレ・ジュリアンが、「政府の主要な反対者であったカイヨーは、社会主義に生来的とも言えるアレルギー反応を示した」と述べているように、カイヨーとブルムは積年の政敵同士であった。カイヨーは、一九二六年の財相時代に議会に諮った財政全権案にブルムが反対したことを忘れてはいなかったうえに、三六年九月には「購買力増大によって危機が解決できると信じることは幻想だ」と、人民戦線政府の経済政策に真っ向から反対し、また、ブルムの実験を「小人国《リリパット》のローズヴェルト主義」だと貶していた。[173]

上院の否決に対して下院は、修正案を採択して上院に送った。左翼内部には反上院の気運が高まる。『リュミエール』のなかで急進党のアルベール・バイエは、「金力の壁に反対。上院は人民に対抗する金力とともにあることはできない」と抗議した。[174] ところが六月二一日、上院は修正案を否決し、両院の議決がふたたび異なるという事態が生じた。前日にブルムは、社会党左派のジロムスキーから民衆に行動を呼びかけて上院に「抵抗」するよう求められた。しかし首相は、上院との戦いに踏み込めば、「真の内戦にいたる社会的な大闘争の前兆とみなされる」ことを恐れた。[175]

二一日夕刻に社会党セーヌ県連は、パリ一六区の元遊園地リュナ・パルクに二万人を集めて「上院を倒せ」「ブルム政権を」と気勢をあげたが、二二日、ブルムも辞職を決意する。二四日には人民連合がナシオン広場に一五万人を集めて、人民連合綱領の完全実施や人民戦線政府の維持が決議されている。人民戦線支持者の一般的な反応は、マルセル・ロワの発言に代表されるだろう。彼は、「社会法の分野でなし遂げられた成果は先例がない。それゆえ、ブルムが指導的な地位を離れるのを目にすることに平然としておれない。戦争の危機が迫っているときに、今まで平和を維持してきた人間が立ち去るのをみることは常に悲しいものだ」と記していた。(176)

ブルム自身は、七月四日にボルドーで開かれた社会党集会で辞任の理由を説明をしている。(177) 通貨と国庫の危機を前にして上程した財政全権に上院が反対したこと、普通選挙の意思を否認する上院に対して、譲歩と戦闘のあいだに妥協の余地はなく、戦闘の場合には勝利するまで続けられねばならない。しかも、そうした戦いに人民戦線に加盟する全政党の支持が得られるのか疑問であり、スペインでドイツ船ライプツィッヒ号が共和派から砲撃を受けるという外交危機が発生しているときに両院の争いを続けるわけにもいかない。だから辞任したのである。また、ショータン内閣への参加については、社会法の尊重と維持、人民戦線の維持を条件とし、ショータン政府を否認すれば、「社会党と急進党のあいだの連帯が失われ、人民戦線は解体しただろう」と述べつつも、「急進党の強靱な共和主義と社会党の政治的叡智とは、ちっぽけな陰謀を失敗させたが、大いなる希望をしぼませた」と悔しさもにじませた。

ブルムも触れているように、辞任の動機として、夫人の病気（一九三八年一月に死去）やブルムの合法性志向（上院と全面対決し路上から上院に圧力をかけることを躊躇）以上に、上院の権限をめぐる憲法上の闘いにせよ下院解散にせよ、急進党の支持が期待できなかったことが大きな理由だろう。急進党右派の下院議員は、ブルムの実験が失敗することを望んでおり、そのために上院の急進派をあてにできたのである。『ヴァンドルディ』編集部は、二〜五年前の民意しか代表していない上院が直近の民意を代表する政府を倒したことに抗議し、人民戦線の規律や誓いへの忠誠を再確認し、(178) 議会や政党の枠を超えた人民戦線という「フランスの生命力に満ちた雰囲気」のなかで戦いを続ける決意を表明した。

ブルムは、一九三七年六月六日にリュナ・パルクで開かれた政権就任一周年を祝う集会で、民主的な制度への信頼を表明し、マチニョン協定の成果を称えると同時に、労働者階級のための改革には中産階級の支持を必要とすることや、財政・通貨危機のなかで緊急の課題が物価高との闘いであることを指摘したあとで、「来年の今日、ここで私は皆さんと会うことを約束します」と、さらに一年政権を担当する意欲を示した。[179] しかし、その半月後に退陣をよぎなくされた。

ブルムの実験が一年で蹉跌《さてつ》した理由はさまざまである。週四〇時間労働法の適用など、経済政策の失敗を指摘する意見が多い。一九三七年五月にポール・レノーが「フランスの労働条件を元に戻す」必要性を指摘し、六月下旬の『エコー・ド・パリ』は、「ブルム内閣が窮地に陥ったのは、購買力・社会法・均衡予算を犠牲にして行われた過剰支出などに間違った理論を適用しつつ自ら冒した誤りに由来する」（六月二〇日）とか、ブルム内閣の失敗因を「間違った購買力理論で経済を回復させ、財政赤字の解消に専念しないで多くの金を費消することを熱望した」ことに求め、「万人が仕事にとりかかり万人の協力を得る」ための「努力を要求しないで、ブルム内閣は余暇を告げた」（六月二四日）と繰り返した。そのほか、一〇月のレイモン・アロンの指摘、経済史家アルフレッド・ソーヴィーの批判などが代表的なものである。[180] ただし、エルネスト・ラブルースの言う「ブルム内閣は、自由主義経済の反射的行動と衝突した」という主張、すなわち、一九世紀の経済的タブーや通貨のタブーに取り憑かれているエリート層の「集合心性や心理的抵抗にレオン・ブルムは出くわした」という主張は、漠然としているだろう。[181]

これらの批判には首肯すべき点も多いが、もう少し広い文脈で考察する必要があるだろう。廣田功が指摘するように、人民戦線が掲げた反ファシズムと反恐慌のスローガン事態に矛盾があった。[182] たとえば、反ファシズムの観点からは正当化される再軍備政策は、反恐慌対策という観点からは、鉄鋼業以外の景気回復に結びつかなかっただけでなく、民生支出の圧迫に繋がって労働者の生活向上をもたらさなかった。バターより大砲を重視する政策に対して、労働者の不満が高まり、賃上げを求める労働争議が慢性化した。社会不安も鎮まらず、資本の信認を得ることもできなかった。

ブルムもそのことを自覚していた。彼は、一九三七年二月二六日の下院で、政府の政策を徐々に蝕む二つの矛盾に触れている。第一に、上述の社会政策と軍事政策との矛盾、ブルムの言葉を引くと、「国内政治が命じるものと国際政治が必要とするものとのあいだの矛盾」、つまり「大胆な社会改革事業と軍備増強努力との矛盾」である。第二に、資本流出や投機を抑え込む規制政策と通貨協定や自由貿易などで英米両国と共同歩調をとらざるをえないという内政と外交の矛盾である。[183]ブルムは二つの矛盾を解決できなかったが、難局をよく認識していたのである。

人民戦線のほころびは市民団体でも表面化した。[184]反ファシズム知識人監視委員会は、ブルム内閣が誕生した一九三六年六月の大会で、反ファッショ防衛戦争を肯定しソ連を支持する共産党系の知識人と、スターリン体制に批判的な平和主義的反ファッショ知識人とのあいだで分裂の危機に直面していた。少数派のポール・ランジュヴァンら共産党系の知識人が指導部から退き、委員長ポール・リヴェも辞任した。また、三七年七月一七〜一九日に開かれた人権同盟トゥール大会で、中央委員で絶対平和主義者の七人がスペイン内戦やモスクワ裁判への人権同盟の対応を批判して、中央委員を辞任するにいたる。[185]人民戦線を支持してきた重要な市民団体でも、戦争と平和や人権の問題をめぐって分裂が露わになっていた。それでも、『リュミエール』の社説にあるように、「人民と金力のあいだで長く厳しい戦いが始まった」ことを認めつつも、「強力で規律ある多数派」としての「人民戦線が続く」ことに期待を寄せる人びとがいたのも確かであった。[186]

第五章　人民戦線の解体

1938年11月30日のゼネストに備え，
パリ3区にある中央郵便局の入口を警備する治安部隊
Jacques Girault, *Au-devant du bonheur*, CIDE, 2005, p. 163.

1　ショータン内閣から第二次ブルム内閣へ

ショータン内閣の成立

一九三七年六月二二日、ブルム首相のあとを襲ったのは急進党上院議員のカミーユ・ショータンである。三四年一月以来三度目の政権であった。ショータンはこう声明した。「私は共和派連合政府を組閣しました。……内閣は、普通選挙の意思に忠実であり、市民平和と労働のなかで人民連合綱領を遂行します。……両院の信頼に満ちた協力を得て、私は重責を首尾よく果たすことを望んでいます」(1)。この声明から、労働争議への警戒と上院との和解のメッセージを読みとることができる。形式的には、政府レヴェルでも議会レヴェルでも人民戦線は維持されるが、ショータン内閣以降、徐々に人民戦線が変質していったのも事実であった。

ショータン内閣の大臣の顔ぶれはブルム内閣とあまり変わっていないが、内閣に女性の姿はなく、政党別入閣者数がブルム内閣と逆転（急進党一一人、社会党九人）したのが特徴であった。ブルムは副首相として入閣している。マルクス・ドルモワ内相、ジョルジュ・モネ農相、ダラディエ国防相、ジャン・ゼー国民教育相、デルボス外相、コット空相、マリユス・ムーテ植民地相が留任し、オリオールが法相に、ジャン＝バティスト・ルバが郵政相に、マルク・リュカールが厚生相に配置換えになった。しかし、国民経済省が廃止されて財務省に統合され、その財務大臣には人民戦線に批判的な急進党員ジョルジュ・ボネが任命されたように、政治ムードの右傾化はいかんともしがたかった。ボネは、一九三七年二月、ブルムによって駐米大使としてフランス政界から遠ざけられていた政治家である。三七年六月末に古代史家のジェローム・カルコピーノ（ヴィシー政府の文部大臣）は、イタリア外相チアーノに人民戦線は過去の事柄だと語っている。それゆえ、「人民戦線の清算」や「方針の転換」を求める右翼紙に対して、『ユマニテ』は「ショータン氏は、今夜、第二次人民戦線内閣を組閣した」ことを力説し、「ショータン氏に清算管財人を期待する者もいるが、……綱領への強い愛着心で団結した人民を前にして、それが不可能なことを彼らは理解していない」と反論せざるをえなかった。(2)

　こうした潮の変化を指し示す出来事は、二五〇日間の刑務所生活を終えて出所したシャルル・モーラスを称える集会である。モーラスは、左翼政治家の殺害を煽動した記事ゆえに、三六年に禁固刑を科せられていた。刑期を終えた一九三七年七月八日、パリのヴェル・ディヴで保守政党の共和連盟や右翼団体が主催した集会には三万人が集まった。『フィガロ』の編集者リュシアン・ロミエやアカデミー・フランセーズのアベル・ボナールなども出席している。しかし、右翼の団結が可能になったのは、今や右翼勢力を糾合しうる人物がモーラスしかいないという現状の裏返しであり、しかもモーラスが君主主義を断念し、教会と和解したうえでのことであった。(3)

　社会党内の空気も変化しつつあった。党指導部と全国評議会は、人民戦線綱領の実施という条件つきで入閣を受け入れたが（三九七二票対一三六九票）、活動家のあいだでは入閣反対が増えつつあった。一九三七年七月一〇〜一三日に開かれた社会党マルセイユ党大会では、入閣支持の動議（ブルム＝フォール案）には二九四九票の支持しか集まらず、ジャン・ジロムスキーとマルソー・ピヴェールが別々に提出した入閣反対の動議はあわせて二四三九票の支持を得た。社会主義戦闘派《バターユ・ソシアリスト》のジロムスキーは、ショータン内閣は「人民戦線の悪しき《代用品》」であり、「社会党が入閣しているとはいえ、ショータン内閣の成立は人民戦線の後退を示している」と発言し、「生産手段と交換手段の社会化をめざした権力の獲得、すなわち、資本主義社会の集産主義的ないし共産主義的社会への変革」を要求した。革命左派のピヴェールは、「大衆運動としての人民戦線、権力へのステップの一段階としての人民戦線」でなければならないのに、「人民戦線が選挙連合・議会連合に限定」されていることを批判し、ショータン内閣を「人民戦線からのゆゆしき後退」と糾弾した。(4)なお、マルセイユ党大会で上院議員選挙法の改正や憲法改正が話題になったのは、ブルム内閣を倒した上院への不満にもとづく。

しかし、秘密結社の革命的行動秘密委員会（CSAR、別名カグール。その団員がカグラール）の陰謀をドルモワ内相が摘発しえたのも社会党が閣内にいたからこそとも言えるだろう。穏健化したモーラスやラロックに批判的な行動右翼は、一九三六年三月に秘密結社CSARを組織していた。カグールには、旧クロワ・ド・フーのポッツォ・ディ・ボルゴや人民党員のジャンテ兄弟、旧アクシオン・フランセーズのジョゼフ・ダルナン（ヴィシー政権下の親独民兵団指導者）やウジェーヌ・ドロンクルらの過激行動派が集まっていた。三七年六月九日にイタリア人の反ファッショ闘士ロッセッリ兄弟を殺害したのも、この組織の関係者であった。『ヴァンドルディ』は、元イタリア首相フランチェスコ・ニッティによる糾弾記事（「マッテオッティからカルロ・ロッセッリまで、同一の方法による同一の暗殺犯」）を掲載して、暗殺に抗議している。(5)

カグールは、一九三七年九月一一日の夜には共産主義者の蜂起がさし迫っていると思わせるために、パリのエトワール広場近くにあるフランス経営者総連合（CGPF）の本部とボワシエール街にある機械工業連合の本部をほぼ同時に爆破している。こうした行動右翼の陰謀計画が暴露されたのが、三七年一一月であった。労働総同盟（CGT）の機関紙『プープル』は、内務省の発表にもとづいて一面トップで報じた。「共和国に対する真の陰謀！　反徒たちは軍隊を完璧に模倣した準軍事的秘密組織の戦闘態勢を整え、王政復古をめざして独裁体制を樹立せんとしていた。《攻撃計画》は技術コンサルタントの家で押収された」。機関銃や手榴弾や無線機が押収され、ドロンクル、エドモン・デュセニュール将軍らカグールの指導者が逮捕された。(6)

ショータン内閣の政策

ショータンが、組閣に際して「もっとも急を要する課題が財政再建であることは明白であります」と声明したように、年末までに三〇〇～三五〇億フランの財政不足が予想され、国の台所事情はさらに窮迫の度合いを高めていた。(7)フランス銀行の金保有高も、ブルムが政権に就いたときには五五〇億フランあったのが、四〇〇億フランに減少していた。

そこで、六月二八日の閣議でボネ財務相は、前任者のオリオールとは反対の経済金融政策に着手する意思を告げた。それは、新たな歳出の拒絶と増税（所得税や有価証券税の二〇％引き上げ）や鉄道運賃の値上げ、軍事費二八億フランの削減などによる均衡予算政策であった。政府はそのために財政全権を要求した。ブルム内閣には財政全権の付与を拒否した上院も、ショータン内閣には賛成した。共産党も賛成票を投じている。『ポピュレール』は、「レオン・ブルム内閣に制限付きの全権を拒んだ上院は、カミーユ・ショータン内閣に対しては無制限の全権を一六〇票対七八票で付与した。ヴァンサン・オリオール法案の審議に三日間かけた上院財政委員会は、ジョルジュ・ボネ法案を一時間で片づけた」と大いなる憤懣を表明した。[8] ついで、六月三〇日の緊急令によって、オリオールの平価切り下げ法が定めたフラン価値の変動幅（金四三〜四九ミリグラム）を廃止し、フランを浮動させることでフラン価値を切り下げた。このため、七月一日に一ポンド一一〇フランの相場が、九月七日には一四七フラン、年末には一五〇フランとフラン安になった。[9]

こうしたボネの経済政策は、金利生活者、公務員、サラリーマン、障害者などに犠牲をしいるものであり、経済の復調の兆しがみえないために社共活動家の不満をかきたてた。公務員は賃上げを、郵便局員は週四〇時間労働を要求し、民間のストも絶えなかった。ブルム内閣と正反対の経済・財政政策を、社会党はなぜ認めたのであろうか。人民戦線の分裂を回避し、急進党に社会立法を維持させ、スペイン共和国への秘密裏の援助（「緩和された不干渉」）を継続させることなどの理由が考えられる。事実、社会党はこれらを協力の条件としていた。[10]

このように、人民戦線の路線から後退しつつあるショータン内閣の仕事として特記すべきことは、植民地政務次官にガストン・モネヴィルを任命（一九三七年六月二九日〜三八年三月一〇日）したことと鉄道の国有化を軌道に乗せたことである。青年急進派ジャン・ゼーの親友でもあるモネヴィルは、フランス領ギアナ選出の黒人下院議員（急進党）であった。この人事に関して、イタリア系の極右紙『植民地活動《アジオヌ・コロニアル》』（一九三七年七月二二日）は、「赤い人民戦線の後ろからやって来たのは黒人だ」と人種主義的な反感を煽っていた。[11] モネヴィルは、南米ギアナのカイエンヌにある徒刑場の廃止論者であり、次官退任後にダラディエ内閣の緊急令（三八年六月一七日）によって廃止が決められた。

「鉄道国有化」について、すでに一九三二年六月にブルムが『ポピュレール』で論じていたように[12]、国有鉄道化法案にはブルム自身も関わっていたとはいえ、国鉄（ＳＮＣＦ）の誕生は公共事業大臣のアンリ・クーユの手腕に負っている。財政全権を政府が得た期間は、一九三七年六月三〇日から八月三一日までの二ヵ月しかなく、クーユは迅速に行動した。七月八日の閣議で鉄道網の再編を目的とした省庁間委員会が発足した。三六年一一月一二日の下院で鉄道会社の赤字は毎日一八〇〇万フランずつ増えていると報告されたように、鉄道各社は慢性的赤字に悩み、国からの借り入れや助成金に依存していたので、単一の鉄道会社を創出することに異論はなかった。ただし、補償額や経営陣の選出など短期間で決めねばならないことは山ほどあった。クーユと北フランス鉄道会社副社長ルネ・マイエルとのあいだで交渉が進められ、八月三一日に五大鉄道会社と国とのあいだで国鉄を創る協定が調印された。国が五一％の株式を取得し、五大会社が四九％を取得すること、また補償金は七億フラン（要求額は二〇億フラン）で合意が成立した。社長には、空軍省の事務総長であったピエール・ギナンが就任した[13]。

急進党リール党大会

一九三七年一〇月の県会議員選挙を前に、九月四日、モントーバンで開かれた第三共和政誕生六七周年に際して国務大臣アルベール・サローは、社会党の選挙区への進出に警戒しつつ急進党の存在意義を述べた。「急進党の存在意義は、フランスが左右の過激派に支配された二陣営に恐ろしいほどに分裂しないようにすること」、「暴力的な衝突を妨げる緩衝器」、「内戦に対する保障」にあり、急進党は左右の過激政党から距離を置いた「中庸」を守る政党だと位置づけた。そしてサローは、「急進党は共和主義的な法と平和を守るために人民連合に参加した」と述べ、最近のブルムのボルドー演説にみられるように、全般的状況を考慮せずに選挙利益のみから社会党が急進党に激しい敵意を向けるなら、「政府危機がもたらされ」、それは「人民戦線の弔鐘」となり、「社急両党間の今後の政府協力に終焉」がもたらされるだろうと語った[14]。

サローの社会党への牽制も効果はなく、社会党は、県会議員選挙で第二次投票での立候補辞退（共和派の規律）の条件として人民戦線への忠誠度を尺度とすることを公言し実行した。県会議員選挙の結果は、改選のあった一五二六議席のうち、社会党（六八議席増の二三四議席）と共産党（三二議席増の四一議席）が議席を伸ばしたのに対して、急進党は四二議席減の五二六議席であった。それでも、社共両党の伸びは三六年選挙ほどではなく、逆に急進党の退潮に歯止めがかかり、反人民戦線派の急進党公認候補が三六年選挙より増えたことが特徴であった。[15] ダラディエは、リール党大会で県会議員選挙に触れつつ不満を述べている。三六年選挙よりも得票数が二五万票上回ったにもかかわらず四二議席を失ったのは、二五の県で「共和派の規律」違反があったからだと指摘し、次のように訴えた。「人民連合が、とくに反動派の危険がないという口実のもと、急進党に対抗する二政党連合に導かれるのであれば、また、階級政党の規律が共和派の規律を妨げるのであれば、わが党に対するわれわれの義務は、躊躇なく行動の自由を取り戻すことであります（割れんばかりの長い拍手喝采）[16]」。

急進党リール党大会は、一九三七年一〇月下旬に開かれた。[17] リールは、反人民戦線派のエミール・ロッシュの地盤であった。党大会は中産階級の擁護一色に塗りつぶされた。国防論議のなかで、ロッシュの副官マルセル・サブローは、スペインや中国への飛行機の引き渡しについてピエール・コット空相を攻撃した。また、経済金融政策の論議のなかでジョルジュ・ポチュは、「財政難が始まったのは急進党の伝統的な財政理論を放棄した日からであります」と述べて、人民戦線の経済金融政策（購買力政策や平価切り下げ）の破綻によって中産階級が打撃を受けたことを指摘し、「休止《ポーズ》の維持」を急進派に訴えた。エミール・ロッシュは、繁栄の三条件として社会秩序の維持・週四〇時間労働法の緩和による増産・資本の還流を求め、そのための必要条件をこう指摘した。彼は、極左を含む与党を議会で維持することと与党内の極左が有産者を怯えさせ続けていることには「矛盾」があり、「身体や財産を一度も脅かさなかった急進党首班の政府のもとでの信頼回復」のために、与党からの極左の追放を主張した。

ポチュとロッシュが提出した動議（厳格な均衡予算の復活・為替管理に反対・構造改革に反対し休止を支持・週四〇時間労働法の改正・違法な工場占拠に反対・騒動を引き起こすある政党を非難）は、人民戦線と手を切る意思を明確に示していた。しかし、この動議には一般政策に関わるテーマも含まれており、一般政策委員会に差し戻されたため、ロッシュらの策謀は失敗した。最終的に急進党は、「人民連合綱領の本質をなす物質的かつ精神的な社会の復興という仕事をほかの左翼政党とともに続行するために」、「結んだ同盟への忠誠」を再確認して人民連合への参加継続を決議した。しかし同党は、秩序の維持・休止の継続・中産階級の利益などを参加継続の条件とすると同時に、「秩序・労働・正義のなかでの社会進歩という党の原理」や「共和国と祖国の至高利益に対して急進党に劣らぬ忠誠と理解を諸政党に期待する」のである。これは、社会党と共産党に急進党の方針を飲ませることを意味していた。

ショータン内閣の倒壊

一九三七年も工場占拠をともなうストライキが頻発しており、政府は直接排除に乗り出していた。秋から冬にかけてストが再燃した。九月上旬にはフィアット社のナンテール工場が占拠され、パリの製鉄工場や百貨店、トラック運転手もストに突入した。一二月下旬には、ルーアンの海員組合、パリ近郊コロンブにあるグッドリッチ社のタイヤ工場も占拠された。年末にはストライキは公共部門にも波及し、一二月二九日、パリではバスや地下鉄などの交通機関が止まっただけでなく停電も生じる事態になった。三八年一月の物価は、三六年六月と比べると五割高になっていた[18]。社会党のダニエル・マイエルは『ポピュレール』紙上で、交通機関・ガス・電気にまで及ぶ「ストは、住民の目には正当なものとは映らないし、労働運動全体にとっても有害だ」と語り、労働者に自重を求めていた[19]。労組と政党のあいだに不協和音が確認された。

一九三八年一月七日、ショータンは「社会平和」をめざして労使を仲介する労をとり、一月一二日、労使の会談がお膳立てされた。しかし、フランス経営者総連合（ＣＧＰＦ）が労働総同盟（ＣＧＴ）を全労働者の代表と認めなかったので、労使会談は幻となった。金の流出とフランの価値下落による金融危機がふたたび頭をもたげた。金融不安の責任者としてショータン首相が非難したのは、経営者ではなくて労働争議を煽る労働者であった。ショータン内閣は、政府批判を強める共産党と、中道右派政府を志向する急進党右派の動向に左右された。ついに、一月一四日の下院でショータンが公共部門のストを非難し、社共両党が主張する為替管理に反対したため、共産党は政府信任案に棄権を表明した。首相が共産党票に頼らない旨を発言し、事態はさらに紛糾した。社会党が大臣を引きあげ、政府は一五日未明に倒れた。財政政策と社会政策をめぐる急共両党間の政策の溝が、埋められなかったのである。

ルブラン大統領は、ジョルジュ・ボネに組閣を要請する。[20] 急進党キャディヤック委員会は、一月一六日、ボネへの支持と同時に人民連合への忠誠を再確認した。しかし、人民連合から距離を置こうとするボネは、社会党から積極的支持はもとより好意的中立も得ることはできず、さらに急進党議員の多くも人民連合の枠組を支持していたため、組閣を断念せざるをえなかった。次に大統領はブルムに組閣を要請した。ブルムは、「トレーズからレノーまで」の国民連合政府を提案したが、ポール・レノーにも急進党にも受け入れられなかった。そこでルブランは、再度ショータンに組閣を求めた。社会党は、入閣はしないがショータン内閣を支持する条件として、ボネ財務大臣の留任拒否を提出した。一月二一日、急進派中心の第四次ショータン内閣は五〇一票の多数派を得て再出発した。ボネは国務大臣として閣内にとどまったが、社会党員の姿はなかった。社共不在の人民戦線政府が誕生したのである。『フィガロ』は、「急進党の議事日程が社会党と共産党および人民戦線に敵対する大多数の政治集団によって可決された」ことに触れ、「曖昧な満場一致」(ドルメソン)から「広範な国民連合《ラサンブルマン・ナシオナル》」が生まれることに期待を表明していた。[21]

第四次ショータン内閣の政策は、第三次とほとんど同様であった。内政面では財政均衡と為替管理の否定、物価抑制、増産と失業対策、軍事外交面では小協商の崩壊による同盟網の再構築と軍備強化がめざされた。賃上げとフランの下落は、原料や原価の上昇による物価高をもたらし、卸値も三六年以来七〇%上昇し、三七年の生活費は一四%アップしていた。政府は、生産力を上げるために週四〇時間労働法の適用を緩和しようとした。当然のことながら、CGTはあらゆる改悪に反対を表明した。そこでショータンは、一月二五日に労働者の就業・労働者の採用と解雇・職場代表の規約・団体協約・調停手続・スト規約などに関する「現代労働法規」六法案を上程した。CGPFのジヌーは改革に気乗り薄であり、ショータンも賃金の物価スライド制を主張するCGTと対立するなど、経済社会政策をめぐる対立は続いた。

こうした状況に対する人民戦線派知識人の失望と願望が、『ヴァンドルディ』に載せられている。アンドレ・シャンソンは、「かつては人民戦線の希望の新聞」であった『ヴァンドルディ』も「今日失望の新聞になったことを悔やむ」趣旨の記事をしたため、ポール・リヴェも、人民戦線がここ数ヵ月のあいだに両院でほころびはじめたとしても、人民大衆は、失望にもかかわらず人民戦線への特別の忠誠心を失ってはいないので、人民戦線が権力を担い行動するように訴えた(22)。

現代労働法規案にある採用と解雇に関して使用者の権限を縛る点には反対も根強く、両院を何度か往復したのち、調停手続法案のみ三月四日に成立した。三月九日、社会党は政府の財政全権委任法に明示的には反対しなかったが、政府の財政プログラムに不安を表明した。翌日、内閣は両院で少数与党に転落したわけではなかったにもかかわらず、ショータンは信を問うことなく内閣を放り出した。ショータンは、「私の内閣は過渡期の内閣でしかない」と語っていたが(23)、第四次ショータン内閣は、第二次ブルム内閣の幕間劇を挟みはしたが、人民連合から国民連合への過渡期となった。

ショータン内閣の辞職を受けて、大統領はブルムに組閣を要請する。ブルムは、一月二二日に妻テレーズを亡くしていた。テレーズは、最初の妻リズが一九三一年に死去したあとの再婚相手であり、リズよりも政治的に活動的であった。三六年七月一四日集会の写真(一八〇頁)にもあるように、集会などの場で常に傍らにいたのはテレーズであった。このように、テレーズはブルムと活動をともにしていた社会党の同志であっただけに、ブルムの精神的打撃は計りしれなかった。ブルムは、約一ヵ月のあいだパリを離れて政治活動を停止する(24)。ブルムがパリに戻った二週間後に、政府危機が起きたのである。

第二次ブルム内閣の成立

ドイツがオーストリアに進軍した一九三八年三月一二日、フランスには政府が存在しなかった。保守系ジャーナリズムは、国民の団結を求める論陣を張った。一面上段の紙名の横に「国民連合の時が告げられた」というメッセージを載せた『マタン』(三月一二日)は、ステファヌ・ローザンヌの「国民連合と階級闘争」と題する記事を掲載している。ローザンヌは、共産党批判を繰り広げつつ、「全階級からなる国民の団結」を訴え、階級間の争いをやめるべきだと論じた。[25] ブルムもこうした空気を読みとって、「トレーズからルイ・マランまで」、すなわち左の共産党から右の共和連盟までを含む国民連合政府を構想し、「人民戦線の回りに共和派国民を結集」させることを求めた。

ブルムは、三月一二日(土)午前に開かれた社会党全国評議会の場で、今や史上初めて左翼が率いる国民連合政府を組閣する好機であり、それは、一九一四年のように戦争を目的とした「神聖連合」(第一次世界大戦時の挙国一致内閣)ではなくて、平和を守り民主的な制度を擁護する「神聖連合」だと熱弁をふるった。ジロムスキーは、強硬な外交政策や侵略に対する国民の団結を訴えてブルムを支持したが、ピヴェール派は革命的敗北主義の立場からブルムに反対した。採決の結果、六五七五票対一六八四票でブルム案は支持された。[26] 一二時三〇分にブルムは、ラジオから社会党の決定を伝えた。共産党中央委員会と議員団は一二日午後、「人民戦線を核として結成された国民連合《ラサンブルマン・ナシオナル》政府への協力依頼を受け、普通選挙の結果が求めている綱領の実現に国内の全共和勢力が結集することに原則として異議を唱えない」と声明した。[27] 急進党とCGTもブルム案に賛成する。

ブルムは、中道右派や右翼政党の総裁と協議し、彼らの賛同は得たものの野党内部での反対が予想された。そこで夕刻六時、ブルムは国会のコルベール広間で開かれた全野党議員集会で演説を行い、ブルム案への支持を直接訴えることにした。[28] ブルムは、野党議員に「共通の義務」や「共和国の全政党に共通する利益」を力説し、完全な国民の団結のためには共産党やCGTを排除することはできず、それでいて政府とブルム個人は、いかなる圧力や要求からも「独立」を保つことは実証済みであると述べて、野党議員の不安解消に努めた。そして、長年、私は平和主義者として糾弾されてきたが、「今や、国民を戦争へと駆り立てたいのです!」とさえ語った。さらに、「諸君が望みうること、それは、財務大臣の選択が諸君に安心を与えることであります」と述べ、財相の人選を野党に任せるとすら語って説得を続けたが、功を奏さなかった。右翼政治家のポール・レノー、ジョルジュ・マンデル、アンリ・ド・ケリリスらは、ブルムの構想を支持したものの、中道右派と右翼政党は、共産党との協力は不可能という理由で、ブルム案を一五二票対五票で否決した。それでも、ブルムの演説に感銘したケリリスは、ブルムと握手を交わしながら、「あなたの言葉は偉大なフランス人のそれです」と称え、翌日の新聞でもブルムに賛辞を送っている。[29] ケリリスは、一〇月四

日にはミュンヘン協定に反対する唯一の右翼議員となるだろう。(30)

野党議員を説得できなかったブルムは、一九三六年六月と相似た組み合わせの政府を率いざるをえなかった。閣僚三五人中、二三人は第一次ブルム内閣のメンバーであり、一五人は前政権の閣僚でもあった。社会党から一六人が、急進党からは一五人が入閣した。社会党と急進党と社会共和連合から四人が国務大臣に就任し（アルベール・サロー、テオドール・ステーグ、モーリス・ヴィオレット、ポール・フォール）、政党間のバランスが配慮されている。ブルムは、問題の緊急性という理由で首相と財相を兼任し、国防大臣にはダラディエ、国民教育大臣にはゼー、農務大臣にはモネが就任した。外務大臣はデルボスからポール＝ボンクールに交替した。

第二次ブルム内閣の崩壊

三月一三日、第二次ブルム内閣が成立したとき、賃上げや団体協約の更新にともなうストライキが新たに始まっていた。三月末から四月初めのパリ地域では、自動車メーカーのシトロエンとパナール、航空機エンジン製造会社グノーム＝エ＝ローヌなどの大工場が占拠された。共産党系労組が主導したパリ地域の金属工ストライキは、ブルムに反ファシズム外交政策をとらせ、チェコスロヴァキアとの同盟を強化させ、スペインに介入させようとする政治的性格の強いものでもあった。四月八日時点の金属工のスト参加人数は六万人、四月一四日で一六万七〇〇〇人に達していた。(31)

三月二四日、上院は下院が可決した五〇億フランの補正予算を却下していた。そこでブルムは、四月四日、ショータン政権には拒否した財政全権を議会に求めた。しかし、人民戦線派の急進派すらこの措置には激昂した。政府危機が再燃する。資本課税や為替管理などを含む財政全権に対して、ポール・レノーは為替管理は英・米・仏三国通貨協定の終焉だと非難した。四月七日、下院は三一一票で全権を可決したが、翌八日、上院は二一四票の反対で全権を否決する。急進党下院議員一一五人のうち、賛成票を投じたのは五九人であり、急進党上院議員九四人のうち、賛成に回ったのは二四人でしかなかった。『リュミエール』は、「上院は共和国を内外の反動勢力に引きわたすのか」と抗議し、「《公安》を口実とした反動政治に反対」を叫んだが、[32] 第二次ブルム内閣もふたたび総辞職をよぎなくされた。

四月七日、社会党セーヌ県連と革命左派のマルソー・ピヴェールは、「二〇〇家族を擁護する上院というバスチーユ」を打倒するための抗議デモを呼びかけ、ビラ一二万枚をまいた。政府の集会禁止措置にもかかわらず、『ポピュレール』によると夕刻に上院周辺で組織された抗議デモには一万五〇〇〇人の労働者が終結し、「上院打倒」「ブルム万歳」を叫んだという。しかしこのデモには、「トロツキスト〔ピヴェール派〕の挑発」を警戒する共産党はもとより、社会党自身の支持もなかった。四月八日付の『ユマニテ』は、七日のデモに関する記事のなかで「集会を禁止し、警察力を用いて解散させる政府」と社会党セーヌ県連との不一致を指摘し、反動を阻止するための「団結」を左翼に求めている。[33] このように社共両党の溝も深まっていた。『ポピュレール』は共産党批判を載せた。「一九三七年六月と同様に共産党は、すべての反動勢力がレオン・ブルム内閣を倒そうと結集しているまさにその時に、背後から政府を攻撃しつづけた」。「社会党が率いた二つの人民戦線政府に対する共産党の態度によってある程度まで、人民戦線が漸次、弱体化した理由を説明できるはずだ」[34]。

四月一〇日、パリ地区人民戦線が反動勢力の陰謀と上院に反対するデモを挙行し、参加者は「上院を倒せ」「ピレネー国境を開放せよ」「スペインに飛行機を」と叫んだ。『ユマニテ』が、「人民戦線が死んだと考える人びとは、昨日、事情はまったく違うことを知っただろう」とデモを称賛し、『ポピュレール』が、「昨日のデモは、人民戦線の死亡証明書を作成する人びとに対する明白な返答であった」と記したが、労働者の世界でも人民戦線は死滅しつつあった。『ユマニテ』は二〇万人がデモ行進をしたと記したが、実際の参加者は一万人ほどであった。[35]『フィガロ』は、デモが「かなり低調なムードのなかで繰り広げられた」とか、「《大衆の活力》はかなり低下していた」と観察している。デモに参加した社会党員のクロード・ジャメは、一一日付の日記のなかで「昨日、共和国広場からナシオン広場まで、われわれがつき従ったのは人民戦線の葬列であった」としたためた。[36] 人民戦線とともに歩んできた作家のジャン・ゲーノも、「人民戦線が政治的に解体した」ことを認めざるをえなかった。そして彼は、「もはや存在しないものは擁護できない。われわれは、明らかに死滅した政治組織の維持に専念することはできない」が、「われわれは

《人生に立ち向かい《オ＝ドヴァン・ド・ラ・ヴィ》》つづける」と『ヴァンドルディ』の初心に帰ることを再確認している。(37)

四月一一日、デモに呼応するかのように賃上げや工場内で組合紙を配布する権利などを掲げて、ルノーのビヤンクール工場がストに突入した。(38) 四月八日にはCGT書記局が、金属工のストに関して「資本家の挑発を糾弾する」三項目の声明を発していた。第一に、ストに責任のある経営者の非妥協的態度に反対。第二に、スペイン共和国をまだ救済しうる通商の自由の再建に賛成。第三に、政治的陰謀によって脅かされた人民戦線の統一に賛成。(39) しかし、CGT書記局の声明も人民戦線を構成する主要三政党の溝を埋めることはできなかった。三月一二日の独墺合邦《アンシュルス》後、人民戦線は形骸としてのみ存在していたのである。

2 ダラディエ内閣

ダラディエ内閣の成立

一九三八年四月八日、大統領ルブランから組閣要請を受けた急進党総裁ダラディエが首相兼国防大臣に就任し、一二日、共産投票も含む五七六票の信任票（反対は五票）を得て政府を率いた。共産党は国防上の理由からダラディエを支持した。ダラディエも人民戦線と決裂するつもりはなく、社会共和連合の二人の大臣（公共事業大臣フロサールや労働大臣ポール・ラマディエ）をとおして、CGTとのパイプも維持していた。

それでも政府の重心が、中道右派に傾いたことは明白であった。反人民戦線派であるが、対独強硬派として知られるポール・レノーとジョルジュ・マンデルが、それぞれ法務大臣と商務大臣として入閣していた。しかし、外務大臣は急進党右派で対話政策派のジョルジュ・ボネであった。財務大臣にはブルムの財政計画案に反対した急進党のポール・マルシャンドー、国民経済相にはレイモン・パテノートルが就任した。アルベール・サローが内務大臣、ショータンは副首相として入閣している。社会党は入閣せず、人民戦線は政府レヴェルでは解体した。カトリック系の日刊紙『クロワ』は、「ダラディエ氏が組閣したのは人民戦線内閣ではない。社会党員は閣内にいない」と記している。(40)

図5－1　エドアール・ダラディエ

出典　Philippe Bauchard, *Léon Blum, le pouvoir pour quoi faire?*, Paris, 1976.

ダラディエは首相官邸のマチニョン館には移らず、サン＝ドミニク街の国防省にとどまって政治を行った。[41] この些細な事実に国防重視の姿勢を窺うことができるだろう。実際、独墺合邦《アンシュルス》の一ヵ月後に誕生したダラディエ内閣は、ズデーテン危機（ミュンヘン会談）、チェコスロヴァキアの解体、第二次世界大戦勃発など、安全保障の問題につきまとわれていた。それゆえ、四月一三日の施政方針演説のなかでも、「自由な大国は、自分自身によってのみ救済されます。諸君の前に現れた国防政府は、この救済という意思を表明する決意であります。……政府は、議会と国民に自由と祖国と平和の擁護のために訴えます。……国家が消滅する一方で新たな帝国がかたち作られています。だからこそ国防政府は、今日、軍事組織の構想をたくさんもっているのです。財政・経済・社会・政治などのすべての問題は、わが国の安全保障の問題と緊密に結びついています」と述べていた。[42]

ダラディエ政権誕生とともに、パリ地域で一三万人の労働者に占拠されていた約二〇〇の金属工場は、催涙ガスが飛びかうなかで警察と機動隊によって一六日までに明けわたされた。先の施政方針演説のなかでも、首相はこう述べていた。「工場占拠が自由な政体に災いをもたらすおそれのある不安感を国中に広めていることを、労働者は理解すべきです[43]」。政府の攻勢を前にして、打ちひしがれた八万人の金属工は以後数ヵ月のあいだに組合を退会する。[44] ダラディエは、五月九日に人民連合全国委員会の代表と会談し、内外の重大な時局を前にして「私は、ル・アーヴルのようなストに困り果てています。……私には治安と生産が必要なのです」と答えている。[45]

四月一三日に、ダラディエ内閣は七月末までの財政全権を獲得した。ブルムには拒絶した上院も、ダラディエには全権を承認し、二ヵ月で一八二の緊急令が制定された。再軍備と増税に力点が置かれた。五月四日には三度目の平貨切り下げが断行され、資本が戻ってきた。しかし、還流してきた資本は軍需産業の再活性化には不十分であった。そこで、首相は生産に刺激を与えるために週四〇時間労働法の緩和に着手する。この問題は労働者の心性と衝突した。

六月から七月に、イゼール県の建築労働者やマルセイユの港湾労働者がストに突入した。六月二八日、ジュオーは首相官邸で雇用と解雇の問題や労組を解体するために企業によってとられた措置などについて協議したが、失望を味わっただけであった(46)。

一ヵ月ほど前の五月二九日、ペール＝ラシェーズ墓地にある連盟兵の壁の前で、人民戦線派による最後の大規模なデモが行われた。墓地からヴァンセンヌ通りまで、デモの隊列は七時間に及んだ。亡命中のスペイン共和派の子どもたちも参加していた。カグールの逮捕、退職年金、社会法の維持、スペインの封鎖反対などが叫ばれた(47)。

ダラディエ内閣は、もはや人民戦線の名に値しなかった。共産党は人民戦線から遠ざけられ、急進党は人民連合と疎遠になりつつあった。六月上旬の社会党ロワイヤン党大会で、革命左派の規律違反が初日から取りあげられたように（「セーヌ県連の揉め事と党の規律」）、社会党も内紛と取り組まねばならなかった。革命左派は、一九三八年三月一四日に社会党全国評議会が決定した国民連合案に反対するビラ、「国民連合を倒せ」を党内にまき、さらに三月一八日、革命左派が多数を占めるセーヌ県連が「警戒せよ！　党は危機にあり」というビラを各県連に発送して、党書記局と対立した。また、三月二八日にはストを収束させようとする党執行部の意向に背いて、パリ地区金属工のストを煽動するビラをまいた。こうした規律違反が問題視された。四月一二日に社会党は、規律違反の咎《とが》でマルソー・ピヴェールらセーヌ県連指導部に二～三年の党員資格停止処分をくだしている(48)。

ロワイヤン党大会では、ノール県連が提案したセーヌ県連指導部の解散動議が四九〇四票の賛成（反対二〇三三票）を得て承認された。それゆえ党大会最終日に革命左派のリュシアン・エラールは、「セーヌ県連を規律違反で叩く決定」をくだし、「階級闘争の試練をくぐった栄えある伝統」を放棄した党を批判し、「国民連合《ユニオン・ナシオナル》に党を組み込むあらゆる試みは受け入れがたい」と抗議するのである(49)。党大会後に革命左派が脱党して新党（労農社会党）を結成したように、社会党内の亀裂は修復不能となっていた。こうして、政府や議会次元での人民戦線は解体しつつあった。したがって、これ以上の探究は擱筆《かくひつ》し、外交次元（ミュンヘン協定）と社会次元（一一月三〇日のゼネスト）における人民戦線の残映ないし残照を追究しよう。

ミュンヘン危機

共産党のガブリエル・ペリは九月二九日にこう記している。「汎ゲルマン主義の戦術は、東欧や南東欧の友好国からフランスを引き離すことにあった。……フランス政府は、自分の役割がフランスを守る諸条約の墓堀人のそれだと考えているのか。……ミュンヘンは大崩壊の始まりとなるおそれがある」と述べ、「フランダンや死の商人」といった「フランスの第五列が、フランス人の命をナチという肉食獣に引きわたしたがっている」と非難した。ミュンヘン協定調印後の一〇月一日には、ペリは「われわれは、ミュンヘン協定が平和を救ったとは書かない。ダラディエ氏が自由な国民の分割に署名したことを確認しよう。……権利の侵害に喝采するのはフランスの伝統ではないがゆえに、われわれは拍手喝采しない。フランスの安全が弱められるたびに平和も弱まると信ずるがゆえに、またミュンヘン協定は外交上のスダン〔の敗北〕だと信ずるがゆえに、われわれは拍手喝采しない」と非難を続けた。彼は、一〇月四日の下院でも「大きな代償」を支払ったのに「平和はより効果的に保障されたのか」とか、「諸国民は流血の冒険からよりよく守られたと互いに感じているのか」と首相に迫り、「あなたが抵抗の方針を捨ててミュンヘンに向かったとき、戦争勢力は新たな勝利を得たのだ」と批判した。[50]

しかし、共産党を除く諸政党とCGTは、第二次世界大戦前夜には戦争と平和をめぐって内部分裂をかかえていた。この対立に反共産主義が結合して問題を複雑にした。民主主義を守るためには最後の手段として戦争も辞さない社会党の党首ブルムと、絶対平和主義にしがみついて「イデオロギー十字軍」を拒否し、枢軸国との交渉を支持する書記長ポール・フォールの対立が有名である。[51]ブルムはのちにヴィシー政府によって訴追され、フォールはヴィシーの国民評議会に席を占めるというように、両人は軌跡を異にする。保守政党にあっても、反独右翼とイデオロギー過剰の反共右翼のあいだに亀裂が生じていた。多くの右翼は政治的リアリズムを見失い、ドイツと対抗するためにソ連カードを利用するという伝統を放棄した。勢力均衡の感覚をもった反独右翼は少数派となっていた。したがって「ヒトラーかスターリンか」という選択の前で、多くの右翼と反共左翼はヒトラーを選択した。「ブルムよりヒトラーを」「戦争よりも隷従を」「プラハのために死ぬのか」という主張がまかりとおった。こうして平和主義潮流が多数派を形成する。しかしその内部は、絶対平和主義者、ブルジョワ国家の敗北を革命に転じようとする革命的敗北主義者、ドイツとの戦争は拒否する反共の平和主義者など、多様であった。

　戦争を避けたい社会心理は、一九三八年九月三〇日のミュンヘン協定として政治的表現が与えられた。ミュンヘン協定とは、チェコスロヴァキアのズデーテン地方の割譲を要求するヒトラーにイギリスとフランスが屈服した協定である。チェコスロヴァキアの犠牲のうえに結ばれたミュンヘン協定は、いわば東欧に対するフランスとイギリスの不干渉政策であった。反共平和主義者のミュンヘン派は、スターリンを利する戦争を回避するために、ドイツに譲歩することでヒトラーをなだめつつ平和を救おうと望んだ。これに対して反ミュンヘン派は、敵陣営から「好戦主義者」と非難された。ミュンヘン派が世論の多数を占め、宥和政策がピークを迎える。

　張りつめた糸が緩んださまをブルムはこう記している。彼は、会談が中立国の都市で開かれず、チェコスロヴァキアが招待されていないことを遺憾としつつも、「ミュンヘン会談が告げられ、喜びと希望が巨大なうねりとなって立ち現れた。……ミュンヘン会談とは、炎が消えたか、消えかかっている時に、神聖な竈《かまど》にくべられた一かかえの薪である」（九月二九日）。「フランス人の男女で、ネヴィル・チェンバレン氏〔イギリス首相〕やエドアール・ダラディエ氏に感謝の念を表すことを拒む者はいないだろう。戦争は遠ざけられた。災厄は退けられた。……われわれは美しい秋の陽を楽しむことができる」（一〇月一日）。書記長のポール・フォールも「希望がふたたび生まれ、戦争という醜悪な怪物は退却した」と述べて、「何よりも平和的な解決策を見出すこと」（九月三〇日）を訴えた。フォール派のセヴラックも党内情報紙のなかで、「数週間の不安と数日の苦悩のあとの喜び、限りない喜び」を記しつつ、「よりいっそう永続的で堅固な平和」を訴えた[52]。

　ブルムは、一九三八年七月末にイギリスのランシマン卿によるプラハ訪問が「フランスとイギリスの行動」に繋がる可能性に期待していたが、それもかなわず、また、ズデーテン地方のドイツ人指導者ヘンラインのいう人民投票の要求については、「少数民族の人民投票によって既存の国境が変更になった例はない」と否定的であった[53]。ブルムは九月七日に、英仏両国はこれ以上チェコスロヴァキア政府に譲歩を求める圧力をかけてはならず、「フランスが行動すべきなのは、もはやプラハではなくてロンドンにおいてである。イギリスが行動を起こすべきなのは、もはやプラハではなくてベルリンにおいてだ」と語った。緊張が高まった九月八日には、ブルムはチェコスロヴァキアの主権と独立の維持を主張し、「問われているのはヨーロッパの運命であり、イギリスとフランスを含むヨーロッパの自由の運命である」ことを「明言せねばならない」と記した。[54] 九月二六日には、英仏両国がチェコスロヴァキアにズデーテン地方を放棄させたことに対して、ヒトラーはズデーテン地方の割譲だけでとどまるのか、それとも「ヒトラーはチェコスロヴァキアの解体を追い求めつづけないのか」、「戦争をつけ加えようとしないのか」を知ることが問題だと予言的な言葉を記していた。[55]

実はミュンヘン協定にいたる過程で、ブルムは致命的な過ちを犯していた。[56] 一九三八年九月一七日、彼は、チェコスロヴァキアの社会党大臣ジャロミル・ネチャスの訪問を受けた。ネチャスは、チェコスロヴァキア大統領エドヴァルド・ベネシュのメッセージを手わたした。それには、危機を解決するためにチェコスロヴァキアの領土をドイツに割譲してもよいことを示す地図が添えられていた。翌日、ブルムはその地図をダラディエに届け、ダラディエはイギリスにその内容を伝えた。結果的にブルムは、交渉の当事者に地図をわたすことになり、ここにミュンヘン協定の原型がかたちを表した。だからこそ、ブルムは九月二〇日に、戦争の可能性が遠ざかったことに「喜びを感じる」と同時に、「臆病な安堵感と恥辱感のあいだで引き裂かれた」のであった。[57] つまり、不正義を追認せざるをえないという恥辱感と戦争を回避できたという安堵感である。

一〇月四日の下院でもブルムは、喜びと苦悩という二つの感情に言及している。「極度の危機のさなかに、わが国民が破局から救われたと社会党議員団が思ったときの深い喜び」と「不幸なチェコスロヴァキア国民、ヨーロッパの平穏のために領土保全と独立の一部を犠牲にせざるをえなかった友好的で誠実な国民のことを社会党議員団が考えるときの深い苦悩」について語っていた。[58] それは、作家のサン゠テグジュペリも同様であった。彼は、『パリ゠ソワール』のなかで進むことも退くこともできないジレンマについて述べている。「平和が脅かされていると思われたとき、われわれは恥ずべき戦争を見出すだろう。戦争が避けられたと思われたとき、われわれは恥ずべき平和を見出すだろう」。[59]

ミュンヘン協定への対応のなかに、ブルムの心情倫理と責任倫理の葛藤を読みとることができる。友好国チェコスロヴァキアに対するドイツの不当な要求に対する憤りとチェコスロヴァキアへの共感、にもかかわらず、ヨーロッパの平和を救わねばならないという「大義」とのあいだの苦悩である。最終的には、責任倫理が優位を占め、チェコスロヴァキアの犠牲を受忍させたのである。

四ヵ月前の一九三八年六月に開かれた社会党大会の場でブルムは、こう述べていた。「私は言いますが、戦争を避けるためには、ある場合には戦争の危険を冒すことを受け入れねばなりません」。「もしわが国が戦争に引きずり込まれたとしても、実際にわれわれが新たに神聖連合の結成に立ち帰らないと言う権利はここにいる誰にもないのです」[60]。この発言は、ミュンヘン会談の時点では封印されてしまっていた。しかし、三九年三月のドイツによるチェコスロヴァキア解体によってブルムは三八年党大会の立ち位置に戻ることになる。

ともあれ、九月三〇日のミュンヘン協定は、形骸と化しつつあった人民戦線にとどめを刺す事件となった。一〇月四日の下院で協定の批准投票が行われた。賛成五三五票、反対七五票で批准されたが、共産党は反対に回り、社会党のレオ・ラグランジュやジュール・モックも反対票を投じた。たしかに、ラグランジュが予想したように、ミュンヘンは平和を築く機構の始まりではなくてファシズムによる攻勢の新たな出発点となった[61]。さらに、翌五日、財政全権の更新法案をめぐって、急進党は賛成、社会党は棄権、共産党は反対と割れた。議会レヴェルでも人民戦線は解体の道を歩んでいた。

急進党マルセイユ党大会

国際的な緊張が緩和した一〇月二六日から二九日に急進党マルセイユ党大会が開かれた。共産党と社会党左派からの急進党批判はなお続いていた。社共指導部は、急進党の党大会を前にして急進派が人民戦線の枠内に踏みとどまることを求める。ブルムは、ダラディエが共和連盟総裁ルイ・マランに入閣を打診したことを踏まえて、「過去を改めるためではなくて、……近未来を救うために」急進党に左翼との団結を訴えていた。共産党は中央委員会の名で、急進党に「一九三五年七月一四日の誓い」に立ち帰ることを要求する。「金融封建制」といった「反動派の政治は今、国内の民衆勢力から急進党を孤立させることを狙っている。その作戦には、急進党への不信を左翼に生ぜしめ、いや増す不人気な政策の責任を急進党に負わせるという二つの目的がある」と急進党に注意を喚起していた。[62]

一〇月二七日、ダラディエ総裁はミュンヘン協定を「妥協の産物」ではあるが「理性の協定」だと主張し、共産党批判を展開した。「共産党こそ議会での投票行動によって、さらには国内で日常的に繰り広げている侮辱的行動によって、断固反対の意思を表明しました。……共産党の暴力と強硬態度によって、フランス政府の行動が損なわれないことはありませんでした」。共産党の非難や告発に「私は騙されはしません。……共産党指導者の対応は、強力な政府を擁護することではなくて、それを妨害することになりました」。「再度申しあげます。共産党指導者は、力ずくで国民を劇的な運命に追いやるおそれがあります」と、好戦的な大衆煽動や政府の権威を掘り崩す共産党の政策を弾劾した。さらに「国家の安全に必要な仕事を国民《ペイ》に拒むことで、労働者がもたらすものは無秩序と破産だけであり、彼ら労働者はすべての《国民《ナシオン》》勢力が彼らに反抗するように仕向けているだけであります」と述べ、「経済の必要に応じて」週四〇時間労働法を「見直す」ことなしには経済復興も「フランスの再興」もないと断言した。[63]

すでに一九三八年一〇月一二日に、急進党執行委員会は「人民戦線の解消とフランス人連合」を声明していた。コミュニケのなかで急進党は、共産党批判を展開した。外国政府と直接接触し、国防を妨げる宣伝を行う「無責任な人士との連合は不可能」だと述べ、「議会ですら共産党グループは、二度の敵対的な投票行動で反対を表明した。かくして、世論と議会の分野で同時に共産党は、絶えず引き合いに出してきた政治組織〔人民戦線〕から故意に身を引いた。急進党はこの状況を確認し、その責任を一切負わない」。つまり、このコミュニケは人民戦線の解体を確認し、その責任はミュンヘン協定の批准に反対し、ダラディエ政府の財政全権に反対した共産党にあると語っていた。『タン』はコミュニケに触れつつ、「再編のために下院の解散」を求めた。[64] 急進党右派の『新共和国』は、一一月に共産党の解散を要求さえしている。[65]

マルセイユ党大会三日目の一般政策の基調報告も共産党批判で一貫し、「緊急対策綱領にもとづくすべての共和政党と国民政党の連合」が求められた。大会決議はこう述べていた。「共産党は、国中で行っている騒乱によって、また一九三六年から続く政府にもたらした難局によって、さらにここ数ヵ月の攻撃的で有害な反対運動によって、共産党と人民連合の他政党とを結びつける連帯を打ち砕いた。大会は、人民連合全国委員会の場で人民連合の解消を確認し、解消の責任は共産党のみが負い、民主政党と協力しつづける意思を示すことを党代表に委任した」(66)。こうして党大会は、人民連合全国委員会の党代表に人民戦線との決裂を確認するよう委任した。マルセイユ党大会は、人民戦線の解体を確認したのである。

ダラディエ内閣は人民戦線の理想からはほど遠かった。形骸と化した人民戦線に死亡宣告がなされたのは、一九三八年一一月一〇日のことである。人民連合全国委員会の席上、急進党の副書記長ピエール・マゼは、急進党はこれ以上共産党と同席することを望まないとして同党の脱退を告げた。「急進党が人民連合を支持したのは、共和政防衛の目的および指針においてわが党の教義と差がなく、かつてないほどわが党の理想である綱領を適用するためでありま す。この政治団体は、それを構成する全政党の有効かつ忠実な協力なしには生存できません。急進党は、共産党がこの本質的な規則を尊重しなかったことを確認せざるをえません。……したがって、共産党が人民連合の他政党とを繫ぐ絆を破ったと、急進党は認めざるをえません。共産党とのあらゆる協力は今や不可能です。共産党がそうした対応がもたらす論理的帰結を引き出すことを拒否するがゆえに、われわれは、共和国と祖国を裏切ったとわれわれを非難する人びとと、これ以上席を同じくしないと声明する」(67)。ここに、人民戦線の公式の死亡証明書が記された。人民戦線とともに誕生した週刊紙『ヴァンドルディ』(三五年一一月八日創刊)が、「今日、人民戦線が打ち砕かれた」ので、「『ヴァンドルディ』の存在理由がなくなった」と述べて、三八年一一月一〇日号で終刊となったのも、こうした経緯を映し出している(68)。人民戦線と盛衰をともにした『ヴァンドルディ』は、それゆえ、人民戦線の希望と熱狂と失望の証人となった。

週四〇時間労働法の見直し

ブルム人民戦線内閣の象徴的な成果であった週四〇時間労働法も、徐々に骨抜きにあった。すでに、一九三七年七月二九日法で鉄鉱山において超過労働日が許可され、三七年一二月二一日法は、炭鉱における労働時間の延長を認めた(69)。また、三八年五月一〇日に政府は、石炭産業の労働時間を向こう二年間、暫定的に週四二時間と定めもした(70)。さらに、七月五日にダラディエ首相が設けた生産小委員会は、国防産業で働く労働者の労働時間について労使双方から意見聴取を行った。その結果、七月八日に委員長は「フランスでは一隻の魚雷艇を建造するのに必要な時間は、ドイツとイタリアの建造時間のほぼ倍である」ことを強調していた(71)。

こうして、八月二一日、満を持してダラディエ首相はラジオから国民に呼びかけた。首相は、フランス経済の現状を踏まえて「週四〇時間労働の見直し」に言及した。週四〇時間労働法を廃止しないが、労働時間の延長が必要だと語ってこう述べた。「国際情勢がこれほど微妙なだけに、国防に関わる企業では四〇時間以上、四八時間まで働かねばなりません。……労働時間を一切考慮することなく装備を整え、武装を進める権威主義国家に直面し、また、繁栄を取り戻し国家の安全を確保しようと努め、そのために週四八時間労働を採択した民主主義国家に対して、これらの国より衰えており、同時に安全を脅かされてもいるフランスは、自分の未来を危険にさらす論争にいつまでもかかずらっています。……フランスの労働条件を元に戻そうではありませんか。そうすれば平和を守ることができるのです。フランスの労働条件を元に戻そうではありませんか。そうすれば社会法を維持すると保証します」(72)。国防関連の産業など国家の生産にとって基幹的な産業では、週四〇時間労働法に縛られないことが公言されたのである。

急進党右派のアルベール・ミヨーが、「ダラディエ首相の演説は、一九三六年以来の軽率な政策がわが国にもたらした無制限のヴァカンスに弔鐘を鳴らした」(73)と満足の意を表明したのは当然であったが、首相の発言に対して、八月二二日、労働大臣ラマディエと公共事業大臣フロサールが抗議の辞任をした。レオン・ブルムも『ポピュレール』で、ダラディエは不況の責任を四〇時間法に転嫁し、経営者団体の悪意ある対応・工場設備の不備・資本の流出などの諸要因には沈黙していると批判し、『ユマニテ』はダラディエが「四〇時間法の中止を要求」したことを非難し、「労働者階級は団結して社会的獲得物を防衛せよ」と訴えた。[74] 共産党系の週刊誌『ルガール』は、社会法憎しゆえに「生産を妨げる大資本家に対して厳罰を加えるのであれば、フランスの労働条件を元に戻すこともイエスだ」と政府と経営者を非難した。[75] ＣＧＴ執行委員会も「週四〇時間法が危機にさらされている」と激しく抗議したが、ＣＧＴ内部では反共派と共産党系との対立が激しさを増していた。ブランやデルマスらが率いる反共平和派の『サンディカ』グループと、フラションやラカモンらの『労働者の生活《ラ・ヴィ・ウーヴリエール》』派の対立である。前者は交渉による平和と労組の独立を主張し、後者は不干渉政策やミュンヘン協定を弾劾していた。[76]

『ヴァンドルディ』は、「国の工業生産性を高める必要性」には理解を示しつつも、「社会法は政治的争点たりえない」ことを主張した。ラマディエは、『リュミエール』紙上で「なぜ私は辞任したのか」を語っている。それによると、首相が「労働者階級・労働組合・社会主義者との和解を求める意志」を示したので入閣を受諾したが、もはや「協調という忍耐強い仕事は不可能」となり、「首相の演説の明白な目的はわれわれの辞任を得ることにあった。……近い将来、ダラディエがわれわれに求めるものは、演説ないし辞任ではなくてデクレだろう」[77]。ラマディエの予想どおり、四〇時間法をめぐる事態は、演説段階の予告と抗議の辞任からデクレによる実施段階へと展開していく。

こうした状況下で、一一月一日、財務大臣がマルシャンドーからポール・レノーに交替した。人民連合から離脱したダラディエ政府は、一一月一二日、レノー財務相の緊急令を公布した。[78] レノー緊急令は三二の法からなり、その内訳は一二が財政、三つが物価、八つが労働法、六つが公共事業、外国人に関する二つと家族手当に関する一つであった。同日、ポール・レノーは、ラジオから緊急令について説明を加え、「フランスの週休二日制は終わった」と告げていた。[79] 労働条件については、向こう三年間、週四〇時間労働に縛られないことが明示されただけでなく、五〇時間までの超過勤務であれば、経営者は労働基準監督官に許可を求める必

図5－2　ポール・レノー

出典　Philippe Bauchard, *Léon Blum, le pouvoir pour quoi faire?*, Paris, 1976.

要もなくなった。また、こうした時間外労働で得た賃金に特別税が導入された。さらに、「国防という国益が命じる」超過勤務を拒否すると制裁が待っていた。超過勤務に従わない労働者は解雇されただけでなく、退職金や有給休暇の権利を失い、そのうえ、半年間の失業手当も廃止された。超勤反対を煽った組合活動家には、一〇〇～一〇〇〇フランの罰金ないし六日～三ヵ月の禁固刑が科せられた。それゆえ『プープル』は、即座に「ポール・レノーの緊急令は、勤労階級のうえに重くのしかかるだろう」と抗議した。緊急令に反対した急進党の下院議員は、コットやマンデス＝フランスら九人しかいない。(80)

労働総同盟（CGT）の対応

こうしたムードのなかで、CGTのナント大会が一九三八年一一月一四～一七日まで開催された。(81) CGT統一から二年半のあいだに旧統一労働総同盟（CGTU）系が優勢になっており、右派のルネ・ブランは旧CGTU系によって大会での発言を阻止された。(82)「大会は、国の経済と財政の再建という口実のもとに政府が採択した緊急令に断固反対する」と宣言し、週四〇時間労働法や労働者代表制を守る決意を満場一致で表明した。同時に、一一月二六日に反緊急令の全国抗議デモを行うことも決議した。(83) しかし大会では、平和の問題と労組の独立問題について意見の対立が露わになった。左派のプロレタリア革命派と右派のサンディカ派、それに書記長レオン・ジュオーに近い中間派の三動議が提出された。(84) もっとも対立したのは労組の独立問題であった。サンディカ派は、共産党の「陰謀」を糾弾しCGTのすべての職階において政党と労組の兼職を禁止した。それに対して中間派は、全国レヴェルでのみ兼職禁止という三六年の統一憲章を確認するにとどめた。サンディカ派は三一％の票を得たが、共産党系の代議員が中間派の動議に賛成したため、反戦平和と統一憲章を擁護する中間派の動議が可決された。この時点で共産党系は、CGT組合員の半数を占め、三三の県労組連合と七つの全国労組連合を配下に置いていた。(85)

共産党にはジュオーを支持する理由があった。労働運動に占めるジュオーの威信に加えて、彼が共産党同様にスペイン不干渉政策に反対していたからである。ジュオーは、ドイツとイタリアの公然たる介入を助けるだけの中立を批判してスペイン共和派への支援を訴えたり、ドイツ軍のゲルニカ爆撃後には、都市爆撃による非戦闘員の殺戮の中止を呼びかけたりしていた。さらに彼は、一九三七年一一月にはモスクワを訪問しスターリンとも会見している。[86]こうしたジュオーの姿勢は、共産党にとって好ましいと判断されたのだろう。

さて、大会の翌日（一九三八年一一月一八日）、ナントで全国委員会が開かれた。旧ＣＧＴＵ系が書記局員を一人増員して自派に配置することやブランの再任反対を表明して会議が紛糾するなかで、緊急令反対の行動についても審議が行われた。[87]ジュオーはストをせかす委員に反対して、より慎重な三段階の計画を採択させた。第一に一一月二六日に全国でデモと集会を行うこと、第二に議員への働きかけ、第三にゼネストであり、その決行日は執行委員会が定めるというものであった。一一月二二日にパリで全国委員会が開かれ、緊急令に反対する行動について協議がなされた。[88]前日の『ユマニテ』紙上でブノワ・フラションが、ＣＧＴ大会は緊急令に反対するために、「《労働の集団的停止》をも含む必要な行動を《遅滞なく》準備することを執行委員会や書記局に委任した」ことに触れ、早期の決定を要求していた。[89]

躊躇するＣＧＴ執行部に対して一八日以降、パリ地域やノール県の労働者は緊急令反対の工場占拠ストライキを始めていた。パリ西郊ピュトーにあるユチンソン社の化学工場では、経営側が一九日（土）から勤務時間を平日が七時間勤務、土曜日が九時間勤務の週四四時間に変更する旨を告げた。[90]労働者はこの挑発的な攻撃に対して、二一日から工場占拠ストライキを行った。ブーローニュの航空機製造会社ファルマンでもストが始まる。こうして二二日にはストが拡大し、化学工業や製鉄業を巻き込み、ルーアン、ナント、ボルドーなどの港湾都市でもストがみられ、多くの活動家がゼネストを要求した。ノール県の警察は、二一日から二二日かけて約一二ほどの工場から労働者を退去させている。さらに二五～二六日、警察は、リール、ドゥーエ、ヴァランシエンヌなどで七〇以上の工場を明けわたさせ、労働者との衝突も起きていた。

尖鋭化する末端の行動とは対照的に、二二日の全国委員会はナント大会で可決された抗議集会のみ行うことを確認し、日時と抗議方法について執行委員会と産業別労組に一任した。二二日の夕方、デルマスもゼネストは行われないと確信している。[91] 政治家と接触したジュオーは、政府には交渉する気はなく実力行使すら望んでいるという感触を得た。経営者のなかにはロックアウトを宣言する者もいた。ルノーのビヤンクール工場でも緊張が生じていた。二二日、共産党のブーローニュ地区組織がミュンヘン協定と緊急令を非難する政治集会をビヤンクール工場で開いた。政治集会は禁止されており、逮捕者が出た。二三日、組合活動家が解雇されたことを契機に、ストが始まった。二四日朝、ルノーの経営陣は政府と連絡をとりつつ、緊急令を実施する掲示を出した。午後には全工場にストが拡大する。午後八時過ぎに警察は、労働者が占拠したビヤンクール工場の掃討作戦を開始した。午後一〇時に催涙ガスを使用して占拠労働者を退去させ、三〇〇人以上を逮捕した。『プープル』は、「政府は、緊急令によって権利を奪われた労働者に対して言語道断な策を講じた」と非難する。ルノー以外にもパリでは一二ほどの工場が明けわたされた。『ポピュレール』は、[92] 一九三五年七月一四日の誓いを「裏切った」急進党大臣を非難し、社会党議員団も「首相の単独責任」を追及した。

一一月三〇日のゼネスト

一一月二五日にCGT執行委員会が開かれた。執行委員五〇人の内訳は、右派のサンディカ派が一九人、中間派（ジュオー派）が一五人、左派の旧CGTU系が一六人であった。[93] 執行委員会は政府の高圧的な方針に抗議し、あわせて組合活動家に早まった行動を慎むように求め、工場占拠をともなわない二四時間ゼネストを一一月三〇日に行うことを決めた。[94] 『リュミエール』は、CGT執行委員のロベール・ラコストの主張（「労働者が緊急令に反対して決起するのは、破壊のためではなくて建設のためだ」）を掲載して、労働者に理解を示した。ジュオーがゼネストに乗り気ではなかったとはいえ、CGTが反政府ゼネストを企図したという事実は、社会運動の次元でも人民戦線の解体を如実に示すものであった。しかし、産業別労組や県労組にはゼネストに対してあまり熱狂はなかった。ゼネストは、占拠もデモも集会もともなわない二四時間ストに限定されることが確認され、CGTの慎重さが際立った。

『プープル』は連日、反緊急令ゼネストに向けたキャンペーンを展開する。[95] 二六日の集会でジュオーは獲得した法律の擁護を訴えていた。同日午後八時、レノー財務相がラジオから緊急令の弁明に努めた。週四〇時間労働法・団体協約法・有給休暇法などの「社会法を政府が廃止したと言われている」が、「これら三つの法律に手を触れてはいません。……われわれは、万人のために富を産み出す装置をもっと動かすという一つの目的しか考えていません」[96]。翌日の午後八時には、ダラディエもラジオのマイクに向かって政府の防衛努力に反対するストを糾弾した。彼は、CGTが主張するゼネストの口実は正当化できず、「ゼネストの脅威」が去らなければ、「政府は、《国民《ナシオン》》への義務を毅然として果たす決意であります」と語り、実力行使も辞さないことを示唆した[97]。ダラディエは、労組との話し合いの前にまずスト指令の撤回だという強硬態度を崩さなかった。二八日、CGT執行委員会は首相に公開書簡を送って抗議する。それには「われわれの運動は政治的なものではありません。あなたの外交政策に反対なのではなくて、緊急令に反対なのです。……あなたが現行の社会法の変更を望んだので、……あなたこそが唯一の実効的な抗議行動としてのストライキに労働者を追いやったのです」と非難し、二四時間ゼネストは占拠も集会もデモもなく、静穏と秩序のなかで行われると理解を求めた[98]。政府は、二八日に公務員に徴集デクレを公布すると同時に、ストに参加した公務員の即時罷免を命じる首相通達も発した。また、地方の憲兵や機動隊員をパリ地域に集めて対決姿勢を鮮明にしていた[99]。

一二月一日、『プープル』は「政府の容赦のない圧力」にもかかわらず、「全国で労働者はCGTのアピールに応え」、ゼネストを打ち抜いたと称えた[100]。しかし、実際にはストは惨憺たる結果に終わった。首相は一一月三〇日の夕刻、ラジオから語っている。ゼネストによって「一一月三〇日は歴史的な日となるはずでした。……実際、一一月三〇日は歴史的な日となりました。ゼネストの完全な失敗が指し示したことは、安心して政府の努力に協力し、法の尊重によってフランスの安全を確保するという《国民《ペイ》》の決意であります。……われわれは、有給休暇・賃金・週四〇時間労働法に打撃を与えませんでした。われわれは、ただこの法律をフランスの生産と国防の必要に分別をもって適応させたのです」。翌日の『フィガロ』は、ダラディエに喝采しつつ記した。「一一月三〇日はこれまでの人生のなかでもっとも元気づけられる一日であった。……ゼネストという試験は良識の勝利を承認した。……《サンディカリズムの政治的悪用》こそが非難されたのだ」[101]。ポール・レノーも一二月一日に、ゼネストの失敗は「民主主義国の大義

表5－1　ゼネストに参加した職業別人数と割合

	組合員数	参加人数	参加率（％）
鉄道員	356,500	1,700	0.47
都市交通	146,000	14,600	10
郵便・電信・電話	106,500	3,850	3.61
教員	100,000	20,000	20
公務員	152,000	150	0.09
煙草・マッチ	13,200		
事務員	203,000		
国立兵器庫	71,000	33,900	47.61
農業	127,000	15,000	11.81
製鉄	818,500	590,350	72.48
食品	202,000	20,000	9.9
港湾	96,700	75,525	75
建設	275,000	220,000	80
海員登録者	42,100	31,575	75
化学	162,000	81,000	50
鉱山	265,600	162,000	61
皮革	79,000	47,400	60
紙・ボール紙	65,000	19,500	30
書籍	60,000	24,000	40
繊維	355,600	238,500	67.06
合計・平均参加率	3,696,700	1,599,050	43.26

出典　Jacques Kergoat, *La France du front populaire*, Paris, 1986, p. 286 より作成。

にとって過小評価されるべきではない勝利を刻印した」と言祝いだ。急進党右派の日刊紙『共和国』も、「ゼネストは完全な失敗であった。政府が講じた策のおかげで、すべての公共部門は正常に機能した。労働者はコミュニストの煽動に乗らなかった」と報じた。[102]

たしかに、ダラディエが述べたように、列車・バス・地下鉄などの交通機関、電話や郵便も通常どおり営業し、水道・電気・ガスも止まらなかった。小学校も休校にならなかった。薬局もカフェもレストランも営業していた。都市機能が麻痺することはなく、パリはいつものパリであった。職業別のスト参加人数は表5－1のようである。約一六〇万人の労働者がストに参加したとはいえ、ブルムも「昨日の戦い《ジュルネ》は労働団体にとって勝利ではなかった。……労働者階級にとっても勝利ではなかった」[103]ことを認めざるをえなかった。中西部ヴィエンヌ県のポワチエでも、ストは失敗であったことをクロード・ジャメが綴っている。ヴィエンヌ県でストに参加したリセ教師は、ジャメを含めて三人しかいなかったという。[104]

急進党系の日刊紙『ウーヴル』が「ストの組織者とストに参加した公務員に厳しい処罰が加えられた」と報じたように、ゼネスト後の労働者を待ち受けていたのは、司法・行政・経営者からの制裁であった[105]。起訴件数は一七三一件で、八〇六件に禁固刑（一〇三件は二ヵ月以上）が宣告された。ストに参加した郵便局員三四五五人が処罰を受け、このうちの二七四三人は一週間の停職と減給の処分を科せられた。リセの教師ジャメも三日間の停職と一週間の減給処分を受けている。一二月二日、ジュオーは首相に書簡を送り、「あなたの命令で労働者に対して始められた無慈悲な抑圧」に抗議して、フランス銀行理事や鉄道契約金庫の職を辞した[106]。経営陣による抑圧はすさまじく、一九三九年一月初めで労組指導者を中心に一万人以上の労働者が解雇されている。労働省は、臨時解雇も含めて七七万三〇〇〇人の労働者が解雇されたとみている。失意のなかで組合員証を引き裂く労働者も出てくる[107]。ノール県でも工業セクターではストライキは比較的成功したと言いうるが、鉄道員や公務員のセクターでは完敗であった。その意味でゼネストは「半ば失敗」（ブルデ）であった。ノール県知事は、スト参加者を賃金労働者の四割と見積もっている。ＣＧＴによれば、ノール県全体で解雇された労働者は四三八五人であるという[108]。

ジョルジュ・ボリスは、『リュミエール』（一九三八年一二月二日）紙上で政府批判の記事をしたためている。ストの決行は、ダラディエが約束を守らず、あらゆる訴えに耳を傾けず、労働者に屈服を求めてあらゆる和解にも門を故意に閉ざした結果であると政府を非難し、「国の復興と国防上の急を要する生産のためには労働者の協力」が不可欠であり、「人民を外して安全なし」と断罪した。人権同盟のエミール・カーンも同紙に「人民戦線の思い出」を寄稿し、三五年七月一四日のデモで政治の檜舞台に復帰したダラディエが、今や「人民連合を打ち砕き、労働運動を叩きつぶし、労働者政党を粉砕する道具」として権力を行使していることを糾弾した[109]。

ダラディエは、一九三九年一月一五日の急進党執行委員会の席でこう発言した。三五年段階での「プロレタリアートと第三身分の同盟」に後悔はしていないが、「第三身分が犠牲に供されたという印象をある時にふと抱くなら、分裂が生じるのは避けがたい。民主主義の屋台骨であるこれら中産階級が、ドイツやイタリアと同様に解体するとき、民主主義は絶望に打ちひしがれ、やがて断末魔の痙攣を味わうだろう」[110]。ダラディエの政治分析の前半は正しいだろうが、後半は間違っている。中産階級の反共意識が犠牲感情の元とはいえ、フランスの中産階級は反共産主義ではあっても反共和主義ではなく、フランスの解体という「断末魔の痙攣」は敗戦によってもたらされたからである。

CGTの敗北と近づきつつある戦争の跫音《きょうおん》のなかで、一九三九年三月二〇日に国防に関わる企業では労働時間を六〇時間に定める緊急令が出され、さらに四月二一日の緊急令は、週四五時間労働を標準とし、四五時間までの超過時間分の給与は無給であることを宣告していた[111]。外交面でも、三九年三月にスペインのフランコ政権を承認し、大使としてペタン元帥を派遣したのもダラディエ内閣であった。

こうした政府の攻勢を前にして、左翼の統一は過去のものとなり有効な力にはなりえなかった。社会党は内部対立を深め、四分五裂の状態であった。ミュンヘン協定は共産党を反対に回し、緊急令は社会党を反対に回した。政党同様に労働組合も共産党系と反共平和派とのあいだで亀裂が深まった。CGTの組合員数は一九三九年夏には一二〇万人に減少し、三六年四月段階まで逆戻りしてしまう。三四年二月一二日のゼネストによって誕生した人民戦線は、三八年一一月三〇日のゼネストによって消滅した。三四年二月一二日のゼネストは、ダラディエに辞任を強いた二月六日事件に抗議して打たれた。三八年一一月三〇日のゼネストはダラディエによって抑え込まれた。ヒトラーの要求に屈した三八年九月三〇日のミュンヘン協定の次に来たのは、資本家の要求に屈した一一月三〇日の労働者の敗北であった。かくして、名実ともに人民戦線は解体するのである。

第六章　文化革命

フランス西部ヴァンデ地方をタンデム自転車で行く中年夫婦（1937年）

Jean Lacouture, *Le Front populaire*, Actes Sud, 2006.

1　ヴァカンスの誕生

労働と余暇

人民戦線の遺産で今日まで存続している代表的なものは、有給休暇制度であろう。社会カトリシズム系の週刊紙『セット』は、人民戦線政府の「新しい改革のなかで、おそらく有給休暇ほどもっとも反対が少なくもっとも広範な賛成を得た改革はない」と評している。[1]トロツキストの機関紙も「ヴァカンス万歳」という記事のなかで、有給休暇制度を改善する五項目要求を掲げた。[2]さらに、週四〇時間労働法を取り消したダラディエ政府も、第二次世界大戦の敗戦責任を人民戦線政府に押しつけたヴィシー政府も、有給休暇法には手をつけなかった。[3]それでもヴィシー期には、ブルムは「伝統的に大地に根ざすもっとも勤勉な国民《プープル》の血に怠け者のウイルスを接種した男」（『マタン』一九四二年二月一一日）として非難されていた。[4]だからこそ、一九四二年三月、ヴィシー政府によって開かれた裁判のなかでブルムは次のように自負した。有給休暇が人びとの「辛くて暗い生活に晴れ間や雲の切れ間をもたらしました。われわれは労働者を居酒屋から引き離し、家庭生活の楽しみを多く与えただけでなく、彼らに将来の展望を開き希望を与えたのです」。ブルムにとって「余暇は怠惰ではなくて労働のあとの休息であり、余暇とスポーツはともに労働者にとって健康を意味し、一種の自然な生活との調和であった」。[5]

一九三六年六月に可決された有給休暇法と週四〇時間労働法によって、週末とヴァカンスが保証され余暇は権利となった。「社会的爆発」がもたらした有給休暇と週休二日制によって「文化的爆発」が始まる。ブルム内閣が余暇・スポーツ担当次官の職を新設して、「三六年に三六歳」の社会党員レオ・ラグランジュを任命したところにも、政府の意気込みは表れている。ラグランジュは、三八年一月までこの地位にとどまって余暇とスポーツの振興に奮闘した。(6)三八年一月に発足した第四次ショータン内閣でスポーツ・余暇担当次官職が廃されたとき、「レオ・ラグランジュが過去二〇ヵ月のあいだになし遂げた成果は、その痕跡まで消し去られようとしている」と非難されたところにも、ラグランジュがもたらしたものの大きさを窺うことができる。(7)後述するように、スポーツや旅行も含めた広義の「文化革命（Révolution culturelle）」は、人民戦線とともにラグランジュとともに始まった。それゆえ、人民戦線の文化政策は第一次ブルム内閣のときに率先され、本質的な議論が行われたことを確認しておこう。ショータン内閣の文化政策には斬新さがなくなり、短命の第二次ブルム内閣には時間がなかったからである。(8)

文化革命を主導したラグランジュは、『アクシオン・フランセーズ』から「ものぐさ大臣」とか「怠け者大臣」と揶揄され、『エコー・ド・パリ』からは「暗い日曜大臣」と批判されたが、(9)それまで労働の生活しか知らなかった労働者に、生活のなかに余暇を含んだ社会を政府は教えようとした。テーラーシステムの導入による合理化と単調な労働から人間性を回復するためにも、余暇が必要であった。労働から解放されて釣りやダンスに打ち興ずるという余暇のユートピアは、一九三一年に制作されたルネ・クレール監督の映画『自由を我等に』にも描かれていた。

もっとも、博愛的で健康志向的な立場から有給休暇を求める動きは、キリスト教系労組や高級官僚、それに温情的な企業主からも出ており、事実アルザスやロレーヌにある企業の三分の二では、すでに年次有給休暇が労働者に与えられていた。一九二九年の労働省の調査によると、有給休暇制度を導入していた企業八七六のうち、六六四がアルザス＝ロレーヌ地方の企業であった。(10)ストラスブールの女性店員（ラ・コオペ商店）は、一年目が三日間、二年目からは六日間の有給休暇を得ていた。議会でも一九二五年七月一一日に、急進党の労働大臣アントワーヌ・デュラフールが一〜二年以上勤続の労働者に八〜一五日の有給休暇を認める法案を上程していた。しかし、このときも、そして二八年六月と三一年七月の下院、三二年一月の上院でも議会の駆け引きに巻き込まれて成立しなかった。三一年七月には法案は下院を通過していたが、有給休暇は「恐慌下の経済状況と相容れない」として上院労働委員会で否決されてしまった。五度目の正直で可決された三六年法案の起草者は、労働局長のピクナールであり、彼はデュラフール法案の作成時も現場で作業をしていた一人であった。また、今回上院に法案を上程したロベール・トゥーミルは、三一年法案の上程者でもあった。(11)

余暇の組織化

歴史的には余暇の組織化は、温情的な経営者の福利厚生制度（アンザン炭鉱・鉄道・ロンウィ製鋼所など）として始まり、労働者組織や自立的な団体による組織化が続き、そして国家が関与する段階へと歩を進めてきた。(12) 人民戦線政府は、この分野で本格的に仕事をしたフランス初の政府である。余暇が浪費されたり無為に過ごされたりしないために、余暇の組織化が重要な課題となる。それは、それまで教会や経営者が提供してきたスポーツや余暇活動を労働者の手に取り戻す機会でもあった。ナチス・ドイツとファシスト・イタリアに先例があった。ドイツでは「労働戦線《アルバイトフロント》」傘下の「歓喜力行団《クラフト・ドゥルヒ・フロイデ》」（一九三三年一一月設立）によって、イタリアでは「全国余暇事業団《ドーポラヴォーロ》」（一九二五年五月設立）によって、栄養・休養・教養の三分野における福利厚生政策として、余暇の国家管理をとおした国民の組織化がフランスよりいち早く企てられていた。(13) イタリアでは「人民のなかへ」という方針のもと、巡回映画会・巡回劇団・巡回図書館・スポーツ大会・美術工芸展・「大衆列車」による旅行や巡航旅行・団体遠足などが実施されており、ドイツでも語学講座・速記講座・手芸・音楽会・写真講座・チェス・巡回図書館・見学会・講演会・展覧会・演劇鑑賞・ピクニック・文化旅行などが組織されていた。しかし、イタリアの団体遠足にしても県当局の許可が必要であり、「届け出のない活動」は基本的にありえなかった。同時代のフランス人法学者は、「規律」というドイツの余暇団体にみられるゲルマン的特徴や社内旅行はフランス人の心性とまったく合わないとしつつも、歓喜力行団のいくつかの教訓は、フランスの民衆ツーリズムの強化方法を研究するうえで有益だと述べている。(14)

その歓喜力行団を組織したドイツ労働戦線の指導者でのちの労働大臣ローベルト・ライは、「国家にとって、愚かで煽動的で犯罪的で危険な考えや思想が生じるのは退屈さのなかからである」と指摘している。(15) ここにみられるのは、青少年に考える時間を与えないために余暇に熱中させるという立場である。これは、人間の心身を解き放つ余暇というラグランジュの考えとはまったく別物であった。青少年を一元的に組織するために、ドイツでは「ヒトラー・ユーゲント」が、イタリアでは「バリッラ少年団」が創り出された。(16)

ラグランジュの立場

一九三六年七月二三～三〇日、ハンブルクに六一カ国の代表約三〇〇〇人を集めて第二回世界厚生会議が開かれ、余暇とレクリエーションのあり方について議論がかわされていた。この会議の準備にあたったのは、ドイツ労働戦線や歓喜力行団であった。宣伝大臣ゲッベルスが閉会演説のなかで、余暇は「より高い国家的必要」にもとづかねばならないと語り、議長のライが閉会宣言を読みあげた。ライは、「喜びと労働」から「諸国民の平和」がもたらされることに期待を表明すると同時に、ボルシェヴィズムとの闘いを力説し、「勝利万歳《ジーク・ハイル》」というナチの挨拶で閉会宣言を締めくくった。(17)また、ドイツ労働戦線の労働科学研究所が、一九三八年の報告書のなかで、余暇による「民族の生活への生き生きとした参加、国民の文化財との結びつき、国土が与えてくれる喜びへの参加、ドイツ人としてわれわれを誇らしく喜ばしくする事物を知ること」(18)を推奨したように、いわば、労働・文化・景観が一体となった余暇が義務である枢軸国型に対して、ラグランジュは反論せざるをえない。

第二回世界厚生会議が開催中の七月下旬、ラグランジュは全体主義国の余暇の組織化との違いを、雑誌『視点《ヴュ》』（三六年七月二五日）のなかでこう説明している。「民主主義国では、人民大衆の気晴らしや娯楽を軍国主義的に組織することは問題になりえず、巧みに案配された楽しみを思考停止手段に変えることも問題になりえない。……人民民主主義の政体は、必要とされる社会改革によって民衆の余暇を創造しつつ、同時にこうした余暇を組織せねばならない。すなわち、人民大衆にスポーツや旅行の手段、文化の楽しみを味わう手段を与えねばならない」(19)。さらに彼は、同年七月にアメリカ青年協会の代表スペンサー・ミラーに述べている。「喜びほど自発的なものはありません。喜びを人為的に強制したり創出しようと望むとき、また、若人の個性が自由に開花するのではなくて、政府によって決められた《鋳型》に若人の個性をはめ込まねばならないとき、喜びは存在しません。……私は、上から組織された余暇の政策には反対です。あらゆる種類の余暇を、民衆《マス》の好きなように利用させねばなりません。自分のために各人に選ばせるのです。青少年に一つの道だけを提示してはいけません。あらゆるルートが開かれていなければなりません。私の政策目的は、〔ユースホステルやスポーツをとおして〕さまざまな青少年を、つまり青年労働者と青年知識人を、青年労働者と若い農民を結びつけることです」(20)。

そのためにラグランジュは、労働者の余暇団体と効果的に協働する「余暇クラブ」の設立をラジオから呼びかけた。余暇クラブは、読書、写真やポスターの展示、音楽鑑賞や合唱、卓球やビリヤードができる集いの場であり、講演会や美術館巡り、工場訪問などを企画する組織でもあった。そしてラグランジュは、「喜びは強制されるものではありません。それは獲得され、当然受け取るべきものなのです。余暇クラブは、労働者・農民・失業者にとって生きる喜びを獲得し尊厳を勝ちとる新たな手段となるでしょう」と締めくくった。余暇クラブは実現にはいたらなかったが、厚生省次官（児童保護担当）シュザンヌ・ラコールも、スポーツ・旅行・文化がこれまで一社会階級の特権であったというラグランジュの発言に触れつつ、学童・青少年・大人の必要に応じた「公立余暇センター」がすべての村落で設立されねばならない」とか、「わがプロジェクトによって田舎の子どもと都会の子どもを結びつける」という希望を語っていた(21)。

有給休暇法案が上程された翌日（一九三六年六月一〇日）、ラグランジュはラジオから行動指針や役割を明確に述べた。ドイツやイタリアと異なって、「民主主義国はスポーツと余暇の一大組織を作り出せないと言われてきた」ことに対して、「われわれの望みは、その考えが根本的に間違っていることを示すことです。われわれの素朴かつ人間的な目的は、大勢のフランスの青少年がスポーツをすることに喜びと健康を見出すこと、そして、きつい労働に対する気晴らしと褒美を労働者がみつけることができるような余暇の組織を構築することです。……今日、大多数のフランスの青少年はスポーツをすることができません。その理由はさまざまです。運動場や競技場が足りないこと、指導員やトレーナーが不足していること、勤労青年には時間がないこと、出費がかさむことなどです。……われわれは、フランスの青少年に質素で利用しやすい運動場や競技場を提供しようと思います。……スポーツと旅行と文化。こうした余暇をとおして、競技の喜び、散歩・キャンプ・旅行の楽しみ、芝居や祭りの楽しみとが交わり合い補い合うのです。われわれは、労働者、農民、失業者が余暇をとおして生きる喜びと尊厳を見出すことを望んでいます」[22]。

『ヴァンドルディ』(六月一二日)の記者とのインタビューでは、ラグランジュは一歩踏み込んだ発言をしている。万人がスポーツを楽しめる施設(プール、運動場、競技場)を建設し、運動競技を花形選手のためだけではなく、民衆《マス》ないし民族《ラス》の体軀の改善のための「スポーツの基礎」と位置づけ、多様な身体的余暇と文化的余暇を結びつけるための委員会に『ヴァンドルディ』の関係者、ジャン・ゲーノ、アンドレ・マルロー、アンドレ・シャンソンの参加を求めた。『ヴァンドルディ』の記者も、「民族の再生《レノヴェ・ラ・ラス》」のために児童と兵士には体育が必要だと述べて、ラグランジュを後押しした。『セット』(七月一七日)との会見でもラグランジュは、民衆ツーリズムの振興や民衆《マス》のためのスポーツ教育の必要性を述べ、「われわれはフランスの青少年が、自由に自己の運命を選びとることができるように十分な体育と知的教養とを与えたいのです」と締めくくった[23]。

これに対して『フィガロ』(六月一四日)は、ラグランジュの提案について、「魅力的な改革」だが「困難な課題」だとか、余暇とは自分の時間を自由に使うことであるのに「夢を法律で縛るのか」と疑問を呈した。さらに一二日後にも『フィガロ』は、「有給休暇と週四〇時間労働によって、商工業は一二〇億から一三〇億フランを失うだろう」というルポルタージュを載せ、有給休暇が一二億フラン、週四〇時間労働が一一五億フランの損失をもたらすと経済界の不満を代弁した。極右紙は総じて人民戦線の余暇政策にも反対であった。青少年を組織したドイツとイタリアの経験に刺激を受けた極右紙のなかには、『美《うま》しフランス』のようにラグランジュの計画に一定の理解を示した新聞もあったが、同紙も「そのためには、第一に、階級や政党に奉仕する政府ではなくて真に国民的な政府をもたねばならず、第二に、その任務をレオ・ラグランジュ氏以外の人物に託さねばならない」と、結局、人民戦線批判で終わっていた[24]。

こうした批判はあったものの、政府はスポーツ・旅行・文化という三つの楽しみを民衆に享受させることを課題とした。しかし、それはファシズム国家のような「余暇の国家管理」ではなくて、国家は余暇の振興と方向づけはするが、その選択は各人の自主性に任せるという民主主義国にふさわしいものであった。ラグランジュは、「国家は余暇の活用に際して、個人と社会の両面で健康の増進と文化の発展の案内人たるべきだ」と述べている。[25] 同時に、労働組合や左翼政党は享楽的な大衆文化を拒否し、労働者に飲酒量を減らして健全な余暇や知的な余暇に興じるように求めた。余暇の増大がアルコール摂取の機会を増やし、その結果、アルコール中毒患者数の増加と道徳的堕落に繋がると批判されていたからである。一九三七年四月末の反人民戦線派の新聞『エコー・ド・パリ』に、労働者に付与された余暇がアルコール中毒患者を増加させているという医師の発言が取りあげられている。[26]

図6－1　ラグランジュ夫妻（1937年11月）

出典　F. Denoyelle, F. Cuel, J.-L. Vibert-Guigue, *Le Front populaire des photographes*, Editions terre-bleue, 2006, pp. 76-77.

政府が唱える余暇は、労働と都会生活がもたらす疎外状態からの解放手段とみなされた。一九三六年七月二三日には、国民教育省・厚生省・労働省などに跨る余暇問題省庁間連絡委員会（Comité interministériel des loisirs）も設置され、労働者の余暇を促進するために行政機関の連絡調整にあたることとされた。労働総同盟（CGT）は、この委員会が「労働者の余暇組織の問題」を検討することに大きな期待を寄せたが、委員が任命されたのは同年一一月、実際に動き出したのは三七年二月のことであった。[27] CGTは三名の委員を送り込んでいる。

上院が余暇を管轄する組織への予算案を承認しなかったので、当初、凱旋門近くのチルジット街に置かれたラグランジュのオフィス（近代的なビルの四階）の扉には、質素なボール紙がプレート代わりに打ちつけられていた。その内部には、机も椅子もタイプライターも用紙もなく、ラグランジュは立ったままで仕事を始めねばならなかった。[28] このように、新設の組織ゆえに彼をサポートする厚い官僚組織はなかったが、一握りではあれ、行動的で情熱に燃えたチームが集まった。妻のマドレーヌ、事務長のエチエンヌ・ベカール（社会党員）、官房長のエドアール・ドレアン（ディジョン大学教授で労働運動史家）、ガストン・ルー大尉、キリスト教民主派のレイモン・シルー、数名のジャーナリストからなるチームである。チーム・ラグランジュは、余暇担当次官の考え、つまり「広義に理解される社会主義の役目の一つは、物質的必要を満たすだけでなく、幸福感を取り戻すことです」[29]という考えを共有した。マドレーヌは、当時の情熱的な日々を回想して「幸福元年（l'An I du bonheur）」と呼んでいる。幸福感は、後述のユースホステルに参加した青少年が、口ずさんだシャンソンの一節にも表れていた。彼らは、一九三六年に作られたシャンソン（三二年、ショスタコーヴィチ作曲）のなかで、「幸福に向かって進もう《マルション・オ・ドヴァン・デュ・ボヌール》」と歌った。ヴァカンスが夢ではなくなったのが三六年であった。

ラグランジュは、就任早々、労働者や失業者に余暇をとおして生きる喜びや尊厳を取り戻してもらいたいと語り、サン＝ジュストの発言、「幸福はヨーロッパの新しい思想である」を引用しながら、「健康的な青年による幸福なフランス」を標語とすべきだと述べた。七月一三日の無料民衆演劇祭でラグランジュは、「幸福感を生み出すのはわれわれの義務です」と決意を表明し、七月後半にも「民衆の文化は、肉体的健康と同時に精神的活力から生まれる」と語って、「スポーツ・旅行・文化を余暇として楽しむことは、尊厳の獲得と幸福の追求という同一の社会的欲求を補完しあう三つの側面である」と述べている。[30]

こうした考えはその後も一貫していた。一九三七年四月にラグランジュは、「われわれは、青少年に自由の意味を忘れないように教えたいと思います。われわれは、フランスの青少年を軍隊的に編成しようとは思いません。そうです。われわれが望むのは、スポーツが青少年自身の良心を育み、日々、尊厳の獲得に成功することです」と語り、三八年四月には「社会主義のための戦いは、尊厳と喜びを求める戦いです」と述べている。[31] 三八年六月七日に開かれた社会主義青年団の大会でもラグランジュは、「社会党は青年同志の行動を、すなわち青年同志がスポーツ協会を組織し、ユースホステル運動に加わり、余暇クラブを作ることができるように支援すべきであります。……われわれは、このために努力することが青年を軍隊風に編成することだと思いません」と語っていた。[32] 三七年秋の教育同盟（ジャン・マセによって一八六六年に創設）の大会で「民主政下の余暇」について議論が行われたところにも、ラグランジュの主張が浸透しているさまを窺うことができる。[33]

それでは次節以降で、人民戦線の余暇政策（スポーツ・旅行・文化の三分野）について検討しよう。

2　スポーツ

民衆スポーツの振興

スポーツの分野では、レオ・ラグランジュは「見世物としてのスポーツ（le sport spectacle）」から「大衆が参加するスポーツ（le sport de masse）」ないし「健全スポーツ（le sport d'assainissement）」へとスポーツ観の転換をはかった。当時はまだ「見世物としてのスポーツ」が大半を占め、スポーツクラブの数も少なかった。ラグランジュの「見世物としてのスポーツ」批判は、一九三八年にフランスで開催されたサッカーの第三回ワールドカップにも向けられるほどであり、彼は一〇万人収容のスタジアムの建設にも反対した。[34] 三七年四月四日に社会党がヴァンセンヌで開いた労働者のスポーツ祭典、第一回国際クロスカントリー大会でブルムは三万人の参加者を前にして述べている。労働時間の短縮によってスポーツも含めた「余暇は最大の問題となりました。……スポーツは文化と並行して歩むべきです。……労働者階級においては、とくにスポーツの商業的利用は排され、スポーツは真の平等に基づいています。……真のスポーツには特権も氏も富もなく、適性しかないのです」。[35]

こうしたスポーツの大衆化には国民の健康問題も大きく関わっていた。一九三六年時点でも結核とアルコール中毒は国民病といってよい段階にあり、ドイツの人種衛生学的な観点からではなく、国民の健康という観点からも「スポーツ実技」は重視された。三六年七月に下院で紹介された一〇万人あたりの結核死亡率は、フランス一五三、イギリス八三、ドイツ七九、アメリカ六三とフランスはドイツの二倍も高かった。不健康な労働者の居住環境が結核罹《り》患率を高め、さらには飲酒に走らせる一因でもあった。三六年のフランスでは住民一人あたりが一年に消費するアルコール量は二五リットルであり、パン屋とアルコール飲料販売店の比率は一対七と、住民三八人に一店のアルコール飲料販売店があったというありがたくない記録をもっていた。[36] 労働者の飲酒癖をなくすためにも、余暇を与えて屋外で新鮮な空気を吸う必要性が力説された。『フィガロ』（三六年六月一三日）のインタビューでも、ラグランジュは「スポーツと健康法は肩を並べて進みます」と述べている。ラグランジュにとって「スポーツは、広範に行われるにつれて、そのときにのみ健康的で心身に活力をもたらす学校となる」のであった。ラグランジュは、三六年七月一五日、スポーツ高等評議会（Conseil supérieur des sports）の設置趣旨説明のなかでも、「屋外での運動は、社会が民衆のためにますます大きな努力を払う健康策と同様に、健康を補完する不可欠な手段となりました。……運動場はサナトリウムや救済院《オスピス》のライヴァルです」とスポーツをとおした健康増進を述べていた。『セット』も「スポーツは体育の完成」であり、「スポーツは当然ながらキリスト教精神を手本かつ模範としている」と断言している。[37]

とはいえ、民衆スポーツの動きがまったくなかったわけではない。カトリックは、一八九八年に「フランス青少年の家体育スポーツ連盟（FGSPF：Fédération gymnastique et sportive des patronages de France）」を発足させていた。一九三二年のFGSPFの登録選手は七万六二五四人、三八年には九万五二七七人を数え、後述する労働者系のスポーツ団体と双璧をなした。[38] 社共両党もスポーツにいち早く注目し、社会党系や教育同盟系のスポーツ団体が存在していた。[39] 労働者を組織した最初のスポーツ団体は、一九〇七年に結成された「社会党スポーツ連合（Union sportive du parti socialiste）」である。その後、思想信条にかかわらずメンバーを募る方針に転じたこともあって、一九一九年に「労働者スポーツ連盟（Fédération sportive du travail）」（共産党系）と名称を変更し、さらに一九三四年一二月下旬に、二五年に袂を分かっていた「労働者体育会スポーツ連合（Union sportive des sociétés gymniques du travail）」（社会党系）と再統合して「労働者スポーツ体育連盟（FSGT：Fédération sportive et gymnique du travail）」となった。FSGTは、三五年で七三二のスポーツ・クラブと四万二七〇六人の登録選手を擁した。三九年夏にはクラブ数は一七六九、登録選手

は一〇万三四二〇人とともに約二・五倍となっている。(40)

FSGTは一九三五年に人民連合に加盟し、三六年一月には九項目の行動計画（体育授業の必修化、体育学教授や指導員の養成、学校やスポーツ協会に健康管理組織を設置、スポーツ施設の整備拡充とその予算増額など）をまとめ、ラグランジュを後押しした。FSGTが、三六年三月二七日に社共両党や労働総同盟（CGT）とともにミュチュアリテ会館でベルリン・オリンピックへの抗議集会を開き、さらに、ベルリン・オリンピックに対抗して七月下旬にバルセロナで開かれる民衆オリンピックの開催に関与したのも当然であろう。七月五日のパリで、バルセロナ・オリンピックの事前大会としてFSGTが組織した国際スポーツ祭典には三万人が集まり、ラグランジュやコット空相の挨拶はラジオから流された。また、三六年六月の「社会的爆発」時には、FSGTはスト中の工場に出向いて、ボクシングの公開試合（シトロエン社の工場）、重量挙げやバスケットの競技（イスパノ＝シュイザ社の工場）、体育講座（トムソン社の工場）を提供してもいた。(41)

教育同盟は、一九二七年に「フランス脱宗教的体育活動連合（UFOLEP : Union française des œuvres laïques d'éducation physique）」を組織して、卒業後や課外活動としてのスポーツを振興しようとした。FSGTとUFOLEPは、三七年五月に「体育実技をスポーツの基礎に置きつつ、スポーツとその方法論の刷新のためにともに努める」という協定を交わしている。こうした組織と協働しつつ、ラグランジュは民衆スポーツの振興に乗り出す。社会党の『ポピュレール』も日々のスポーツ欄を二列から三列へと拡充しただけでなく、週一回「体育とスポーツ」という特集記事を載せてスポーツの普及を後押しした。(42) FSGTは、三六年八月一六日にリールで、八月三〇日にはガルシュで開かれたユマニテ祭りにあわせてスポーツ祭典を組織して気運を盛りあげた。(43)

一九三七年三月にCGTの『プープル』は、より階級色の強い議論を展開しつつ「民衆スポーツは経営者のスポーツに取って代わるべきだ」と主張している。記者は、ラグランジュと同様の「民衆スポーツ精神」（身体の改善をめざす民衆スポーツは個人競争やスポーツの専門化に反対するという立場）を開陳し、ウジェーヌ・シュネーデルやフランソワ・ド・ヴァンデルといった鉄鋼会社の経営者が、運動場などを設けて「支配の道具」としてスポーツや余暇を組織していることに異を唱え、「余暇とスポーツの独立を確保するために」資金・建物・運動場を要求した。そして「民衆スポーツは、経営者が封建支配を行っている地域で産業領主の影響力から青年を引き離す自立した一大運動になるだろう」と締めくくった。ルノーの労働者はいろいろなスポーツに興じており、三七年四月時点で二一のサッカーチームが存在している。(44)

体育教育の普及

ラグランジュは、先述の『フィガロ』のインタビューでこう答えていた。「私は何よりもまずグランドが欲しいのです。豪華なスタジアムではなくて、青少年が跳び回ることができるグランドをもちたいのです。……私はスポーツ選手にグランドを、観衆のいないグランドを与えたいと願っています」と述べると同時に、学校スポーツは自分の管轄ではないが、児童に水泳実技を学ばせるために最善を尽くしたいとも語っていた。この背景には、毎年、車・列車・飛行機による事故を合わせた死者よりも多い三〇〇〇人が溺死するという事実があり、救命のためにも泳法の教授が求められていた。(45)

国民教育大臣ジャン・ゼーも、義務教育年限の一年延長（一四歳）以外に、一九三六年一〇月九日通達で中等教育の学級定員を三五人とし、小学校の体育授業と一四～一八歳の体育授業を必修にした。これには、三六年六月九日の議会で急進党議員団が、北欧やドイツ・イタリアと比べてフランスの体育やスポーツは遅れており、「体育の合理的組織化によるスポーツの振興」を政府に求める決議を上程したことも与っていた。体育授業の改善に取り組んだのは、自身医者でもある体育担当次官のピエール・デザルノーである。七月末の『ポピュレール』のなかで彼は、一〇月から体育授業の実施（週一回午後）、体育教員の養成、校医制度の検討、障害児の教育や卒業後の鍛錬について語っていた。(46)デザルノーは、『ユマニテ』（三六年九月二一日）紙上で体育の必修化について、「フランス青少年の身体状況の改善、わが民族の復興、共和政の防衛強化」に貢献するものと位置づけて啓発に努めた。彼は『セット』（三六年九月一八日）とのインタビューのなかでも、体育の必修化について、軍事予備教練的性格（年六〇時間）を否定はしないもの

[47]の、「強制や監禁の方法を用いることは論外だ」と語って、「隣国をそっくり模倣することは問題になりえない。フランスの教育制度はまったく別物だ」と断言した。ただし『セット』（三六年一〇月九日）は、デザルノーが青少年を一四歳以下、一四～一八歳、一八～二一歳に三分して実施しようとした体育計画に対しては、とくに、卒業後～兵役前の第二カテゴリーの青年労働者をいかにして体育講義に参加させるのかが問題であり、しかも、既存のスポーツクラブが競争至上主義に陥っているがゆえに既存のクラブをあてにすることはできず、実現には困難がともなうことを指摘していた。[48]

こうして、一九三六年一〇月からオード県（ブルムの地元）、ロワレ県（ゼーの地元）、ムルト＝エ＝モーゼル県（ルブラン大統領の地元）の三県の学校で、一時間の体育授業と毎週半日（三時間）の野外学習という実験的な授業が導入された。この時期、南仏オード県では三万五〇〇〇人の児童が六二〇の学校に通っており、運動場をもっている学校は五五六校あったが、体育授業に適した広さをもった運動場は三三七、プールは二つしかなかった。[49]

一九三七年にはこの実験的授業は二九県に拡大され、三七年八月六日通達によって小学校における三時間の野外学習と三時間の課外活動《ロワジール・ディリジェ》が導入された。なお、同年五月二二日の命令によって、屋外での三時間の体育授業がリセやコレージュにも拡大され、三八年三月二三日省令で、週三時間の野外学習がフランス全土に広げられた。三八年七月にジャン・ゼーが、野外での「観察の重要性」を訴え、生徒の好奇心をかき立て知的成長にも有益な課外活動はあらゆる学科目の補助者だと力説したゆえんである。四一年にもゼーは、課外活動が学校に怠惰《パレス》・懶惰《ノンシャランス》・無精《フェネアンティーズ》をもたらすという上院議員の批判を思い起こしつつ、町の学校では工場・美術館・庭園・記念碑などの探訪によって、村の学校では耕作地や歴史的な場の訪問、自然の驚異や特色ある地形の探究、植物採集などによる活発な課外活動《アクティヴィテ・ティリジェ》によって、児童の素質や好奇心を目覚めさせることを目的としていたと記している。とはいえ、ドイツは野外学習授業を二一年三月に設けており、ドイツに遅れること一六年ではあったが、やっと体育系の授業時間数は二時間から五時間（体育二時間、野外学習三時間）に増えたのである。[50]

運動施設の整備

『ユマニテ』（一九三六年五月二八日）は、「政党がスポーツに関心をもつとは驚きであった」というフランス・サッカー連盟会長の発言を紹介しつつ、体育授業の必修化やプールやスポーツ施設の建設のために一〇億フランを要求していた。すでに五月六日、トレーズはラグランジュの考えを先取りする発言を行っている。「若人の健康と未来を保障」し、「若人にスポーツを促し、グランド・競技場・トレーニング室・プールなどを若人に提供するために、われわれは一〇億フランがスポーツ事業にあてられることを要求する」。『ユマニテ』（六月二九日）とのインタビューでもラグランジュは、「早急になすべきことはスポーツ施設をいたる所で建てることです」とか、「体育教師を養成するたくさんの学校を作りたいものです」と語り、そのためにFSGTや全国初等教員組合などの代表を含む「スポーツ委員会」の設立構想を述べ、「FSGTが効果的な援助を私にもたらしてくれる」ことに期待を表明している。『ユマニテ』の記者は、「フランスの青少年が熱望しているスタジアム、競技場、体育館、プールを建造するために必要なものをレオ・ラグランジュが富者から巻きあげる決意であるなら、……わが偉大な共産党は、積極的かつ絶大な支援を惜しまない」とインタビューを総括した。[51]

こうした後押しもあり、一九三六年中に二五三件の競技施設の建設案が承認され、二五六〇万フランが注ぎ込まれた。[52] 建設案では、九六の競技場、六二のスタジアム、三九のプール、二二の体育館、一五の陸上競技場、四つの民衆用ウィンター・スポーツ施設、二つのテニスコート、一つの屋内スタジアム、九つの既存競技場の改修、三つの市立競技場の購入が予定されていた。三七年末までにさらに四〇〇の建設計画が出されている。三六年一二月末に開かれたFSGTの第二回大会でラグランジュは、四三〇〇万フランを施設整備費にあてたと語っている。最終的にはラグランジュは、スポーツ施設の整備に八七〇〇万フランをつぎこみ、スポーツ施設の拡充に尽力した。こうして三三の室内プール、二一の運動公園、一一〇〇の簡素な競技場ないし改修された競技場が作られた。それは既存のスポーツ施設の一五％以上に相当した。今日多くの競技場や体育館にレオ・ラグランジュの名が冠せられているのは、こうした彼の功績にもとづいている。

一九三六年七月二三日にはスポーツの振興を目的として、四五人の委員（九つの省から一三人、スポーツ団体一一人、地方議員・スポーツ医・ジャーナリスト・全国余暇委員会から六人、議会二人、労働組合二人など）からなるスポーツ高等評議会が設けられた。一〇月五日に最初の会合が開かれ、スポーツの組織化・設備・普及という三つの常設委員会が設置され、県レヴェルでのスポーツ施設の整備と組織化にあたった。三七年一一月一八日デクレによって県内のスポーツ団体の調整を目的とする「県スポーツ・余暇・体育評議会」が設けられ、スポーツ・兵役前教練、体育と学校スポーツ、余暇の三委員会が置かれた。[53]また、ラグランジュは指導員不足を解消するために、指導員養成を目的とする「活動的教育方法訓練センター」（後述）を支援しただけでなく、体育学教授を養成するために体育高等師範学校を設置し、国立スポーツ研究所や国立スキー学校（三七年一〇月）も新設した。三六年夏のベルリン・オリンピックでフランス選手がふるわなかったことも、こうした気運に拍車をかけたことだろう。三七年にはスポーツや屋外での余暇を振興するために、映像・チラシ・ポスターによる宣伝費として一五万フランが計上されている。

民衆スポーツ証書

ラグランジュは、一九三七年三月一日に「民衆スポーツ証書（BSP：le brevet sportif populaire）」を制定するデクレに調印した。[54]デクレの起草には彼自身があたった。BSPはFSGTの証書に示唆を得ていたが、三三年六月にドイツは、「国民スポーツ証書」を制定していた。ドイツのスポーツ証書は軍事目的に奉仕する面があったが、フランスのそれはあくまでも健康が主目的であった。デクレの目的は、機械化や交通手段の発達で体をあまり動かさなくなったフランス人男女が、健康の増進と身体の発達に配慮すべく体育を奨励することであった。BSPは、競走・跳躍競技・砲丸投げ・綱登り・水泳などの競技で、幼児・少年・青年・成人などの段階ごとに区分され、体育愛好者を作り出すことも目的としていた。ラグランジュは、「民衆スポーツ証書が設けられたことで、フランスの青少年に責任を負い、民族《ラス》の未来のために心を砕くすべての人に推奨したいのは、身体改善のために国中で努力することです」と述べて、デクレの報告を締めくくった。『セット』はBSPについてのラグランジュの考えを紹介しつつ、「政府が《見世物としてのスポーツ》の愚かさとの戦いを始めた」ことを歓迎し、「政府はわれわれの健康を本気で心配してくれている」と評価した。[55] このようにBSPは、競い合いや運動エリートとは無縁なスポーツの大衆化を目的とした。三八年一月にもラグランジュは、BSPによる「青少年の肉体的精神的開花」に期待を寄せている。

UFOLEPやFSGTは、フランス全土でBSPの認定テストを行って政府に協力した。FSGTパリ地区組織はBSPの導入を歓迎し、BSPの普及に努めるべく、一九三七年四月一四日にBSP委員会を設立するための会議を招集した。委員会の役割は、運動場を調査し、BSPテストの場所や日時などを定めることであった。[56] ラグランジュも「FSGTが非常に多くの受験者を名誉にかけて集めた」ことに謝意を表明している。FSGTは三七年六月二六日に行った認定テストの結果を公表した。それによると、九八〇人の受験者のうち六二四人に証書が交付された。同年一〇月までに一〇万人のフランス人男女が認定を受けている。三七年で三〇万人が認定を受け、そのうち軍人が七万五〇〇〇人という数値もあるが、それにしても三八年で六〇〇万人というドイツの認定者数と比べると、体制の相違を痛感せざるをえない。フランスの成人男性の認定基準（五種目）は、一〇〇メートル走一五秒、一〇〇〇メートル走四分、走り高跳び一・二メートル、砲丸投げ六メートル、綱手登り三メートル。成人女性（四種目）は、六〇メートル走一〇秒、走り高跳び一メートル、砲丸投げ五メートル、綱手足登り三メートルであった。[57]

ジャン・ゼーは、一九三七年の国民教育省通達によって、小学校を修了して第六学級（一一～一二歳）に進級する際に、それまでの体育試験を廃止し、適性テストとしてBSPを取得させることにした。このようにゼー自身も体育の振興に努めたこともあり、四一年に獄中（四〇年八月にヴィシー政府によって逮捕）でしたためた日記のなかでラグランジュの戦死に触れつつ、ラグランジュの「民衆スポーツ証書」が目覚ましい成功を収めたので、「民衆」という言葉を禁じたヴィシー政府は「国民スポーツ証書」と言い換えて使用したと皮肉交じりに書きとめている。[58] 以上のように「個人の能力の開花」や「尊厳」を重視するラグランジュの考えは、スポーツに貴族的な価値の擁護手段をみるアンリ・ド・モンテルランや、スポーツを集団・家族・祖国に従順な人間を作り出す方法とみなすジャン・ボロトラ（ヴィシー政権下の体育総監）などの保守派とは一線を画すものであった。[59]

次官を退いて以降もラグランジュは、学校・大学スポーツ振興団《オフィス》の会長として、一九三八年一〇月にジャン・ゼー国民教育大臣の前で全国スポーツ委員会委員長と協定を結んだ。効率的な施設の利用による身体の鍛錬をとおして、学校体育・大学スポーツ・連隊スポーツが連結することで、たくましい民族の出現が期待された。(60)

冬のスポーツ

ラグランジュは、ウィンター・スポーツを青年労働者に身近なものとするためにも働いた。それには、フランス東部ヴォージュ県の出身でスキーが大好きな妻マドレーヌの働きかけもあった。この時代、かなりの出費をともなうウィンター・スポーツはまだ上流階級の専有物であったが、三割引切符や団体列車や安価なペンションの手配によってスキーの民衆化が進んだ。スキー振興策として、一一月一日から翌年三月二日までスキー場向けの週末五割引切符や、三～四ヵ月有効の週末定期券（九〇〇～一三〇〇フラン）制度、リヨン、オルセー、オーステルリッツなどの主要駅でのスキー荷物預かり制度（半年一五フラン、三ヵ月一〇フラン）なども設けられた。(61)こうした優遇策によって、一九三六年一二月二三日と二四日だけで、パリのリヨン駅から五万人が冬山に向けて旅立った。この冬には五〇万人が雪の斜面を滑っている。この頃、リフトのあるスキー場は多くなかったが、三七年一月にできたリフトのおかげで何度もゲレンデを滑降したときの喜びを社会党員のアンリ・ノゲールが綴っている。ラグランジュが、「今年、ウィンター・スポーツが得た成功に匹敵する成功をフランスのウィンター・スポーツは一度も味わったことがなかった」と語ったのも当然であろう。(62)

図6－2　冬山からパリのリヨン駅に帰着したスキー客

出典　F. Denoyelle, F. Cuel, J.-L. Vibert-Guigue, *Le Front populaire des photographes*, Edition terre-bleue, 2006, p. 151.

『ポピュレール』（一九三六年一二月二五日）は、ラグランジュの写真とともに、「民衆ツーリズムの進展。雪へ、太陽へ。五万人以上の旅行者が、この二日間リヨン駅から冬季滞在地行きの列車に乗車した」と報じ、スキー場や避寒地に向かう人びとで混雑する駅や臨時列車の運行、割引切符の発行が三七年三月一日まで延長されたことにも触れていた。[63]『ヴァンドルディ』も標高ごと（一〇〇〇メートル以下、一〇〇〇～一五〇〇、一五〇〇以上）にユースホステルの利用料や設備の一覧を掲載して読者の便に供し、「雪山の魅力」や「スキーの楽しみ」を書きたるだけでなく、スキー用具の解説や技術指導の記事を幾度も載せてスキーへの関心を高めた。[64]

ラグランジュは、一九三七年三月九日の上院でスキー場への旅行を促進する政府の活動について説明している。ウィンター・スポーツが青少年の成長と国の経済に深い影響を及ぼしていることを指摘したうえで、迅速な除雪作業による交通の便の確保、スポーツ用具の整備、スキー教室の開催、財政基盤の弱い市町村にロープウェイの建設費を補助することなどによって「フランスのウィンター・スポーツの進展」を図ると述べていた。[65] また、急進党系の週刊紙『マリアンヌ』が、「一年前までフランスは、スキー知らずの国民（nicht-ski-nationen）の一つと考えられてきた」が今は違うと、国立スキー学校の創立などに触れて自信に満ちた記事を書いたのは三七年一二月のことだ。[66] こうして、チーム・ラグランジュは、ウィンター・スポーツの民主化にも着手したのである。

空のスポーツ

ラグランジュは空のスポーツにも眼を向けていた。[67]『夜間飛行』の著者サン゠テグジュペリは友人であった。民衆に空を身近なものにしようという大臣の願いは、次の四名によって推進された。急進党の空軍大臣ピエール・コット、ジャナン空軍大佐、ベテランの飛行機乗りで予備役中尉のジョゼフ・サディ゠ルコワント、南米に商業便を飛ばせたリュシアン・ボストロ（急進党下院議員）である。ラグランジュより五歳年長のコットは、余暇担当次官ともっとも多くの共通点をもつ議員であり、両者は私生活においても交際があった。[68] そのコットが乗り出しているところに、空のスポーツの民主化と同時に国防上の動機も窺うことができる。一旦緩急の際には空軍パイロットとして役立つからである。コット空相は後述する『ユマニテ』とのインタビューのなかで、民衆飛行クラブで「われわれが考えている選抜は、空軍のさらなる強化のためにも貴重だ」と述べている。さらにコットは、クロワ・ド・フーのシンパも多い空軍に民衆飛行クラブの修了者を送り込むことで、空軍の民主化を促進する考えも表明している。[69] このようにコットの頭のなかでは、民衆飛行と空軍の再編と航空機製造業の再編は重要な三角形をなしていた。それにはドイツとの懸隔が意識されていたはずである。ドイツは民衆飛行の分野でも先駆けであり、一九三四年に飛行クラブに所属しているドイツ人は一万五〇〇〇人を数え、三六年前半の国際免許状所持者一九七人中、何とドイツ人が一六〇人を占め、フランス人は一人しかいなかった。[70]

共産党が人民戦線政府成立以前から民衆飛行に力を入れていた理由の一つも、反独・親ソの方針と連動する国防上の理由（空軍パイロットの養成）に求めうるだろう。『ユマニテ』は一九三五年秋に「天を穿つ者たち」に関する二九本の連載記事を掲載し、初回は「空の労働者」にして「飛行英雄」のサディ＝ルコワントにあてられ、第二八回には「民衆飛行が創り出されねばならない」と主張された。[71] 三六年三月二六日に「翼（l'Aile tendue）」（三六年二月創設、会長はサディ＝ルコワント）傘下の民間飛行クラブが、民衆飛行を発展させるべく「航空スポーツ民衆連盟（ＦＰＳＡ：Fédération populaire des sports aéronautiques）」という名のもとに再編されたのを受けて、共産党系の写真週刊誌『ルガール』（三月二六日）は、「民衆飛行が生まれつつある。二〇世紀に創始された素晴らしいスポーツを万人の手の届くところに置くのは、もっぱら労働者のイニシアチヴと組織如何にかかっている」と記して、エンジンなしで滑空できる理由、軽飛行クラブで学ぶ理論や技能および取得できる免許を解説してムードを盛りたてた。共産党のヴァイヤン＝クーチュリエも、「民衆飛行万歳！　……民衆飛行は人民のものでなければならず、人民にのみ属すべきである」（三月三〇日）と発言している。[72] 一九三七年二月に警察は、ＦＰＳＡ内で「圧倒的な影響力」を保持しようとする共産党の努力を指摘し、「いたる所で宣伝に努め、会員の募集にあたったのは共産党員であった」と報告している。[73] ＦＰＳＡの会長にはボストロ、副会長にはヴァイヤン＝クーチュリエとエドアール・セールが就任し、一一月から『民衆飛行雑誌（Revue populaire de l'aviation）』が発行された。

これ以前には、一部の富裕層のみが参加できるフランス飛行クラブ（一八九八年発足）とフランス航空連盟(74)（Fédération aéronautique de France）しか存在せず、民衆飛行の発展は妨げられていた。一九三六年時点の労働者の平均月給が一〇〇〇フランであった時代に、パイロット証書を得るには四〇〇〇～八〇〇〇フランが必要であった。それゆえ、民衆飛行は飛行の特権性を富裕層から奪うことを理念としていた。共産党の積極的な活動はその後も続き、イシー＝レ＝ムリノーにあるニウポール社の工場で飛行クラブの設立に関与し、三七年二月の下院航空委員会ではヴァイヤン＝クーチュリエが、初等師範学校に飛行論の講義を設けて、小学校で民衆飛行についての情報を提供するという提案をしていた。(75)

民衆飛行

ＦＰＳＡの書記長で共産党系のジェオ・アンドレは、一九三六年一一月に民衆飛行の意義を語っている。人びとはわが組織のおかげで、旅行の分野も含めて「飛行のあらゆる喜びを味わう」ことができると語り、課題は飛行機の原価の引き下げであり、飛行をアマチュア・スポーツのなかで最高の余暇としたいと述べた。(76)このために行政も動いていた。三六年七月三一日、コットは空軍官房に民衆飛行課を設け、課長にジャナン大佐、監察官にサディ＝ルコワントを任命した。その目的は、国民のあいだに飛行熱を高め、とくに若人に飛行知識と飛行技術を提供することであった。(77)民衆飛行課の設置に絡んで、「極左政党は共犯関係にある空相の支援を得て、罰せられることなく公然と革命の準備に着手した」などと非難された。(78)空軍大臣は、国民教育省と協同して小中学校に飛行術の授業を導入することも望んでいた。

コットは、一九三六年六月下旬の『ユマニテ』とのインタビューで、「民衆飛行組織の計画」について次のように答えている。『ユマニテ』の記者は、航空の民主化や民衆飛行クラブなどについて質問した。空の民主化のために、青少年に無料か最低限の費用で通える飛行クラブを作る。そこでは、年齢別の三クラス（九～一四歳の初級、一四～一七歳の中級、一八～二一歳の上級）に分かれてエンジンの理論・気象学・航空力学などの学科、工場見学や模型製作などの実習、操縦技術などを学ぶ。この課程を修了した生徒には、パイロット・無線士・航空士・整備士などの免許状が交付される。政府は、民衆飛行クラブにグライダーや小型飛行機を無償で配備したいし、有能なパイロットを多く輩出しているクラブには報奨金も出したいと、大臣は語った。記者は、コットの発言を「飛行機の上を通り抜けた新たな息吹」だと評価し、党も大臣の仕事に全面的な支持を惜しまないとインタビューを締めくくった(79)。

コットは、七月三日にも民衆飛行の原則は「無料と選抜」と語っている。こうした後押しもあって、一九三六年には空の祭典がいくつか催されている。五月一七日にサン＝ジェルマンで航空集会、七月一二日にル・ブルジェ飛行場で、大統領とコット空相隣席のもとに航空祭典が挙行され、落下傘降下やアクロバット飛行、二〇〇機以上の軍用機の航空ショーがあった。五月三一日にはクルヌーヴで共産党が自転車競技にあわせて初飛行体験会を開き、青年に空の楽しみを教えようとした。会場では共産党のマルセル・カシャンが、民衆飛行も含むスポーツの振興に一〇億フランをあてる計画を公表しさえした(80)。『マリアンヌ』も「人民戦線と民間飛行《シヴィル》」の特集を編んで、「空の人」としてサディ＝ルコワント、ジョルジュ・ボストロ、エドアール・セールら三名の紹介記事を載せている。『セット』も「青少年と空のスポーツ」（三六年九月一八日）、「民衆飛行」（三七年二月一九日）の特集を組んだように、民衆飛行熱が充満していたことを推測させる。航空会社エール・フランスが誕生したのも、こうした空への期待が高まる三三年八月であった(81)。

かくして、一九三六年一一月時点で一〇〇ほどの民衆飛行クラブが結成され、クラブ員は一万人ほど集まった。コットは、

図6－3　パリ南郊オルリーにて，グライダーによる民衆飛行

出典　Jacques Girault, *Au-devant du bonheur*, CIDE, 2005, p. 144.

ジャナンを民衆飛行クラブ総裁に、サディ＝ルコワントを民衆飛行総監に任命した。三六年中には二人の女性飛行士が記録を打ち立てるまでになっている。六月に元落下傘隊員マリーズ・ヒルツが、ポテ五〇型機に乗って三六分で高度一万四〇〇〇メートルに達するという女性の世界記録を打ち立てた。一二月末には元革靴縫製工のマリーズ・バスチエが、シムーン風に乗ってセネガルのダカールからブラジルのナタールまで、三七時間五五分で大西洋を横断するという女性の飛行時間の記録保持者となった。[82] また、特別助成金のおかげで一四～一七歳の青少年は無料の滑空飛行訓練が可能となった。一七～二一歳の訓練生は、滑空飛行の修了後にエンジン付き飛行へと進み、進級テストによって一級飛行証書、二級飛行証書、軍事パイロット証書へとランクアップするプログラムが用意された。三七年には一七〇〇枚、三八年には二万三〇〇〇枚のパイロット証書が交付されている。とはいえ、三七年時点でエンジン飛行課程に登録していた三一五八人の生徒のうち、一級飛行証書の取得者は一二九四人、二級飛行証書の取得者は二三八人であり、コット空相の思惑どおり進んでいるわけではなかった。[83]

一九三七年のパリ万博では、航空館で民衆飛行の展示が行われ、六二・五メートルの塔からの落下傘降下体験もあって、空への関心を盛りたてていた。三七年九月五日には空軍省主催による第一回民衆飛行祭りが、ヴァンセンヌ飛行場で開催された。一六〇の民衆飛行クラブに所属する一万人のクラブ員を代表して、四〇〇〇人の若人が参加していた。[84] 各支部の飛行機や軍用機、グライダーが勢揃いし、落下傘降下や飛行中隊による航空ショーに数万人がつめかけた。こうした飛行熱の高まりは、週四〇時間労働法には一貫して反対の論陣を張った『エコー・ド・パリ』が、空のスポーツにはかなりの紙面を割いたところにも窺うことができる。論説委員のアンリ・ド・ケリリスは第一次大戦時のパイロットであり、航空兵力の重要性を知悉していた。さらに、クロワ・ド・フーの後継組織、フランス社会党（PSF）の副総裁に著名なパイロットのジャン・メルモズが就いていたこともあり、PSFは「ジャン・メルモズ連盟」を組織して民衆飛行を奨励していた。[85]

三〇年代の代表的な余暇の一つがカヌーであったように、水上スポーツも盛んであった。カヌー・クラブ、カヤック・クラブが誕生していた。三六年夏には、カンヌやマルセイユなどの地中海岸、ボルドーに近い保養地アルカション、アヌシーやエヴィアンなどのレマン湖畔で水上スキーが流行し、三七年六月には、カヌー愛好者のために航行技術や地形情報を満載したフランスの水上マップが出版されている。(86)

3　旅行

ラグランジュ切符

旅行の分野ではラグランジュは、世代ごとに三つの方策を講じようとした。児童には林間学校（Colonies de vacances）を、青少年にはユースホステルを利用した自転車旅行を、大人にはホテルとキャンプ場を用意すべく取り組んだ。彼は、一九三六年七月二八日の下院で民衆ツーリズムを促進する方策について具体的に語っていた。第一に、ユースホステル運動の展開やキャンプ場の整備によって青年に安価な旅を保証すること、第二に、八月三日から二週間有効で六割引きのコート・ダジュール行き特別列車を走らせること、第三に、安価なパック旅行の企画（一週間の北西部海岸の滞在費、二七〇フラン。一週間のコート・ダジュール滞在費、三八五フランなど）、第四にアルジェリア巡航の旅などである。(87)『ポピュレール』とのインタビューでもラグランジュは、「労働者のための余暇と民衆旅行を組織すること、それが私の願いです」と述べて、下院と同様の発言をし、さらに社会党の青年組織「赤い鷹（Faucons rouges）」やユースホステルや「子ども共和国」の活動を称賛していた。(88)

まずは割引切符の導入に取り組んだ。政府は一九三六年七月三〇日に「ラグランジュ切符」と称される鉄道運賃割引制度を設けて、労働者・会社員・公務員の家族に海や田舎への遠距離旅行を保証した。とはいえ、それには大きなハードルを越えねばならなかった。第一に、有給休暇は八月三日から始まることになっており、チーム・ラグランジュに許された時間は一ヵ月しかなかった。第二に、当時の鉄道は国有化されておらず私企業であった。そこでラグランジュは、鉄道会社の社長を招集して交渉にあたった。反対意見は、「鉄道は損を出してまで多くの乗客を運ぶことはできません！」に代表されている。これに対して次官は、即時国有化という脅しを交えつつ、「余暇とヴァカンスの権利は与えられたものではなくて獲得されたものであることが、どうして理解できないのでしょうか。結局、大衆がヴァカンスに出かけるなら、それは鉄道会社にとって摑むべき好機であることが、どうして分からないのでしょうか」と説得に努めた。[89] 交渉が妥結をみたのは、休暇が始まる四日前であった。

粘り強い交渉の末に獲得できたラグランジュ切符は、二〇〇キロ以上離れた目的地に最低五日間滞在という条件で一ヵ月有効であり、しかも三等列車の運賃が四割引きとなっていた。この結果、八月二日から一二月三一日までに三六万枚のラグランジュ切符が発行され、五五万人がその恩恵に与った。翌三七年には割引切符が、職人や小作農《メティエ》、それに一人で家計を支える女性労働者にも拡大されたこともあり、発行枚数は七〇万枚、利用者は九〇万七八〇〇人に伸びている。三八年には一五〇万人がその恩恵に与っている。[90] このように、ブルム内閣期のラグランジュ切符の利用者は一〇〇万人を超えておらず、一気に民衆ツーリズムが実現したとは言いがたい。その理由として、鉄道員観光協会（一九三三年発足）という独自の組織をもっていた鉄道員は特別料金で旅ができたこと、一〇名の団体は五割引、家族は五名から割引が適用されたこと、団体切符を専門に扱う旅行代理店は、ラグランジュ切符をあまり発行しなかったこと、六割引の団体旅行列車が、パリ―ニース、パリ―トゥールーズを運行したことなどが考えられる。それでも、「ラグランジュ切符のおかげで休息・無為《ラ・ヴァカンス》が長期休暇《デ・ヴァカンス》に変わった」（オリイ）ことは間違いない。[91] さらに、三五年二月、世界恐慌の影響によって訪仏外国人観光客が激減したことから、「観光旅行《ツーリスム》の死」や「重病の観光旅行」が語られていたことを勘合すると、ラグランジュ切符は内需を掘り起こすことで観光産業のテコ入れになったことだろう。一九二九年に一九〇〇万人の観光客を記録したのに対して、一九三四〜三五年には九〇万人に激減していたのである。[92]

旅とナショナル・アイデンティティ

ラグランジュ切符の利用による旅行先は、コート・ダジュール、南西フランス、北フランスの浜辺が多かったが、出かけた労働者の多くは、次のブルターニュ出身の女性のように帰省して親族と過ごした。『ポピュレール』は、「パリ地域の数千の労働者がヴァカンスに入るためにパリや北フランスの工場が休業したことを告げたのち、女性労働者の話に触れている。彼女は、長らく帰郷できなかったが、人民戦線政府のおかげでやっと夫と子どもと一緒にブルターニュの実家にいる老親と再会できる喜びを語っていた。(93) ラグランジュ切符は、時には家父長的な家族の復活に繫がる場合もあったとはいえ、家族の絆や親族の結合を強めた。『ユマニテ』も家族に言及する記事をしたためている。「最初のヴァカンスを浪費しないようにしよう。……澄んだ空気をあなたの糧にしよう」と述べて家族割引切符の利用を勧めたり(八月一日)、母親や姉妹を気遣うレーニンの手紙に家族の絆を読みとったりした(「レーニンとその家族」八月二五日)。もちろん、ブルム内閣成立以前から『ポピュレール』の紙面には、スポーツ欄、ラジオ番組欄、「女性・女性活動家」欄(週一回)はあったが、スポーツ欄やラジオ欄が拡充するのは三六年に入ってからであり、三七年に入ると週末旅行キャンペーンが毎週展開され、労働者を旅へと誘った。(94)

ともあれラグランジュ切符が、たとえ一部の労働者にではあれ生まれて初めて海を見たという感激を与えたことは間違いない。『プープル』はある農村の郵便配達員の手紙を掲載している。彼が初めて海と船と路面電車を見たのは二二歳の兵役時であり、フランスの東部や北部に初めて行ったのも第一次世界大戦で動員されたときであったという。それ以来故郷を離れたことがなかったが、五一歳にして初めて山や南仏コート・ダジュールの海を見た。「CGTが支持する人民戦線政府のおかげで、労働者階級は地図や映画で知るのとは違って、フランスを、わが国をついに体験的に知ることができるでしょう」。(95) 共産党系の写真週刊誌『ルガール』にも、「有給休暇のおかげでわれわれはフランスを発見するだろう」という見出しのもと、同様の話が掲載されている。クリシーにあるシトロエンの工場で働く金属工は、ノルマンディーで初めて海を見た、山に行ったことがないので来年はアルプスの山でキャンプをしたいと述べ、「本当にわれわれ自身の国を知らなかった。……われわれは出不精な人間であった」と記者に答えている。(96) また、リールの繊維工場で働く労働者は、ヴァカンスに出かけるために家具を売って旅費を工面した人びとがいたことを回想している。(97) 一九三六年が、労働者にとって「幸福元年」となったことを窺わせる回想である。農業労働者には週末をパリで過ごすというメニューも用意され、旅費・宿泊費・食費・史跡探訪・観劇を含めて一〇〇フランであった。(98)

こうしてフランスの労働者は、ラグランジュ切符をとおしてフランスの自然や風景や歴史建造物などを体感し、ナショナル・アイデンティティを強めた。一九三七年一月一七日には、ラグランジュが主宰する「民衆ツーリズム委員会」が設立され、民衆クルージングなど民間団体による旅行を支援することになる。『プープル』は、三七年春の復活祭休暇の過ごし方がそれ以前とは異なっているさまを報告している。三六年夏のコート・ダジュールには、ヴァカンス初体験ということもあって「前代未聞の民衆の氾濫」があったが、冬には状況は改善され「ウインター・スポーツは、かつて経験したことのない広がり」を示した。そして復活祭休暇では、以前は数千人の都会人が野外に出かけただけなのに、今年は民衆旅行組織のおかげで多くの家族が地方や故郷に出かけていた。[99] 三七年夏に、「労働者の家族に適切な滞在条件を保証せねばならない」として、「ホテル業界が余暇の組織化に協力」し、パリと地方のホテル情報の冊子が刊行されたこともツアー熱を高めたことだろう。[100]『ルガール』は、三七年夏にユースホステル・山歩き・林間学校の特集を組んで人びとを旅へと誘った。山歩き特集では、服装や持ち物や靴の解説からヴォージュ山脈一〇日間の縦走の旅なども提案していた。[101]

一九三八年のヴァカンスについては、「万人のための観光・ヴァカンス」（後述）のメンバーであるP＝A・パヌイヨの発言に耳を傾けてみよう。[102] 彼は、三八年八月にグルノーブルにあるホテルの宿泊日数が二九年比で八一六二日（約二五％）増えたことを示しつつ、「有給休暇のおかげで民衆ツーリズムが脅威的に発展し、人びとの健康と国の経済活動に有益な効果がもたらされた」とか、「人民戦線が設けた社会法は、より健康でより頑強でより丈夫な民族《ラス》をこの国に用意し」、「有給休暇はわが国内商業や工業に有益な刺激を与えている」と総括した。海や山に出かけた労働者は、魚が泳ぐ小川の岸辺で過ごす者、水泳・サイクリング・カヌーに熱中する者、雪に覆われた鋭鋒を登攀する者、ドライブする者などさまざまであったが、彼らは戸外滞在型の余暇を過ごすことで、辛い労働の一年に備えて健康と喜びと楽しい思い出を蓄えたのである。

労働総同盟（CGT）と旅行

政府の余暇政策の一端を担ったのはCGTである。機関紙『プープル』のなかでは、「余暇が身近なものになればなるほど、……われわれは世界平和の実現に近づくだろう」とまで主張されていた。[103] パリ地区労組連合は、失業者の子どもたちのために、パリ近郊・南フランス・パ＝ド＝カレ県などでヴァカンスを提供した。[104] このように、CGTは労働者の福祉や文化の向上をめざしたが、有給休暇を活用するための労働者の資金不足と労働者にとってヴァカンスが未経験であることが足かせとなった。この点は『ポピュレール』も認識していた。それは、同紙が「あなたの有給休暇を利用しよう」と読者に呼びかけ、休暇を無為のうちに終わらせないために、最良の条件かつ最安値で利用できる旅行を組織したと告げる記事にも表れている。[105]

資金不足に対しては安価な観光地を開拓するとともに、一年満期のヴァカンス積立貯蓄（Crédits Vacances）を設けた。この積立を担当したのはCGT観光案内所《ビュロー・ド・ツーリスム》である。『プープル』は「出発時に出費が重荷にならないために、ヴァカンス積立貯蓄に入ろう」と呼びかけ、その詳細を記している。『ヴァンドルディ』も、毎月給与から天引きされる積立貯蓄の満期後には「海辺の散策、自動車旅行、観劇、読書、美術鑑賞など、娯楽の扉が開かれる」と歓迎した。[106] さらにCGTは、一九三六年一〇月以降、翌年のヴァカンスのために有給休暇手当補償金庫の設置を労働省に要求し、建築労働者の補償金庫は三七年一月一八日デクレで設立が承認された。しかし、補償金庫が十分普及しない状況下で、CGTは三七年一一月にも補償金庫を企業に義務づけることを求めている。[107]

ヴァカンスの未経験に対しては、CGT労働者教育センター（Centre confédéral d'éducation ouvrière）が組合員に余暇教育を施すこととされた。センターは、パリの労働者高等研究所（ISO：Institut supérieur ouvrier）と地方の労働学校（Collèges du travail）を再編して一九三三年に設立されていた。[108] センターの目的は組合専従職員の養成と組合員の教養向上にあった。三七年夏にセンターは、毎週水曜日に算術やフランス語の夏期休暇講座を開講して、労働者の教養向上に努めている。[109] ISOの受講生は、三五年三九三人、三六年六八六人、三七年一二〇〇人、三八年二〇〇〇人と増えている。同様に労働学校は、三四年には三校しかなったのが、三五年二〇校、三六年三九校、三七年六〇校、三八年に一〇〇校を数え、受講生も五〇〇〇人になった。第四共和政下で首相になるギー・モレも受講生の一人であり、アルジェの労働学校では、作家のアルベール・カミュも講師として協力していた。

ＩＳＯでは毎夜講義が行われ、その講義内容は冊子となって毎月郵送されて広められた。また、一九三七年二月からＣＧＴは毎週二本のラジオ番組（火曜と金曜の晩）をもち、電波をとおしてセンターやＩＳＯの講師陣が、「有給休暇」「余暇」「鉄道と週四〇時間労働法」などを語った。これらの番組は録音され、リール、リヨン、モンプリエなどの地方局からも放送された。ラジオ番組を担当したセンター員のエミリー・ルフランは、激励と共感と信頼を記した聴取者からの便りを紹介しつつ、ラジオ放送三ヵ月を総括して述べている。彼女は、ラジオが娯楽の役割だけでなく、教養・啓蒙・資料提供によって労働者に「考えさせる」役割を果たすことで、「文化に仕えるラジオ」を期待した。そして、教養・経済・文学・芸術・道徳などの「知識の獲得」を労働者に訴え、「自由は戦いによって獲得されるとしても、自由が保たれるのは教育によってであることを忘れないでおこう」と記し、人びとがヴァカンスに出かける「夏のあいだも、われわれの教育努力は倦《う》まずに続けられるだろう」と「わが放送番組」に懸ける意気込みを表明した。さらに六月二一日には、凱旋門やミュージック・ホールのパリのみならず、「労働者の闘いの舞台、思想の源」としてのパリについて語る「ラジオ放送の現状」を紹介し、「わが放送番組は万博見学者にとって貴重なガイドになるだろう」と自負している[110]。

実はラジオによる啓蒙啓発活動は、政府自身も行っていた。一九三七年一月初めに『ヴァンドルディ』は、ジャン・ゼー国民教育大臣がラジオによる教育番組を始めたことを紹介し、各校に受信機を設置する必要性を訴えていた。また政府は、三七年三月から毎夕一五分のラジオ番組「経済と社会」を放送し、インタビュー・ルポルタージュ・討論・ドラマ仕立ての歴史劇などによって聴取者に経済や公民の知識だけでなく、政府の主要な改革理念をも伝えようとした[111]。こうした政府の試みに対して、保守派は「人民戦線がラジオを政治的プロパガンダに変えた」ことを非難し、ラジオ放送の「ボルシェヴィキ化」に反対した。政府の番組に対する右翼紙の批判に対して、『プープル』は、理解しやすい番組作りや一五秒も間をとる「沈黙」を是正して、「聴取者を満足させねばならない」とコメントしている[112]。ともあれ、ＣＧＴのラジオ番組もこうした活動の一環であり、書記長のジュオー自身も三六年一一月にラジオから「景気の回復条件」について講演したことがあった[113]。

社会党構造改革派のエミリー・ルフランとジョルジュ・ルフラン夫妻が、一九三七年春にＩＳＯで「余暇問題を前にした組合活動」の講義をしたのも、ヴァカンス対策の一つである。ルフラン夫妻は、余暇の歴史や多様な余暇組織と活動を紹介し、乳幼児がいる家庭や女性にとっての余暇問題を指摘したうえで、スポーツと知的教養が平衡を保ち、ドイツやイタリアのような統制的な余暇組織ではなくて、国家が調整はするが非集権的で多元的で専門的な余暇組織を訴えた(114)。なお、ルフランとラグランジュはともに社会党パリ第五区に所属する党員同士で、一九二五年以来の知己であった。こうした関係や労働者教育への理想を共有していたこともあって、ラグランジュは三六年にＣＧＴ労働者教育センターに一〇万フランの助成金を支給している(115)。

週末をパリ観光にあてる農業労働者がいたように、ＣＧＴは地方からパリにやってきた労働者の観光ガイドとして、ボランティアの「仲間ガイド」を養成している。この任務に取り組んだのはＩＳＯであり、三七年四～五月に週二回、六週間の養成講座を夜間に開いた。想定された受講生は、第一にガイド経験はあるが十分な労働運動の知識がない者、第二に「自然の友」などの労働者余暇組織の会員、第三にＩＳＯの会員である。これらの受講生には、教養・観光に関する専門的知識・フランス労働組合に関する知識・フランスの労働者階級についての知識（嗜好、必需品、熱望するもの）が求められ、そのために三つの講座（「パリ民衆の闘争史」「建築と文明」「パリ地域の人文地理」）が設けられた。観光案内所は、「仲間ガイド」によって「パリの真の姿を地方の同志に教える」ための万博見学団体ツアーを企画し、各県労連にパリを訪問する日時・人数・滞在日数を調査する質問状を送っている(116)。こうして週末には、ヴェルサイユやロワールの古城巡り、人類博物館その他のパリ史跡探訪、サンリスにある古代ガリアの城郭探訪、ルソーが晩年を過ごしたエルムノンヴィルにある砂丘訪問などが企画された。アルザスではオ＝ラン県民衆旅行センターが、ＣＧＴ県連によってミュルーズ駅に開設され、パリ万博の見学ツアーを組織していた(117)。

ＣＧＴの観光組織

既述の観光案内所は、民衆ツーリズムの振興を目的として一九三七年四月に設けられた。観光案内所について

『プープル』（三七年四月一〇日）は、「CGTは労働者が余暇を健全かつ有益に過ごす手段を創り出した」と自賛し、労働者の観光旅行を「休息・喜び・文化の手段」とすることが「観光案内所の役割」だと述べている。具体的には、観光に関する図書や資料をそろえた旅行クラブ網を全国に張りめぐらせ、お喋り会や映画や特典をとおして組合員を旅に誘うことを任務としていた。都市住民と農村住民、山国の住民と海辺の住民、北フランスと南フランスの住民などの相互旅行なども企画され、「労働者階級の健康増進」や「人間の条件の改善」が志向された。観光案内所は、費用軽減のために団体で移動するが、目的地では各人は自由であるので、「旅団精神《エスプリ・ブリカード》」とは無縁であった。観光案内所は、三七年五月末の聖霊降臨祭の三連休のために七つの旅行プランを提案し、四割引の「民衆切符」の入手方法や新しい「ラグランジュ切符」の利用方法についても詳しい解説記事を『プープル』（三七年五月八日）に載せて人びとを旅へと誘った。[118]

一九三七年八月時点で、民衆ツーリズムの振興をめざす労働者組織は四つあった。観光案内所、全国余暇委員会の組織、「万人のためのヴァカンス」、共産党系の旅行団体「パルティール（出立）」である。[119] 観光案内所と初等教員組合が三五年に組織していた「万人のためのヴァカンス」は発展的解消を遂げ、三七年一一月に「万人のための観光・ヴァカンス（Tourisme-vacances pour tous）」として統合再編された。観光案内所は、三七年五月から始まる万国博覧会の四日間見学ツアー（そのうちの一日はヴェルサイユ観光）を組織することや、二年目の有給休暇を計画的に組織することを主要な任務としていた。というのは、三六年のヴァカンスは不意打ちのように慌ただしくもぎ取られたもので、計画性がなかったからである。[120] しかし、観光案内所の準備不足やパリを拠点とする共産党系の「パルティール」との競合もあって、事態は進展しなかった。他方、「万人のためのヴァカンス」は、フランス全土に教員の連絡網を構築し、これら教員が都市と農村の接点となって有給休暇を過ごすための信頼できる資料を提供していた。こうして、観光案内所と「万人のためのヴァカンス」の緊密な協力体制が樹立され、「労働者の余暇の分野でなされた努力を調整する必要性」が語られていた。[121] そこで、ともにCGT右派に属して政治的スタンスも近い観光案内所と「万人のためのヴァカンス」との統合話が進む。

こうして誕生した「万人のための観光・ヴァカンス」は、地方の主要都市に地方センターを置いて一九三八年の有給休暇の準備に取り組み、労働者に「休息・喜び・教養」を与えるために健康的で経済的な旅行を組織し、そうした資料の提供を目的とした。そのために、大人一人二〇フラン、家族登録で二五フランという会員登録制を採用し、会員になると、ホテル・美術館・劇場などの割引や定額ツアー、ヴァカンス積立などの特典を享受できた。三八年には「万人のための観光・ヴァカンス」は、七〇〇のキャンプ場と一二〇〇のホテル網を構築し、四〇〇〇のツアーを完売したが、会員数は三〇〇〇人にとどまり、民衆ツーリズムの誕生とは言いがたかった。以後も人材不足や二組織の融合がはかどらないままに、第二次世界大戦勃発後の三九年一一月に「万人のための観光・ヴァカンス」は消滅をよぎなくされた[122]。

そのほか、全国余暇委員会の活動に触れておこう。一九三〇年六月にアルベール・トマによって全国余暇委員会（消費協同組合全国連盟系）が設立されていたが、人民戦線期に公益団体に認定され、地方委員会を一一九にまで拡充して活動を強めた。旅行・スポーツ・文化・労働者菜園の情報を全国の会員に発信しただけでなく、散策の夕べ・スポーツ大会・映画会・音楽会・ダンス・美術館や博物館の見学会・ガス工場や発電所の見学会なども組織していた。こうした人民戦線派の活動に対抗すべく、カトリック系団体も余暇の組織化を進める。トマの組織と同名の全国余暇委員会（カトリック行動団系）が一九三七年初めに成立し、日曜大工や労働者菜園などの家庭余暇、シャンソン・演劇・映画などの集団芸術、スポーツ、読書・講演会・稽古事などの個人文化活動、キャンプ・林間学校・旅行・巡礼などの観光と保養などに関する情報提供とこれらの余暇の組織化を行った[123]。巡礼行事があるところにカトリック色を窺うことができる。

自転車と余暇

画家フェルナン・レジェが第二次世界大戦直後に描いた作品に、「四人の自転車乗り」「余暇、ルイ・ダヴィッドを讃えて」がある。前者の絵は、四人の女性が二台の自転車の前でポーズをとった写真的な絵画であり、六人の男女と二台の自転車が描かれた後者の絵は、自転車が「余暇」の重要な手段であったことを彷彿とさせる。タンデム自転車に乗った労働者のカップルが、颯爽と駆け抜ける写真は有名だろう（第六章扉）。レジェの絵には、これ以外にも「キャンプ」「田舎での遊び」などの連作があり、それらの絵からはルイ・ダヴィッドへのオマージュだけではなくて、人民戦線へのオマージュなりノスタルジーを感じることができる。

レジェ以外にも、三六年の余暇と自転車の結びつきを記している人は多い。ブルムは一九四二年のリオム裁判（ヴィシー政府が人民戦線の閣僚を裁いた裁判）で語っている。パリ郊外に出かけて、「道路が《おんぼろ車》や《オートバイ》、おそろいの《セーター》を着た労働者のカップルが乗るタンデム自転車の行列であふれているのを目にするたびに――タンデムのカップルは、余暇の思想が彼らのなかに自然で飾り気のない一種のおしゃれ心を蘇らせたことを示していたが――、私は、いずれにせよ、労働と余暇を組織したことで、辛くて暗い生活に晴れ間や雲の切れ間をもたらしたのだという感慨を覚えました」[124]。シモーヌ・ド・ボーヴォワールも当時を回想して、「週四〇時間労働制のおかげで、土曜の朝になると労働者の夫婦が二人乗り自転車に乗って、パリの町をあとにペダルを踏んでいく姿が見受けられた。彼らは日曜の夕方、ハンドルのわきに花や小枝の束を飾ってパリに戻ってくるのだった。若者たちはリュックサックを背負って近郊の森へキャンプに出かけた。何物かが獲得され、確実に残っていた」と記している[125]。

このように近距離であれば、自転車とユースホステルの利用による旅行が流行した。自転車の台数は、一九二〇年の四三〇万台から、三六年に七五三万台、三九年には八八〇万台と二倍になっている[126]。こうして三六年に自転車は、労働者の単なる移動手段から「余暇の道具」に、さらには心身を「解放する手段」となったのである。

ユースホステルの誕生

ユースホステルの広がりが安価な旅を保証した。ラグランジュは、一九三六年七月九日に「青少年が、健康で正直で喜びに満ちた生活のなかで互いにより良く知り合い、愛し合うことを学ぶ」ためにユースホステルの建設を市町村に求めている[127]。厚生省次官シュザンヌ・ラコールも、「旅とは学習であり、それはフランスの青年が互いにより良く知り合う手段だ」と述べて、ユースホステルの利用による安価な旅行を称えた[128]。ユースホステルの規約には、旅行好きの若者に短期滞在型の簡易宿泊所を提供することで心身の健康・知的な人間形成・余暇の最善利用に資すること、フランス青年の外国旅行を促進し外国青年との友好を深めるために他国の同様組織との定期交流を樹立することが記されていた。しかし、「フランスほど青年に関心を示さない国はない」(『ヴァンドルディ』四月二四日)とか、「フランスではこれまで、子どもや青少年の余暇はまったく無視されてきた」(『ポピュレール』)と言われたこの国で、ユースホステル運動が発達をみるまでには先人の努力があった。それには、「青年は万人が心を配る対象でなければならない」(『ヴァンドルディ』六月五日)という見解が共有される必要があった。[129]

第一次世界大戦後に中央ヨーロッパで流行していたユースホステルは、シヨン運動(民主的共和国の実現をめざす運動)の創始者でキリスト教民主主義者のマルク・サンニエによってフランスにも導入されていた。彼は、一九三〇年八月二八日に「金の穂」というユースホステルをエソンヌ県エタンプ近郊のビエルヴィルで落成し、同時にフランス・ユースホステル同盟(LFAJ:Ligue française pour les auberges de la jeunesse)を設立した。サンニエは、万国の若者の友好によって新たな戦争を防ぐためにユースホステル運動を推進した。LFAJは、三四年夏に宣伝も兼ねてユースホステルの生みの親でドイツ人のリヒャルト・シルマンを招いて、ユースホステルを周遊するツール・ド・フランスを企画しもした。しかし、ユースホステルの傍らに礼拝堂やキリストの十字架像があったように、当初は宗教色が強かったこともあって左翼のあいだには浸透しなかった。LFAJ名誉委員にパリ大司教ヴェルディエ枢機卿が名を連ねていたことに対して、三三年五月、全国初等教員組合書記のジョルジュ・ラピエールは「われわれは、枢機卿のいる名誉委員会や十字架のもとに置かれたユースホステルを受け入れるつもりはない」と断言していた。[130]

そこで、ブルムの友人で美術行政法曹委員長ポール・グリュンボーム＝バランのイニシアチヴのもと、初等教員組合、教育同盟やCGTや社会党の市職員連合などの後援で一九三三年六月九日に「ユースホステル脱宗教センター(CLAJ:Centre laïque des auberges de la jeunesse)」が設立され、その第一号は七月にプレシ＝ロバンソンのユースホステルとして誕生した。一九四〇年までCLAJの事務局長を務めたのは、グリュンボーム＝バラン夫人セシルである。[131]社会党左派のトロツキスト系新聞『革命』は、三五年七月に、ブルジョワ的な余暇組織と手を切り、社会主義へ

図６－４　ヴォージュ山脈をハイキングするコルマールの「自然の友」

出典　Jacques Girault, *Au-devant du bonheur*, CIDE, 2005, p. 130.

の支持拡大のためにもＣＬＡＪのユースホステルの利用を呼びかける記事をしたためていた。[132]『プープル』も、三六年四月初めにＣＬＡＪによるユースホステル運動を促進する論説を掲げ、三つの利用目的（大都市周辺の週末ユースホステル、観光地の滞在型ユースホステル、徒歩旅行をする若者用のユースホステル）に対応するユースホステル網の構築のための「社会的な努力」を求めてセシルを後押しした。[133]というのは、セシルは観光地にユースホステルのネットワークを構築し、線で繋ぐことを構想していたからである。ＣＬＡＪの目的は「学習、鍛錬、気晴らし、すべては旅をとおして」であり、学習とは「文化と革命」「文化とファシズム」などの講演会活動であり、鍛錬とはさまざまなスポーツ実習であり、気晴らしはダンス・徒歩旅行・夜の集いなど多彩であった。これら三目的はラグランジュが考える余暇と合致し、かくしてユースホステルは「野外博物館」になるべきだとされた。人類学者で反ファシズム知識人監視委員会のジャック・スーステルは、「休息と教養の園」としてのユースホステルを「野外博物館」と呼び、万人に開かれた「地方の野外博物館は民衆文化に不可欠なものだ」と述べていた。[134]

　そのほか、アルザスには自然愛好者旅行連盟があって、ハイキング・カヌー・ツーリング・登山・キャンプなどを組織していたが、一九三五年にＦＳＧＴに加盟した。ＦＳＧＴは、三六年からキャンプ活動の振興にも取り組んでいる。また、三四年一一月に作家のジャン・ジオノが南フランスで「新世界ユースホステル（Auberges du monde nouveau）」を始めていた。三七年でも三大ユースホステルの連盟化を主張する意見もあったが実現にはいたらず、ＬＦＡＪとＣＬＡＪの二大組織の競合関係が、ユースホステル運動を牽引することになる。[135]

ユースホステル大臣

ラグランジュはこれらの諸組織を活用した。ＣＧＴと友好的な「ユースホステル・グループ」や「自然の友」は人民連合の加盟団体であった。一九三六年六月二一日にセーヌ＝エ＝マルヌで開かれたＣＬＡＪの野外祭典で、ラグランジュは「ユースホステル大臣」と自称し、ユースホステルにかける決意を示していた。人民戦線派のサンニエには四人の下院議員の知人がおり、その一人、フィリップ・セールはラグランジュの学友でもあった。また、全国初等教員組合の機関紙『学校解放《エコール・リベラトリス》』（三六年七月一八日）はラグランジュの計画をとりあげ、「民衆文化の中心地」にするために「全国民衆宿泊所」構想を呈示した。[136]『マリアンヌ』の編集長エマニュエル・ベルルも、「現在の苦悩や不和にもかからず、国民の救済にとって青少年の保護ほど重要なものはない。というのは、それなしには未来はないからだ」と述べて、旅行を可能かつ容易にするための必要物として「無料のユースホステル」を提案した。[137] こうした努力のおかげで、三三年には四五のユースホステル（六〇〇〇床）を数えたのが、三五年には九〇のユースホステル（一万床）に増え、三六年には二二九のユースホステル（二万六八〇〇床）をもつにいたった。[138] 手書きや謄写版刷り段階のジャック・プレヴェールの詩を最初に朗読したのは、これらユースホステル会員の若者であった。[139]

ラグランジュは一九三八年にＣＬＡＪの会長になっているが、ＣＬＡＪに対抗するべくカトリックが独自のユースホステル運動に参加してきた。すでに三六年八月に、『セット』は不安をしたためていた。同紙は、独・伊・ソ連型の国家管理的な余暇を廃して多元的な余暇組織の維持を主張し、ユースホステル運動においても、政府がＣＬＡＪのみを優遇して「公認組織とすると同時に、初等教員組合の攻撃的な政教分離論に与しないすべての青少年の信条を傷つける」ことがないように訴えていた。[140] とくにカトリックは、ＬＦＡＪがＣＬＡＪに倣って男女同宿と大人の利用を認めていたために、「重大な道徳的問題」が発生するおそれありと批判した。そこでマルク・サンニエは、新たに二一歳未満の青少年を対象とし、厳格な監視を行う男女別宿舎網の簡易宿泊所（Gîtes d'Etapes）の設立を三七年七月に告げた。三八年に誕生した簡易宿泊所の管理人《ペアレント》の三四人が聖職者や教会参事会員であった。[141] 三七年夏にフォンテーヌブロー市長で上院議員のジャック＝ルイ・デュメスニルが、キャンパーやユースホステル利用者に市内での服装を規

図6－5　ブザンソン東郊ドゥーにあるユースホステル

出典　Martin Pénet, *Été 36 sur la route des vacances*, Omnibus, 2006, p. 139.

制する布告（ヌーディズムの禁止、水着姿での通行禁止など）を出したのも、同様の道徳的な反応と言いうる。[142]

余暇先進地方のアルザスでは、一九三六年時点でＬＦＡＪ系一二、ＣＬＡＪ系六のユースホステルがあった。アルザスは、青少年運動の分野でもドイツの影響が強かったことや政教分離政策の遅れもあって、宗教系団体の力が内地フランスよりも強く、後述する林間学校数でも、三八年に二五あった林間学校のうち、一九校がカトリック系であった。しかし、三八年段階でアルザスにあったユースホステル三一のうち、ＬＦＡＪとＣＬＡＪが各一三と同数になり（その他五）、一五の簡易宿泊所（男子八、女子七）も設置された。[143] ここにも、ＬＦＡＪとＣＬＡＪのライヴァル関係と簡易宿泊所の新設という時代状況を窺うことができる。

カトリックからの批判を気遣うラグランジュは、一九三七年に教会系と脱宗教系双方のユースホステルに三〇〇万フランの支援を行っている。三七年五月にラグランジュは語っている。「ユースホステルはただ単に貧しい青年用の安価なホテルではない。それ以上のものである。友好的な雰囲気のなかで集まったあらゆる家柄や身分の若人が出会う場こそ、……多様な外見のもとで新世界の真の統一を用意するのだ」。次官の発言に呼応するかたちで、ＣＬＡＪという「組織の発展が《ユースホステル精神》を維持する必要性を忘れさせてはならない」（『ヴァンドルディ』）と述べられたのも、ユースホステルの拡大にともなって理念が見失われることに対する戒めであろう。三七年九月二日、トゥールで開かれていた第六回ユースホステル国際会議の閉会式で、ラグランジュは「ユースホステルは、われわれが人間の条件の改善のために続行している偉大な実験の一面であります」（『ポピュレール』）と称えている。ラグラン

ジュが「共和国史上、最初のユースホステル大臣」と呼ばれたゆえんである。(144)

世代と階級の溝

ＦＳＧＴ傘下の「自然の友」は、一九三七年六月にパリ近郊で三～四〇〇〇人の内外の若人を集めた「青年キャンプ」を開催している。『ヴァンドルディ』が毎号「青年」に紙面をさいて後押ししたユースホステル運動は、このあともヴォクリューズ県（三七年八月）その他で展開された。三八年八月、トゥールーズで開かれた第一回国際ユースホステル大会にジャン・ゲーノが招かれたのもその一環である。(145) 彼は、ガロンヌ川のほとりにテントを張った青少年を前にして、世代間の断絶を感じながら述べた。ゲーノは若者の「熱っぽい快活な探求心」を称えつつも、自然のなかでの気晴らしが社会からの「逃避」にならないように戒め、「生活費を稼がねばならないのは町《ヴィル》においてである」ことを力説した。そして、「人間と大地とが切り離された政治」ではなく、「野の秩序をじっくり観照することは結構なことだが、この秩序の思い出を町に持ち帰りなさい。野原を散歩するのはよいことだが、野原から正義感や自由という価値《サンス》を連れて帰りなさい」（『革命』）。そうすることで「若者が人間に秩序をもたらす一助にならんことを」願った。(146)

こうした宿泊施設の整備と給与の増額で、海や山やブルジョワの保養地に出かけた労働者も出てきた。それは、「これらボルシェヴィキと同じ海に私が漬かるとあなたは思わないでしょう！」（『カナール・アンシェネ』一九三六年八月一二日）とか、「コート・ダジュール行きの赤色列車は順調に増えているが、同時に上流階級の青色列車は減っている」（『フィガロ』三六年八月五日）などとブルジョワ層の反発を招きもした。アルザスのブルジョワも、それまで富者にのみ許されていた浜辺で労働者と一緒になったり、労働者がヴォージュ山脈を散策したりするのに慣れねばならなかった。(147) ラグランジュは、三六年一〇月に英国記者アレグザンダー・ワースのインタビューに応じてこう語っている。(148) これまで、二週間の休暇がとれたのは高い資格をもった労働者に限られていたが、ラグランジュ切符の導入で事態は大きく変わった。それは、フランス人に「途方もない心理的な効果」を及ぼしている。私は労働者から喜びをしためた数千の手紙を受け取った[149]。そのなかにはリヴィエラ海岸のように、映画や写真でしか知らなかったところを訪れたというものもあった。こうして今夏、海や山のリゾート地は初めて休暇をとった人であふれた。次官は、ウィンター・スポーツ用の安価な旅行も企画中であることにも触れている。「私は若者に健康と幸せを与えたいのです。ヒトラーはその種のことがらに巧みでした。民主政府が同じことをできない理由はありません」。ワースのインタビューにもあったウィンター・スポーツについては既述のとおりである。万人に余暇を享受させるために、チーム・ラグランジュ自身のヴァカンスは犠牲にせざるをえなかった。

林間学校

一九三六年まで、子どもたちは一二歳で学業を終えて徒弟奉公に入ったが、一四歳まで就学期間が延びたことと親が有給休暇を獲得したことで児童の休暇の過ごし方が大きな関心を集めるようになった。それに、一九三〇年代にアルマン・コラン社から出された小学校高学年用の道徳教科書は、第一部冒頭で水・空気・日光を好きになって衛生的な習慣を身につけ、自転車・サッカー・テニスなどのスポーツに親しむように説いていた[150]。林間学校が飛躍的に増えたのもこうした理由が関わっているだろう。三六年五月末の『ユマニテ』紙上でイレーヌ・マルサン女医が、子どもに休暇をいかに過ごさせるのかが親にとって重要な問題になったと指摘し、子どもを林間学校に送り出す前に健康診断を行い、感染予防や子どもの体調に応じて海か山を適切に選択することを呼びかけていたが[151]、ここにも、林間学校や臨海学校が子どもにとって夏休みの過ごし方の第一候補にあがっていた様子を窺うことができる。スイス国境に近いアン県の共産党機関紙『アンの斥候』は、全国学童支援協会アン＝ジュラ県連盟による「児童のための庶民的ヴァカンス」行事を二週にわたって紹介している。同紙は、ジフテリアの予防接種を受けた七～一三歳の児童が、三四日間（八月一七日～九月二〇日）を臨海学校で過ごすプランへの参加を呼びかけていた。行き先は、大西洋岸のシャラント＝マリティム県のレ島にあるラ・クアルド＝シュル＝メール。参加費として、一日一〇フランと旅費九〇フランが必要であった[152]。

そもそも林間学校は、一八七六年にスイスのビオン牧師が子どもたちを結核から予防するために二週間の野外生活を始めたことによる。一八八二年の国際衛生学会でビオン牧師がその紹介をしたことで世界に広まった[153]。フランスでもパリ林間学校委員会が一八八七年に結成され、一九〇六年には全国林間学校・野外活動連盟が誕生していた[154]。こうして、一九一三年には一〇万人の児童が林間学校に参加し、三一年に三〇万人、三四年にはフランス林間学校・野外活動連合は五〇〇〇の施設をもち、三六年には四二万人が参加した。戦間期には、宗派別のボーイスカウトやガールスカウト、社会党と共産党の青少年組織（社会党の「赤い鷹」や共産党のピオニール）が存在していたことにも注意しておこう[155]。

図６−６　シュレーヌ市の野外学習

出典　F. Denoyelle F. Cuel, J.-L. Vibert-Guigue, *Le Front populaire des photographes*, Editions terre-bleue, 2006, pp. 154-155.

活動的教育方法訓練センターの創設

林間学校運動の発展は、指導者養成の問題を俎上に載せた。かくして、ジゼル・ド・フェリーが中心になって林間学校の指導員を養成する「活動的教育方法訓練センター（ＣＥＭＥＡ）」が創立される[156]。ド・フェリーは、厚生大臣に就任したアンリ・セリエが市長を務めていたシュレーヌ市で、一九三六年一月まで社会福祉関係の仕事をしていた。パリ西郊にあるシュレーヌ市は林間学校運動の先進都市であった。その過程で衛生協会事務長のジェルメーヌ・マスカールと接点ができた。衛生協会の仕事は、農村の学校に衛生設備を据えつけることであった。衛生設備の普及には教諭からの要望にもとづく現地調査を踏まえたうえで、地方の役所への働きかけや国民教育省や視学官との緊密な連携が必要であった。こうしてド・フェリーの人脈が形成されてゆく。

一九三六年の夏期休暇の少し前に、幼稚園の女性教諭フィヨンは、衛生協会が改修を行った学校で夏場に子どもたちを受け入れることを衛生協会に提案した。この提案がマスカールの目にとまった。ド・フェリーにとっても、宿泊型の体験学習というアイデアは新しい教育の実験と思われた。かくして「学童田舎の家（Maison de campagne des écoliers）」と命名された宿泊型の行事が、ヴォージュ県サン＝モーリス＝シュル＝モーゼルの学校で三六年七月下旬に実施された。五六人の児童が二泊三日の体験学習に参加した。学校には、洗面所、シャワー室、食堂が備えつけられた。ド・フェリーは、この運動の成功には児童心理学などを学んだ生徒監督や指導者の養成が不可欠であることを自覚し、雑誌に養成プロジェクトを公表した。

ド・フェリーのプロジェクトは、青年・スポーツ庁の女性視学官トレネルの目にとまった。トレネルは、指導者養成に尽力していたフランス・ボーイスカウト（ＥＤＦ）全国委員のアンドレ・ルフェーヴルにド・フェリーを会わせることにし、一九三六年一二月に会談が実現した。ルフェーヴルは、シヨン運動をつうじてマルク・サンニエと長らく行動をともにしており、チーム・ラグランジュのドレアンは、ルフェーヴルとラグランジュ（リセ・アンリ四世のＥＤＦ元団長）との結びつきを最初から保っていた。(157) こうした人脈にも注意しておこう。

先述の会談からは成果は得られなかったが、マスカールの仲介でド・フェリーは、レオ・ラグランジュや国民教育省次官ブランスヴィック、厚生省次官シュザンヌ・ラコールと接触した。ラコールは、三七年初めに「われわれは、すべての家庭に余暇の教育的な役割を理解させたいし、子どもは働くことを学ぶように遊ぶことを学ばねばなりません」と述べ、そのために「すべての村に子どもの遊び場が確保されること」や「学校で子どもが、本やノートのみならず、おもちゃや絵本をも見出すことを望みます」と語っていた。(158) ド・フェリーを後押しする発言である。

厚生大臣の全面的な協力を得ることができたド・フェリーは、大臣から一万フランの助成金（三七年）も獲得している。ジャン・ゼー国民教育大臣は、ド・フェリーのプロジェクトを大学区視学や師範学校長に周知する通達を出して協力を惜しまなかった。厚生省の支援を受けたド・フェリーのプロジェクトは、三七年春に「林間学校・学童田舎の家人材養成訓練センター（Centre d'entraînement pour la formation du personnel des colonies de vacances et des Maison de campagne des écoliers)」として日の目をみた[159]。復活祭の期間（三月二五日～四月二日）、エクサン＝プロヴァンスのボールキュイユ城で行われた研修にフランス全土から初等教師や師範学校生ら五九人（女性三四人、男性二五人）が参加し、九日間、歌・フォークダンス・初歩的な楽器作りなどの講習を受けた。『マリアンヌ』は、林間学校の指導員養成のためのこの研修を「フランス教育史上初めてのこと」だとして、詳細なルポルタージュを二週連続で掲載している[160]。五月一六日～二三日にはウール県でも研修会が開かれ、二回の研修で一〇二人の指導員が誕生している。

一九三七年五月一八日に厚生大臣のセリエは省令を発し、少なくとも三人の小学校関係者と四人の保健衛生関係者からなる林間学校監督県委員会の設置と、大臣や議員を含む二三人の委員からなる林間学校・野外活動諮問委員会という全国組織の設立を告げた。また、国民教育大臣はサン＝モーリス＝シュル＝モーゼルの経験に鑑み、この夏には林間学校として「田舎にある学校の活用」を求める通達を大学区視学に出した[161]。こうして三七年には六二万人の児童が林間学校に参加した。一九〇五年の参加者が二万五〇〇〇人、二五年は一三万人であったことに鑑みると、着実に増加しているさまを窺うことができる。「これまで林間学校がフランス社会でこのように可視化されて恩恵を得たことは一度もなかった」（オリイ）とか、「人民戦線期にこそ林間学校はフランスの教育景観のなかで重要な位置を占めた」（ダウンズ）という評価が生まれるゆえんである[162]。

一九三八年もこうした趨勢は続く。それは、人民戦線派の週刊紙『リュミエール』が、「幸福と健康」を唯一のスローガンとして「海へ、田舎へ、山へ、林間学校は町の子どもたちを歓迎する」と述べ、来年にヴァカンスを必要とする子どもたちについて考えようという記事を載せたところにも表れている[163]。さらに、三九年にカトリック系の林間学校を後押しするためのマニュアルが出版されたことも、そうした趨勢を垣間見せている[164]。

4　文化・芸術運動

壁の打破

本節では、狭義の文化運動を検討しよう。人民戦線の文化政策の基本方針は、反ファシズム知識人監視委員会のジャック・スーステルの発言に示されている。一九三六年六月二六日、スーステルは次のように記した。「人民戦線の政治的社会的大運動と並行して、いやむしろ、その運動の一面を担いつつ、広範な文化運動がわが国で展開されている。その標語はこうだ。文化の扉を開こう。貧者に禁じられた美しい庭園のように、特権エリートだけが享受してきた文化を取り囲む壁を打ち壊そう」[165]。この発言にみられるように、人民戦線政府は文化や芸術の民主化ないし民衆化を志向した。政府は、文化的な生活の中心に左翼的理念を置きつつ、文化的リテラシーを身につけさせることを構想した。文化・芸術の分野でも基本コンセプトは、垣根を取り払って労働者大衆に文化を享受させること、民衆に文化への道を切り開くことであった。演劇、映画、ラジオ、音楽、芸術などの分野に関心をもつ民衆団体（民衆劇団、シネ＝リベルテ、ラジオ＝リベルテ[166]、民衆音楽連盟、芸術文化民衆集団など）が組織された。

それでは、人民戦線政府の文化政策を読書活動から検討しよう。この問題を考えるに際して一九三三年五月のドイツで、マルクス、ハイネ、トーマス・マンなどユダヤ人や反体制派の書物が焚書にあった事実を銘記すべきだろう。それゆえ、本を守ることは文化の擁護と同時に反ファシズムの意思表示をも意味した。こうした大前提を確認したうえで、図書館活動からみておこう。人民戦線派の図書館の位置づけは、「民衆《マス》が手にする新しい余暇は、スポーツの分野のみならず知的な分野でも組織を必要とする。……図書館はそうした組織の中心に位置すべきだ」というものであり、まずは図書館への来館機会を増やすことがめざされた。図書館は文化や知的遺産の保存の場であり、「知的センター」であったからである。国立図書館長のジュリアン・カインは、一九三八年五月に公共読書普及協会（三六年七月設立）の研究集会で、ラグランジュの「文化的な余暇計画のなかで、図書館は大きな部分を占めていた」と語っている。[167] 公共読書普及協会は、三七年三月にもカイン主宰のもとに情報交換会を組織し、エドアール・ドレアン、エミリー・ルフラン、作家のアラゴンやアンドレ・シャンソン、出版業者ロベール・ドノエルらが余暇の利用や文化の民主化・民衆教育について発言していた。[168]

とはいえ、当時のフランスが公立図書館にさく公費は、住民一人あたり五〇サンチームとアメリカ（二五フラン）の五〇分の一、イギリス（一〇フラン）の二〇分の一であった。中世史家のマルク・ブロックも遺著のなかで、「市町村の図書館がいかに貧弱かは何度も告発されてきたが、大都市の予算をみてみるならば、それは赤貧状態と言うべきであることがわかるだろう」と記している。一九三六年段階で主要都市は市立図書館を備えており、パリには二〇の区立中央図書館と六〇の地域図書館（その多くは小学校に併設）、リールには五つ、リヨンには四つの図書館があった。[169]

マルヌ県の県庁所在地シャロン＝シュル＝マルヌ市図書館司書アンリ・ヴァンデルの実践を紹介しておこう。[170] 彼は、「図書館のもっとも重要な任務は人びとを導くことであり、適切な宣伝活動によって人びとの読書趣味を目覚めさせねばならない」と考えていた。そのために、三六年一〇月に読書週間を組織して地方誌を発行したり、一コマ漫画集を上映したり、図書館への関心を高めるべく壁新聞を図書館入口に掲示したりした。また、読書サークル（毎週火曜日、約二〇人）を開いて新刊本を論じあったり、シャロンを訪れた外国人や帰国した市民を招いて話を聞く「国際的な集い《フォワイエ》」を開いたりした。さらに、催し物などの案内をかねた情報誌『シグナル』（年五フラン）を発行しもした。こうした努力の甲斐もあって、一九二一年には一日一〇人の来館者数であったのが、三六年には一日四〇〇人を超える日もあり、一二万冊の蔵書と二〇〇の雑誌や新聞を所蔵するまでになったという。

読書行為と階級

アンリ・ヴァンデルの先進的な試みはあったものの、この時期の図書館はすべて閉架式であり、著者名やテーマ別カードで検索ののち、読書カードに希望する本を記入し、係員にカードを提出して本を借り出すというシステムであった。こうした図書カードによる検索に、労働者は必ずしも馴染んでいるわけではなかった。

自身も大工であり、民衆教育運動に献身したベニーニョ・カセレスは、本人とおぼしき大工の証言を紹介している。雨のため午後から仕事がなくなった一九三六年初冬のある日、無料で寒さをしのげるうえに時間もつぶせる場所ということで、職場近くの市立図書館に行くことにした。入館カードと読書カードの記入に戸惑いや気おくれを感じつつもやり終えた。そして、閲覧カウンターまで進む途中、自分のぎごちなさゆえに未開社会から出てきた「穴居人」のように見られているのではないかと恥ずかしさも感じた。同時に自分は頻繁に本を読みに来るわけではないと、周囲の者に叫びたい衝動にもかられた。「人間であるためには彼らがもつ教養もおそらく必要だろうが、仕事《メチエ》もたねばならない。私は、彼らがシャベルや鶴嘴《つるはし》を担いで建築現場にやって来るところを一度も見たことはない。閲覧室には労働者はいなかった。私は異邦人のような気がした。気まずさが募り、目からは涙があふれた。私は何も言えず、部屋の隅に腰をおろし、モリエールの『タルチュフ』を読んだ」(171)。

大工の霜焼けの指では図書カードをスムーズに繰ることができず、その不器用さがかえって他人の目を引くと同時に場違いやばつの悪さに繋がった。ここには文化資本の違いから生じる心性《マンタリテ》が表現されている。それは、民衆出身のジャン・ゲーノが、上層中産階級の子弟が多い高等師範学校で味わった疎外感と同じ類の感情だろう。この大工が着ていたすり切れたビロードの長ズボンは、図書館通いの中産階級の服装とは異なるものであった。このように労働者は図書館にあまり通わなかったが、それ以上に書店には行かなかった。

当時の書店は、教育職や専門職などの上層中産階級の常連が通う場であった。大工の例にもあったように、当時は服装がなお階級や階層を示す記号であったことを忘れてはならない。ハンチングをかぶり、ずだ袋を肩からかけた労働者と、シャッポをかぶり書類鞄をかかえた中産階級の服装の違いは、当時撮られた映像にも残されている。それゆえ服装は文化的な行動を規定するコードでもあった。したがって、肉体労働者が書店に行くことはこのコードを侵犯することになった。このように述べると、労働者は活字文化から無縁の生活を送っていたと思う読者もいるかもしれない。そうではない。街角にあるキオスクで労働者は新聞雑誌や安価な大衆小説を購入していた。ラジオをもっている労働者が少ない時代には、新聞が唯一の情報源であり、新聞の連載小説を楽しみにしていた労働者もかなりいた。

キオスクは、この意味で一八世紀の青本の行商という伝統に繋がる面ももっていた。さらに、アンリ・プライユその他の有志によってモンパルナスに近い民衆地区（一四区）に「夜間図書館《ミュゼ・デュ・ソワール》」が開かれ、労働運動やプロレタリア文学に関する古本を集めて読者に提供したという。モンパルナスの図書館では読者の多数を労働者や事務員が占め、約三〇〇〇冊の蔵書を数えたが、会員数は四五〇人にとどまった。[172]

巡回図書館

労働者が自発的に図書館に足を運ぶことに期待するだけでは、労働者が本に親しむという効果はあがらなかった。読者が本に会いに来るのではなくて、本が読者に会いに行くという発想の転換が求められた。一九三六年八月に「本の館《やかた》」館長ビュイッソンが、「民衆図書館」の開設という点で「われわれは文明国の最下位に位置している」と苦言を呈し、市町村が民衆図書館に予算をあてるための立法措置を要求していた。[173] こうして誕生したのが、「自動車図書館（l'auto-bibliothèque）」ないし「図書館バス（bibliobus）」である。すでに、社会党の下院議員ジョルジュ・モネの地盤である北フランスのエーヌ県ソワッソン（一九三三年）に先例はあったが、エドアール・ドレアンらのチーム・ラグランジュが協議して、自動車による巡回図書館を立ちあげた。ブルムの友人で国立図書館長のジュリアン・カインは、民衆のための文化手段として読書の重要性を認識し、図書館は「書物の墓地」であってはならないと考えていた。巡回図書館室という事務部門を作ったのも彼である。[174]

予算の問題もあって全土を巡回図書館のネットワークで覆うという案は日の目をみなかったが、シャロン＝シュル＝マルヌ市図書館司書アンリ・ヴァンデルの尽力もあって、一九三七年にシャロン＝シュル＝マルヌ地域の二〇七市町村を結ぶ計画がスタートした。自動車には、本はもとより蓄音機とレコード、映写機とフィルム、ラジオまで積みこまれた。この成功で、翌年にはピエール・オリヴィエ・ラピーとフィリップ・セールのイニシアチヴでロレーヌ地方のナンシー周辺やブリエ盆地、さらにポール・グリュンボーム＝バランの提案によって南西フランスのランド県へと図書館バスは拡大された。[175] こうして巡回図書館は、真の路上文化センターとなったのである。

演劇

演劇の分野では政府は、民衆演劇の発展のために劇団に助成金を与えたり、国立劇場で労働者に低廉な席を用意したりした。国立オデオン座は、一九三六年九月から月曜午後に一二～一五フランという低額料金に設定された「民衆の昼間興行」を行い、コメディ゠フランセーズは、週一回最大七五％引きの学割席を用意したり、三七年一一月六日にはパリ地区のCGT組合員に無料の夜間興行を開いたりした。オデオン座の成功を受けて、三七年にラグランジュはアンバサドゥール劇場でも同様の試みを行い、興行的にも成功を博した。また、ジャン・ゼー国民教育大臣は、国立オペラ座経営管理部を設け、オペラ座に助成金を交付して、新時代を切り開かせた。また、ラグランジュは『フィガロ』とのインタビューで、「巡回劇団」を創設して都市や地方の民衆に演劇の醍醐味を味わわせる願いを語っている。(176)

低料金や地方巡演のほかに「壁」を取り払う試みとして、ラジオによるドラマ番組があった。コメディ゠フランセーズは、七月から一〇月末までの三ヵ月半、週最大で二時間半のラジオ放送に同意していた。そのほか、「芸術と労働」「三六年五月集団(177)」「民衆劇団」などのグループの演目がラジオから流された。「民衆劇団」は舞台活動に軸足を置いていたが、「芸術と労働」と「三六年五月集団」はますますラジオドラマに傾斜し、ジャン・コクトーの『地獄の機械』のように評価の高いラジオドラマもあった。しかし、「唯一の良質なドラマ番組は、ラジオドラマではなくて、劇場中継された芝居である」と言われたように、最初の一年で五一の中継放送があり、そのうちの四〇は初演であった。それでも、三六年五月にカルロ・ラロンドが『不可視の劇場』の序文で、舞台では実現不可能な戯曲や、劇場で理解するよりも耳で聞いて理解できる戯曲など、ラジオ放送向きの二種類の劇があることを指摘し、「ラジオは不思議譚に真の領域を与えた。ラジオは新しい詩学を、空間の詩学を創造した」と、ラジオの利用による演劇の新しい時代の始まりを告げていた。(178)

一九三六年夏の民衆演劇週間に「文化会館」(三六年春に設立)は、国民教育省の後援を得て二〇回ほどロマン・ロランの『七月一四日』(一九〇一年作)を上演した。(179)一九〇二年の初演時にはあまり成功を収めなかったが、(180)三六年七月一四日集会のあと、アルハンブラ劇場で『七月一四日』が初演されたとき、終演時に俳優と観客は一緒になってラ・マルセイエーズとインターナショナルとを唱和し、舞台と客席の「壁」が取り払われ、ロマン・ロランが望んだような舞台と客席との「最終的合一」がもたらされた。演劇人のジャン＝ポール・ルシャノワは、ホールが「真の民衆村祭り《ケルメス》」と化したこと、アルハンブラ劇場が、毎夜二ヵ月のあいだ満席であったことを記している。人民戦線派の新聞の劇評者たちは、『七月一四日』を「一九三六年の今宵、バスチーユは真に奪取された」とか、観客は観劇のためだけではなくて、隣席の「仲間」との友好を深めて「躍動的な一体感」を味わうために劇場に足を運んだのだと論評した。客席にはブルム、ジャン・ゼー、レオン・ジュオー、ラグランジュ夫妻、マルロー夫妻などの人民戦線指導者がつめかけ、それにロマン・ロランその人もスイスから駆けつけていた。この日の劇は、ラジオ＝パリから放送されもした[181]。

『七月一四日』の舞台の幕を担当したのはピカソである。幕には、炎上するバスチーユの前で欣喜する男女の群衆が描かれ、握り拳や槌と鎌の赤旗が大きく書き込まれていることからも、幕の政治的メッセージは明快であった[182]。音楽を担当したのはダリユス・ミヨー、ジョルジュ・オーリック、アルチュール・オネッガー、アルベール・ルーセルであり、コメディ＝フランセーズの俳優が演じた。前日にはやはりロマン・ロランの『ダントン』が、リュテス野外劇場で上演され、一万人の観客が詰めかけていた。

また、一九三六年一一月にはCGTの「民衆劇団」が、サラ・ベルナール劇場でゴーリキー作『母』の二〇〇回記念特別公演を、ジャン・ゼー、ジョルジュ・モネ農相、ラグランジュ、エリオ下院議長を含む多くの観衆の前で上演した。ラグランジュの後援で「民衆劇団」は民衆演劇学校を創立し、毎週木曜日には子ども向けの芝居をサラ・ベルナール劇場で上演していた。リュクサンブール劇場などでは子ども向けの演劇鑑賞会が催され、三日間で六つの出し物があり、最大で六〇〇人の子どもたちが観劇したという。三七年一〇月には万博のイヴェントとして、ヴェル・ディヴ（冬季競輪場）の舞台でジャン＝リシャール・ブロック作『都市の誕生』が上演されている。機械文明がもたらす人間疎外への反乱をテーマとしたこの戯曲の音楽を担当したのはオネッガーとミヨーであり、画家のフェルナン・レジェが舞台衣装や舞台背景画を手がけただけでなく、寝室・ビストロ・地下鉄《メトロ》・船などの可動式舞台装置をも考案した。五夜にわたって上演されたこの劇には、毎回一万人の観客が詰めかけた。(183) もっとも、極右のロベール・ブラジヤックは、『都市の誕生』を「観客の人数よりも出演者のほうが多かった」と揶揄し、『ヴァンドルディ』の劇評欄でも、『『都市の誕生』は、知的次元ではこれまで提起されなかった最大にして普遍的な問題についてわれわれを瞑想に誘う」と評価しつつも、七〇〇人が登場する劇に「遺憾」の意や「作品の不完全さ」が表明されていた。(184)

「一〇月集団」「三六年五月集団」「民衆劇団」などの団体が、こうした文化運動の先頭に立った。一九三三年に発足した「一〇月集団」は、劇団名がロシア一〇月革命を彷彿とさせるように、その思想傾向は明快であった。ジャック・プレヴェールとピエール・プレヴェールに指導された「一〇月集団」は、三六年六月にストライキ中の工場アスニエール、プランタンやサマリテーヌの百貨店、パリ東郊のモントルイユ市役所などを回って公演していた。サマリテーヌでは後述の『驚嘆物語（Le Tableau des merveilles）』を上演した。(185) 歌手のミスタンゲットはスト中の労働者の前で歌を歌い、俳優のジャン゠ルイ・バローは百貨店の女性店員の前でポール・エリュアールの詩を朗読している。のちにバローは、「われわれは工場へ詩を朗読しに行った。ルノー工場の労働者、百貨店の女性店員たちはジャック・プレヴェール、ポール・エリュアール、ルイ・アラゴンといった詩人を知った」と回想している。(186)

「一〇月集団」が、三六年七月一日にミュチュアリテ会館でセルバンテスの作品を脚色した『驚嘆物語』を上演した際に、失業者のために五〇〇の無料席が用意され、入場料は一般八フラン、文化会館の会員や労働大学の学生は六フランであった。セルバンテスの『驚きの国（Le pays des merveilles）』の脚本を書くようにジャック・プレヴェールに勧めたのは、ジャン゠ルイ・バローである。(187) 当時バローは、「ブルジョワ精神にまみれたリアリズム」にとどめを刺された悲劇が、芸に熱中し夢中になっている若者によって再生するだろうと、新しい悲劇の誕生に意欲を示していた。「真の悲劇が昏睡状態にあるとしても、偽りの悲劇が死に絶えた今、真の悲劇が再生するだろう」。(188) とはいえ「一〇月集団」は、財政難に加えてジャック・プレヴェールが演劇よりも映画作りに熱中したこと、(189) さらに、スペインで戦う国際旅団への参加問題をめぐる対立もあって、三六年秋には解体してしまった。ここにもスペイン内戦がフランス左翼に与えた影響の一端を垣間見ることができる。

映画

レオ・ラクランジュは、一九三六年一二月に寄稿した雑誌論文「映画と余暇」のなかでこう述べている。「これまでフランスには、階級を超えるための手段、あるいは教育手段として映画を用いる試みは一切なされてこなかった」。それゆえ、子ども・労働者・農民は低級な映画を見ざるをえなかったが、「映画が教育目的として活用されるなら、民衆文化のすばらしい道具となりうるだろうし、そうした映画は現状に抗する潮流の一つとなる。私の願いは、映画鑑賞という余暇時間の優れた行動が、民衆の知的で道徳的な教化に役立つことです」[190]。ここには、民衆啓蒙という知識人社会主義的な発想と同時に、左翼映画人と共通する考えを窺うことができる。

共産党系やシュールレアリスト系の映画人《シネアスト》が組織したのが、シネ＝リベルテ（独立映画同盟ＡＣＩ）である。一九三六年秋時点の会員は一万二〇〇〇人を数えている。シネ＝リベルテは、検閲の廃止や民衆映画の普及、映画をとおした革命精神の涵養を掲げて三六年三月に誕生した。四月一〇日に公表された綱領では、「真実の映画、人間的な映画、自由な映画」に賛成し、検閲や商業主義に反対する立場が表明され、「第七芸術」としての映画を再生させるために、現状認識を深めるニュースやドキュメンタリーの上映、未公開作品や古典の上映、映画人が自己の芸術観や表現の自由をめざす戦いを語るシンポジウム開催などが謳われた[191]。

とくに検閲は、左翼の映画人や労働者にとって「もっとも重要な単一争点」となっていた。というのは、三六年春の選挙戦用に撮られた共産党のプロパガンダ映画『人生は我等のもの』（六〇分、ジャン・ルノワール監督、一九三六年）が、サロー内閣によって上映禁止措置を受けていたため、検閲問題は喫緊の課題であったからである。『人生は我等のもの』は、四月七日に共産党が所有するベルヴィロワーズ劇場で七〇〇人の党員を前に上映されたのを皮切りに、全国五〇の都市で上映予定であった[192]。四月一〇日と一一日にはパンテオン映画館でも上映され、トレーズも鑑賞に訪れている。ところがその後、プレイエル・ホールにおける私的上映すら禁止されたのである。サロー内閣は、三六年五月七日と二六日に検閲を強化するデクレを発している。シネ＝リベルテは、五～六月に検閲反対の論陣を張って抗議したが[193]、人民戦線政府下でも検閲は完全廃止にはならなかった。

シネ＝リベルテの初期の作品は、アマチュアが撮影したフィルムを編集制作した三六年六月の『工場占拠ストライキ』[194]であり、七月一四日からパリ地区CGTの配慮のもとに配給上映された。そのほか、シネ＝リベルテは『七月一四日』『コミューン賛歌』の制作、ロシア革命を描いたエイゼンシュテインの『一〇月』やスペイン共和国のための映画『スペインの大地』などの上映も行っている。このように、シネ＝リベルテは『人生は我等のもの』の成功とともに誕生し、『ラ・マルセイエーズ』の完成とともに消滅することになる。[195]それでは次項で、民衆を巻き込んで制作された『ラ・マルセイエーズ』をとりあげよう。

『ラ・マルセイエーズ』

人民戦線期を代表する映画は、ジャン・ルノワールの『ラ・マルセイエーズ』（一九三八年）だろう。極右リーグに横領された国歌ラ・マルセイエーズを左翼が再領有することが求められた。一九三六年六月、モーリス・トレーズはラ・マルセイエーズの作曲者ルージェ・ド・リールの没後一〇〇周年記念に際して、「ラ・マルセイエーズは民衆の革命的意志が熱烈かつ情熱的に表現されたもの」だと称え、「ラ・マルセイエーズは永久にわが人民の賛歌、フランスの国歌であるだろう」と演説していた。[196]三五年と三六年に人民戦線が組織した壮大な七・一四デモは、なお記憶に新しかった。

映画産業労組やシネ＝リベルテ、三六年五月集団などがフランス革命の映画制作を決定し、一九三七年三月一二日、モンパルナスのユイジャンス体育館でジャン・ゼー主宰のもと、『ラ・マルセイエーズ』の撮影に向けた決起集会が開かれた。[197]五〇〇〇人の聴衆を集めた会場には、ルノワール、共産党のジャック・デュクロ、ラグランジュ、コット、新聞・映画・ラジオなどの情報担当元次官マルソー・ピヴェール、急進党のアルベール・バイエ、CGTジュオーの代理としてアンリ・レノーらの姿もあった。撮影資金は募金と政府からの貸付金で賄うこととされた。革命期のアシニヤ紙幣をまねた寄付金（二フラン）付き入場券が用意され、上映の際には料金が割り引かれることになっていた。「民衆募金」を呼びかけるビラには、フリジア帽をかぶったサンキュロットの絵とともにこう記されていた。「少数の搾取者に対するフランス国民の団結の映画。人権の映画。……前進せよ、フランスの民衆が一七八九年のフランス大革命の映画をもつために。前進せよ、人民による人民のための映画という初実験のために」。CGTは資金集めに協力した。『プープル』(三七年四月二三日)は募金開始を大きくとりあげ、八月二七日には七〇万枚の寄付金付き入場券が発行されたことを報じている。また、休暇をとった四〇〇〇人ほどのCGT組合員がエキストラとしてボランティアで撮影に参加した。

それゆえ、「『ラ・マルセイエーズ』はその時期のもっとも野心的な映画プロジェクト」[198]と言いうるが、一五〇万人から二フランの寄付を集める計画は思うように進まず、政府の貸付金も財政悪化のため反故にされてしまった。それでも、八月二三日から一二月六日まで撮影が進められ、三八年二月に上映にこぎ着けた。アン県の共産党機関紙は、県内三カ所で『ラ・マルセイエーズ』が封切られることを大きく宣伝し、「とても力強く感動的な映画」「もっとも客観的な映画」の『ラ・マルセイエーズ』は、「まさに期待どおりのすばらしい映画」だと称え、「世界に自由をもたらした賛歌の物語、『ラ・マルセイエーズ』を見に行こう」と二週にわたって紹介していた。[199] 著名な共産党議員がいない県の機関紙でも紙面を費やして宣伝していたところに、共産党が上映運動にコミットしているさまを窺うことができる。

バスチーユ陥落後から始まってヴァルミーの戦い前日で終わる『ラ・マルセイエーズ』に、人民戦線派の諸新聞が好意的評価をしたためたのは当然だろう。『ルガール』のなかでジョルジュ・サドゥールは、「フランスでもっとも偉大な監督」ルノワールの『ラ・マルセイエーズ』は、「民衆の叙事詩」であり、「もっとも自由で、もっとも率直で、もっとも活力に富み、もっとも人間的な映画の一つだ」と絶賛した。さらに『ラ・マルセイエーズ』は、「歴史的な映画でも政治的な映画でもなくて、人間的な映画」(『ユマニテ』)だとか、「ラ・マルセイエーズの歴史でも大革命の歴史でもなく、革命期の民衆史」(『ポピュレール』)だと称えられた。[200]『ヴァンドルディ』の映評欄でも、映画に残酷さが欠けているとはいえ、監督ルノワールは「歴史の描き手」として激賞された。ルノワール自身はこの映画について、マルセイユから来た義勇兵とチュイルリー宮奪取を中心に据え、「その周りに何人かの登場人物の生涯がいかに展開していったかを示した。物語はルイ一六世から〔セーヌ県総代〕レデレールへ、女王マリー＝アントワネットから名もない女工へ、宮殿から街頭へと移るのだ」と回想している。[201] しかし、一般の評判は芳しくなかった。というのは、フランス革命の脱神話化をめざしたルノワールは、革命を担った無名の人びとに焦点をあてて英雄を登場させたなかったのみならず、バスチーユ奪取やフランス軍最初の勝利であるヴァルミーの戦いも描かなかったからである。それゆえ、前衛的な批評家には映画が飼い慣らされているように思えたし、英雄的な描写に慣れていた一般大衆は、英雄的様式を避け、ダントンもロベスピエールもマラーもルージェ・ド・リールすら登場しないルノワールの映画になじめなかった。『クロワ』や『エスプリ』がそうした空気を代弁している。『クロワ』は、一七八九〜九二年の雰囲気を引き出すことを優先して、逸話を故意に取り入れなかったルノワールの映画は「退屈」であり「不満足」な作品であると断定し、『エスプリ』も「もっとも偉大な監督に傷がついた」とか、「『ラ・マルセイエーズ』は凡庸な映画であり、……プロパガンダ映画でもある」と酷評した。[202]

ジャン・ルノワールは、これ以外にも人民戦線期に『どん底』（一九三六年）、『大いなる幻影』（一九三七年、ドイツとイタリアでは上映禁止[203]）なども撮っている。『人生は我等のもの』には一〇月集団の団員も出演していた。

ジャン・ゼーの映画への貢献についても触れておこう。それには、一九一四年に世界で上映された映画の九〇％がフランス映画であったのに、一九三五年のアメリカで上映される外国映画一〇〇〜二〇〇本のうち、フランス映画は年に五〜一五本という惨状があった。[204] ゼーは、学校で教育映画の上映に尽力しただけでなく、フランス映画ライブラリー「シネマテーク・フランセーズ」の創設をも支持した。中心的な創設者となったのは、映画人のジョルジュ・フランジュとアンリ・ラングロワである。第二次世界大戦後のフランス映画を代表する《ヌーヴェル・ヴァーグ》の旗手たちは、「シネマテーク・フランセーズ」という揺りかごから育っていった。[205] ゼーは、一九三九年九月にカンヌで開かれる映画祭のために尽力してもいた。カンヌ映画祭は第二次世界大戦勃発によって延期され、第一回が開かれたのは一九四六年のことであった。しかし、会場にはゼーの姿はなかった。ゼーは大戦中にユダヤ人ゆえに処刑されていたからである。それゆえ、一九四七年六月二七日のソルボンヌで、元国民教育大臣ジャン・ゼーの功績を称えてオマージュが捧げられ、作家のジャン・カスー、ブルム、エリオらがスピーチをしている。[206]

美術

美術の分野でも「壁」を取り払って、芸術作品に触れやすくする工夫がなされた。オランジュリー美術館やルーヴル美術館では夜間開館（午後八時から一〇時）が始められ、労働者と青年への週一回の夜間割引制度も導入された。CGTの組合員とその家族、ユースホステルの利用者は、ルーブル美術館で半額の一・五フランで絵画を鑑賞することができた。それは、一九三七年二月二日（火）から毎週火曜日に行われることとなった。ラグランジュは、一月二七日にラジオから「ルーヴル美術館の民衆火曜日」の概要を説明しつつ、フランス史上初めて労働者が共通の文化に参加するという「新しい実験を前にして私は喜びを隠そうとは思いません」と述べていた。実は、三六年五月三〇日からルーヴル美術館の夜間開館が実験的に行われていた。同美術館のエジプトと古代彫刻部門で、水曜と土曜の午後八時四五分から一一時まで一ヵ月限定で試行されたが、好評のため七月まで延期された。一日平均の夜間入場者数は一六五〇人に達していた。[207]三七年一月に『ルガール』が、美術館をめぐる焦眉の課題は「再編成と民衆化」だとして、「芸術公園」をめざすルーヴル美術館の取り組みを紹介する連載記事を載せたのもこうした状況と関わっているだろう。[208]CGT労働者教育センター員で芸術史家のジョルジュ・ヴィダランも、『プープル』のなかで労働組合員に独立派展の画家たちの作品鑑賞会に足を運ぶことで余暇を過ごすように呼びかけている。[209]結局、ルーヴル美術館の夜間開館には平均七〇〇人の見学者があったが、財政的理由で中断をよぎなくされた。それでも他の国立美術館では、火曜と土曜の週二回、さらに三七年一〇月二九日からは日曜も加えた週三回の夜間開館が実現し、三七年の夜間入館者数は八万四〇〇〇人に達したという。[210]

こうした芸術の民衆化・民主化にコミットした一人が、親ソ派の画家フェルナン・レジェである。彼は近代芸術が富者のためのものであることを批判し、「美しい芸術作品、つまり美に対して民衆の目が肥えることは新時代の兆候だろう」と述べていた。[211]そのための組織が一九三六年春に姿を現しつつあった。民族誌学者ジョルジュ＝アンリ・リ

図6－7　発見館に飾られているレジェの「力の伝達」

出典　筆者撮影。

ヴィエール、マドレーヌ・ルソーが推進し、人類博物館のポール・リヴェとジャック・スーステルが主宰した「美術館民衆友の会（APAM：Association populaire des amis des musées）」がそれである。APAMが正式に発足したのは三七年五月二七日であるが、マドレーヌ・ルソーは、友の会の任務として、長期にわたって国民の富を鑑賞する機会のなかったフランス国民《プープル》を美術館に引きつけること、訪問者と美術館員との協力を実現することの二つをあげている。[212]

　ヴィダランは、APAMは「勤労大衆に仕える教育ツール」だと称え、電気照明による開館時間の延長、割引料金制の導入、知識の豊かなガイド養成などの方策によって来館機会を増やすことを提案している。こうして、「壁」の打破という「肉体労働者と精神労働者のあいだの新たな関係」が保証され、「芸術家と人民大衆」の「もっとも実り豊かな接近に精を出すことがわれわれ〔CGT労働者教育センター〕の義務の一つだ」と主張された。[213]これは一九三七年夏の記事であるが、労働者と知的エリート層との溝を埋めることのむずかしさを逆に示していると言えるだろう。それでも、年間約五〇〇の展覧会や展示会への見学会がAPAMによって企画され、毎回五〇人ほどの参加があり、延べ二万五〇〇〇人の労働者の参加をみた。また、APAMは画家を訪問したり、画家と語りあう会を組織しもした。彫刻家マイヨールのアトリエ訪問やフェルナン・レジェとの会見を実現させている。APAMの活動が、人民連合に参加する政党やCGTの支持のうえになりたっていたことは言うまでもない。[214]

　一九三七年のパリ万博を芸術の大衆化の好機と捉えたフェルナン・レジェは、人民戦線期の美術の特徴となる「壁画芸術（l'art mural）」を提唱した。[215]イーゼルの絵は民衆と接点のないところで描かれているのに対して、壁画は万人に共有される芸術の創造に繋がると考えたのである。こうしてパリ万博では、トロカデロ劇場、近代美術館、発見館、各種パビリオンの壁が装飾を施された。レジェの作品は、教育館（モンタージュ写真「労働」）、連帯館、現代芸術家同盟館、農業館などのパビリオンの壁面を飾り、発見館には「力の伝達」が掲げられた（「力の伝達」は、現在もグラン・パレの一翼にある発見館の階段踊り場の壁を飾っている。図6-7）。レジェは、「壁画芸術は一九三七年万博の新機軸の一つとなった」と評している。人民戦線派の活動的な芸術家は、労働者と接触する新たな形式や芸術をとおした参加の新しい様式を見出すことができた。レジェにとって民衆の余暇という体験は強烈であり、一九五四年にも「キャンプ」や「田舎での遊び」といった余暇を主題にした絵を発表している。

ライフスタイルの転換

一九三六年大晦日の晩、レオン・ブルムは国民に向けたラジオ演説のなかで、半年間の成果として「物質的変化」はもちろんだが、「精神的変化はより明白かつ重要だ」と述べ、「希望、労働意欲、生活意欲がふたたび現れました。フランスはこれまでとは違う顔つき、風采をしています。……フランスでは人間的な条件が回復したと、誰もが感じています。……新しい社会関係が樹立されました。新しい秩序が練りあげられました。……国民の精神的な力はその物質的な力と同じペースで高まっています」と語って、政府への信頼を国民に求めていた[216]。

労働意欲や生活意欲を高めたのが、週四〇時間労働や有給休暇によるヴァカンスの誕生であったことは確実だろう。ブルムは、一九三七年六月六日の政権担当一周年の集会でも、これらの法律によって労働者の家族はそれまで未知のもの、すなわち健康や澄んだ空気や自由に生きることへの憧れ、家族の絆の強化、人間の尊厳などを今や知ったのですと語っていた[217]。急進党が、三八年の党大会で初めて「ツーリズム」を議題に取りあげ、週末割引切符、ホテル業界への長期低率融資、旅行保険金庫を要求したところにも、時代が映し出されている[218]。

作家のアンドレ・シャンソンも、三六年夏に海や山や街道で圧倒的な存在感を示した若者について、人民戦線の顔だちを決める必要があるなら「それは、日焼けし、筋肉質で、徒歩や肌を刺す天候にも慣れ、ばか正直ではないが純真な心をもった若者の顔だろう」と記していた。[219]「人生に立ち向かおう《アロン・オ・ドヴァン・ド・ラ・ヴィ》」とか「朝を迎えに行こう《アロン・オ・ドヴァン・デュ・マタン》」と歌いながら徒歩旅行をした若者たちは、人民戦線の風物詩であった。[220] 一年後にもアンドレ・シャンソンは、ヴァカンス中の若者の顔立ちの良さとすばらしい多様性について述べている。[221] ラグランジュも三八年二月に「社会主義と青年」という記事をしたため、余暇サークル・スポーツクラブ・ユースホステルのなかで、社会党の青年が果たした役割を高く評価している。[222]

この意味で恐慌期の日曜は、ダミアが歌ってヒットし自殺者も出た「暗い日曜日」であったが、一九三六年の日曜は、人民戦線政府のおかげで「明るい日曜日」となった。『マリアンヌ』の記者がブルム内閣の余暇政策について、「有給休暇、自由な週末、生活の一部となった余暇、新しい喜びへの労働者大衆の接近などは、もっとも重要な歴史的改革と呼ばれるだろう」と総括し、最初の収穫は素晴らしいが、この畑を耕すためには「熟練工」が必要であり、そのための「責任者」の養成を政府に求めたゆえんだ。[223]

とはいえ、実際には一九三六年段階では新しい余暇の思想が労働者に浸透したとは言いがたく、政府の意図は労働者の無関心に直面することが多かった。何といっても、長距離の家族旅行ができる労働者の家庭は少なかった。二週間の有給休暇を得るためには、同一の会社で一年間働いていることが条件であったので女性の多くは対象外になった。また三六年時点の「ラグランジュ切符」は、母子家庭や失業者の夫をもつ女性労働者の手には入らなかった。ラファイエット百貨店の女性店員たちは、獲得した週末を家庭の徹底的な掃除にあて、ルーヴル美術館の夜間割引も利用者が少なく中止された。[224]

ユースホステル運動の参加者も、教師や学生といった中産階級の若者が多かった。トロツキストの機関紙が「ユースホステル運動は、労働者の余暇組織のために多大な貢献をしてきた」と評価しつつも、利用者が学生や小商人やインテリの子弟に偏っており、「小ブルジョワ的な偏向の口実にもなっている」と不満をしたためた理由でもある。[225] また、アルザスでも域外に旅行する労働者は多くはなく、一九三七年に三〇〇キロ離れた地域で休暇を過ごした者は八〇〇人であり、その大半は都市住民であった。農村の俸給生活者は、実家に帰って畑仕事を手伝ったり、庭仕事や大工仕事などに休暇をあてた。農民は、休暇を干し草取りや収穫した小麦の収納で過ごした。[226]

結局、自由時間の増大は創造的な余暇に結びつかず、自宅にとどまって過ごすという「単なる労働の停止」か「ヤミ労働」となったりした。大半の労働者が自宅にとどまっていたことは事実であり、有給休暇中にアルバイトをしていた労働者がいたのも事実である。南フランスのアヴェロン県ドカーズヴィル（ポール・ラマディエが市長）とタルン県マザメにおける最初の有給休暇の過ごし方を調査した研究によると、旅行に出かけた人とアルバイトをした人は少数派であり、家にとどまった人が多数派であった。資金不足や自転車などの移動手段をもたないことがその理由であり、ドカーズヴィルで人気のあった余暇はロット川岸へのピクニックであったという。この地域の労働者は、有給休暇法を歓迎しはしたが、他方で働かずして給金がもらえることが容易には信じられなかった。[227]これが一般的な反応であった。

だからこそ、ヴァカンスが始まった一九三六年八月下旬に、CGTの労働者高等研究所員でもあったルドヴィック・ゾレッチが「労働者の教養と余暇」について提言したのである。彼は、「労働時間の短縮はより多くの教養と娯楽をもたらすための全般的な努力をともなうべき」なのに、文化の分野ではいまだ不十分ゆえ、労働組合はそのために行動すべきだとして次のような提案を行った。余暇の組織を地方に分散するために、県ごとに「県教養余暇センター」を設立して、教養・芸術・体育・青少年のための事業・労働者菜園などのプログラムを企画し、CGTの労働学校による講座開催（フランス語・作文・算術・幾何・体育などの基礎講座、労働運動史や経済などの特別講座、職業講座）や、図書室機能をもった労働者集会室《フォワイエ・ウーヴリエ》の設置を提案していた。[228]

このように、有給休暇による新しいライフスタイルは、労働条件や経済状況の改善はもとより、労働者の心性の変革なくしては実現されなかった。しかし、人民戦線期の改革によって余暇が上流階級の独占ではなくなり、「労働と余暇」や「余暇の民主化」などの問題が実践的に提起されたことの意味は大きい。一九三六年が第二次世界大戦後に到来する「余暇文明」の出発点であったことは間違いない。人民戦線は、旅行やスポーツも含む広義の文化を万人の必要物に変えた。人民戦線とともに「余暇の時代」が開かれ、余暇はフランス人のライフスタイルを変える文化革命の始まりを画した。それは同時に民主的余暇と商業レジャーの問題系の始まりでもあった。すでに当時も、林間学校指導者育成センター（三六年春に創設）のセンター長ジャック・ゲラン＝デジャルダン（プロテスタント）は、林間学校は「営利目的をもたない組織」にとどまるべきだと、「金儲け主義」に警鐘を鳴らしていた。[229]

とまれ、人民戦線期の文化革命は戦後にも影響を及ぼしている。ドゴール政権下の一九五九年に文化省が設けられ、初代文化大臣にラグランジュの友人でもあったアンドレ・マルローが就任した。そのマルローが進めた「文化会館」は、三六年に作られた同名の組織の復活であった。[230]

むすび

一九三六年の七・一四集会を前にして、共産党系週刊誌『ルガール』に「二〇三六年七月一四日」を語る空想記事が載せられている。この時までに世界政府が実現しており、五大陸合衆国大統領の演説、フランス州社会主義共和国首相や余暇大臣の演説があることになっていた。フランス革命二四七周年のこの日の演説では、フランス革命と人民戦線期の出来事とが重ね合わせて語られた。テルミドールのクーデタを計画したタリアンは最初の暴動の原因となったキアップ警視総監に、一九三四年二月一二日は「テニスコートの誓い」と対比され、「一九三四年初めにフランス革命がふたたび始まった」と述べられた。(1) この空想記事が日の目をみる可能性は今のところ低いが、フランス人民戦線一〇〇周年を迎える二〇三六年まで二〇数年となった今日、人民戦線はどのように顕彰されるのであろうか。

序章でも触れたように、左翼連合としての人民戦線方式は、今日、権力を獲得するモデルとしての機能を失った。一九八一～九五年のフランソワ・ミッテラン政権（二期）、二〇一二～一七年のフランソワ・オランド政権によって、社会党は三度の大統領職を射止めただけでなく、社会党単独で過半数の議席を制したこともあり、人民戦線は過去の歴史現象となった感がある。

人民戦線の遺産として今日まで残っているものは、有給休暇である。ブルム内閣が制定した二週間の有給休暇は、一九五六年の人民戦線二〇周年に誕生した社会党のギー・モレ内閣によって三週間に延長された。ついで、ドゴール政権下の一九六八年に四週間となり、一九八一年のミッテラン政権下で五週間の有給休暇が認められ、今日にいたっている。労働時間については、一九九七年のリオネル・ジョスパン社会党内閣のもとで、週三五時間労働が成立をみている。また、人民戦線政府が始めた内閣制度上の改正に、首相の兼職禁止がある。もっとも、第二次ブルム内閣ではブルムが首相と財務大臣を兼任したように、この方針は守られず、ダラディエ内閣は旧来のやり方に戻ってしまった。しかし、第五共和政では首相の兼職禁止は、明確に遵守されるようになった。

他方、人民戦線政府が視野に置いていなかった問題として、植民地問題、女性参政権、経済・財政の近代化の三つを指摘できる。(2) さらに、社会主義者にしてユダヤ人のレオン・ブルムがフランス史上初めて首相に就任したことによって直面した困難は、もっと強調されてしかるべきだろう。ルイ・マル監督の自伝的映画『さよなら子供たち』（一九八七年）に、こんなシーンがある。主人公の母親がレストランで、「私はユダヤ人に何の反感ももっていないわ。逆よ。ただ、レオン・ブルムだけは別。彼は、縛り首にされて当然だわ」と語ったが、この発言はルイ・マルの母親自身の言葉でもあった。(3) 一九三七年にブルムの『結婚について』（初版、一九〇七年）が再版されたことは、カトリックをいたく刺激していた。ブルムの人妻との関係という赤裸々な告白も含めて、不貞や不倫の実話満載という趣の本書は、(4) カトリックの婚姻の秘蹟に対する冒瀆の書と受けとめられ、ルイ・マルの母親のような良家の子女に眉をひそめさせた理由であろう。とまれ、ブルジョワ層のブルム嫌いの根強さを示す例である。

したがって、一九三六年六月の下院で右翼議員のグザヴィエ・ヴァラがブルムの出自に言及したように（第三章参照）、右翼勢力のあいだに反発が強かったのも当然であろう。ユダヤ人ブルムに対する悪辣な人身攻撃は目に余るほどであり、ブルムが個人的に受け取った反ユダヤ主義の手紙も数多くあった。第二次世界大戦中にドイツとソ連に押収された「モスクワ文書」には、こうした手紙がかなり含まれている。(5) また三〇年代には、ナチス・ドイツを逃れてユダヤ人がフランスに亡命してきたことで、自由業者から労働者にいたるまで、フランスに反ユダヤ主義が高まっていたという社会的背景を看過すべきではないだろう。(6)

本書は、フランス人民戦線の誕生から解体までの歴史を、反ファシズム・反恐慌・文化革命の三幅対《トリアーデ》として位置づけて叙述してきた。ファシズムと恐慌に対する不安や不満が、政党の枠を越えた人民戦線運動の原動力になり、人民戦線が政権を獲得したのちに、余暇を活用すべく文化革命が始まった。

それは、レオン・ブルムやアルベール・バイエその他の発言にも示されている。ブルムは、一九四二年二月のリオム裁判のなかで人民戦線をこう回想している。「人民戦線とは、本能的に防衛的な反射運動以外の何ものでもなかった。一つは、準軍事的リーグの騒動や二月六日暴動がその顕著な兆候であったように、共和国を脅かす危機に対する反射運動として、そしてもう一つは、わが国の労働者階級、農民、中産階級を打ちのめす恐慌の長期化に対する反射運動としてである。その恐慌は、経済の沈滞、農産物価格や賃金の持続的低下、失業、貧困となって表れていた」(7)。ここには、人民戦線運動をもたらした反ファシズム・反恐慌という動機が表白されている。

急進党左派のアルベール・バイエは、一九三七年一月に「人民戦線の未来」を語っていた。人民戦線を左翼連合《カルテル》のような「一時的な連合」ではなくて、「民衆の意思と希望から生まれ、息の長い仕事を実現しうる政治組織」と捉えるバイエは、左翼勢力の団結を長期にわたって維持するためには、人民戦線はファシズムに毅然と立ち向かう「平和戦線」や企業封建制を打倒する「経済的一七八九年戦線」にならねばならないと、抽象的な表現ではあれ、人民戦線が存続することへの願望を記していた(8)。バイエの発言には、人民戦線が政党連合を越える広範な組織として始まったことが記されている。また、当時三七歳の人民民主党系（中道右派）のジャーナリスト、ジョルジュ・ウルダンは工場占拠と有給休暇を「わが国の歴史上、この時期の二大現象」だと述べ、「三六年は余暇文明元年」であったと一九七六年に述べている(9)。文化革命が脳裏に深く刻まれていることを示唆する回想である。

本書で示したように、政党や労組を越えた広がりをもって誕生した人民戦線は、政治の次元では連立政権から議会連合へと縮小し、議会連合すら急進党右派から批判を浴びた。社会的次元でも左派系労組や社会党左派の離反を招いた。さらに、人民戦線政府の政治・経済・文化の三領域にまたがる実験は、めざましい成功をもたらさなかった。なぜなら、反ファシズムの立場は国内の右翼リーグに向けられたものであり、国際的には平和主義を堅持してナチス外交に屈していき、恐慌対策も後手に回って景気を浮揚させることはできず、文化革命も一九世紀末の知識人社会主義的な啓蒙的色彩もあって、労働者の文化や心性と衝突する場合も少なくなかったからである。それでも、人民戦線はフランス史上、社会主義者が初めて首相になった政体であり、その歴史は今日的な社会民主主義の先駆として注目に値する。それは、ミッテラン社会党政権が一九八一年に誕生したとき、ブルム内閣との比較が行われたところにも表れている。ジュリアン・ジャクスンの研究書も、そうした空気を濃厚に反映している。[10]

一九三七年にレオン・ジュオーは、「人民戦線の実験の成否は、経済政策のできばえにかかっている。生産活動がふたたび高まり、恐慌が抑え込まれ、人びとの物質的条件が改善されねばならない」と語っていた。[11] この見地からすると、人民戦線の購買力政策が首尾よくいったとは言いがたい。第四章でも触れたように、ブルム内閣の経済政策は、再軍備政策や平価切り下げをよぎなくされ、本来の政策を推進できなかった。ブルムは困難をよく認識していた。一九三六年一〇月一日、平価切り下げを断行した直後の上院で、首相はこう述べている。「私は、政府の密かな意図が、みせかけですらある意図が、自党の教義を実施することにあるような政府首班ではありません。おそらくこの国で、ほかの行動が可能となるのに十分なほど、社会党が強くたくましくなり、党の浸透力と説得力を増す日が来るでしょう。しかし、今はその時ではありません。私が演ずるのはこの役割ではありません」[12]。人民戦線政府は、社会主義をめざす革命ではなくて資本主義の枠内での改革を行うのだとブルムは繰り返したが、この改革すらうまくいかなかった。

人民戦線運動は、労働者に大いなる希望を与えただけに失望も大きかった。なぜ、失望をもたらしたのだろうか。いくつかの理由が考えられる。人民戦線は相反する勢力の結集であった。革命派と改良主義者、生産手段の国有化を推進するマルキストと私的所有に執着するブルジョワ勢力、国防政策の擁護派と革命的敗北主義者といった具合である。また、一九三七年二月の下院でブルムは、社会政策と軍事政策との矛盾、内政と外交の矛盾について率直に語っていたが(第四章参照)、対外的危機の進行は再軍備予算を増額せざるをえず、民生予算を圧迫することになった。それに加えて、ブルムがめざした資本主義の枠内での経済政策は、人民戦線綱領と三六年六月の「社会的爆発」によってしいられた社会政策と矛盾した。大規模な国有化や構造改革は問題にならなかった。これらの矛盾を拡大させたのが、内政と外交の矛盾である。イギリス保守党政府との協定は、ブルム内閣の経済・財政政策を支配し、社会政策と合わなくなっていった。さらに、深まりゆく対外的危機のなかで、ブルムは三八年に右翼にまで与党を拡大しようとしたが、右翼に反対され、党内の絶対平和主義者からも支持されなかった（第五章参照）。かくして、ブルムは内政と一致した外交政策を行うことも、外交政策と一致した内政を行うこともできなかった。ブルムにとって政策選択の自由度は、あまりなかったと言ってよい。

　人民戦線政府は本質的な矛盾をかかえて出発していた。反ファシズムという点でも、それは国内に限定されるのかヨーロッパに拡大されるのかについて共通理解はなかった。反ファシズムという戦闘ないし戦争の論理と、人民戦線綱領の平和の論理とは矛盾した。反恐慌という点でもコンセンサスは脆かった。なぜなら、共産党は「金持ちに支払わせる」政策を主張し、社会党は労働者階級を優遇することを考えたのに対して、急進党は中産階級の利益に心を砕いたからである。さらに、景気回復策と社会改革とが一致するわけでもなかった。これらの矛盾がブルム内閣の一年間で表面化した。それでも人民戦線は、労働者に大いなる希望を与え、より良く生きることへの期待を燃えあがらせた。有給休暇・週四〇時間労働法・団体協約・軍需産業の国有化など、フランスの政治経済体制の根幹に変更を迫る改革がなされた。こうした構造改革は、一九四五年以降のフランスに受け継がれていく。

　今日、「三六年六月《ジュアン・トラントシス》」は歴史用語となった。この言葉が含意する喜びや高揚感や解放感を体験したフランス人は、今ではごく少数しかいないだろうが、工場占拠ストライキとマチニョン協定から生まれた有給休暇や週四〇時間労働が、「余暇文明元年」をもたらし、フランス人のライフスタイルを変えた。かくして人民戦線は、フランス人にとって二〇世紀フランス史の「記憶の場」となった。それゆえ、人民戦線は、ジョルジュ・ルフランが総括したように「全面的成功でもなく、全面的失敗でもなく」と評するのが正しいだろう。(13)

註

はじめに

（1） *33e Congrès du parti républicain radical et radical-socialiste tenu à Biarritz*, Paris, 1936, pp. 10-11, 23, 25 ; *Le Temps*, 23 octobre 1936, p. 8 ; Jacques Kayser, "Le parti radical-socialiste et le rassemblement populaire 1935-1938," *Bulletin de la société d'histoire de la IIIe République*, no. 14, avril-juillet 1955, pp. 280-281 ; Jacques Kayser, "Souvenirs d'un militant 1934-1939," *Cahiers de la République*, no. 12, 1958, pp. 79-80 ; François Leuwen, "Le Congrès de Biarritz," *Revue de Paris*, t. 43, 15 novembre 1936, pp. 424-432.

（2） Georges Lefranc, *Histoire du front populaire 1934-1938*, 2e éd., Paris, 1974, p. 209.

（3） Peter J. Larmour, *The French Radical Party in the 1930's*, Stanford, 1964, pp. 216-217 ; Serge Berstein, *Histoire du parti radical*, t. 2 Crise du radicalisme 1926-1939, Paris, 1982, pp. 474-475, 481. ビアリッツ党大会で左派のケゼールが、投票の資格要件として一九三五年と三六年の党員証の所持者であり、三六年九月二〇日以前に党書記局に代議員として登録されることの必要性を示したのは、このためである（*33e Congrès du parti républicain radical et radical-socialiste tenu à Biarritz*, p. 373）。なお、急進党の党員数は七万から一二万人である（Larmour, *op. cit.*, p. 22）。

（4） Kayser, "Le parti radical-socialiste et le rassemblement populaire 1935-1938," p. 280.

（5）『大阪朝日新聞』一九三六年六月七日。旧漢字を新漢字に改め、かつ読点も補った。

（6） 新聞と雑誌のトーンの違いは、記者の価値観に加えて、リアルタイムを原則とする日刊紙が、出来事を点として捉える報道に傾きがちなのに対して、月刊誌は、時間的な余裕もあって出来事の前後を総合する線としての報道が可能だという報道スタイルの違いにもよるだろう。

（7） 関口「フランス新内閣首相レオン・ブルーム」『世界文化』二〇号、一九三六年、三三頁。なお、旧漢字を新漢字に改めている。

（8） 詳しくは、渡辺和行「二一世紀のフランス人民戦線史」『国際公共政策研究』（大阪大学）第一八巻第一号、二〇一三年。

(9) Georges Lefranc, *Histoire du front populaire*, Paris, 1965 ; Colloque, *Léon Blum, chef de gouvernement 1936-1937*, Paris, 1967 ; Colloque, *Edouard Daladier, chef de gouvernement 1938-1939*, Paris, 1977 ; René Rémond et Janine Bourdin dir., *La France et les Français en 1938-1939*, Paris, 1978.

(10) 共産党寄りの研究として、Roger Bourderon, Jean Burles, Jacques Girault et al., *Le PCF, étapes et problèmes 1920-1972*, Paris, 1981 ; Serge Wolikow, *Le Front populaire en France*, Bruxelles, 1996. バランスの取れた研究として、Daniel R. Brower, *New Jacobins, the French Communist Party and the Popular Front*, New York, 1968.

(11) 『社会運動』誌の「有給休暇」特集は、一九八六年一一月にストラスブール第三大学で行われたシンポジウム「有給休暇五〇周年」に寄せられた論文であり、「政治文化と人民戦線」の特集は、一九八六年九月にパリ第一大学で行われたシンポジウム「人民戦線とフランス人の日常生活」で発表された論文である。*Mouvement Social*, no. 150, 1990, p. 18 ; Danielle Tartakowsky, "Front populaire et renouvellement des cultures politiques," *Mouvement Social*, no. 153, 1990, p. 3 ; Pascal Ory, *La belle illusion, Culture et politique sous le signe du front populaire 1935-1938*, Paris, 1994 ; Alain Corbin, *L'avénement des loisirs 1850-1960*, Paris, 1995（渡辺響子訳『レジャーの誕生』藤原書店、二〇〇〇年）. ただし、オリイの大著は網羅的である分、内容が若干薄い項目もあること、コルバンの論集は人民戦線期の余暇が対象になっているわけではない点に注意が必要だろう。

(12) フランソワ・フュレ、楠瀬正浩訳『幻想の過去』バジリコ、二〇〇七年、第七章。

(13) Philippe Burrin, "Poings levés et bras tendu. La contagion des symboles au temps du Front populaire," *Vingtième Siècle*, no. 11, 1986 ; Danielle Tartakowsky, "Manifestations, fêtes et rassemblements à Paris (juin 1936-novembre 1938)," *Vingtième Siècle*, no. 27, 1990 ; Gille Vergnon, "Le «poing levé», du rite soldatique au rite de masse. Jalon pour l'histoire d'un rite politique," *Mouvement Social*, no. 212, 2005 ; Danielle Tartakowsky, *Le pouvoir est dans la rue : Crises politiques et manifestations en France*, Paris, 1998, chap. 3.

(14) Antoine Prost, "Conclusion," in Gilles Morin et Gilles Richard dir., *Les deux France du Front populaire : chocs et contre-chocs*, Paris, 2008, p. 391.

(15) Sophie Cœuré, *La mémoire spoliée, les archives des Français, butin de guerre nazi puis soviétique de 1940 à nos jours*, Paris, 2007, pp. 156-162. ソフィー・クーレ、剣持久木訳「記憶の略奪——第二次大戦中にナチの戦利品を経てソ連に渡っ

た公文書」『日仏歴史学会会報』第二八号、二〇一三年、三八～五〇頁。

(16) Gilles Morin et Gilles Richard dir., *Les deux France du Front populaire : chocs et contre-chocs*, Paris, 2008.

(17) これは、二〇一二年一〇月末に来日したソフィー・クーレ氏の見解でもある。

(18) Ilan Greilsammer, *Blum*, Paris, 1996 ; Frédéric Monier, *Le Front populaire*, Paris, 2002, pp. 109-111.

(19) ほかの二つのシンポジウムとは、パリ第一〇大学で開催された「フランス・スペイン・チリの人民戦線――歴史・表象・記憶」のシンポジウム、および六月にブルゴーニュ大学で共産党系史家が開いた「人民戦線の実験と刻印――活動家・地域・記憶」という国際シンポジウムである。後者の論文集が、Xavier Vigna, Jean Vigreux, Serge Wolikow dir., *Le pain, la paix, la liberté, expériences et territoires du front populaire*, Paris, 2006. 写真集には、Michel Margairaz et Danielle Tartakowsky, *L'avenir nous appartient*, Paris, 2006 ; Martin Pénet, *Été 36 sur la route des vacances en images et en chansons*, Omnibus, 2006.

(20) 渡辺和行「フランス人民戦線形成過程をめぐる一考察――急進党と人民戦線」（一）（二）（三）『法学論叢』第一〇八巻第五号、第一〇九巻第一号、第二号、一九八一年。渡辺和行「人民戦線期の急進党一九三五～一九三六――二つの党大会から」『香川法学』第四巻第三号、一九八五年。

(21) Monier, *op. cit.*, p. 39.

(22) Jean Garrigues, "Les débats parlementaires du Front populaire," in Morin et Richard dir., *op. cit.*, p. 81.

(23) 廣田功『現代フランスの史的形成』東京大学出版会、一九九四年、二〇二頁。Noëlline Castagnez, "Le pacifisme, facteur dissolvant des forces politiques et sociales," in Morin et Richard dir., *op. cit.*, pp. 369-379.

(24) ジュリアン・ジャクスン、向井喜典ほか訳『フランス人民戦線史』（昭和堂、一九九二年）は、残念なことに、毎ページと言ってよいほどに誤訳・脱字・脱行があり、論評に値しない。一九九三年に改訳版が出された。

(25) 人民戦線とは銘打ってはいないが、浩瀚な竹岡敬温氏の研究も重要である（『世界恐慌期フランスの社会』御茶の水書房、二〇〇七年）。本書は、第三共和政の崩壊やフランス・ファシズムにも論及して、一九三〇年代フランスの政治と経済をトータルに把握しようとしているが、経済史・経済政策史に軸足が置かれている。なお、流産したドイツ人民戦線準備委員会については、星乃治彦『赤いゲッベルス――ミュンツェンベルクとその時代』岩波書店、二〇〇九年、第四章。

第一章

（1） Paul Reynaud, *Memoires 2, envers et contre tous*, Paris, 1963, p. 39.

（2） Ingo Kolboom, *La revanche des patrons*, Paris, 1986, pp. 67-68. 一九三一年のデータによると、就業人口は二一六〇万人で、その内訳は工業七二〇万人、農業七六〇万人、サービス業六七〇万人（商業二五〇万人、自由業八二万人、軍人を含む公務員一四〇万人など）であった（Gérard Noiriel, *Les origines républicaines de Vichy*, Paris, 1999, pp. 73-76)。

（3） 竹岡敬温「フランス人民戦線の経済政策（一）」『大阪大学経済学』第二五巻第二・三号、一九七五年、二四八頁。ケネス・ムーレ、山口正之監訳『大恐慌とフランス通貨政策』晃洋書房、一九九七年、第二章。

（4） Alexander Werth, *The Destiny of France*, London, 1937, p. 37.

（5） 竹岡敬温『世界恐慌期フランスの社会』御茶の水書房、二〇〇七年、一四四頁。

（6） 古川哲「大恐慌と資本主義諸国」『岩波講座 世界歴史』第二七巻、岩波書店、一九七一年、一〇五頁。竹岡敬温・和多則明「世界恐慌期フランスの景況と経済政策の基本方向」『大阪大学経済学』第二三巻第四号、一九七三年、五頁。

（7） *32e Congrès du parti républicain radical et radical-socialiste tenu à Paris*, Paris, 1935, p. 403.

（8） 以上、Georges Dupeux, *Le front populaire et les élections de 1936*, Paris, 1959, pp. 28-29 ; Serge Berstein, *La France des années 30*, Paris, 1988. ジュリアン・ジャクソン、向井喜典監訳『大恐慌期のフランス経済政策』大阪経済法科大学出版部、二〇〇一年。

（9） Dupeux, *op. cit.*, pp. 30-37.

（10） 竹岡敬温、前掲書、二四九頁。

（11） Michel Margairaz et Danielle Tartakowsky, *L'avenir nous appartient*, Paris, 2006, p. 10.

（12） 湯浅赳男「三〇年代フランスにおける危機への対応」『社会経済史学』第四一巻第六号、一九七六年、三七～三八頁。古賀和文『二〇世紀フランス経済史の研究』同文舘、一九八八年、一六二頁。

（13） フランスのセンサスでは、住民二〇〇〇人以下のコミューンは、すべて農村人口に分類されていることに注意しよう。この定義では、三万八〇〇〇のコミューンのうち三万六〇〇〇のコミューン人口が農村人口になるが、これら住民の多くは農業に従事してはいない。農村人口と農業人口とは異なるのである。Gordon Wright, *Rural Revolutin in France*, Stanford, 1964, p. 213（杉崎真一訳『フランス農村革命』農林水産業生産性向上会議、一九六五年、四八頁).

(14) 渡辺和行、南充彦、森本哲郎『現代フランス政治史』ナカニシヤ出版、一九九七年、八〇頁。
(15) 渡辺和行『エトランジェのフランス史』山川出版社、二〇〇七年、一三三頁。
(16) A・ベルトラン、P・グリゼ、原輝史監訳『フランス戦間期経済史』早稲田大学出版部、一九九七年、六八頁。一キンタル当たりの小麦価格は、一九三〇年の一五二フランから一九三五年の七四フランに下落した。
(17) 中木康夫『フランス政治史　中』未來社、一九七五年、二八頁。
(18) 第二次投票で、社会党候補と争って当選した急進党議員は五人である。Claude Nicolet, *Le radicalisme*, 4e éd., Paris, 1974, C1957, p. 77（白井成雄・千葉通夫訳『フランスの急進主義』白水社、一九七五年、一〇九頁）.
(19) Peter J. Larmour, *The French Radical Party in the 1930's*, Stanford, 1964, pp. 113-114.
(20) Gilbert Ziebura, *Léon Blum et le parti socialiste 1872-1934*, Paris, 1967, pp. 303-305, 309.
(21) Dupeux, *op. cit.*, pp. 46-51.
(22) Larmour, *op. cit.*, p. 120.
(23) この委員会は、第一次世界大戦のまもない頃、党員大衆の参加を許すために設けられた機関で、両院議員と執行委員会委員とから構成され、政府危機のとき、党の政策を決定する任務を帯びていた。ここでも議員の力が優越していた（Francis de Tarr, *The French Radical Party from Herriot to Mendès-France*, London, 1961, p. 248）。
(24) Larmour, *op. cit.*, pp. 128-129.
(25) 平瀬徹也「フランス人民戦線をめぐる諸問題」山本桂一編『フランス第三共和政の研究』有信堂、一九六六年。
(26) André Tardieu, *Sur la pente*, Paris, 1935, p. XXXI.
(27) Dupeux, *op. cit.*, p. 50.
(28) *30e Congrès du parti républicain radical et radical-socialiste tenu à Vichy*, Paris, 1933, pp. 312-314.
(29) *Congrès extraordinaire du parti républicain radical et radical-socialiste tenu à Clermont-Ferrand*, Paris, 1934, pp. 135-136.
(30) 以下、Jean Touchard, "L'esprit des années 1930," in Colloques, *Tendances politiques dans la vie française depuis 1789*, Paris, 1960, pp. 89-118 ; J.-L. Loubet del Bayle, *Les non-conformistes des années 30*, Paris, 1969 ; Nicolas Kessler, *Histoire politique de la Jeune Droite 1929-1942 : une révolution conservatrice à la française*, Paris, 2001. 山口俊章『フランス一九

三〇年代』日本エディタースクール出版部、一九八三年。桜井哲夫『「戦間期」の思想家たち』平凡社新書、二〇〇四年。

(31) 桜井哲夫『「近代」の意味』ＮＨＫブックス、一九八四年、一五二〜一五三頁。Yves Guchet, *Geroges Valois*, Paris, 2001, p. 270 ; Bertrand de Jouvenel, *Un voyageur dans le siècle*, Paris, 1979, pp. 76-89. Cf., Olivier Dard éd., *Gerorges Valois, Itinéraire et réceptions*, Berne, 2011.

(32) Georges Suarez, "Du colonel de la Rocque à M. Bergery," *Revue de Paris*, vol. 42, no. 5, 1er mars 1935, p. 63.

(33) Jacques Delperrié de Bayac, *Histoire du front populaire*, Paris, 1972, pp. 73-76 ; Georges Lefranc, *Histoire du front populaire 1934-1938*, 2e éd., Paris, 1974, pp. 39-41.

(34) Philippe Burrin, *La dérive fasciste, Doriot, Déat, Bergery*, Paris, 1986, p. 106.

(35) トレーズ、フランス現代史研究会訳『トレーズ政治報告集』第一巻、未来社、一九五五年、四四〜四五頁。ディーター・ヴォルフ、平瀬徹也・吉田八重子訳『フランスファシズムの生成——人民戦線とドリオ運動』風媒社、一九七二年、九八〜九九、一三五〜一三六頁。

(36) Suarez, *op. cit.*, pp. 66-67.

(37) Léon Blum, *Les problèmes de la paix*, Paris, 1931, pp. 11-12.

(38) *Le Populaire*, 14-15 mars 1932, p. 1 ; 8-9 novembre 1932, p. 1 ; 9 février 1933, p. 1, p. 3.

(39) *L'Humanité*, 31 janvier 1933, p. 1.

(40) Alexander Werth, *France in Ferment*, London, 1934, pp. 288-291.

(41) *L'Œuvre de Léon Blum*, t.V 1940-1945, Paris, 1955, p. 233.

(42) *L'Action française*, 24, 25, 29 décembre 1933, p. 2 ; Eugen Weber, *Action Française*, Stanford, 1962, pp. 319-323 ; Werth, *France in Ferment*, pp. 88-91.『タン』も「ラニー（Lagny）で大事故」という見出しのもと大きく報道している（*Le Temps*, 25-28 décembre 1933, p. 8）。

(43) Werth, *France in Ferment*, pp. 81-83 ; Frarnçois Goguel, *La politique des partis sous la IIIe République*, Paris, 1948, p. 482.

(44) *L'Action française*, 3 janvier 1934, p. 1.

(45) *L'Action française*, 7 janvier 1934, p. 1.

(46) Laurent Bonnevay, *Les journées sanglantes de février 1934*, Paris, 1935, p. 32.

(47) *Le Temps*, 10 janvier 1934, p. 3; *Le Figaro*, 9-10 janvier 1934, pp. 1-2.

(48) *L'Action française*, 9 janvier 1934, p. 2; 10 janvier 1934, pp. 1-2; *Le Populaire*, 9-10 janvier 1934, p. 1; *L'Humanité*, 9 janvier 1934, p. 1; Paul F. Jankowski, *Stavisky, A Confidence Man in the Republic of Virtue*, Ithaca, 2002, p. 195.

(49) Serge Berstein, *Le 6 février 1934*, Paris, 1975, p. 91.

(50) *L'Action française*, 9-10 janvier 1934, p. 1.

(51) Édouard Bonnefous, *Histoire politique de la Troisième République*, t.V 1930-1936, Paris, 1962, pp. 194-196; Werth, *France in Ferment*, pp. 100-108.

(52) *L'Action française*, 13 janvier 1934, p. 1.

(53) 以上、*L'Action française*, 22 janvier 1934, p. 1; Weber, *op. cit.*, pp. 324-326; Werth, *The Destiny of France*, p. 49.

(54) 以上、Michel Soulié, *La vie politique d'Édouard Herriot*, Paris, 1962, p. 436; Weber, *op. cit.*, pp. 326-327.

(55) Serge Berstein, *Histoire du parti radical*, t.2 Crise du radicalisme 1926-1939, Paris, 1982, pp. 281, 292.

(56) Werth, *France in Ferment*, p. 121.

(57) *Le Populaire*, 20 mai 1934, p. 3; James Joll, "The Making of the Popular Front," in J. Joll ed., *The Decline of the Third Republic*, London, 1959, pp. 37-38; Colette Audry, *Léon Blum ou la politique du juste*, Paris, 1970, p. 93; Georges Bonnet, *Vingt ans de vie politique 1919-1938*, Paris, 1969, pp. 187-188.

(58) ダラディエの組閣からキアップの解任をめぐる問題については、以下が詳しい。Berstein, *Le 6 février 1934*, pp. 107-137; Werth, *France in Ferment*, pp. 121-137; Weber, *op. cit.*, pp. 328-331.

(59) *Le Populaire*, 4 février 1934, p. 1.

(60) Jean Fabry, *De la place de la Concorde au cours de l'intendance*, Paris, 1942, p. 42.

(61) 以上、*Le Figaro*, 4 et 6 février 1934, p. 1; 5 février 1934, p. 2; *Le Temps*, 5 février 1934, p. 1; *L'Action française*, 4-6 février 1934, p. 1; Bayac, *op. cit.*, pp. 86-87.

(62) *L'Humanité*, 6 février 1934, p. 1.

(63) ウィリアム・シャイラー、大久保和郎・大島かおり訳『ベルリン日記』筑摩書房、一九七七年、一一頁。二月六日のデモについては、議会調査委員会委員長ボンヌヴェイの手になる、Bonnevay, *op. cit.*, 2e partie. が詳しい。

(64) Berstein, *Le 6 février 1934*, p. 168. ベルステンの死者数には警備側一人の死者も含まれている。民間人のみの死者数については、ペリシエによると、当日の死者が一三人、六日の負傷が原因で一週間以内に二人、三四年中に二人、三五年と三六年に一人ずつが死去し、合計一九人となっている（Pierre Pellissier, *6 février 1934*, Pars, 2000, p. 320）。

(65) Weber, *op. cit.*, p. 339 ; *L'Action française*, 7 février 1934, p. 1.

(66) *Le Figaro*, 6 février 1934, p. 2. 竹岡敬温「フランス・ファシズムと火の十字架団（1）」『大阪大学経済学』第五九巻第二号、二〇〇九年、一六～一七頁。

(67) Albert Kéchichian, *Les Croix de Feu à l'âge des fascismes*, Seyssel, 2006, pp. 185, 188. ラロックは、二月二三日付ドゥーメルグ首相宛の書簡のなかでも、内務省や下院を占拠できたけれども敢えてそれをしなかったとしたためていた（Philippe Rudaux, *Les Croix de Feu et le P.S.F.*, Paris, 1967, p.87）。

(68) こうした非難を意識してのことだろうが、クロワ・ド・フーは、機関紙のなかで「二月の戦いの日々」について一ページを費やして自派の戦いを正当化している（*Le Flambeau*, 1er mars 1934, p. 3）。なお、一九四四年一月、ドイツの収容所でラロックと偶然生活をともにしたダラディエは、三六年一〇月にビアリッツ行きの列車内で会ったことを思い出して、「ラロックが共和国にとって危険人物ではないと結論した」こと、「彼は二月六日に加わることを拒まなかったが、一種の諦めから熱意もなくそうしたのである」と回想していた（Édouard Daladier, *Journal de captivité, 1940-1945*, Paris, 1991, pp. 261-262）。

(69) Jacques Nobécourt, *Le colonel de La Rocque 1885-1946*, Paris, 1996 ; Didoer Leschi, "L'étrange cas La Roque," in Michel Dobry dir., *Le mythe de l'allergie française au fascisme*, Paris, 2003. 剣持久木『記憶の中のファシズム』講談社、二〇〇八年。クロワ・ド・フーの女性組織については、Kevin Passmore, "Planting the Tricolor in the Citadels of Communism : Women's Social Aciton in the Croix de feu and Parti social français," *Journal of Modern History*, vol. 71, no. 4, 1999.

(70) Bonnefous, *op. cit.*, pp. 206-210 ; Werth, *France in Ferment*, pp. 147-152 ; Berstein, *Le 6 février 1934*, pp. 190-196. ワースは、下院の審議を傍聴していた。

(71) *L'Œuvre de Léon Blum*, t. IV-1 1934-1937, Paris, 1964, pp. 8-10 ; *Le Populaire*, 7 février 1934, p. 1.

(72) Édouard Herriot, *Jadis II, D'une guerre à l'autre 1914-1936*, Paris, 1952, pp. 376-377.

(73) Max Beloff, "The Sixth of February," in James Joll ed., *op. cit.*, p. 28 ; Berstein, *Le 6 février 1934*, pp. 197-203.

(74) Beloff, *op. cit.*, p. 28.

(75) *Le Populaire*, 7 février 1934, p. 1.

(76) 渡辺和行「退役兵士たちの政治力」福井憲彦編『結社の世界史3　アソシアシオンで読み解くフランス史』山川出版社、二〇〇六年。

(77) 以下、Berstein, *Le 6 février 1934*, pp. 120-123 ; Pellissier, *op. cit.*, pp. 67-68.

(78) ナショナリズム論の観点からオリヴァー・ジマーは、「失速したファシズム運動の事例」としてフランスをあげ、共和主義の伝統に加えて、フランスが第一次世界大戦の戦勝国であり、アルザス＝ロレーヌの領土を回復したことをその理由と考えている（オリヴァー・ジマー、福井憲彦訳『ナショナリズム一八九〇～一九四〇』岩波書店、二〇〇九年、一六三～一六六頁）。

(79) Michel Winock, "Retour sur le fascisme français, La Rocque et les Croix-de-Feu," *Vingtième Siècle*, no. 90, 2006, p. 26 ; Philippe Machefer, "Le Parti soical français," in René Rémond et Janine Bourdin dir., *La France et les Français en 1938-1939*, Paris, 1978, pp. 307-326.

(80) Zeev Sternhell, *Ni droite, ni gauche : l'idéologie fasciste en France*, 3e éd., Paris, 2000, pp. 45, 83.

(81) フランス・ファシズム論争の要約に、Nimrod Amzalak, *Fascists and Honourable Men, Contingency and Choice in French Politics, 1918-45*, Hampshire, 2011, pp. 9-29. 既述以外の肯定論者と否定論者の主著は、Zeev Sternhell, *La droite révolutionnaire 1885-1914, les origines françaises du fascisme*, Paris, 1978 ; William D. Irvine, "Fascism in France and the Strange Case of the Croix de Feu," *Journal of Modern History*, vol. 63, no. 2, 1991, pp. 271-295 ; Kevin Passmore, "The French Third Republic : Stalemate Society or Cradle of Fascism?," *French History*, vol. 7, no. 4, 1993, pp. 417-449 ; Kevin Passmore, "The Croix de Feu : Bonapartism, National Populism of Fascism?," *French History*, vol. 9, no. 1, 1995, pp. 67-92 ; Kevin Passmore, "The Croix de Feu and Fascism : a Foreign Thesis obstinately maintained," in Edward J. Arnold ed., *The Development of the Radical Right in France*, London, 2000, pp. 100-118 ; Kevin Passmore, *From Liberalism to Fascism, the Right in a French Province 1928-1939*, Cambridge, 1997, chap. 8 ; Kevin Passmore, *The Right in France*

from the Third Republic to Vichy, Oxford, 2013, chap. 12; Michel Dobry dir., *Le mythe de l'allergie française au fascisme*, Paris, 2003; Michel Dobry, "Desperately Seeking 'Generic Fascism'," in Antonio Costa Pinto ed., *Rethinking the Nature of Fascism*, New York, 2011; René Rémond, *Les droites en France*, Paris, 1982, chap. X; Pierre Milza, *Fascisme français, passé et présent*, Paris, 1987, pp. 8-10, 21-41, 133-142; Serge Berstein, "La France des années trente allergique au fascisme à propos d'un livre de Zeev Sternhell," *Vingtième Siècle*, no. 2, 1984, pp. 83-94; Jacques Julliard, "Sur un fascisme imaginaire : à propos d'un livre de Zeev Sternhell," *Annales, E.S.C.*, 39e année, no. 4. 1984, pp. 849-861; Michel Winock, *op. cit.*, pp. 3-27; Robert D. Zaretsky, "Neither Left, nor Right, nor Straight Ahead : Recent Books on Fascism in France," *Journal of Modern History*, vol. 73, no. 1, 2001, pp. 118-132. 竹岡敬温、前掲書、第一六章、第一八章。深澤民司『フランスにおけるファシズムの形成』岩波書店、一九九九年、序章。なお、肯定論のロバート・スーシーは、ナンテール学派とステルネルがファシズム左翼起源説に立っていることを「合意学派」と呼んで批判している。スーシーは右翼起源説である（Zeev Sternhell, "The 'Anti-materalist' Revision of Marxism as an Aspect of the Rise of Fascist Ideology," *Journal of Contemporary History*, vol. 22, no. 3, 1987, pp. 379-397; Robert Soucy, "French Fascism and the Croix de Feu : A Dissenting Interpretation," *Journal of Contemporary History*, vol. 26, no. 1, 1991, pp. 160-163; Robert Soucy, *French Fascism : the First Wave 1924-1933*, New Haven, 1986; Robert Soucy, *French Fascism : the Second Wave 1933-1939*, New Haven, 1995）。パスモアは、クロワ・ド・フーはファシズムであるが、後継組織のフランス社会党（ＰＳＦ）はそうではないという立場である。また、ステルネルの *Ni droite, ni gauche* は、ベルトラン・ド・ジュヴネルが名誉毀損で訴えたことでも知られている。有罪にはなったが、九つの訴因のうちの七つが却下され、罰金も象徴的な額にとどまり、何よりも出版社は該当箇所の削除を求められなかった（Robert Wohl, "French Fascism, Both Right and Left : Reflections on the Sternhell Controversy," *Journal of Modern History*, vol. 63, no. 1, 1991, p. 91）。

(82) Jean-Paul Brunet, *Jacques Doriot du communisme au fascisme*, Éditions Balland, 1986, p. 213.

(83) Maurice Pujo, *Le problème de l'union*, Paris, 1937, p. 13; Daladier, *op. cit.*, p. 262.

(84) Samuel Kalman, *The Extreme Right in Interwar France : The Faisceau and the Croix de Feu*, Aldershot, 2008, p. 200.

(85) 五八の退役兵士の会が集合していた。

(86) Berstein, *Histoire du parti radical*, t. 2, p. 289.

(87) *L'Action française*, 22 février 1934, p. 1; *Le Populaire*, 22 février 1934, p. 1; *L'Humanité*, 22 février 1934, p. 1; Werth, *The Destiny of France*, p. 68; Weber, *op. cit.*, p. 348.

(88) Dupeux, *op. cit.*, p. 58; Werth, *France in Ferment*, p. 189.

(89) Berstein, *Le 6 février 1934*, pp. 221-224. もっとも、社会党員のルイ・レヴィにとって、三四年二月七日に辞任したダラディエは、ミュンヘン協定に調印した三八年九月のダラディエとダイレクトに繫がっていた（Louis Lévy, *Vérités sur la France*, New York, 1941, p. 69）。

(90) Jacques Puyaubert, *Georges Bonnet 1889-1973, les combats d'un pacifiste*, Rennes, 2007, pp. 102-103. ボネの回想録は、ハンガリー債券について言及しているのみで不十分である（Georges Bonnet, *Vingt ans de vie politique 1918-1938*, Paris, 1969, pp. 198-200）。

(91) Bonnefous, *op. cit.*, p. 206.

(92) Berstein, *Histoire du parti radical*, t. 2, p. 291. ルフランは、急進党議員二八人が棄権したという（Lefranc, *op. cit.*, p. 22）。

(93) Jacques Thoré, "Les radicaux à Clermont," *Revue de Paris*, 1er juin 1934, p. 666.

(94) Berstein, *Histoire du parti radical*, t. 2, p. 293; Larmour, *op. cit.*, pp. 149-151.

(95) Berstein, *Histoire du parti radical*, t. 2, pp. 305-307; Bayac, *op. cit.*, p. 97; Werth, *France in Ferment*, pp. 195-197; Larmour, *op. cit.*, p. 153; Jean-Thomas Nordmann, *Histoire des radicaux 1820-1973*, Paris, 1974, p. 255. ミヨーの『急進主義の歴史』は、一九三〇年代については五ページほどで叙述をすませており、まったく不十分である（Albert Milhaud, *Histoire du radicalisme*, Paris, 1951, pp. 177-182）。

(96) *Le Temps*, 24 avril 1934, p. 3; 1er mai 1934, p. 4.

(97) ジョゼフ・ガラ、アルベール・ダリミエ、ガストン・ボノール（元法相）、ルイ・プルースト、ルネ・ルヌー（党名誉総裁）、アンドレ・エス（下院副議長）の六名である。

(98) *Congrès extraordinaire du parti républicain radical et radical-socialiste tenu à Clermont-Ferrand*, pp. 33-35, 38-40, 46.

(99) *Ibid.*, pp. 113-115, 120-122, 206.

(100) *Ibid.*, pp. 123, 125, 128-129.

(101) *Ibid.*, pp. 132-143, 204-205.

(102) *Ibid.*, pp. 143-146.

(103) *Ibid.*, pp. 183-210.

(104) 厳密に言うと、初期の青年トルコ派にはエミール・ロッシュやベルトラン・ド・ジュヴネルといった右派も加わっていたが、一九三四年には左派からなっていた。

(105) Alexander Werth, "Le mouvement 'Jeune Turc', un phénomène radical de l'entre deux guerres," *Cahiers de la République*, no. 2, 1956, p. 104.

(106) Nordmann, *op. cit.*, p. 258.

(107) Larmour, *op. cit.*, p. 154.

(108) *Congrès extraordinaire du parti républicain radical et radical-socialiste tenu à Clermont-Ferrand*, p. 172.

(109) Larmour, *op. cit.*, p. 162.

(110) Herriot, *op. cit.*, pp. 445-448.

(111) *L'Œuvre de Leon Blum*, t. IV-1, pp. 35-41 ; *L'Œuvre de Leon Blum*, t. IV-2 1937-1940, Paris, 1965, pp. 419-433.

(112) 以上、Werth, *The Destiny of France*, pp. 75, 84-86 ; Jean Gicquel et Lucien Sfez, *Problèmes de la réforme de l'Etat en France depuis 1934*, Paris, 1967, p. 109 ; Bonnefous, *op. cit.*, pp. 295-296.

(113) 青年急進派は、三四年五月に発表した「プラン」のなかで、上院の同意が不要な解散に賛成していた（Larmour, *op. cit.*, p. 158 ; Gicquel et Sfez, *op. cit.*, p. 126）。

(114) *31e Congrès du parti républicain radical et radical-socialiste tenu à Nantes*, Paris, 1934, pp. 7-9, 20-37.

(115) Gicquel et Sfez, *op. cit.*, pp. 109-111 ; François Leuwen, "Le Congrès de Nantes," *Revue de Paris*, t. 41, 15 novembre 1934, pp. 428-432.

(116) *31e Congrès du parti républicain radical et radical-socialiste tenu à Nantes*, p. 159.

(117) *Ibid.*, pp. 273-277.

(118) *Ibid.*, pp. 286-293.

(119) エリオの雄弁が引き起こす「エリオ万歳」の感動とともに、異論も収拾されるという党大会のスタイルは、基本的には以後二〇年間続く（Roger Bloch, *Histoire du parti radical-socialiste*, Paris, 1968, p. 82）。唯一の例外は一九三五年のパリ党大会である。ある評論家は、「大会の本質的な仕事はエリオに拍手喝采すること」だと述べ、ピエール・コットも、「急進派が統一を保っているのは、綱領の回りではなくて一人の男の回りだ」と語っている（Larmour, *op. cit.*, p. 123）。

(120) *31e Congrès du parti républicain radical et radical-socialiste tenu à Nantes*, pp. 380-381.

第二章

（1） André Siegfried, *De la IIIe à la IVe République*, Paris, 1956, p. 63.

（2） *Le Temps*, 8 février 1934, p. 1.

（3） Daniel Guérin, *Front populaire, révolution manquée*, nouvelle édition, Paris, 1976, p. 66（海原峻訳『人民戦線』現代思潮社、一九六八年、三〇頁）. なお、革命左派が結成大会を開いて正式に旗揚げするのは、一九三五年一〇月二〇日のことである。トロツキスト系の新聞『革命』は、ミュチュアリテ会館で開かれた結成大会の模様を「革命的敗北主義万歳。革命的左翼万歳。セーヌの一五〇〇人の社会党労働者は、わがスローガンに喝采した」と報じた（*Révolution*, octobre 1935, pp. 1-2）

（4） *Le Peuple*, 7 février 1934, p. 1 ; *Le Populaire*, 7 février 1934, p. 1.

（5） Serge Wolikow, *Le Front populaire en France*, Bruxelles, 1996, p. 57.

（6） 二月六日から一二日にいたる左翼の行動については、Georges Lefranc, *Histoire du front populaire 1934-1938*, 2e éd., Paris, 1974, pp. 22-35 ; Daniel R. Brower, *New Jacobins, the French Communist Party and the Popular Front*, New York, 1968, pp. 34-38 ; Alexander Werth, *The Destiny of France*, London, 1937, pp. 58-63 ; Serge Berstein, *Le 6 février 1934*, Paris, 1975, pp. 232-242 ; André Delmas, *A gauche de la barricade*, Paris, 1950, pp. 13-28 ; André Delmas, *Mémoires d'un instituteur syndicaliste*, Paris, 1979, pp. 226-235 ; Bernard Georges et Denise Tintant, *Léon Jouhaux dans le mouvement syndical français*, Paris, 1979, pp. 123-127 ; René Belin, *Du secrétariat de la C.G.T. au gouvernement de Vichy*, Paris, 1978, pp. 49-50. ブランは、CGT書記長のレオン・ジュオーがゼネストに乗り気ではなかったと記している。

（7） Jacques Kergoat, *Marceau Pivert, Socialiste de gauche*, Paris, 1994, p. 72.

（8） *L'Humanité*, 7 et 8 février 1934, p. 1 ; "Les communistes et le front unique," *Bulletin Socialiste*, no. 148, 26 février 1934, pp. 2-3.

(9) *La Voix du Peuple*, no. 160, janvier 1934, p. 4 ; *Le Peuple*, 31 janvier 1934, p. 1.

(10) 以上、*La Voix du Peuple*, no. 161, février 1934, pp. 94-98 ; *Le Peuple*, 8-11 février 1934, p. 1 ; *Le Populaire*, 8-10 février 1934, p. 1 ; *L'Humanité*, 8 février 1934, p. 1 ; Georges Lefranc, *L'expérience du Front populaire*, Paris, 1972, pp. 23-24, 50.

(11) 社会党書記局発行の党内情報紙『社会主義広報』も、「二月一二日には政党とCGTとの分業が行われた」と総括している（Amédée Dunois, "La journée du 12," *Bulletin Socialiste*, no.147, 19 février 1934, p. 2）。

(12) Lefranc, *Histoire du front populaire 1934-1938*, pp. 464-465 ; *Le Populaire*, 11 février 1934, p. 1.

(13) *L'Humanité*, 7 février 1934, p. 1 ; *L'Œuvre*, 7 février 1934, p. 1.

(14) Annie Kriegel et Stéphane Courtois, *Eugen Fried, le grand secret du PCF*, Paris, 1997, pp. 224, 262 ; Philippe Robrieux, *Maurice Thorez, vie secrète et vie publique*, Paris, 1975, p. 185.

(15) *L'Humanité*, 8 février 1934, p. 1.

(16) Franz Borkenau, *European Communism*, New York, 1953, p. 119 ; Brower, *op. cit.*, p. 36.

(17) *L'Humanité*, 11 février 1934, p. 1.

(18) Morgan Poggioli, *La CGT du Front populaire à Vichy : de la réunification à la dissolution 1934-1940*, Montreuil, 2007, p. 34.

(19) *Le Matin*, 13 février 1934, p. 1 ; *Le Temps*, 13 février 1934, p. 1. 一九三〇年代の『マタン』の政治姿勢については、Dominique Pinsolle, *Le Matin 1884-1944 : une presse d'argent et de chantage*, Rennes, 2012, chap. X.

(20) *Le Populaire*, 13 février 1934, pp. 1-3 ; *L'Humanité*, 13 février 1934, p. 1 ; *Le Peuple*, 13 et 14 février 1934, p. 1.

(21) *La Voix du Peuple*, no. 164, mai 1934, p. 305.

(22) リヨンでは、二月一一日（日）に二万五〇〇〇人が参加したデモと、翌一二日にゼネストが行われた（Maurice Moissonnier, *Le mouvement ouvrier rhodanien dans la tourmente 1934-1945*, t. 1, Le Front populaire, Lyon, 2004, pp. 229-239）。

(23) 以上、*La Voix du Peuple*, no. 161, février 1934, p. 99 ; *Le Populaire*, 14 février 1934, pp. 1-2 ; Alexander Werth, *France in Ferment*, London, 1934, pp. 184-185 ; Antoine Prost, "Les manifestations du 12 février 1934 en province," *Mouvement Social*, no. 54, 1966 ; Franck Bétriche, *Le front populaire dans le Valenciennois*, Saint-Cyr-sur-Loire, 2003, pp. 38-45 ;

Jean-Paul Salon, *Au temps du Front populaire*, Périgueux, 2005, pp. 52, 56-59 ; Gilles Vergnon, "Processus de politisation et mobilisations politiques," in Xavier Vigna, Jean Vigreux, Serge Wolikow dir., *Le pain, la paix, la liberte, expériences et territoires du front populaire*, Paris, 2006, p. 31 ; Danielle Tartakowsky, *Le pouvoir est dans la rue, crises politiques et manifestations en France*, Paris, 1998, p. 106.

（24） Jean Gicquel et Lucien Sfez, *Problèmes de la réforme de l'Etat en France depuis 1934*, Paris, 1967, p. 107 ; Jean-Thomas Nordmann, *Histoire des radicaux 1820-1973*, Paris, 1974, p. 254 ; Peter J. Larmour, *The French Radical Party in the 1930's*, Stanford, 1964, p. 152.

（25） Gérard Boulanger, *L'affaire Jean Zay : la République assassineée*, Paris, 2013, p. 152 ; Olivier Loubes, "D'une drapeau l'autre, Jean Zay (1914-1940)," *Vingtième Siècle*, no. 71, 2001, p. 46 ; Olivier Loubes, *Jean Zay, l'inconnu de la République*, Paris, 2012, pp. 150-151 ; Serge Berstein, *Histoire du parti radical*, t. 2 Crise du radicalisme 1926-1939, Paris, 1982, pp. 294-295.

（26） *L'Humanité*, 17 février 1934, pp. 1-2 ; Michel Winock, *La gauche au pouvoir, l'héritage du Front populaire*, Paris, 2006, p. 38.

（27） *Le Populaire*, 6 mars 1934, p. 1 ; Brower, *op. cit.*, pp. 43-45.

（28） Lefranc, *Histoire du front populaire 1934-1938*, pp. 45-47 ; Delmas, *A gauche de la barricade*, pp. 30-35.

（29） この宣言には、三〇九人の知識人が署名したという。Bernard Laguerre, "Les pétitionnaires du front populaire 1934-1939," *Revue d'histoire moderne et contemporaine*, t. 37, 1990, p. 502 ; Lefranc, *Histoire du front populaire 1934-1938*, p. 467.

（30） 海原峻『フランス人民戦線』中公新書、一九六七年、六八頁。平田好成『フランス人民戦線論史序説』法律文化社、一九七七年、七五頁。

（31） Jacques Kayser, "Le radicalisme des radicaux," in Colloques, *Tendances politiques dans la vie française depuis 1789*, Paris, 1960, p. 70 ; Miche Soulié, *De Ledru-Rollin à J.J.S.S.*, Paris, 1971, p. 31. ケゼールとスーリエは、書記長を務めた急進党員である。

（32） 渡辺和行『フランス人とスペイン内戦』ミネルヴァ書房、二〇〇三年、二九一～二九二頁。

(33) “Témoignage de M. François Walter,” in Anne Roche et Christian Tarting éds., *Des années trente : groupes et ruptures*, Paris, 1985, p. 69.

(34) Danielle Tartakowsky, “Archives communiste : Février 1934-Juin 1934,” *Cahiers d'histoire de l'Institut de recherches marxistes*, no. 18, 1984, pp. 46-47 ; Laurent Kestel, *La conversion politique : Doriot, le PPF et la question du fascisme français*, Paris, 2012, p. 96 ; Maurice Thorez, “Contre l'opportunisme,” *Cahiers du bolchevisme*, 1er février 1934, p. 131 ; Brower, *op. cit.*, pp. 28-29 ; *L'Humanité*, 3 février 1934, p. 1. ディーター・ヴォルフ、平瀬徹也・吉田八重子訳『フランスファシズムの生成』風媒社、一九七二年、第二部第一章。

(35) *Le Populaire*, 13 février 1934, pp. 1-2 ; Jean-Paul Brunet, “Réflexions sur la scission de Doriot (février-juin 1934),” *Mouvement Social*, no. 70, 1970, p. 57 ; Jean-Paul Brunet, *Jacques Doriot du communisme au fascisme*, Éditions Balland, 1986, chap. 9 ; *L'Humanité*, 20 février 1934, p. 4 ; Brower, *op. cit.*, pp. 41-42 ; Robrieux, *op. cit.*, p. 182 ; Kriegel et Courtois, *op. cit.*, p. 225.

(36) “Pour l'unité d'action antifasciste,” *Cahiers du bolchevisme*, 1er avril 1934, pp. 399-402 ; Tartakowsky, “Archives communistes,” pp. 56-61 ; Branko Lazitch, “La stratégie du Komintern,” in *Les années trente de la crise à la guerre*, Paris, 1990, p. 46.

(37) Maurice Thorez, “Accélérons la cadence,” *Cahiers du bolchevisme*, 1er avril 1934, pp. 387-398.

(38) *L'Humanité*, 6 avril 1934, pp. 1-2.

(39) *L'Humanité*, 13 avril 1934, p. 2 ; 19 et 21 avril 1934, pp. 1-2. 共産党系歴史家の次の論集は、こうした事実やフリートについても触れていない。Serge Wolikow, “Le P.C.F. et le Front populaire,” in Roger Bourderon, Jean Burles, Jacques Girault et al., *Le PCF, étapes et problèmes 1920-1972*, Paris, 1981, chap. 4.

(40) Annette Wieviorka, *Maurice et Jeannette, Biographie du couple Thorez*, Paris, 2010, p. 199 ; Nicole Racine et Louis Bodin, *Le parti communiste français pendant l'entre-deux-guerres*, Paris, 1982, pp. 215-217.

(41) Brower, *op. cit.*, pp. 45-46.

(42) 以上、*Le Populaire*, 3 mai 1934, p. 6 ; *Le Temps*, 3 mai 1932, p. 6 ; 24 avril 1934, p. 3 ; 1er mai 1934, p. 4.

(43) Célie and Albert Vassart, “The Moscow Origin of the French《Popular Front》,” in M. M. Drachkovitch and Branko

Lazitch ed., *The Comintern ; Historical Highlights*, New York, 1966, pp. 243-245（アルベール・ヴァサール、セリー・ヴァサール「モスクワに生まれたフランス《人民戦線》」竹内良知編『ドキュメント現代史6　人民戦線』平凡社、一九七三年、一四四〜一四七頁）; *L'Humanité*, 27-28 avril 1934, p. 1 ; 19 mai 1934, p. 1 ; Brower, *op. cit.*, pp. 47-56.

(44) 以上、Kriegel et Courtois, *op. cit.*, p. 233 ; Denis Peschanski, *Et pourtant ils tournent, vocabulaire et stratégie du P.C.F. 1934-1936*, Paris, 1988, p. 46 ; Wolikow, *Le Front populaire en France*, pp. 71-73 ; *L'Humanité*, 30 mai 1934, pp. 1-2 ; Pierre Broué, *Histoire de l'internationale communiste 1919-1943*, Paris, 1997, pp. 649-654. ケヴィン・マクダーマット、ジェレミ・アグニュー、萩原直訳『コミンテルン史』大月書店、一九九八年、一七七〜一七八頁。E・H・カー、内田健二訳『コミンテルンの黄昏』岩波書店、一九八六年、第九章。山極潔『コミンテルンと人民戦線』青木書店、一九八一年、八八〜九九頁。

(45) *L'Humanité*, 31 mai 1934, p. 4.

(46) Brower, *op. cit.*, p. 56 ; *L'Humanité*, 3 juin 1934, p. 2.

(47) Maurice Thorez, "Pour l'organisation du front unique de lutte antifasciste," *Cahiers du bolchevisme*, 15 juin 1934, pp. 707, 711. 紙幅の半分はドリオ批判にあてられている。

(48) 以上、Kriegel et Courtois, *op. cit.*, p. 233 ; *L'Humanité*, 25, 26 et 29 juin 1934, p. 4 ; Brower, *op. cit.*, pp. 59-60. また、二四日と二六日のトレーズの演説には、「わが国を愛している」という言葉が発せられたのも特徴である。

(49) *L'Humanité*, 2 juillet 1934, pp. 1-2, 5 ; Lefranc, *L'expérience du Front populaire*, p. 75.

(50) *Le Populaire*, 3 juillet 1934, pp. 1, 3 ; Brower, *op. cit.*, pp. 38-41, 62-63.

(51) *Le Populaire*, 16 et 30 juillet 1934, p. 1 ; Lefranc, *Histoire du front populaire 1934-1938*, pp. 51-55 ; Brower, *op. cit.*, pp. 47-67 ; Joel Colton, *Léon Blum : Humanist in Politics*, Cambridge, 1974, pp. 99-104. 平瀬徹也「フランス共産党と人民戦線戦術」山本桂一編『フランス第三共和政の研究』有信堂、一九六六年、二〇五〜二一八頁。

(52) Édouard Bonnefous, *Histoire politique de la Troisième République*, t.V 1930-1936, Paris, 1962, pp. 256-257.

(53) *L'Humanité*, 29 juin 1934, p. 4. トレーズ、フランス現代史研究会訳「人民戦線とその勝利」『トレーズ政治報告集』第一巻、未來社、一九五五年、七五頁。

(54) *L'Humanité*, 19 août 1934, pp. 1, 6 ; Jacques Duclos, "Le parti communsite et les élections cantonales," *Cahiers du*

bolchevisme, 15 août 1934, pp. 934, 936-938.『ボルシェヴィズム手帖』（一九三四年九月一日）にも、「中産階級との同盟のために」退役兵士の要求の擁護などが展開されていた（Gaston Monmousseau, "Pour l'alliance avec les couches moyennes," *Cahiers du bolchevisme*, 1er septembre 1934, pp. 1016-1022）。

（55） Jean-Jacques Becker, "Les origines du front populaire," in *Les années trente de la crise à la guerre*, p. 90.

（56） Berstein, *Histoire du parti radical*, t. 2, p. 365.

（57） Brower, *op. cit.*, pp. 74-76.

（58） *L'Humanité*, 12 octobre 1934, p. 4. トレーズの長男は、フリートこそが人民戦線のアイデアや一九三六年春のカトリックに手を差しのべる方針を提案した人物だと証言している（"Un témoignage du fils aîné de Maurice Thorez," *Le Monde*, 11-12 mai 1969, p. 5）。

（59） *L'Humanité*, 25 octobre 1934, p. 4.

（60） *L'Humanité*, 12 octobre 1934, p. 4 ; 5 octobre 1934, p. 2 ; Frédéric Monier, "Le Front populaire," in Jean-Jacques Becker et Gilles Candar dir., *Histoire des gauches en France*, vol. 2, Paris, 2004, p. 243 ; Berstein, *Histoire du parti radical*, t. 2, p. 364.

（61） *31e Congrès du parti républicain radical et radical-socialiste tenu à Nantes*, Paris, 1934, pp. 240-242.

（62） *Ibid.*, pp. 260, 272.

（63） Delmas, *Mémoires d'un instituteur syndicaliste*, pp. 245-246.

（64） Maurice Thorez, "Pour l'alliance avec les classes moyennes," *Cahiers du bolchevisme*, 15 novembre 1934, p. 1316 ; *L'Humanité*, 14 novembre 1934, p. 2.

（65） *Le Populaire*, 2 et 13 novembre 1934, p. 1.

（66） *La République*, 14-21 décembre 1934, p. 1.

（67） Larmour, *op. cit.*, pp. 164-165.

（68） Lefranc, *Histoire du front populaire 1934-1938*, p. 70 ; Georges et Tintant, *op. cit.*, p. 155.

（69） Larmour, *op. cit.*, pp. 153, 284 ; Gicquel et Sfez, *op. cit.*, p. 85.

（70） Larmour, *op. cit.*, p. 164.

(71) *Le Temps*, 16 octobre 1934, p. 5.

(72) Édouard Herriot, *Jadis II, D'une guerre à l'autre 1914-1936*, Paris, 1952, p. 460.

(73) Werth, *The Destiny of France*, p. 182; Bonnefous, *op. cit.*, p. 320; Gordon Wright, *Rural Revolutin in France*, Stanford, 1964, pp. 51-52（杉崎真一訳『フランス農村革命』農林水産業生産性向上会議、一九六五年、六五〜六六頁）; Jean Vigreux, *Le front populaire 1934-1938*, Paris, 2011, pp. 23-24; *Le Temps*, 18 et 20 mars 1935, p. 1; 2 avril 1935, p. 1; Berstein, *Histoire du parti radical*, t. 2, p. 348.

(74) *L'Humanité*, 30 mars 1935, p. 2; Florimond Bonte, "Pour le Front populaire," *Cahiers du bolchevisme*, 15 avril 1935, p. 474; Bonnefous, *op. cit.*, p. 326; *Le Temps*, 28 mars 1935, p. 1.

(75) J. Berlioz, "Où va le parti radical?," *Cahiers du bolchevisme*, 1er mai 1935, pp. 552-553.

(76) *L'Œuvre*, 7 mai 1935, p. 1; Bonnefous, *op. cit.*, pp. 327-329; *Le Temps*, 7 et 8 mai 1935, p. 1.

(77) *Le Populaire*, 8 mai 1935, p. 1; *L'Humanité*, 8 mai 1935, p. 1.

(78) Georges Dupeux, *Le front populaire et les élections de 1936*, Paris, 1959, p. 85; Brower, *op. cit.*, pp. 14, 85-86.

(79) Larmour, *op. cit.*, pp. 165, 286.

(80) *Le Populaire*, 11 mai 1935, p. 1.

(81) Larmour, *op. cit.*, pp. 165-166, 286; Jacques Delperrié de Bayac, *Histoire du front populaire*, Paris, 1972, p. 116.

(82) Bonnefous, *op. cit.*, p. 329; Michel Soulié, *La vie politique d'Édouard Herriot*, Paris, 1962, pp. 317, 460.

(83) Werth, *The Destiny of France*, p. 257; Francis de Tarr, *The French Radical Party from Herriot to Mendès-France*, London, 1961, p. 36.

(84) *L'Echo de Paris*, 13 mai 1935, p. 1.

(85) *Le Populaire*, 12 mai 1935, p. 2; *L'Humanité*, 12 mai 1935, p. 1; Dupeux, *op. cit.*, pp. 85-86; Lefranc, *Histoire du front populaire 1934-1938*, p. 72; Berstein, *Histoire du parti radical*, t.2, p. 350.

(86) *Le Populaire*, 20 mai 1935, p. 1; *L'Humanité*, 20 mai 1935, p. 1.

(87) Lefranc, *Histoire du front populaire 1934-1938*, p. 469. なお、仏ソ相互援助条約が下院で批准されたのは、一九三七年二月二七日である。

(88) *L'Eclaireur de l'Ain*, 17, 24 et 31 mars 1935, p. 1. 記事は順に「兵役延長に反対する統一行動」「戦争に反対する退役兵士」「フランス青年へのアピール。二年兵役制を倒せ」である。なお、ヒトラーの再軍備宣言は、二年兵役法が可決された翌三月一六日であった。

(89) Marcel Willard, "Oui, Staline a raison!" *Cahiers du bolchevisme*, 1er juillet 1935, pp. 757-764 ; *L'Humanité*, 23 mai 1935, p. 1. 反スターリン主義左翼によるソ連批判については、Jean Rabaut, *Tout est possible!, les «gauchistes» français 1929-1944*, Paris, 1974, pp. 155-157.

(90) *L'Eclaireur de l'Ain*, 26 mai 1935, p. 1 ; 2 et 9 juin 1935, p. 1.

(91) J.-B. Séverac, "Contre les deux ans et contre le gouvernement malgrè Staline," *Bulletin Socialiste*, no. 202, 20 mai 1935, pp. 1-3 ; *Révolution*, 15 mars 1935, p. 1 ; 15 avril 1935, p. 1 ; juin 1935, p. 1, p. 4 ; juillet 1935, p. 1, p. 4.

(92) Geroges Vidal, "Le PCF et la défense nationale à l'époque du front populare, 1934-1939," *Geurres mondiales et conflits contemporains*, no. 215, 2004, pp. 48-56 ; Geroges Vidal, *La grande illusion? Le parti communiste français et la défense nationale à l'époque du front populaire 1934-39*, Lyon, 2006, p. 153 ; *L'Humanité*, 3, 10 et 27 juin 1936, p. 4.

(93) Danielle Tartakowsky, "Stratégie de la rue 1934-1936," *Mouvement Social*, no. 135, 1986, p. 54. 一九三四年二月一三日から三六年五月五日までに、一〇六三の集会やデモがあったという（*Ibid.*, p. 32）。

(94) Florimond Bonte, "Le Front populaire au parlement," *Cahiers du bolchevisme*, 15 juin 1935, pp. 660-661 ; Brower, *op. cit.*, pp. 88-91 ; Werth, *The Destiny of France*, p. 155 ; *Le Populaire*, 31 mai 1935, p. 3 ; *Le Temps*, 30 mai 1935, p. 4 ; 31 mai 1935, p. 6 ; 2 juin 1935, p. 2.

(95) *La République*, 30 mai 1935, p. 1.

(96) Bonte, "Le Front populaire au parlement," pp. 662, 668 ; Dupeux, *op. cit.*, p. 91 ; Berstein, *Histoire du parti radical*, t. 2, pp. 354-355.

(97) Bonte, "Le Front populaire au parlement," pp. 667-668 ; *L'Humanité*, 31 mai 1935, p. 2 ; Bayac, *op. cit.*, pp. 125-126.

(98) *Le Temps*, 6 juin 1935, p. 8 ; 7 juin 1935, p. 3 ; Bonte, "Le Front populaire au parlement," pp. 671-676 ; Lefranc, *Histoire du front populaire 1934-1938*, pp. 74-75.『トレーズ政治報告集』第一巻、一三一～一三三頁。

(99) Larmour, *op. cit.*, pp. 169-170.

(100) *Ibid.*, p. 170.

(101) Léon Trotsky, "Front populaire et Comités d'Action," in Trotsky, *Le mouvement communiste en France 1919-1939*, Paris, 1967, p. 535（清水幾太郎・沢五郎訳『スペイン革命と人民戦線』現代思潮社、一九七五年、一三〇頁）. Guérin, *op. cit.*, p. 86（前掲邦訳、五五頁）.

(102) *Le Populaire*, 9-13 juin 1935.

(103) Dupeux, *op. cit.*, p. 91.

(104) Soulié, *La vie politique d'Édouard Herriot*, pp. 470-471 ; Lefranc, *Histoire du front populaire 1934-1938*, p. 80.

(105) 七・一四集会と急進党の対応については、Werth, *The Destiny of France*, pp. 162-165 ; Jacques Kayser, "Souvenirs d'un militant 1934-1939," *Cahiers de la République*, no. 12, 1958, pp. 71-75 ; Lefranc, *Histoire du front populaire 1934-1938*, pp. 76-86 ; Nordmann, *op. cit.*, pp. 264-266 ; Dupeux, *op. cit.*, pp. 92-93 ; Soulié, *La vie politique d'Édouard Herriot*, pp. 471-472 ; Berstein, *Histoire du parti radical*, t. 2, pp. 366-373 ; Simon Dell, *The Image of the Popular Front*, Hampshire, 2007, p. 58.

(106) Peschanski, *op. cit.*, pp. 98-112.

(107) Wolikow, *Le Front populaire en France*, p. 97 ; *Le Populaire*, 16 juin 1935, p. 1.

(108) Emile Kahn, "Souvenirs du Front populaire," *La Lumière*, 2 décembre 1938, p. 1.

(109) Jean Guéhenno, "Valeur d'une fête," *Europe*, no. 152, 15 août 1935, pp. 602-603.

(110) *L'Humanité*, 29 juin 1935, pp. 1-2 ; 30 juin 1935, p. 1.

(111) 以上、*Le Temps*, 4 juillet 1935, p. 8 ; *L'Œuvre*, 3 juillet 1935, p. 1 ; *La République*, 2 juillet 1935, p. 1.

(112) *L'Œuvre*, 4 juillet 1935, p. 1 et p. 4 ; *La République*, 4 juillet 1935, p. 1 et p. 3 ; Werth, *The Destiny of France*, p. 165. 共産党のジャック・デュクロは、七・一四集会への急進党の参加は、党としてではなく、セーヌ県連の資格において行われたと述べている（Jacques Duclos, *Mémoires II 1935-1939 : Aux jours ensoleillés du front populaire*, Paris, 1969, p. 89）。

(113) *L'Humanité*, 4 juillet 1935, pp. 1-2.

(114) *Le Populaire*, 14 juillet 1935, pp. 1, 4.

(115) 以下、*Le Populaire*, 15 juillet 1935, pp. 4-5 ; Dell, *op. cit.*, p. 27 ; *L'Humanité*, 15 juillet 1935, p. 4 ; Françoise Basch,

Victor Basch ou la passion de justice, Paris, 1994, p. 258. なお、ビュファロ・スタジアムで集会が開かれたのは、パリ市内には一万人を収容できる施設がなかったことによる（Georges Lefranc, *Le front populaire 1934-1938*, 6e éd., Paris, 1984, p. 40. 高橋治男訳『フランス人民戦線』白水社、一九六九年、五二頁）。Aurélien Bouet, "Jacques Kayser, une figure intellectuelle du radicalisme de gauche," in Antoine Prost dir., *Jean Zay et la gauche du radicalisme*, Paris, 2003, p. 143 ; Françoise Basch, Liliane Crips, Pascale Gruson dir., *Victor Basch 1863-1944*, Paris, 2000, p. 115.

(116) 『ウーヴル』は、七月一三日に「昨夜、アルフレッド・ドレフュス中佐死去。七六歳」という大きな記事を第一面に載せて、ドレフュス事件を回顧していた（*L'Œuvre*, 13 juillet 1935, p. 1）。

(117) Karl G. Harr Jr., *The Genesis and Effect of the Popular Front in France*, Lanham, 1987, p. 268 ; *Cahiers du bolchevisme*, 1er août 1935, pp. 943-945 ; Danielle Tartakowsky, *Manifester à Paris 1880-2010*, Seyssel, 2010, pp. 107-109.

(118) "Le salut à l'armée," *Cahiers du bolchevisme*, 1er août 1935, p. 941. パリの集会では、急進党からは四人が登壇した。なお、リヨンでは地方選挙の後遺症もあり、急進党は独自集会をもった（Larmour, *op. cit.*, p. 171 ; Borkenau, *op. cit.*, p. 147）。

(119) Lefranc, *Histoire du front populaire 1934-1938*, p. 82 ; Jacques Kayser, "Le parti radical-socialiste et le rassemblement populaire 1935-1938," *Bulletin de la société d'histoire de la IIIe République*, no.14, avril-juillet 1955, p. 275.

(120) 翌日の『ユマニテ』には、この写真が大きく掲載されていた。*L'Humanité*, 15 juillet 1935, p. 2 ; Alexander Werth, *The Twilight of France 1933-1940*, New York, 1966, p. 50.

(121) Benjamin Stora, *Nationalistes algériens et révolutionnaires français au temps du front populaire*, Paris, 1987, p. 14.

(122) *L'Humanité*, 15 juillet 1935, p. 6 ; *Le Flambeau*, 20 juillet 1935, p. 2 ; Werth, *The Destiny of France*, pp. 165, 167-168 ; Jacques Nobécourt, *Le colonel de La Rocque 1885-1946*, Paris, 1996, pp. 335-338.

(123) Delmas, *A gauche de la barricade*, p. 41 ; Claude Jamet, *Notre front populaire, journal d'un militant 1934-1939*, Paris, 1977, pp. 64-65 ; *Le Populaire*, 15 juillet 1935, pp. 5-6 ; *L'Humanité*, 15 juillet 1935, pp. 4-6 ; *Le Temps*, 15-16 juillet 1935, p. 1 ; Salon, *op. cit.*, pp. 90-93.

(124) トレーズがコミンテルン第七回大会の閉会式を主宰するという栄誉を得、アンドレ・マルティが、フランス人として初めてコミンテルン執行委員に就任したところにも、コミンテルンにおけるフランス共産党の威信の高まりを傍証している。Julian Jackson, *Popular Front in France, Defending Democracy 1934-38*, Cambridge, 1988, p. 42. 山極潔、前掲書、II章。

島田顕『ソ連・コミンテルンとスペイン内戦』れんが書房新社、二〇一一年、八四〜八五頁。

(125) 一九三五年のクロワ・ド・フーの活動については、Werth, *The Destiny of France*, pp. 150, 158-161, 182-184; Nobécourt, *op. cit.*, pp. 295-296, 325-328; Malcolm Anderson, *Conservative Politics in France*, London, 1974, p. 205.

(126) William D. Irvine, *French Conservatism in Crisis, the Republican Federation of France in the 1930s*, Louisiana, 1979, p. 115.

(127) *Le Flambeau*, 13 et 20 avril 1935, p. 2; *Le Temps*, 12 et 13 avril 1935, p. 3; Werth, *The Destiny of France*, p. 158.

(128) *Le Flambeau*, 22 juin 1935, p. 2. なお、空軍大臣が一九三五年七月一四日のパリ上空での飛行を禁止したため、これ以後、クロワ・ド・フーが集会で飛行機を利用することはなくなった (Sean Kennedy, "The Croix de Feu, the Parti Social Français, and the Politics of Aviation, 1931-1939," *French Hsitorical Studies*, vol.23, no.2, 2000, p. 381)。

(129) *Le Flambeau*, 29 juin 1935, p. 2.

(130) Gerd-Rainer Horn, *European Socialsits respond to Fascism*, New York, 1996, p. 100; Herriot, *op. cit.*, p. 518; *L'Humanité*, 31 mai 1935, p. 2; Larmour, *op. cit.*, p. 174.

(131) Robert O. Paxton, *French Peasant Fascism, Henry Dorgères's Greenshirts and the Crises of French Agriculture 1929-1939*, New York, 1997, p. 122; Werth, *The Destiny of France*, pp. 182-183; Bertrand de Jouvenel, "Le front paysan," *Revue de Paris*, t. 42, 1er décembre 1935.

(132) 社会党機関紙は、「ラロックは行動を再開した。昨日、フランス全土でクーデタ用部隊の総動員に着手した」と報じた (*Le Populaire*, 23 september 1935, pp. 1-2)。

(133) 『タン』は、ヴィルパントの流血事件を取りあげて、共産党の対抗示威が惨事をもたらしていると批判を加えた (*Le Temps*, 8 octobre 1935, p. 1)。

(134) *L'Echo de Paris*, 9 octobre 1935, p. 1. 木下半治『フランス・ナショナリズム史 (二)』国書刊行会、一九七六年、三三三頁。

(135) Delmas, *Mémoires d'un instituteur syndicaliste*, pp. 248, 255. 上院選挙の結果も、市町村選挙に続いて有権者の左傾を示した (François Leuwen, "Rentrée politique," *Revue de Paris*, t. 42, 15 novembre 1935, p. 430)。

(136) René Rémond, *Les droites en France*, Paris, 1982, p. 212.

(137) Werth, *The Destiny of France*, p. 160.

(138) 以上、Soulié, *La vie politique d'Édouard Herriot*, pp. 465-466 ; Pierre Olivier Lapie, *Herriot*, Paris, 1967, pp. 228-229 ; *L'Echo de Paris*, 19 septembre 1935, p. 1 ; *Le Temps*, 19, 21 et 27 septembre 1935, p. 1 ; 4 octobre 1935, p. 2 ; *L'Action française*, 4 octobre 1935, p. 1.

(139) *L'Action française*, 22 septembre 1935, p. 1 ; Werth, *The Destiny of France*, pp. 189-191 ; Larmour, *op. cit.*, pp. 188-189.

(140) Salon, *op. cit*, pp. 94-95 ; *L'Eclaireur de l'Ain*, 6 et 20 octobre 1935, p. 1.

(141) *Le Populaire*, 2, 3, 7, 9, 10, 11, 16-18, 20-22 octobre 1935, pp. 1-2.

(142) *L'Œuvre*, 16 octobre 1935, p. 1 ; Werth, *The Destiny of France*, pp. 185-187.

(143) 渡辺和行「人民戦線期の急進党一九三五〜一九三六——二つの党大会から」『香川法学』第四巻第三号、一九八五年。

(144) *32e Congrès du parti républicain radical et radical-socialiste tenu à Paris*, Paris, 1935, pp. 364-381.

(145) *Ibid.*, p. 377.

(146) *Ibid.*, pp. 328-331.

(147) *Ibid.*, pp. 382-401.

(148) *Ibid.*, pp. 401-412.

(149) *Ibid.*, pp. 413-422.

(150) *Ibid.*, pp. 422, 426-429.

(151) *Ibid.*, pp. 422-425.

(152) *Ibid.*, pp. 477-483.

(153) *Le Temps*, 27 octobre 1935, p. 1.

(154) *32e Congrès du parti républicain radical et radical-socialiste tenu à Paris*, p. 330.

(155) *Le Temps*, 28 et 29 octobre 1935, p. 1.

(156) Jacques Duclos, "Les enseignements du congrès du radical-socialiste," *Cahiers du bolchevisme*, 1er novembre 1935, p. 1299.

(157) 以下、Kayser, "Souvenirs d'un militant 1934-1939," pp. 74-77 ; Brower, *op. cit.*, pp. 116-120 ; Lefranc, *Histoire du front*

populaire 1934-1938, pp. 86-97, 472-473 ; Berstein, *Histoire du parti radical*, t. 2, pp. 381-389.

(158) Lefranc, *Histoire du front populaire 1934-1938*, pp. 470-472, 475-479.

(159) Jacques Duclos, "Les enseignements du congrès du radical-socialiste," *Cahiers du bolchevisme*, 1er novembre 1935, p. 1303 ; B. Frachon, "Le syndicalisme et le programme du rassemblement populaire," *L'Humanité*, 17 janvier 1936, pp. 1-2.

(160) *L'Humanité*, 12 juillet 1936, p. 5 ; *Cahiers du bolchevisme*, 25 juillet 1936, p. 784.

(161) D. Marecot, "Le congrès radical et le front populaire," *Cahiers du bolchevisme*, 1er décembre 1935, pp. 1463-1464.

(162) *33e Congrès du parti républicain radical et radical-socialiste tenu à Biarritz*, Paris, 1936, pp. 332, 374, 391.

(163) SFIO, *32e Congrès national tenu à Mulhouse*, Paris, 1935, pp. 554-555.

(164) 廣田功『現代フランスの史的形成』東京大学出版会、一九九四年、第五章。

(165) *Le Temps*, 24 septembre 1935, p. 1.

(166) *31e Congrès du parti républicain radical et radical-socialiste tenu à Nantes*, Paris, 1934, p. 260.

(167) Florimond Bonte, "Le Front populaire et le parti radical," *Cahiers du bolchevisme*, 15 juillet 1935, pp. 815, 817-818 ; Werth, *The Destiny of France*, p. 163.

(168) *32e Congrès du parti républicain radical et radical-socialiste tenu à Paris*, p. 412.

(169) *Le Temps*, 20 décembre 1935, p. 1.

(170) Dupeux, *op. cit.*, p. 94 ; Larmour, *op. cit.*, pp. 191-196 ; Nordmann, *op. cit.*, pp. 370-372 ; Soulié, *La vie politique d'Édouard Herriot*, pp. 475-476.

(171) Dupeux, *op. cit.*, p. 93.

(172) Larmour, *op. cit.*, p. 196.

(173) *Ibid.*, p. 174.

(174) Bonnefous, *op. cit.*, p. 343.

(175) Jacques Kayser, "France and the Internationa Situation," *International Affairs*, vol. 15, July 1936, p. 523.

(176) *Le Temps*, 6 septembre 1937, p. 6.

(177) *32e Congrès du parti républicain radical et radical-socialiste tenu à Paris*, p. 376.

(178) Maurice Pujo, *Le problème de l'union*, Paris, 1937, pp. 20-21.

(179) Werth, *The Destiny of France*, pp. 192-193 ; Kevin Passmore, "Boy Scouting for Grown-Ups? Paramilitarism in the Croix de Feu and Parit Social Français" *French Historical Studies*, vol. 19, no. 2, 1995, pp. 529, 550. 竹岡敬温「フランス・ファシズムと火の十字架団（2）」『大阪大学経済学』第五九巻第三号、二〇〇九年、三二八頁。ラロックは、首相に「リモージュの襲撃」について抗議書簡を送っている（*Le Flambeau*, 25 novembre 1935, p. 2）。

(180) Bonnefous, *op. cit.*, pp. 341-342, 347 ; Werth, *The Destiny of France*, pp. 151-152 ; Delmas, *A gauche de la barricade*, p. 75 ; Rabaut, *op. cit.*, pp. 176-177. トロツキスト系の新聞『革命』は、ブレストとトゥーロンで死者三人、負傷者二〇〇人、逮捕者一〇〇人を数えたと記している（*Révolution*, août 1935, p. 1）。

(181) Larmour, *op. cit.*, p. 161. ただし、この経済的不満は急進党の人民戦線参加にとっては二次的役割しか果たさなかったことに注意する必要がある。急進派の多くはデフレ政策に賛成であったからである（Nordmann, *op. cit.*, p. 265 ; Larmour, *op. cit.*, p. 172）。

(182) *32e Congrès du parti républicain radical et radical-socialiste tenu à Paris*, p. 480.

(183) 以上、Brower, *op. cit.*, pp. 104-105, 132 ; Thomas-Adrian Schweitzer, "Le parti communiste français, le Comintern et l'Algérie dans les années 1930," *Mouvement Social*, no. 78, 1972, pp. 125, 129 ; Francis J. Murphy, *Communists and Catholics in France 1936-1939 : the Politics of the Outstretched Hand*, Gainesville, 1989.

(184) *L'Humanité*, 30 juin 1935, p. 1.

(185) *32e Congrès du parti républicain radical et radical-socialiste tenu à Paris*, p. 331.

(186) Lefranc, *Histoire du front populaire 1934-1938*, p. 279 ; Kayser, "Souvenirs d'un militant 1934-1939," pp. 81-82.

(187) Larmour, *op. cit.*, p. 175.

(188) *Le Temps*, 7 octobre 1935, p. 6 ; 19 octobre 1935, p. 8 ; *32e Congrès du parti républicain radical et radical-socialiste tenu à Paris*, p. 376.

(189)『トレーズ政治報告集』第一巻、二四四～二四五頁。

(190) *Le Populaire*, 2 juillet 1935, p. 1 ; Gilbert Ziebura, "Léon Blum à la veille de l'exercice du pouvoir," in Colloque, *Léon Blum, chef de gouvernement 1936-1937*, Paris, 1967 ; Nathanael Greene, *Crisis and Decline : the French Socialist Party in*

the Popular Front Era, New York, 1969, p. 47.

(191) Daniel Bardonnet, *Evolution de la structure du parti radical*, Paris, 1960, pp. 185-196 ; Larmour, *op. cit.*, pp. 221-225.

(192) *Ibid.*, pp. 35, 52, 185, 197, 220.

(193) Jean Pierre Florin, "Le radical-socialiste dans le département du Nord 1914-1936," *Revue française de science politique*, t. 24, 1974, pp. 236-278 ; Serge Berstein, "La vie de parti radical, la fédération de Saône-et-Loire de 1919 à 1939," *Revue française de science politique*, t.20, 1970, pp. 1136-1179 ; Larmour, *op. cit.*, pp. 78-99.

第三章

（1） Georges Lefranc, *Histoire du front populaire 1934-1938*, 2e éd., Paris, 1974, pp. 100-102 ; Jean Lacouture, *Léon Blum*, Paris, 1977, pp. 258-260 ; Serge Berstein, *Léon Blum*, Paris, 2006, pp. 428-431.

（2） *Le Populaire*, 13 février 1936, pp. 1, 3 ; 16 février 1936, p. 6.

（3） *L'Action française*, 10-13 février 1936.

（4） *L'Action française*, 9 avril 1935, p. 1.

（5） 以上、*Le Populaire*, 14 février 1936, p. 3 ; *L'Humanité*, 14 février 1936, p. 2 ; Eugen Weber, *Action Française*, Stanford, 1962, p. 363.

（6） *L'Action française*, 14 février 1936, p. 1.

（7） *Le Populaire*, 14-16 février 1936 ; *Le Peuple*, 14 février 1936, p. 1 ; *L'Humanitè*, 14 février 1936, p. 1.

（8） *Marianne*, 19 février 1936, p. 1 ; *La Lumière*, 15 février 1936, p. 1.

（9） *Vendredi*, 21 février 1936, p. 1 ; *Le Populaire*, 17 février 1936 ; *L'Humanité*, 17 février 1936 ; *Le Peuple*, 17 février 1936, p. 1 ; Pascal Ory, *La belle illusion, Culture et politique sous le signe du front populaire 1935-1938*, Paris, 1994, p. 789.

（10） André Delmas, *Mémoires d'un instituteur syndicaliste*, Paris, 1979, p. 334. デルマスは、実際のブルムが評判とはまったく違ったことも記している。

（11） *Le Populaire*, 15 février 1936, p. 3 ; 16 février 1936, p. 4 ; 23 mars 1936, p. 4.

（12） Claude Jamet, *Notre front populaire, journal d'un militant 1934-1939*, Paris, 1977, pp. 109, 157.

(13) *L'Action française*, 13 jnvier 1936, p. 1; 15 mai 1936, p. 1; Jean-Michel Gaillard, *Les 40 jours de Blum*, Paris, 2001, pp. 75-76.

(14) Lefranc, *op. cit.*, pp. 103-107; René Belin, *Du secrétariat de la C.G.T. au gouvernement de Vichy*, Paris, 1978, pp. 54-59; André Delmas, *A gauche de la barricade*, Paris, 1950, pp. 50-72; Bernard Georges et Denise Tintant, *Léon Jouhaux dans le mouvement syndical français*, Paris, 1979, pp. 128-151. CGT指導者のブランとデルマスの回想録は有益であるが、CGTU指導者ブノワ・フラションの回想録はあまり役立たない（Benoît Frachon, *Pour la CGT, mémoires de lutte 1902-1939*, Paris, 1981）。

(15) 一九三五年元旦時で、五〇〇の統一組合と鉄道員労組の四分の三が再統一していた（Morgan Poggioli, "Le syndicalisme précurseur de l'unité: politisation et recomposition interne," in Gilles Morin et Gilles Richard dir., *Les deux France du Front populaire*, Paris, 2008, p. 149）。

(16) *L'Humanité*, 29 mars 1934, p. 5.

(17) *L'Humanité*, 14 juin 1934, pp. 1-2, 5; 15 juin 1934, pp. 1-2; 11 octobre 1934, pp. 1-2; Delmas, *A gauche de la barricade*, pp. 50-55; Georges et Tintant, *op. cit.*, pp. 134-136.

(18) O. Piatonitski, "Les problèmes du mouvement syndical international," *Cahiers du bolchevisme*, 1er novembre 1934, p. 1275.

(19) *L'Humanité*, 2 janvier 1935, p. 1; *Le Peuple*, 26 mars 1935, p. 4; Georges et Tintant, *op. cit.*, p. 137.

(20) Jules Moch, *Rencontres avec... Léon Blum*, Paris, 1970, p. 126; Georges Lefranc, *Essais sur les problèmes socialistes et syndicaux*, Paris, 1970, pp. 90-92; Jean-François Gelly, "A la recherche de l'unité organique: la démarche du parti communiste français 1934-1938," *Mouvement Social*, no. 121, 1982, pp. 102-116.

(21) 以上、*L'Humanité*, 6 juin 1935, p. 5; 8 juin 1935, pp. 1-2, 5; Delmas, *A gauche de la barricade*, pp. 61-62.

(22) *L'Humanité*, 28 juin 1935, p. 1; 5 juillet 1935, p. 1; 25 juillet 1935, pp. 1-2; *Le Peuple*, 25 juillet 1935, p. 1.

(23) 一九三五年六月二七日から九月一三日にかけての両労組の協議については、*La Voix du Peuple*, no. 178, août 1935, pp. 587-714.

(24) Morgan Poggioli, *La CGT du Front populaire à Vichy: de la réunification à la dissolution 1934-1940*, Montreuil, 2007,

pp. 74-78.

(25) 以上、*La Voix du Peuple*, no. 179, septembre 1935, pp. 717-744 ; *L'Humanité*, 28 septembre 1935, pp. 1-2 ; *Le Populaire*, 26-28 septembre 1935 ; *Le Peuple*, 24-28 septembre 1935 ; Delmas, *A gauche de la barricade*, pp. 62-66 ; Georges et Tintant, *op. cit.*, p. 110 ; Morgan Poggioli, "Léon Jouhaux du Front populaire à la guerre," in Colloque, *Léon Jouhaux d'Aubervillier au prix Nobel*, Paris, 2010, p. 61.

(26) *Le Peuple*, 28 et 29 janvier 1936, pp. 1, 3 ; Delmas, *A gauche de la barricade*, pp. 66-67 ; Georges et Tintant, *op. cit.*, pp. 141-143.

(27) 以下、*La Voix du Peuple*, no. 185, mars 1936, pp. 160-181 ; *Le Peuple*, 2-6 mars 1936 ; Delmas, *A gauche de la barricade*, pp. 67-72 ; Georges et Tintant, *op. cit.*, pp. 143-151.

(28) 一九三六年以前のCGTの女性組合員は一〇%以下であり、相対的に女性比率が高い労組は衣料・繊維・タバコ・郵政・初等教員の組合であった（Morgan Poggioli, *A travail égal, salaire égal? La CGT et les femmes au temps du Front populaire*, Dijon, 2012, p. 15）。

(29) Jacques Girault, *Benoît Frachon, communiste et syndicaliste*, Paris, 1989, p. 165.

(30) Marie-France Rogliano, "L'anti-communisme dans la CGT : Syndicats," *Mouvement Social*, no. 87, 1974, pp. 63-84 ; René Belin, "Correspondance," *Mouvement Social*, no. 90, 1975, pp. 151-152.

(31) Belin, *Du secrétariat de la C.G.T. au gouvernement de Vichy*, p. 72. 反共平和派のブランと異なり、ジュオーが一九三六年夏以降、ブルム内閣の不干渉政策批判に象徴されるように、反ファシズムという点で対ドイツ強硬路線をとって共産党系に近づいたことが右派の反感を買った点である（Poggioli, "Léon Jouhaux du Front populaire à la guerre," pp. 64-65）。

(32) *La Croix*, 21 avril 1936, p. 6.

(33) Danielle Tartakowsky, *Le front populaire, la vie est à nous*, Paris, 1996, p. 46.

(34) Martin Pénet, *Été 36 sur la route des vacances en images et en chansons*, Omnibus, 2006, pp. 23, 29-31.

(35) もっとも、下院に届けられた議会会派の数によれば、各党の議席数は表3－3（次ページ）のようであった。数字はフランス本土だけのものである。

(36) Peter J. Larmour, *The French Radical Party in the 1930's*, Stanford, 1964, p. 202.

表3－3　1936年議会における下院会派

	1932	1936	増減
共産党	11	72	＋61
社会党	131	147	＋16
左翼小政党	37	51	＋14
急進党	157	106	－51
人民戦線派の無所属		2	
反人民戦線派の無所属		6	
中道左派・モデレ	120	76	－44
中道右派・右翼	138	138	0
計	594	598	

出典　Georges Dupeux, *Le front populaire et les élections de 1936*, Paris, 1959, p. 139.

(37) Jacques Girault, *Au-devant du bonheur*, CIDE, 2005, pp. 88-89.

(38) Victor Basch, "Pour le second tour, Discipline," *Vendredi*, 1er mai 1936, p. 1.

(39) Pascal-Éric Lalmy, *Le parti radical-socialiste et le front populaire 1934-1938*, Paris, 2007, p. 60; Daniel R. Brower, *New Jacobins, the French Communist Party and the Popular Front*, New York, 1968, p. 137.

(40) 比例代表制であれば、社会党の獲得議席は一一四、共産党は九二議席になる。Gilles Morin, "Génération Front populaire? Renouvellement et caractéristiques du personnel socialiste au temps du Front populaire," in Morin et Richard dir., *op. cit.*, p. 93.

(41) *Le Populaire*, 5 mai 1936, p. 1; Gaillard, *op. cit.*, Annexes 1, p. 238.

(42) 以上、*L'Œuvre de Léon Blum*, t. IV-1 1934-1937, Paris 1964, pp. 261, 265, 281; *Le Populaire*, 29 juillet 1936, p. 8.

(43) Serge Berstein, *Histoire du parti radical*, t. 2 1926-1939, Paris, 1982, pp. 436-445; Larmour, *op. cit.*, pp. 202-204. ラルモ

は、当選議員の七一％が人民戦線に言及せず、人民戦線に反対を表明した議員が九％、人民戦線を支持した議員は二〇％と述べている（Lalmy, *op. cit.*, p. 58）。

（44）*Le Populaire*, 18 mars 1936, pp. 1, 3.

（45）以上、*Le Figaro*, 23 mars 1936, p. 4 ; *L'Humanité*, 18 mars 1936, p. 4.

（46）以下の選挙キャンペーンについては、Georges Dupeux, *Le front populaire et les élections de 1936*, Paris, 1959, pp. 101-122 ; Lefranc, *Histoire du front populaire 1934-1938*, pp. 101-119 ; L. Bodin et J. Touchard, *Front populaire 1936*, 2e éd., Paris, 1965, pp. 40-59 ; *L'Œuvre de Léon Blum*, t. IV-1, pp. 231-245 ; *Cahiers du bolchevisme*, 15 mai 1936, pp. 523-606 ; Berstein, *Histoire du parti radical*, t. 2, pp. 422-435 ; Harry H. Hunt, *Edouard Daladier, the Radicals and the Formation of the Popular Front 1934-1936*, Case Western Reserve University, Ph.D., 1976, pp. 459-477. 社会党と民主同盟とクロワ・ド・フーの選挙マニフェスト（Manifeste électoral）については、*Le Temps*, 6 et 7 avril 1936. 各党の政見放送については *Le Temps*, 15-26 avril 1936 を参照せよ。

（47）*Le Temps*, 18 avril 1936, p. 3.

（48）*Le Temps*, 16, 18 et 26 avril 1936, p. 3.

（49）*Le Temps*, 23 avril 1936, p. 3.

（50）一九三七年のフランスのラジオ所有台数は、米国二六〇〇万台、ドイツ八四一万二八四八台、英国八三四万七〇〇〇台よりも少ないだけでなく、人口あたりの台数でもデンマーク、スウェーデン、オランダ、スイスよりも少ないヨーロッパ第一三位であった（Joelle Neulander, *Programming National Identity, the Culture of Radio in 1930s France*, Baton Rouge, 2009, p. 72 ; Jean-Paul Brunet, *Histoire du front populaire 1934-1938*, Paris, 1991, p. 98）。

（51）Larmour, *op. cit.*, pp. 198-202 ; Bodin et Touchard, *op. cit.*, pp. 58-59.

（52）以上、Berstein, *Histoire du parti radical*, t. 2, pp. 424, 644 ; Lefranc, *Histoire du front populaire 1934-1938*, p. 115.

（53）*Le Temps*, 6 avril 1936, p. 2.

（54）*Le Populaire*, 17 avril 1936, p. 2 ; 22 avril 1936, p. 4 ; *La Croix*, 18 avril 1936, p. 2 ; *Le Temps*, 18 et 23 avril 1936, p. 3. ブルムの政見放送については、竹内良知編『ドキュメント現代史 6 人民戦線』平凡社、一九七三年、二一六～二三二頁に訳出。

(55) ルノー・ジャンは、共産党の農民問題の専門家で、「農民の熱烈な擁護者」と称された（Jean-Paul Damaggio, *Samazan, Renaud Jean et le Front populaire*, Angeville, 2011, p. 126）。

(56) Jean-Paul Salon, *Au temps du Front populaire*, Périgueux, 2005, pp. 123, 131-136. 社会党が一人、急進党が二人（イヴォン・デルボスとジョルジュ・ボネ）、その他左翼が一人であった。

(57) *Cahiers du bolchevisme*, 15 mai 1936, pp. 527, 529-533, 539, 546, 565, 571.

(58) "Pour le salut du peuple français, Programme du parti communiste français," *Cahiers du bolchevisme*, 15 mai 1936, pp. 552-563.

(59) 以上、Maurice Thorez, "Pour une France libre, forte et heureuse," *Cahiers du bolchevisme*, 15 mai 1936, pp. 523-532 ; *L'Humanité*, 18 avril 1936, p. 8. この放送を聞いたフランソワ・モーリアックは、甘く優しい「トレーズの声」について、「トレーズが、雛鳥を呼ぶ農婦のように優しい声でせかしても無駄である」と手厳しかった（*Le Figaro*, 22 avril 1936, p. 1）。*Le Temps*, 16 et 26 avril 1936, p. 3.

(60) *L'Humanité*, 24-26 avril 1936, p. 1 ; 10 mai 1936, pp. 1-2.

(61) *L'Humanité*, 27-29 juin, pp. 1-2 ; Sylvie Rab, "La commémoration du centenaire de la mort de Rouget de Lisle à Choisy-le-Roi en Juin 1936," Colloque, *Les usages politiques des fêtes aux XIXe-XXe siècles*, Paris, 1994, pp. 291-304 ; Nicolas Faucier, *Pacifisme et antimilitarisme dans l'entre-deux-guerres 1919-1939*, Paris, 1983, pp. 129-131.

(62) 以上、*Le Temps*, 7 avril 1936, p. 8 ; 16, 18 et 23 avril 1936, p. 3 ; Brunet, *op. cit.*, p. 34 ; Denis Lefebvre et Rémi Lefebvre, *Mémoires du front populaire*, Paris, 1997, pp. 72-73.

(63) *L'Echo de Paris*, 23 mars 1936, p. 1 ; Bodin et Touchard, *op. cit.*, pp. 41-44.

(64) *La Croix*, 17 mars 1936, p. 1. ノール県の『クロワ』（一九三六年四月一八日）は、「ある意図をもってスペインに上陸したロシアの共産主義者たちは、群衆をそそのかして、あちこちで放火・略奪・強姦・殺人というもっとも忌まわしい残虐行為にふけった」と記していた（Pierre Chanourdie et Gisèle Obled-Mayeur, "Le Nord vote en 36," in Marcel Gillet et Yves-Marie Hilaire dir., *De Blum à Daladier, le Nord/Pas-de-Calais 1936-1939*, Lille 1979, p. 35）。Cf., Yves Pitette, *Biographie d'un journal : La Croix*, Paris, 2011 ; Alain Fleury, *La Croix et l'Allemagne 1930-1940*, Paris, 1986.

(65) 以上、Bodin et Touchard, *op. cit.*, pp. 45-46 ; Maurice Chavardès, *Été 1936 : la victoire du front populaire*, Paris, 1966,

p. 50; *L'Echo de Paris*, 19 mars 1936, p. 4; *Le Temps*, 29 mars 1936, p. 2; 31 mars 1936, p. 8.

(66) *L'Echo de Paris*, 23 mars 1936, p. 1.

(67) *L'Echo de Paris*, 16 avril 1936, p. 4; 17 avril 1936, p. 1; *Le Temps*, 18 avril 1936, p. 4. ケリリスは、ヌイイから出馬し第一次投票で当選している（Jean-Yves Boulic et Annik Lavaure, *Henri de Kerillis 1889-1958, l'absolu patriote*, Rennes, 1997, p 132)。

(68) *Cahiers du bolchevisme*, 15 mai 1936, pp. 605-606; *Le Populaire*, 22 juillet 1936, p. 1.

(69) *Le Temps*, 11 avril 1936, p. 2.

(70) *Le Temps*, 19-22, 26-27 et 30 mars 1936, p. 1; 4, 10 et 21 avril 1936, p. 1.

(71) *Le Temps*, 24-25, 31 mars 1936, p. 1; 2 avril 1936, p. 1; 24 avril 1936, p. 2.

(72) Alexander Werth, *The Destiny of France*, London, 1937, pp. 240-270.

(73) Chanourdie et Obled-Mayeur, *op. cit.*, p. 32.

(74) 原輝史『フランス戦間期経済史研究』日本経済評論社、一九九九年、五頁にも同様の数値がある。

(75) Jean-Luc Pinol, *Espace social et espace politique, Lyon à l'époque du front populaire*, Lyon, 1980, p. 129.

(76) 右派ジャーナリストのリュシアン・ロミエとブルムがこの語を用いた。ロミエは、「政治的爆発は五月三日に生じ、社会的爆発は六月初めに生じた。ブルム内閣それ自体、政治的爆発の結果である。ブルムは、社会的爆発に迎えられてタイミングよく権力を獲得した」と述べた。ブルムは、一九四二年三月一一日に開かれたリオム裁判の尋問中に、マチニョン協定によって「私は、政権就任早々に政府の横っ面を張ったこの《社会的爆発》という難局を解決しようと努めました」と語った（Lucien Romier, "Où allons-nous?," *Le Figaro*, 1er septembre 1936, p. 1; *L'Œuvre de Léon Blum*, t. V 1940-1945, Paris, 1955, p. 321)。

(77) Xavier Daumalin et Jean Domenichino, *Le frotn populaire en entreprise, Marseille et sa région 1934-1938*, Éditions Jeanne Laffitte, 2006, pp. 76, 94-95.

(78) Georges Lefranc, *Juin 36*, Paris, 1966, p. 18.

(79) 以下、ジャック・ダノス、マルセル・ジブラン、吉田八重子訳『フランス人民戦線』柘植書房、一九七五年、三九～五一頁。Violette Marcos et Progreso Marin, *1936, luttes sociales dans le Midi*, Portet-sur-Garonne, 2006, p. 43; Danielle

Tartakowsky, *La part du rêve : Histoire du 1er Mai en France*, Paris, 2005, p. 110. ストを論じた邦語文献に、谷川稔『フランス社会運動史』山川出版社、一九八三年、第八章。

（80） *Le Peuple*, 29 et 30 avril 1936, p. 1.

（81） Antoine Prost, "Les premier mai du front populaire en province 1936-1939," *Vingtième Siècle*, no. 27, 1990, p. 62 ; Miguel Rodriguez, "Le premier mai 1936 entre deux tours et deux époques," *Vingtième Siècle*, no. 27, 1990, p. 60 ; Miguel Rodriguez, *Le 1er Mai*, Paris, 1990, pp. 66-70.

（82） Herrick Chapman, *L'Aéronautique : Salariés et patrons d'une industrie française 1928-1950*, Rennes, 2011, pp. 102-109 ; Belin, *Du secrétariat de la C.G.T. au gouvernement de Vichy*, pp. 86-87 ; Jean-Claude Richez et Léon Strauss, "Généalogie des vacances ouvrières," *Mouvement Social*, no. 150, 1990, pp. 10-11.

（83） *Le Populaire*, 15 mai 1936, p. 6 ; *L'Humanité*, 20 mai 1936, p. 5 ; Poggioli, *La CGT du Front populaire à Vichy*, p. 98. トロツキスト系の新聞『革命』が、「ブロック社工場の勝利」を伝えたのは五月二二日である（*Révolution*, 22 mai 1936, p. 1, p. 4）。

（84） *Le Populaire*, 24-25 mai 1936 ; *L'Humanité*, 24-25 mai 1936.

（85） *L'Humanité*, 24 mai 1936, p. 5.

（86） ソーテ＝アルレ社では、六月三～一四日まで労働条件の改善を掲げて工場占拠ストライキが打ち抜かれた（Lefranc, *Essais sur les problèmes socialistes et syndicaux*, p. 130）。

（87） *Le Temps*, 28 mai 1936, p. 8 ; 29 mai 1936, p. 3.

（88） Lefranc, *Juin 36*, pp. 114-118.

（89） Werth, *op. cit.*, pp. 294-298 ; Jean-Paul Depretto et Sylvie V. Schweitzer, *Le communisme à l'usine, vie ouvrière et mouvement ouvrier chez Renault 1920-1939*, Roubaix, 1984, pp. 184-202.

（90） *L'Humanité*, 30 mai 1936, p. 1.

（91） Claude Keiflin, *L'été 36 en Alsace*, Strasbourg, 1996, p. 47.

（92） ダノス、ジブラン、前掲書、第四章。Marcos et Marin, *op. cit.*, p. 44.

（93） Lefranc, *Histoire du front populaire 1934-1938*, p. 148.

(94) Belin, *Du secrétariat de la C.G.T. au gouvernement de Vichy*, p. 97.

(95) Marcel Gillet, "Le Nord/Pas-de-Calais en grève : 36-38," in Gillet et Hilaire dir., *op. cit.*, p. 129 ; Raymond Hainsworth, "Les grèves de mai-juin 1936 chez les mineurs de Nord et du Pas-de-Calais," in Jean Bouvier dir, *La France en mouvement 1934-1938*, Paris, 1986, pp. 101-108 ; Keiflin, *op. cit.*, pp. 48-50 ; Brunet, *op. cit.*, pp. 51, 54-55.

(96) Werth, *op. cit.*, pp. 303-304.

(97) Lefranc, *Essais sur les problèmes socialistes et syndicaux*, pp. 131-132.

(98) 以下、Werth, *op. cit.*, pp. 304-310.

(99) Michael Seidman, "The Birth of the Weekend and the Revolts against Work," *French Historical Studies*, vol. 12, no. 2, 1981, p. 258.

(100) *Le Figaro*, 9 juin 1936, pp. 1, 4.

(101) François Lehideux, *De Renault à Pétain*, Paris, 2001, pp. 86-87.

(102) Jonathan Buchsbaum, *Cinema Engagé, Film in the Popular Front*, Chicago, 1988, p. 202 ; Noëlle Gérôme, "Images de l'occupation de l'usine à gaz de Poitier," in Bouvier dir, *op. cit.*, pp. 63-64.

(103) *Le Populaire*, 12 et 27 mai 1936, p. 6.

(104) 以上、*L'Humanité*, 29 mai 1936, pp. 1-2 ; 5, 6 et 27 juin 1936, p. 1 ; 13 juin 1936, p. 4 ; 14 juin 1936, p. 2 ; 13 juillet 1936, p. 1 ; 8 août 1936, p. 4 ; Philippe Robrieux, *Histoire du parti communiste*, t. 1, Paris, 1980, pp. 468-469 ; t. 4 Paris, 1984, pp. 211-223 ; Michel Dreyfus, *PCF : crises et dissidences*, Bruxelles, 1990, pp. 64-67.

(105) *Le Peuple*, 14 juin 1936, p. 1.

(106) Joel Colton, *Léon Blum, Humanist in Politics*, Cambrige, 1974, p. 153 ; *Le Figaro*, 8 juillet 1936, p. 1.

(107) Antoine Prost, "Les grève de juin 1936, essai d'intreprétation," in Colloque, *Léon Blum, chef de gouvernement 1936-1937*, Paris, 1981, C1967.

(108) Jacques Bardoux, "Le complot soviétique contre la patrie française, 11-12 juin 1936 et ? ... 1936," *Revue de Paris*, 15 août 1936, pp. 721-741 ; *Le Temps*, 13-15 juin 1936, p. 1 ; Lefranc, *Essais sur les problèmes socialistes et syndicaux*, pp. 134-135. ルフランは、ブルムの息子ロベールやダラディエ、アンドレ・ブリュメル内閣官房長官の証言を用いて、共産党

陰謀説を批判している。

(109) Jacques Kergoat, *La France du front populaire*, Paris, 1986, p. 147. Cf., Colette Chambelland, *Pierre Monatte, une autre voix syndicaliste*, Paris, 1999.

(110) Jacques Doriot, *La France ne sera pas un pays d'esclaves*, Paris, 2012, C1936, pp. 130-133.

(111) Bertrand Badie, "Les grèves du front populaire aux usines Renault," *Mouvement Social*, no. 81, 1972; Hainsworth, *op. cit.*, p. 112; Antoine Prost, *Autour du front populaire*, Paris, 2006, pp. 77-78. 英訳は A. Prost, *Republican Identities in War and Peace*, Oxford, 2002, pp. 314-315. 共産党系の歴史家は、ストの自発性を承認しつつも、「労働大衆の政治意識の成熟」や「五月末のスト開始」に果たした共産党系活動家の役割に力点を置いている (Danielle Tartakowsky et Claude Willard, *Des lendemains qui chantent?*, Paris, 1986, pp. 185-186)。

(112) Robert Aron, Claude Chevalley, René Dupuis et al., "Après les grèves," *L'Ordre Nouveau*, no. 33, juillet 1936, pp. 12-15. 『新秩序』については、J.-L. Loubet del Bayle, *Les non-conformistes des années 30*, Paris, 1969, chap. 2.

(113) *La Voix du Peuple*, no. 188, juin 1936, p. 362; Lefranc, *Juin 36*, pp. 130-131.

(114) *Le Peuple*, 28 mai 1936 et 7 juin 1936, p. 1.

(115) Simone Weil, *Œvres complètes*, t. II Écrits historiques et politiques, vol. 2, Paris, 1991, pp. 357-358. シモーヌ・ヴェーユ、根本長兵衛訳「女子製錬工の生活とストライキ」『シモーヌ・ヴェーユ著作集I』春秋社、一九六八年、二八五〜二八六頁。André Malraux, *Carnet du front populaire 1935-1936*, Paris, 2006, p. 69; *Marianne*, 17 juin 1936, p. 1. ロベール・ブラジヤック、高井道夫訳『われらの戦前・フレーヌ獄中の手記』国書刊行会、一九九九年、一四二、一四六頁。Moch, *op. cit.*, p. 150.

(116) *Le Flambeau*, 6 juin 1936, p. 1.

(117) ルフランは、無秩序がストを危険にさらすのではないかという恐怖、要求事項が増加して解決不能になることへの恐怖、ストの長期化によって疲労が蓄積されることの恐怖、一党派が影響力を拡大することへの恐怖なども指摘している (Lefranc, *Essais sur les problèmes socialistes et syndicaux*, p. 137)。

(118) Madeleine Léo-Lagrange, *Le présent indéfini, Mémoires d'une vie*, Orléans, 1998, p. 103.

(119) Prost, *Autour du front populaire*, p. 91.

(120) アンザン炭鉱（ノール県）におけるブドーシステムの導入については、Odette Hardy-Hémery, "Rationalisation technique et rationalisation du travail à la Compagnie des Mines d'Anzin 1927-1938," *Mouvement Social*, no. 72, 1970, pp. 17-31,

(121) Lefranc, *Essais sur les problèmes socialistes et syndicaux*, p. 136.

(122) Séverine Liatard, *Colette Audry 1906-1990, Engagements et identités d'une intellectuelle*, Rennes, 2010, pp. 33-65.

(123) Ingo Kolboom, *La revanche des patrons*, Paris, 1986, p. 113 ; Lefranc, *Juin 1936*, p. 132.

(124) Stéphane Sirot, "La vague de grève du Front populaire : des interprétations divergentes et incertaines," in Morin et Richard dir., *op. cit.*, p. 57. シモーヌ・ヴェーユ、前掲書、二八六頁。

(125) René Belin "Réflexions sur les grèves ouvrières," *Vendredi*, 4 septembre 1936, p. 8.

(126) ブルムの法学的思考については、Jérôme Michel, *Blum, un juriste en politique*, Paris, 2008. ジェローム・ミシェルは、ブルムを「法曹社会主義者（un socialiste juriste)」と呼んでいる（*Ibid*, p. 62)。ブルムの統治機構論や公法観については、Vincent Le Grand, *Léon Blum (1872-1950) : Gouverner la République*, Paris, 2008.

(127) Prost, *Autour du front populaire*, p. 74.

(128) *Le Populaire*, 1er, 2, 4 et 5 juillet 1935, p. 1.

(129) *Le Populaire*, 9 novembre 1936, p. 2.

(130) *Le Temps*, 7 avril 1936, p. 2.

(131) *La Voix du Peuple*, no. 187, mai 1936, pp. 306-307, 344 ; *Le Peuple*, 14 et 19 mai 1936, p. 1 ; Georges et Tintant, *op. cit.*, pp. 159-161, 409-411, 435-437 ; Belin, *Du secrétariat de la C.G.T. au gouvernement de Vichy*, pp. 83-84.

(132) Georges et Tintant, *op. cit.*, pp. 170, 174, 177-184.

(133) *Le Populaire*, 13 mai 1936, p. 1 ; *Le Figaro*, 23 mai 1936, pp. 1, 4 ; *Le Temps*, 24 mai 1936, pp. 1, 3.

(134) 以上、Serge Wolikow, *Le Front populaire en France*, Bruxelles, 1996, p. 105 ; *L'Humanité*, 18 octobre 1935, pp. 1-2 ; 10 et 25 novembre 1935, p. 1 ; 12 novembre 1935, p. 2.

(135) 以上、*L'Humanité*, 28 janvier 1936, pp. 1-2 ; 10 mai 1936, p. 4 ; *Œuvres de Maurice Thorez*, Livre III, t. 11, Paris, 1953, p. 140 ; Nicole Racine et Louis Bodin, *Le parti communiste français pendant l'entre-deux-guerres*, Paris, 1982, pp. 245-248 ;

Mikhail Narinski, d'Elisabeth du Réau, Georges-Henri Soutou et al., *La France et l'URSS dans l'europe des années 30*, Pairs, 2005, pp. 76-77.

(136) 共産党との意見交換は、スペイン内戦をめぐって緊張した一時期に中断され、その後は不定期になったとはいえ、ブルム在任中続けられることになる。Lefranc, *Histoire du front populaire 1934-1938*, p. 146 ; Gaillard, *op. cit.*, p. 54 ; *L'Humanité*, 10 mai 1936, p. 2 ; Jacques Duclos, *Mémoires II 1935-1939 : Aux jours ensoleillés du front populaire*, Paris, 1969, pp. 162-163.

(137) *L'Humanité*, 12 mai 1936, p. 1 ; Delmas, *A gauche de la barricade*, pp. 80-83 ; "La réponse du parti communiste au Conseil national du parti socialiste," *Cahiers du bolchevisme*, 15 juin 1936, pp. 739-740.

(138) 戦間期に成立した四二内閣のうち、急進党は一三内閣の首相を出し、内相を二二回、公教育相を二一回、農相を一九回出している (Lalmy, *op. cit.*, p. 19)。

(139) ジョリオ＝キュリーは研究に専念したいとの理由で一九三六年九月に辞職し、後任には同じくノーベル物理学賞受賞者で三五年七月に人民連合を代表して挨拶したジャン・ペランが就任した。

(140) Patricia Latour et Roger Bordier, *Le 36 des femmes*, Paris, 2006, pp. 10, 50 ; Andrée Viollis, "Trois femmes ministres," *Vendredi*, 12 juin 1936, pp. 1-2 ; Siân Reynolds, "Women and the Popular Front in France : The Case of the Three Women Ministers," *French History*, vol. 8, no. 2, 1994, pp. 196-224. ブラジヤック、前掲書、一五〇頁。

(141) Daniel Guérin, *Front populaire, révolution manquée*, nouvelle édition, Paris, 1976, p. 118 (海原峻訳『人民戦線』現代思潮社、一九六八年、八九頁)。

(142) *L'Action française*, 1, 5-10, 13-14, 21 juin 1936, p. 1.

(143) Ilan Greilsammer, *Blum*, Paris, 1996, pp. 335-336, 347.

(144) André Gide, "Léon Blum," *Vendredi*, 5 juin 1936, p. 1. 一九三六年一〇月二三日付のブルム宛の書簡のなかでジッドは、「かくも恐るべき愚行や敵意ある多くの激しい非難のなかで、君は何と良識ある態度を示したことか」と称えている (Berstein, *Léon Blum*, p. 493)。

(145) Tal Bruttmann et Laurent Joly, *La France antijuive de 1936*, Éditions des Équateurs, 2006, pp. 17, 64-68, 132-134 ; Laurent Joly, *Xavier Vallat, Du nationalisme chrétien à l'antisémitisme d'État 1891-1972*, Paris, 2001, pp. 153-156 ; Ralph

Schor, *L'antisémitisme en France pendant les années trente*, Bruxelles, 1992, pp. 169-181.

(146) *La Lumière*, 13 juin 1936, p. 1. トニー・ジャット、土倉莞爾ほか訳『知識人の責任』晃洋書房、二〇〇九年、第一章。*Le Populaire*, 19 novembre 1938, p. 1.

(147) Georges et Tintant, *op. cit.*, pp. 162-169, 437. ダノス、ジブラン、前掲書、第五章。

(148) *L'Œuvre de Léon Blum*, t. V, pp. 259-260 ; *Le Populaire*, 6 juin 1936, p. 1.

(149) 以下、*L'Œuvre de Léon Blum*, t. V, pp. 260-263 ; Gaillard, *op. cit.*, pp. 208, 216-219 ; Bodin et Touchard, *op. cit.*, pp. 137-139 ; Lefranc, *Juin 36*, pp. 143-159.

(150) René Duchemin, "L'accord Matignon, ce que j'ai vu et endendu," *Revue de Paris*, 1er février 1937, pp. 585-594 ; Moch, *op. cit.*, p. 175. デュシュマンが、マチニョン協定の公正な評価をくだすにはまだ早いが、読者が事実にもとづいて判断するために事実を歪めないよう努めたと述べたあたりには、マチニョン協定の責任を取らされて九月に会長職を解任されたことへの不満も窺える。

(151) ブルムの手書き書簡は以下に掲載。Moch, *op. cit.*, pp. 166-169.フィリップ・ボシャールは、ジョルジュ・モネの発言を引用しつつ、「慎重な性格の知識人」ブルムと「放埒な労組指導者」ジュオーとのあいだには、「根本的な相違と不調和が存在した」と記している（Philippe Bauchard, *Léon Blum, le pouvoir pour quoi faire?*, Paris, 1976, p. 125）。

(152) 有給休暇や団体協約など、マチニョン協定から生まれた諸法律は外国人労働者にも等しく恩恵を与えた（Marcel Livian, *Le parti socialiste et l'immigration*, Paris, 1982, pp. 78-81）。

(153) *Le Peuple*, 8 et 17 juin 1936, p. 1 ; 22 février 1937, p. 1 ; *Le Populaire*, 8 juin 1936, p. 1 ; *L'Humanité*, 8 juin 1936, p. 1 ; Bodin et Touchard, *op. cit.*, pp. 140-141.

(154) *Le Temps*, 9 juin 1936, pp. 1, 6 ; 10 juin 1936, p. 1 ; *La Lumière*, 13 juin 1936, p. 1.

(155) Depretto et Schweitzer, *op. cit.*, p. 196.

(156) ダノス、ジブラン、前掲書、第六章。

(157) *Le Peuple*, 9 juin 1936, p. 1 ; David Salner ed., *Leon Trotsky on France*, New York, 1979, pp. 162-167.

(158) Paul Christophe, *1936, Les catholiques et le Front populaire*, Paris, 1979, pp. 64-65, 108-109, 266-267, 271.

(159) Georges et Tintant, *op. cit.*, pp. 160-161, 392-393, 409-411 ; Francis Hordern, "Genèse et vote de la loi du 20 juin 1936

sur les congés payés," *Mouvement Social*, no. 150, 1990, p. 28; Frédéric Monier, *Le Front populaire*, Paris, 2002, p. 43.

(160) Stéphane Sirot, "Les congés payés en France avant le Front populaire," *Vingtième Siècle*, no. 50, 1996, pp. 90, 96, 100.

(161) *Le Temps*, 7 avril 1936, p. 2. クロワ・ド・フーの機関紙『フランボー』（四月一一日）にマニフェストが挟み込まれ、ラロックも「選挙の準備と組織」の必要性を語っている（*Le Flambeau*, 11 avril 1936, p. 1）。選挙前日の機関紙には、「労働・家族・祖国」のスローガンが一面に大きく記されている（*Le Flambeau*, 25 avril 1936, p. 1）。Sean Kennedy, *Reconciling France against Democracy, The Croix de Feu and the Parti Social Français 1927-1945*, Montreal, 2007, p. 77.

(162) *Le Peuple*, 14 juin 1936, p. 4.

(163) Michel Margairaz, "Les socialistes face à l'économie et à la société en juin 1936," in Bouvier dir., *op. cit.*, p. 132. CGTの月刊誌『人民の声』（一九三三年）には、毎号のように週四〇時間労働の要求が取りあげられている。

(164) Antoine Prost, *La C.G.T. à l'époque du front populaire*, Paris, 1964, p. 38; Kolboom, *op. cit*, pp. 59-60; Salon, *op. cit*, p. 153; Brunet, *op. cit.*, pp. 61, 63. ブランは、一九三七年に旧CGT系は二一の労連と四分の三の県労連をおさえ、CGTU系は一三の労連を支配していただけであったが、共産党系の巧みな浸透によって組合員数ではCGTU系が上回っていたことを記している（Belin, *Du secrétariat de la C.G.T. au gouvernement de Vichy*, pp. 63-64）。

(165) Kergoat, *op. cit.*, pp. 137-139. 渡辺和行『フランス人とスペイン内戦』ミネルヴァ書房、二〇〇三年、一八六〜一八七頁。

第四章

(1) *L'Œuvre de Léon Blum*, t. IV-1 1934-1937, Paris 1964, p. 320; Joel Colton, *Léon Blum, Humanist in Politics*, Cambrige, 1974, p. 163.

(2) Georges Cogniot, "La politique scolaire et culturelle du gouvernement Léon Blum (1936-1937), vue par un parlementaire de l'époque," *La nouvelle revue socialiste*, nos. 10-11, 1975, p. 96; Pierre Mauroy, *Léo Lagrange*, Paris, 1997, p. 107.

(3) Patricia Latour et Roger Bordier, *Le 36 des femmes*, Paris, 2006, p. 33.

(4) *Le Flambeau*, 11 et 18 juillet 1936, p. 1.

(5) Philippe Machefer, "Les Syndicats professionnels français," in Jean Bouvier dir., *La France en mouvement 1934-1938*, Paris, 1986, p. 260.

(6) Jacques Doriot, *La France ne sera pas un pays d'esclaves*, Paris, 2012, C1937, pp. 79-130 ; Jacques Doriot, *C'est Moscou qui paie*, Paris, 1937, p. VI ; Bernard-Henri Lejeune, *Historisme de Jacques Doriot et du Parti populaire français*, t.1, Amiens, 1977, p. 18 ; Jean-Paul Brunet, *Jacques Doriot du communisme au fascisme*, Éditions Balland, 1986, pp. 207-213.

(7) ジョエル・コルトン、向井喜典監訳『フランス労働争議強制仲裁制度』大阪経済法科大学出版部、一九九九年。

(8) *Le Figaro*, 8 juin 1936, p. 1 ; Alexander Werth, *The Destiny of France*, London, 1937, pp. 311-312.

(9) *Le Populaire*, 8 juin 1936, p. 1 et p. 3 ; Philippe Burrin, "Poings levés et bras tendus, la contagion des symboles au temps du Front populaire," *Vingtième Siècle*, no. 11, 1986, p. 18.

(10) Georges Lefranc, *Histoire du front populaire 1934-1938*, 2e éd., Paris, 1974, p. 164 ; Bénigno Cacérès, *Allons au-devant de la vie, la naissance du temps des loisirs en 1936*, Paris, 1981, pp. 111-112.

(11) *L'Humanité*, 15 juin 1936, pp. 1-2 ; Werth, *op. cit.*, pp. 312-314.

(12) *Vendredi*, 10 juillet 1936, p. 1 et p. 3.

(13) Werth, *op. cit.*, pp. 357-360 ; Julian Jackson, *Popular Front in France, Defending Democracy 1934-38*, Cambridge, 1988, p. 115.

(14) *Le Populaire*, 15 juillet 1936, pp. 2-5 ; *Le Peuple*, 15 juillet 1936, p. 3.

(15) Jessica Wardhaugh, *In Pursuit of the People, Political Culture in France 1934-39*, London, 2009, p. 126.

(16) *Le Populaire*, 15 juillet 1936, pp. 1-2 ; *L'Humanité*, 15 juillet 1936, p. 1 ; *Le Peuple*, 15 juillet 1936, p. 1 ; *Vendredi*, 17 juillet 1936, p. 1. 一九三六年六月から三八年一一月のあいだにパリ地域で行われた街頭デモは一三〇を数え、平均すると一〇日ごとに一・四件のデモがあったことになる。また、この期間に人民戦線派が組織した祭典は、共産党が三六、社会党が二三、労働総同盟が一六、その他が一二件であった (Danielle Tartakowsky, "Manifestations, fêtes et rassemblements à Paris, juin 1936-novembre 1938," *Vingtième Siècle*, no. 27, 1990, pp. 43, 49)。

(17) Sabine Jansen, *Pierre Cot, un antifasciste radical*, Paris, 2002, pp. 249-262 ; Herrick Chapman, *L'Aéronautique : Salariés et patrons d'une industrie française 1928-1950*, Rennes, 2011, chap. IV ; Thierry Vivier, *La politique aéronautique militaire de la France, janvier 1933-septembre 1939*, Paris, 1997, pp. 344-364.

(18) 以下、*Le Figaro*, 8 septembre 1936, p. 4 ; Robert Frankenstein, *Le prix du réarmement français 1935-1939*, Paris, 1982,

pp. 71-77, 311; Gérard Chauvy, *Le drame de l'armée française du Front populaire à Vichy*, Paris, 2010, p. 184.

（19） Elisabeth du Réau, *Édouard Daladier 1884-1970*, Paris, 1993, pp. 182-183.

（20） 『フィガロ』編集委員のウラディミール・ドルメソンは、ナチ党大会を視察しつつ、「フランスがドイツに抵抗することや、反ドイツ連合の要石《かなめ》になることを、われわれは決して望んでいない」とか、「仏独国民の真にして健全な和解」と「フランスの平和の意思」が重要であると、政府の再軍備政策とは異なる主張を展開していた（*Le Figaro*, 9 septembre 1936, p. 1）。

（21） 以下、Vivier, *op. cit.*, pp. 335-336; Frankenstein, *op. cit.*, pp. 77-82; Vincent Auriol, *Hier demain*, t. 2, Paris, 1945, pp. 344-345; Robert Frank, "Le Front populaire a-t-il perdu la guerre?," in *Les années trente de la crise à la guerre*, Paris, 1990, pp. 99-101; Georges Lefranc, *Le front populaire 1934-1938*, 6e éd., Paris, 1984, p. 86（高橋治男訳『フランス人民戦線』白水社、一九六九年、一〇六頁）.

（22） Frank, "Le Front populaire a-t-il perdu la guerre?," p. 101.

（23） 廣田功『現代フランスの史的形成』東京大学出版会、一九九四年、第六章。

（24） 平瀬徹也『フランス人民戦線』近藤出版社、一九七四年、一二五～一二六頁。

（25） Pierre Villa, "Une explication des enchaînements macroéconomiques sur l'entre-deux-guerres," *Mouvement Social*, no. 154, 1991, p. 234; Georges Lefranc, *Juin 36*, Paris, 1966, p. 263.

（26） 物価を上昇させるブルムの政策は、失敗に終わると批判された（Jacques Dalbon, "L'expérience Blum ou la «révolution libérale» impossible," *L'Ordre Nouveau*, no. 35, novembre 1936, p. 7）。

（27） Ingo Kolboom, *La revanche des patrons*, Paris, 1986, pp. 125-126, 191-211; Patrick Fridenson, *Histoire des usines Renault*, t. 1 1898-1939, Paris, 1972, pp. 256-257.

（28） Kolboom, *op. cit.*, pp. 289-312.

（29） 渡辺和行『フランス人とスペイン内戦』ミネルヴァ書房、二〇〇三年。

（30） *Le Peuple*, 4 novembre 1936, p. 2.

（31） 以上、竹岡敬温『世界恐慌期フランスの社会』御茶の水書房、二〇〇七年、二四二頁。Jean-Paul Brunet, *Histoire du front populaire 1934-1938*, Paris, 1991, p. 63; *Le Peuple*, 4 avril 1937, p. 5; Denis Phan, "Productivité, emploi et salaires ouvriers chez Renault autour des années 1930," *Mouvement Social*, no. 154, 1991, pp. 94-95; Jacques Kergoat, *La France *du front populaire*, Paris, 1986. p. 350. ラファイエット百貨店の店員ベルティ・アルブレヒトは、四〇時間法によって新たに一〇〇〇～一五〇〇人分の雇用がラファイエット百貨店にもたらされるはずだと記している（Annie Fourcaut, *Femmes à l'usine en France dans l'entre-deux-guerres*, Paris, 1982, p. 223)。鉱山業の合理化については、Aimée Moutet, "La rationalisation dans les mines à l'épreuve du Front populaire," *Mouvement Social*, no. 135, 1986.

(32) 主要な先行研究として、竹岡敬温、前掲書、第五章。廣田功、前掲書、第六章。ケネス・ムーレ、山口正之監訳『大恐慌とフランス通貨政策』晃洋書房、一九九七年、第八章。ジュリアン・ジャクソン、向井喜典監訳『大恐慌期のフランス経済政策』大阪経済法科大学出版部、二〇〇一年、第八章。

(33) Kenneth Mouré, "Une éventualité absolument exclue? : French Reluctance to devalue, 1933-1936," *French Historical Studies*, vol. 15, no. 3, 1986, pp. 486-487, 494 ; Raymond Krakovitch, *Paul Reynaud dans la tragédie de l'histoire*, Paris, 1998, p. 113 ; Lefranc, *Histoire du front populaire 1934-1938*, p. 94.

(34) Stéphane Lauzanne, "La bande des dévaluateurs rentre en scène," *Le Matin*, 6 novembre 1935, p. 1 ; *L'Action française*, 13 juin 1935 et 1er janvier 1936, p. 1.

(35) "Pour le salut du peuple français, Programme du parti communiste français," *Cahiers du bolchevisme*, 15 mai 1936, p. 555 ; *L'Humanité*, 1er avril 1936, pp. 1-2.

(36) *Le Populaire*, 4 avril 1934, p. 1.

(37) *Le Populaire*, 15, 16, 18-20, 22, 24, 28-30 septembre 1934, p. 1.

(38) *L'Œuvre de Léon Blum*, t. IV-1, pp. 84-88 ; Alfred Sauvy, *Histoire économique de la France entre les deux guerres*, vol. 1, Paris, 1984, p. 246 ; *Le Populaire*, 2 novembre 1935, p. 1.

(39) *L'Œuvre de Léon Blum*, t. IV-1, p. 279.

(40) Louis Bodin et Jean Touchard, *Front populaire 1936*, 2e éd., Paris, 1965, p. 189.

(41) Mouré, *op. cit.*, p. 499 ; Marc Chaux, *Le Front populare et les États-Unis 1936-1938*, Paris, 2009, pp. 100-102 ; René Girault, "Léon Blum, la dévaluation de 1936 et la conduite de la politique extérieure de la France," *Relations internationales*, no. 13, 1978, pp. 98-99.

(42) Jean-Pierre Cuvillier, *Vincent Auriol et les finances publiques du front populaire ou l'alternative du contrôle et de la*

liberté 1933-1939, Toulouse, 1978, pp. 19-20.

(43) Colloque, *Léon Blum, chef de gouvernement 1936-1937*, Paris, 1981, p. 281.

(44) Jean-Louis Crémieux-Brilhac, *Georges Boris, trente ans d'influence*, Paris, 2010, pp. 62-68; Chaux, *op. cit.*, pp. 84, 88-91; Marc Nouschi, "Georges Boris, analyste de la crise économique," *Mouvement Social*, no. 115, 1981, pp. 54, 58; *La Lumière*, 13 juin 1936, p. 1.

(45) Cuvillier, *op. cit.*, p. 21-23; Chaux, *op. cit.*, pp. 102-103.

(46) Sauvy, *op. cit.*, vol. 1, chap. 21; Lefranc, *Histoire du front populaire 1934-1938*, pp. 200-204.

(47) *La Voix du Peuple*, no. 192, octobre 1936, p. 591.

(48) *La Lumière*, 3 octobre 1936, p. 1; *Vendredi*, 2 octobre 1936, p. 5.

(49) *Le Figaro*, 26 septembre 1936, p. 3; *Le Populaire*, 26 septembre 1936, p. 1; *La Bataille*, 11 et 18 octobre 1936, p. 1. モックは翌二七日にも、仏・英・米三国は「諸国民の平和を保障するために通貨戦争を終わらせる共通の意思を声明した」と述べている（*Le Populaire*, 27 septembre 1936, p. 2）。

(50) *Le Populaire*, 27 septembre 1936, p. 1; *L'Action française*, 27 septembre 1936, p. 1.

(51) 以上、*Le Figaro*, 26 septembre 1936, pp. 1, 3; 27 septembre 1936, pp. 1, 3, 5; *Le Temps*, 27 septembre 1936, p. 1; *L'Ordre Nouveau*, no. 34, octobre 1936, p. 60. リュシアン・ロミエと『フィガロ』については、Claire Blandin dir., *Le Figaro, Histoire d'un journal*, Paris, 2010, pp. 309-315.

(52) *L'Humanité*, 26 et 27 septembre 1936, p. 1. アン県の共産党機関紙も、「金持ちに支払わせること、それは常に共産党が要求したことだ」と、同様の主張を展開している（*L'Eclaireur de l'Ain*, 4 octobre 1936, p. 1）。

(53) *L'Humanité*, 2 novembre 1936, pp. 4-5.

(54) Vincent Auriol, *Hier demain*, t. 1, Paris, 1945, p. 40; Sauvy, *op. cit.*, vol, 1, p. 335; C.-J. Gignoux, *L'écomomie française entre les deux guerres 1919-1939*, Paris, s.d., p. 243. ジャーナリストによる次の本は、戦後の大統領としてのオリオールに関心が注がれ、人民戦線期のオリオールについては扱いが軽い。Eric Ghebali, *Vincent Auriol*, Paris, 1998.

(55) Jaques Doriot, *Refaire la France*, Paris, 1938, pp. 14-16.

(56) 渡辺和行、前掲書、第一部。近年の研究に、David Wingeate Pike, *France Divided: The French and the Civil War in*

Spain, Brighton, 2011（D. W. Pike, *Les frrançais et la guerre d'Espagne*, Paris, 1975 の英訳版）、および文学者の関わりを論じた文献（Martin Hurcombe, *France and the Spanish Civil War*, Farnham, 2011）がある。

(57) *L'Echo de Paris*, 23-25 juillet 1936, p. 1 ; *L'Action française*, 23-25 juillet 1936, p. 1.

(58) Sabine Jansen, "Jean Moulin et l'entourage de Pierre Cot," in Jean-Pierre Azéma dir., *Jean Moulin face à l'histoire*, Paris, 2000, pp. 49-50.

(59) *La Lumière*, 15 août 1936, p. 1.

(60) *Le Populaire*, 16 novembre 1936, pp. 1-2.

(61) *Vendredi*, 11 septembre 1936, p. 1.

(62) *La Bataille*, 13 septembre 1936, p. 1 ; Claude Jamet, *Notre front populaire, journal d'un militant 1934-1939*, Paris, 1977, pp. 154, 157. ジャメは、ノール県連の機関紙に「ブルムとは平和だ」を寄稿している（*La Bataille*, 27 septembre 1936, p. 1）。

(63) *L'Echo de Paris*, 8 décembre 1936, p. 1 ; Édouard Bonnefous, *Histoire politique de la Troisième République*, t. 6 1936-1938, Paris, 1965, p. 62.

(64) Robert Lacoste, "Faut-il renouveler le Front populaire?," *Vendredi*, 25 décembre 1936, p. 4.

(65) *L'Œuvre de Léon Blum*, t. IV-1, p. 288.

(66) Charles-André Julien, "Léon Blum et les pays d'outre-mer," in Colloque, *Léon Blum chef de gouvernement 1936-1937*, p. 377.

(67) Danielle Tartakowsky et Claude Willard, *Des lendemains qui chantent?, La France des années folles et du Front populaire*, Paris, 1986, p. 181.

(68) 共産党は、ドリオ派との共謀を理由にした反「北アフリカの星」キャンペーンを展開した。Kergoat, *op. cit.*, p. 231 ; William B. Cohen, "The Colonial Policy of the Popular Front," *French Historical Studies*, vol. 7, no. 3, 1972, p. 391.

(69) *L'Humanité*, 11 août 1936, p. 1 ; 21 août 1936, p. 2.

(70) Benjamin Stora, *Nationalistes algériens et révolutionnaires français au temps du front populaire*, Paris, 1987, p. 17 ; *Le Peuple*, 15 juillet 1936, p. 3.

(71) Michel Margairaz et Danielle Tartakowsky, *L'avenir nous appartient*, Paris, 2006, p. 178.

(72) Jean Maitron dir., *Dictionnaire biographique du mouvement ouvrier français 1914-1939*, t. 32, Paris, 1988, pp. 314-316 ; *Vendredi*, 29 mai 1936, p. 11. 一九三五年一一月二九日、アンドレ・ヴィオリスは『ヴァンドルディ』に植民地欄を設けると告げていたが、植民地関連の記事は不定期にしか掲載されなかった（Géraldi Leroy et Anne Roche, *Les écrivains et le Front populaire*, Paris, 1986, p. 108）。

(73) SFIO, *33ᵉ Congrès national tenu à Paris*, Paris, 1936, pp. 236-238.

(74) *Le Populaire*, 8 juin 1936, p. 3 ; *Le Figaro*, 8 juin 1936, p. 4 ; *Vendredi*, 31 juillet 1936, p. 4.

(75) Panivong Norindr, "The Popular Front's Colonial Policies in Indochina : Reassessing the Popular Front's 'Colonisation Altruiste'," in Tony Chafer and Amanda Sackur ed., *French Colonial Empire and the Popular Front*, London, 1999, pp. 230-243.

(76) Jean-Pierre Gratien, *Marius Moutet, un socialiste à l'outre-mer*, Paris, 2006, p. 148.

(77) Catherine Hodeir et Michel Pierre, *L'Expositon coloniale de 1931*, Bruxelles, 2011, pp. 189-190.

(78) Marius Moutet, "Socialisme et Colonialisme," *Le Populaire*, 11 février 1938, pp. 1-2.

(79) Gratien, *op. cit.*, pp. 154-155.

(80) バンセル、ブランシャール、ヴェルジェス、平野千果子・菊池恵介訳『植民地共和国フランス』岩波書店、二〇一一年。

(81) Gratien, *op. cit.*, pp. 159-165 ; Margairaz et Tartakowsky, *op. cit.*, p. 179.

(82) Jacques Marseille, "La conférence des gouverneurs généraux des colonies (novembre 1936)," *Mouvement Social*, no. 101, 1977, pp. 62, 73-84.

(83) *La Voix du Peuple*, no. 205, novembre 1937, pp. 669-673 ; Bonnefous, *op. cit.*, pp. 27-28 ; Brunet, *op. cit.*, p. 100 ; Gratien, *op. cit.*, pp. 175, 186 ; Kergoat, *op. cit.*, pp. 227-230.

(84) 以下、France Tostain, "The Popular Front and the Blum-Violette Plan," in Chafer and Sackur ed., *op. cit.*, pp. 218-227 ; Ahmed Koulakssis, *Le parti socialiste et l'Afrique du nord de Jaurès à Blum*, Paris, 1991, pp. 278-280 ; Bonnefous, *op. cit.*, pp. 28-30 ; Stora, *op. cit.*, pp. 41-42, 68-70, 92-93.

(85) 以上、Margairaz et Tartakowsky, *op. cit.*, p. 179. アリステア・ホーン、北村美都穂訳『サハラの砂、オーレスの石』第

三書館、一九九四年、一八頁。松沼美穂『植民地の「フランス人」』法政大学出版局、二〇一二年、一七頁。

(86) Julien, *op. cit.*, pp. 382-381.

(87) *L'Humanité*, 27 août 1936, p. 1. 二面にブルムからの返信が掲載されている。

(88) *L'Œuvre de Léon Blum*, t. IV-1, pp. 380-383 ; Gordon Dutter, "Doing Business with the Nazis : French Economic Relations with Germany under the Popular Front," *Journal of Modern History*, vol. 63, no. 2, 1991, pp. 296, 299-300.

(89) René Girault, "Les relations internationales et l'exercice du pouvoir pendant le Front populaire juin 1936-juin 1937," *Cahiers Léon Blum*, no. 1, 1977, pp. 20-21.

(90) *Le Populaire*, 2 juillet 1936, pp. 1-2.

(91) *Le Figaro*, 13 juillet 1936, p. 3 ; *L'Humanité*, 13 juillet 1936, pp. 1-2 ; *Vendredi*, 17 juillet 1936, p. 3.

(92) *Le Figaro*, 11 novembre 1938, p. 5 ; 12 novembre 1938, p. 4 ; 13 novembre 1938, p. 1 ; *L'Humanité*, 11 et 12 novembre 1938, pp. 1-2 ; Janine Bourdin, "Les anciens combattants et la célébration du 11 novembre 1938," in René Rémond et Janine Bourdin dir., *La France et les Français en 1938-1939*, Paris, 1978, pp. 107-109.

(93) Michel Dreyfus, "Pacifistes socialistes et humanistes dans les années trente," *Revue d'histoire moderne et contemporaine*, t. 35, 1988, p. 463 ; David Frapet, *Le socialisme selon Léon Blum*, Éditions Créer, 2003, p. 138.

(94) *Vendredi*, 31 janvier 1936, p. 4 ; Frapet, *op. cit.*, p. 143.

(95) 以上、*Le Figaro*, 23 mai 1936, p. 4 ; 2 juillet 1936, p. 3 ; *Le Temps*, 24 mai 1936, pp. 1, 3 ; 3 juillet 1936, pp. 3-4 ; *La République*, 2 juillet 1936, p. 1.

(96) La rubrique de la «Revue de la Presse», *Le Temps*, 24 octobre 1936, p. 3 ; *Le Temps*, 24 et 25 octobre 1936, p. 1.

(97) Jean-Paul Salon, *Au temps du Front populaire*, Périgueux, 2005, p. 193.

(98) La rubrique de la «Revue de la Presse», *Le Temps*, 23 octobre 1936, p. 4.

(99) Lefranc, *Histoire du front populaire 1934-1938*, pp. 206-208.

(100) *L'Humanité*, 18 octobre 1936, pp. 1-2 ; *Cahiers du bolchevisme*, 1er novembre 1936, pp. 1278-1283. 右翼政治家のアンリ・ド・ケリリスも、この書簡が人民戦線から急進派が離脱するのを防ぐために、急進派を安心させることを目的にしていたと評している（Henri de Kérillis, *Français, voici la guerre!*, Paris, 1936, p. 52）。

(101) *33e Congrès du parti républicain radical et radical-socialiste tenu à Biarritz*, Paris, 1936, p. 90.

(102) *Vendredi*, 16 et 23 octobre 1936, p. 1.

(103) *33e Congrès du parti républicain radical et radical-socialiste tenu à Biarritz*, pp. 10-11, 21-30.

(104) *Ibid.*, pp. 276-277.

(105) *Ibid.*, pp. 328-333.

(106) *Ibid.*, pp. 333-343.

(107) *Ibid.*, p. 368 ; Jacques Kayser, "Le parti radical-socialiste et le rassemblement populaire 1935-1938," *Bulletin de la société d'histoire de la IIIe République*, no. 14, avril-juillet 1955, p. 280 ; *La République*, 11 octobre 1936, p. 1.

(108) *33e Congrès du parti républicain radical et radical-socialiste tenu à Biarritz*, pp. 343-361.

(109) *Ibid.*, pp. 338, 357.

(110) *Ibid.*, pp. 344-345.

(111) *Ibid.*, pp. 373-380, 386-396, 403-410.

(112) *Ibid.*, pp. 361-373.

(113) ケゼールはメモワールのなかでは三九県連と記しているが、大会議事録には三七県連とある。またケゼールは、人民連合を支持した県連会長は四二人で、反対は一四人と記している（Jacques Kayser, "Le parti radical-socialiste et le rassemblement populaire 1935-1938," p. 281 ; *33e Congrès du parti républicain radical et radical-socialiste tenu à Biarritz*, p. 371）。これら県連のトポグラフィーを検討したベルステンによれば、ノール県を除き人民戦線に好意的なフランス北部の急進派と敵対的なフランス中部や南フランスの急進派というように、人民戦線の問題は急進主義を政治的地理的に二分した。三七県連はフランス北部に位置している（Serge Berstein, *Histoire du parti radical*, t. 2 Crise du radicalisme 1926-1939, Paris, 1982, p. 482）。

(114) *33e Congrès du parti républicain radical et radical-socialiste tenu à Biarritz*, pp. 380-386.

(115) *Ibid.*, pp. 396-403.

(116) Berstein, *op. cit.*, p. 482.

(117) *33e Congrès du parti républicain radical et radical-socialiste tenu à Biarritz*, pp. 410-416.

(118) *Ibid.*, pp. 417-418.

(119) *Ibid.*, pp. 418-419.

(120) Gérard Baal, *Histoire du radicalisme*, Paris, 1994, p. 92.

(121) *33e Congrès du parti républicain radical et radical-socialiste tenu à Biarritz*, pp. 449, 453.

(122) Lefranc, *Histoire du front populaire 1934-1938*, p. 209.

(123) *Le Temps*, 5 janvier 1937, p. 3 ; Berstein, *op. cit.*, pp. 488-489.

(124) *Le Poplulaire*, 9 novembre 1936, pp. 1-2.

(125) Jacques Bouvière, *L'Affaire Salengro*, Paris, 1982, pp. 47-50.

(126) *L'Action française*, 14 juillet 1936, p. 1.

(127) Daniel Bermond, *L'affaire Salengro, Quand la calomnie tue*, Paris, 2011, pp. 184-219 ; Bouvière, *op. cit.*, pp. 55-56, 80.

(128) Bodin et Touchard, *Front populaire 1936*, pp. 211-212. サラングロ（Salengro）の綴り Sale には、汚れたとか臭いという意味がある。ある宗教学の教授は、リセの生徒の前で、サラングロは「おおざっぱに言っても細かく言っても臭い奴(Sale en gros et en detail)」と、悪しき駄洒落に打ち興じて内相の不幸を喜んでいた（渡辺和行『ホロコーストのフランス』人文書院、一九九八年、七一頁）。アンリ・ベローに共感を寄せる評伝に、Jean Butin, *Henri Béraud*, Lyon, 2001.

(129) *L'Œuvre de Léon Blum*, IV-1, p. 344 ; Bouvière, *op. cit.*, chap. 8.

(130) Bermond, *op. cit.*, pp. 256-257 ; Bouvière, *op. cit.*, pp. 121-123.

(131) Colette Audry, *Léon Blum ou la politique du juste*, Paris, 1970, pp. 137-142.

(132) *Le Populaire*, 19 novembre 1936, p. 1.

(133) Ignotus, "Roger Salengro," *Revue de Paris*, 15 juillet 1936, p. 436.

(134) 以上、Bouvière, *op. cit.*, pp. 125-126 ; Bermond, *op. cit.*, p. 263 ; *Le Populaire*, 19 novembre 1936, pp. 1-2 ; *Le Temps*, 20 novembre 1936, p. 1 ; *L'Humanité*, 19 novembre 1936, p. 1.

(135) 以上、*Le Populaire*, 22 novembre 1936, p. 2 ; *L'Humanité*, 22 novembre 1936, pp. 1-2 ; Bouvière, *op. cit.*, pp. 129-130.

(136) *Le Populaire*, 23 novembre 1936, pp. 1-3 ; *L'Humanité*, 23 novembre 1936, pp. 1-3 ; Bouvière, *op. cit.*, pp. 131-133, 181-186. ブルムの弔辞は、Christian Blanckaert, *L'affaire Salengro, chronique d'une calomnie*, Paris, 2009, pp. 175-186 に

全文収録されている。

(137) *La Bataille*, 22 et 29 novembre 1936, p. 1.

(138) *La Lumière*, 21 et 28 novembre 1936, p. 1; *Marianne*, 25 novembre 1936, pp. 1-2.

(139) *Le Populaire*, 18 novembre 1937, p. 1.

(140) Alfred Sauvy, *Histoire économique de la France entre les deux guerres*, vol. 3, Paris, 1984, p. 356.

(141) *Le Populaire*, 9 février 1937, p. 1.

(142) *Le Peuple*, 13 février 1937, p. 1.

(143) 以上、*Le Populaire*, 14 février 1937, p. 2; *Le Temps*, 5 mars 1937, p. 1; *Le Figaro*, 20 février 1937, p. 1.

(144) *Le Peuple*, 21 et 22 février 1937, p. 1 et p. 3. ジュオーのサン＝ナゼール演説は、*La Voix du Peuple*, no. 196, février 1937, pp. 72-76 にも再録されている。

(145) *La Voix du Peuple*, no. 198, avril 1937, p. 263; Léon Jouhaux, “Ce que veut la classe ouvrière,” *Vendredi*, 19 février 1937, p. 4; Léon Jouhaux, “La dernière chance du libéralisme,” *Vendredi*, 12 mars 1937, p. 1.

(146) Marceau Pivert, “Pourquoi j'ai démissionné,” *Vendredi*, 5 mars 1937, p. 1.

(147) *La Lumière*, 20 février 1937, p. 1.

(148) *Le Populaire*, 27 février 1937, p. 2.

(149) Jean-Pierre Rioux, *Révolutionnaires du front populaire*, Paris, 1973, pp. 236-242.

(150) Jacques Nobécourt, “La fusillade de Clichy et l'apparition de la «réalité PSF»,” *Le Monde*, 15-16 mars 1987, p. 2. また、ノベクールによるラロック生誕一〇〇周年の記事（Jacques Nobécourt, “Le colonel-épouvantail,” *Le Monde*, 13-14 octobre 1985 p. 2）も参照のこと。

(151) Frapet, *op. cit.*, p. 180.

(152) *L'Humanité*, 17 mars 1937, pp. 1-2; Jean-Paul Joubert, *Révolutionnaires de la S.F.I.O.*, Paris, 1977, p. 124; *Le Populaire*, 17 mars 1937, pp. 1, 3; *Vendredi*, 19 mars 1937, p. 1; *Le Temps*, 18 mars 1937, p. 1; *Le Petit Parisien*, 17 mars 1937, pp. 1, 3.

(153) Jean-Pierre Rioux, “Du pain, du sang et du rêve,” in Jean-Pierre Rioux éd., *Le front populaire*, Paris, 2006, p. 62; Gayle

K. Brunelle and Annette Finley-Croswhite, *Murder in the Métro, Laetitia Toureaux and the Cagoule in 1930s France*, Baton Rouge, 2010, pp. 9-10, 80 ; Lefranc, *Le front populaire 1934-1938*, p. 100（前掲邦訳、一二三頁）.

(154) Eugen Weber, *Action Française*, Stanford, 1962, p. 391.

(155) 以上、*Le Populaire*, 18 et 19 mars 1937, p. 1 ; Wardhaugh, *op. cit.*, p. 192 ; *L'Humanité*, 18 mars 1937, p. 1 ; 19 mars 1937, pp. 1-2 ; *Le Temps*, 18 mars 1937, p. 8 ; 19 et 20 mars 1937, p. 1.

(156) *Le Populaire*, 22 mars 1937, pp. 1-2 ; *L'Humanité*, 22 mars 1937, pp. 1-2.

(157) *Le Populaire*, 25 mars 1937, pp. 1, 6 ; *L'Humanité*, 24 mars 1937, pp. 1-2 ; Général André Chérasse, *La hurle, la nuit sanglante de Clichy*, Paris, 1983, pp. 177-185.

(158) *Marianne*, 31 mars 1937, p. 1.

(159) *Le Peuple*, 3 avril 1937, p. 6.

(160) *La Voix du Peuple*, no. 198, avril 1937, pp. 263-264. 廣田功、前掲書、二八九頁。

(161) Serge Berstein, *Léon Blum*, Paris, 2006, p. 555.

(162) *Le Temps*, 19 avril 1937, p. 6 ; 20 avril 1937, p. 1 ; Berstein, *Histoire du parti radical*, t. 2, pp. 495-497.

(163) *Le Temps*, 7 juin 1937, p. 6 ; 8 juin 1937, p. 1 ; Berstein, *Histoire du parti radical*, t. 2, pp. 499-500.

(164) 以下、Henri Noguères, *La vie quotidienne en France au temps du front populaire 1935-1938*, Paris, 1977, pp. 265-266.

(165) Jean Zay, *Souvenirs et solitude*, Paris, 1945, p. 348.

(166) 以下、*Le Populaire*, 12 février 1937, p. 2 ; *L'Humanité*, 12 février 1937, p. 5 ; Jacques Delperrié de Bayac, *Histoire du front populaire*, Paris, 1972, p. 368. CGTが関与した万博会場の連帯館や労働館については、Colette Chambelland et Danielle Tartakowsky, "Le mouvement syndical à l'Exposition internationale de 1937," *Mouvement Social*, no. 186, 1999, pp. 69-83.

(167) *Le Populaire*, 12 février 1937, p. 1 ; Jules Moch, *Rencontres avec ... Léon Blum*, Paris, 1970, pp. 226-228. マイケル・サイドマン、向井喜典ほか訳『労働に反抗する労働者—人民戦線期のパリとバルセロナにおける労働』大阪経済法科大学出版部、一九九八年。

(168) *L'Humanité*, 1er janvier 1937, p. 4 ; 12 février 1937, p. 5 ; 26 février 1937, pp. 1-2.

(169) *Livre d'or officiel de l'Exposition internationale des arts et techniques dans la vie moderne, Paris 1937*, Paris, 1938, p. 11.

(170) Lefranc, *Histoire du front populaire 1934-1938*, pp. 240-241.

(171) *L'Œuvre de Léon Blum*, t. V 1940-1945, Paris, 1955, pp. 462-464（吉田八重子訳『人間から人間へ』人文書院、一九七五年、一一九～一二二頁).

(172) Bonnefous, *op. cit.*, pp. 151-159.

(173) Colloque, *Léon Blum, chef de gouvernement 1936-1937*, p. 173 ; Jean-Denis Bredin, *Joseph Caillaux*, Paris, 1980, pp. 276-277 ; Emile Roche, *Avec Joseph Caillaux*, Paris, 1980, p. 87. 一九三七年六月の上院におけるブルムとカイヨーの白熱したやりとりについては、Emile Roche, *Caillaux que j'ai connu*, Paris, 1949, pp. 201-238.

(174) *La Lumière*, 18 juin 1937, p. 1.

(175) *L'Œuvre de Léon Blum*, t. IV-2 1937-1940, Paris 1965, pp. 53-54.

(176) *Le Populaire*, 22 juin 1937, p. 3 ; 25 juin 1937, p. 2 ; Marcel Roy, "La classe ouvrière et le gouvernement Blum," *Le Populaire*, 25 juin 1937, p. 4.

(177) *Le Populaire*, 5 juillet 1937, p. 4.

(178) *Vendredi*, 25 juin 1937, p. 1.

(179) *Le Populaire*, 7 juin 1937, p. 4 ; *Le Peuple*, 7 juin 1937, p. 3 ; *Vendredi*, 11 juin 1937, p. 1.

(180) Jean-Charles Asselain, "La loi des quarante heures de 1936," in Bouvier dir., *op. cit.*, pp. 179-180 ; *L'Echo de Paris*, 20 et 24 juin 1937, p. 1 ; Raymond Aron, "Réflexions sur les problèmes économiques français," *Revue de métaphysique et de morale*, t. 44, no. 4, 1937, pp. 793-822 ; Alfred Sauvy, *Histoire économique de la France entre les deux guerres*, vol. 1, pp. 231-296.

(181) Colloque, *Léon Blum, chef de gouvernement 1936-1937*, p. 416.

(182) 廣田功、前掲書、二九九～三〇二頁。

(183) *Le Populaire*, 27 février 1937, p. 2 ; Lefranc, *Histoire du front populaire 1934-1938*, p. 230 ; V. Chambarlhac, M. Dury, T. Hohl et al., *La maison socialiste, Hsitoire documentaire du parti socialiste*, t. 2 1921-1940, Dijon, 2005, pp. 209-210.

(184) 以下、Nicole Racine-Furlaud, "Le Comité de vigilance des intellectuells antifasciste 1934-1938, Antifascisme et

pacifisme," *Mouvement Social*, no. 101, 1977, pp. 98-99 ; Françoise Basch, *Victor Basch ou la passion de justice*, Paris, 1994, pp. 283-285. 渡辺和行『フランス人とスペイン内戦』前掲、第七章。

(185) ガストン・ベルジュリ、フェリシアン・シャレー、レオン・エムリー、ジョルジュ・ミション、マグドレーヌ・パズ、ジョルジュ・ピオシュ、エリー・レニエの七人である（Dreyfus, *op. cit.*, p. 468)。

(186) *La Lumière*, 25 juin 1937, p. 1.

第五章

(1) *Le Temps*, 24 juin 1937, p. 1.

(2) *L'Humanité*, 23 juin 1937, p. 1 et p. 4.

(3) Eugen Weber, *Action Française*, Stanford, 1962, pp. 394-395.

(4) SFIO, *34ᵉ Congrès national tenu à Marseille*, Paris, 1937, pp. 335, 430, 558, 565, 570.

(5) *Vendredi*, 18 juin 1937, p. 1

(6) 以上、*Le Temps*, 13 septembre 1937, p. 1 ; *Le Figaro*, 12 septembre 1937, pp. 1, 3 ; *Le Peuple*, 24 novembre 1937, p. 1 ; Joel Blatt, "The Cagoule Plot, 1936-1937," in Kenneth Mouré and Martin S. Alexander ed., *Crisis and Renewal in France 1918-1962*, New York , 2002, pp. 91-95 ; Weber, *op. cit.*, pp. 398-400 ; Jean-Claude Valla, *La Cagoule 1936-1937*, Paris, 2010, chap. 6.

(7) *Le Temps*, 24 juin 1937, p. 1 ; Édouard Bonnefous, *Histoire politique de la Troisième République*, t. 6 1936-1938, Paris, 1965, pp. 172, 181.

(8) *Le Populaire*, 1ᵉʳ juillet 1937, p. 1.

(9) Jacques Puyaubert, *Georges Bonnet 1889-1973, les combats d'un pacifiste*, Rennes, 2007, pp. 126-137 ; Pascal-Éric Lalmy, *Le parti radical-socialiste et le front populaire 1934-1938*, Paris, 2007, p. 103 ; C.-J. Gignoux, *L'écomomie française entre les deux guerres 1919-1939*, Paris, s.d., p. 244.

(10) Georges Lefranc, *Le front populaire 1934-1938*, 6ᵉ éd., Paris, 1984, p. 105（高橋治男訳『フランス人民戦線』白水社、一九六九年、一二七頁).

(11) Gérard Boulanger, *L'affaire Jean Zay: la République assassinée*, Paris, 2013, p. 25 ; Lalmy, *op. cit.*, p. 104.

(12) *Le Populaire*, 10 juin 1932, p. 1.

(13) Bonnefous, *op. cit.*, pp. 187-190 ; Lalmy, *op. cit.*, pp. 105-106. 廣田功『現代フランスの史的形成』東京大学出版会、一九九四年、第八章。

(14) *Le Temps*, 6 septembre 1937, p. 6 ; Bonnefous, *op. cit.*, pp. 196-197.

(15) Serge Berstein, *Histoire du parti radical*, t. 2 Crise du radicalisme 1926-1939, Paris, 1982, pp. 510-512.

(16) *34e Congrès du parti républicain radical et radical-socialiste tenu à Lille*, Paris, 1937, pp. 189-190.

(17) 以下、*Ibid.*, pp. 271-276, 327-332, 336-340, 353-354, 544-549.

(18) Daniel Grason, "De l'âge d'or des organisations à l'épreuve de force," in Daniel Grason, René Mouriaux, Patick Pochel dir., *Éclats du front populaire*, Paris, 2006, p. 55.

(19) *Le Populaire*, 29 décembre 1937, p. 4.

(20) Puyaubert, *op. cit.*, pp. 145-148.

(21) *Le Figaro*, 22 janvier 1938, p. 1.

(22) *Vendredi*, 4 et 25 février 1938, p. 1.

(23) Bonnefous, *op. cit.*, p. 245.

(24) Joel Colton, *Léon Blum, Humanist in Politics*, Cambridge, 1974, pp. 291-292.

(25) *Le Matin*, 12 mars 1938, pp. 1-2 ; Weber, *op. cit.*, p. 411.

(26) 以上、*Le Populaire*, 13 et 15 mars 1938, p. 1.

(27) *L'Humanité*, 13 mars 1938, p. 2.

(28) André Blumel, "Déclaration de Léon Blum aux groupes de la minorité, 12 mars 1938," *Les Temps modernes*, vol. 7, 1951, pp. 485-494 ; Colton, *op. cit.*, p. 296 ; Pierre-Étienne Flandin, *Politique française 1919-1940*, Paris, 1947 p. 240, n. 1.

(29) Jean-Noël Jeanney, "La solitude d'Henri de Kérillis," in *Les années trente de la crise à la guerre*, Paris, 1990, p. 143.

(30) ケリリスは、「政府や政治家といった指導的な階級が国民大衆に現実を覆い隠すとき、彼らの存在理由はないだろう」と発言して、ミュンヘン協定に調印した政府を批判した（Jean-Yves Boulic et Annik Lavaure, *Henri de Kerillis 1889-1958*,

l'absolu patriote, Rennes, 1997, pp. 161-162)。

(31) Michael Torigian, "The End of the Popular Front : The Paris Metal Strike of Spring 1938," *French History*, vol. 13, no. 4, 1999, pp. 472, 483, 487.

(32) *La Lumiere*, 1er et 8 avril 1938, p. 1.

(33) *Le Populaire*, 8 et 9 avril 1938, p. 2 ; Daniel Guérin, *Front populaire, révolution manquée*, Paris, 1976, pp. 187-188（海原峻訳『人民戦線』現代思潮社、一九六八年、一六四頁）; *L'Humanité*, 8 avril 1938, p. 1.

(34) *Le Populaire*, 10 et 23 avril 1938, p. 1.

(35) *L'Humanité*, 11 avril 1938, p. 1 ; *Le Populaire*, 11 avril 1938, p. 4 ; Torigian, *op. cit.*, pp. 484-485.

(36) *Le Figaro*, 11 avril 1938, p. 1 ; Claude Jamet, *Notre front populaire, journal d'un militant 1934-1939*, Paris, 1977, p. 245.

(37) *Vendredi*, 13 mai 1938, p. 1.

(38) ストは五日間で鎮圧された（Jean-Paul Depretto et Sylvie V. Schweitzer, *Le communisme à l'usine, vie ouvrière et mouvement ouvrier chez Renault 1920-1939*, Roubaix, 1984, pp. 261-262）。

(39) *La Voix du Peuple*, no. 210, avril 1938, p. 286 ; *Le Populaire*, 9 avril 1938, p. 4 ; Bernard Georges et Denise Tintant, *Léon Jouhaux dans le mouvement syndical français*, Paris, 1979, p. 223.

(40) *La Croix*, 12 avril 1938, p. 2.

(41) Elisabeth du Réau, "L'aménagement de la loi instituant la semaine de quarante heures," in Colloque, *Edouard Daladier, chef de gouvernement*, Paris, 1977, p. 130.

(42) Édouard Daladier, *Défense du pays*, Paris, 1939, pp. 9-13.

(43) *Ibid.*, p. 11.

(44) Antoine Prost, *La CGT à l'époque du front populaire*, Paris, 1964, p. 45.

(45) Jean Vigreux, *Le front populaire 1934-1938*, Paris, 2011, p. 92.

(46) Georges et Tintant, *op. cit.*, p. 223.

(47) *L'Humanité*, 30 mai 1938, pp. 1, 7 ; *Le Populaire*, 30 mai 1938, p. 1 et p. 8.

(48) V. Chambarlhac, M. Dury, T. Hohl et al., *La maison socialiste, Hsitoire documentaire du parti socialiste*, t. 2 1921-1940,

Dijon, 2005, pp. 212-213; Jacques Kergoat, *Marceau Pivert, Socialiste de gauche*, Paris, 1994, pp. 127-128; *Le Populaire*, 14 avril 1938, p. 6. 社会党書記局発行の党内情報紙では、ポール・フォール自らが三週にわたって処分の説明をしている(*Bulletin Socialiste*, nos. 331-333, 25 avril, 2 et 9 mai 1938)。

(49) SFIO, *35ᵉ Congrès national tenu à Royan*, Paris, 1938, pp. 14-150, 601-602; Jean-Paul Joubert, *Révolutionnaires de la SFIO*, Paris, 1977, pp. 140-152.

(50) *L'Humanité*, 29 septembre 1938, p. 3; 1ᵉʳ octobre 1938, p. 1; 5 octobre 1938, pp. 1-2; Alexandre Courban, *Gabriel Péri, un homme politique, un député, un journaliste*, Paris, 2011, pp. 135-140.

(51) Nathanael Greene, *Crisis and Decline, the French Socialist Party in the Popular Front Era*, Ithaca, 1969, pp. 225-240; Michel Bilis, *Socialistes et pacifistes: l'intenable dilemme des socialistes français 1933-1939*, Paris, 1979, pp. 245-271.

(52) *Le Populaire*, 29 et 30 septembre 1938, p. 1; 1ᵉʳ octobre 1938, p. 1; *Bulletin Socialiste*, no. 353, 3 octobre 1938, pp. 1-2. 竹岡敬温『世界恐慌期フランスの社会』御茶の水書房、二〇〇七年、第一二章。

(53) *Le Populaire*, 27-28 juillet 1938, p. 1; 8 septembre 1938, p. 1.

(54) *Le Populaire*, 7-8 septembre 1938, p. 1.

(55) *Le Populaire*, 26 septembre 1938, p. 1.

(56) David Frapet, *Le socialisme selon Léon Blum*, Éditions Créer, 2003, p. 204.

(57) *Le Populaire*, 20 septembre 1938, p. 1.

(58) *Le Populaire*, 5 octobre 1938, p. 1; *L'Œuvre de Léon Blum*, t. IV-2 1937-1940, Paris, 1965, p. 224.

(59) Bonnefous, *op. cit.*, p. 350.

(60) *L'Œuvre de Léon Blum*, t. IV-2, pp. 150-156.

(61) Pierre Mauroy, *Léo Lagrange*, Paris, 1997, p. 159.

(62) *Le Populaire*, 26 octobre 1938, p. 1; *L'Humanité*, 26 octobre 1938, p. 1.

(63) *35ᵉ Congrès du parti républicain radical et radical-socialiste tenu à Marseilles*, Paris, 1938, pp. 371-373, 381, 384-385, 387.

(64) *Le Temps*, 14 octobre 1938, p. 1 et p. 3.

(65) Jean-Paul Salon, *Au temps du Front populaire*, Périgueux, 2005, p. 206. 一九三九年初めの『新共和国』は、「共産主義者が戦争を望むのは、モスクワに服従するためであるとするなら、ブルム氏が戦争を望むのは、迫害された同宗者の仇を討つためである」と、反共平和と反ユダヤ主義がない交ぜになったブルム批判を展開している（*Ibid.*, p. 200）。

(66) *35e Congrès du parti républicain radical et radical-socialiste tenu à Marseilles*, Paris, 1938, pp. 631-635, 665.

(67) Lalmy, *op. cit.*, pp. 131-132.

(68) “A nos lecteurs, Une voie nouvelle s'impose à nous,” *Vendredi*, 10 novembre 1938, p. 1. Cf., Géraldi Leroy et Anne Roche, *Les écrivains et le Front populaire*, Paris, 1986, pp. 97-128 ; Claude Estier, *La gauche hebdomadaire 1914-1962*, Paris, 1962, pp. 57-74.

(69) ジャック・ダノス、マルセル・ジブラン、吉田八重子訳『フランス人民戦線』柘植書房、一九七五年、二二四〜二二五頁。

(70) *La Croix*, 11 mai 1938, p. 5.

(71) Jean-Paul Brunet, *Histoire du front populaire 1934-1938*, Paris, 1991, p. 111.

(72) Daladier, *op. cit.*, pp. 24-27. ダラディエは、第二次世界大戦中の収容所で、「ドイツ人がより良く、ずっと長く働いていたときに、週四〇時間労働は融通を利かせることなく非常に厳格に適用された」と回想している（Édouard Daladier, *Journal de captivité, 1940-1945*, Paris, 1991, p. 40）。

(73) Berstein, *op. cit.*, p. 543.

(74) *Le Populaire*, 25 août 1938, p. 1 ; *L'Humanité*, 22 août 1938, p. 1.

(75) *Regards*, 8 septembre 1938, p. 4.

(76) *La Voix du Peuple*, no. 214, août 1938, pp. 617-618 ; Georges et Tintant, *op. cit.*, pp. 233-241.

(77) *Vendredi*, 26 août 1938, p. 1 ; *La Lumière*, 26 août 1938, p. 1.

(78) *Le Figaro*, 13 novembre 1938, pp. 1, 5 ; Guy Bourdé, *La défaite du front populaire*, Paris, 1977, pp. 95-100, 306-312.

(79) Paul Reynaud, *Courage de la France*, Paris, 1939, p. 37.

(80) *Le Peuple*, 13 novembre 1938, p. 3 ; Lalmy, *op. cit.*, p. 132.

(81) *La Voix du Peuple*, no. 217, novembre 1938, pp. 834-901 ; *Le Peuple*, 14-18 novembre 1938 ; Jacques Girault, *Benoît Frachon, communiste et syndicaliste*, Paris, 1989, pp. 185-188 ; Bourdé, *op. cit.*, pp. 112-122, 318-320.

(82) René Belin, *Du secrétariat de la C.G.T. au gouvernement de Vichy*, Paris, 1978, p. 113.

(83) *Le Peuple*, 16 novembre 1938, p. 1.

(84) André Delmas, *A gauche de la barricade*, Paris, 1950, pp. 167-173 ; Bourdé, *op. cit.*, pp. 122-124, 313-318.

(85) 一九三六年時点で共産党系が掌握していたのは、七つの県労連と六つの全国労連であった（Morgan Poggioli, "Le syndicalisme précurseur de l'unité : politisation et recomposition interne," in Gilles Morin et Gilles Richard dir., *Les deux France du Front populaire*, Paris, 2008, pp. 153-154）。

(86) *Vendredi*, 21 août 1936, p. 1 ; 28 mai 1937, p. 1 ; Georges et Tintant, *op. cit.*, pp. 217-218, 411-414. 三日間のモスクワ訪問の目的と成果についてのジュオー自身の声明は、*Le Peuple*, 3 décembre 1937, p. 1.

(87) *La Voix du Peuple*, no. 217, novembre 1938, pp. 902-904 ; André Delmas, *Mémoires d'un instituteur syndicaliste*, Paris, 1979, pp. 370-372 ; Georges et Tintant, *op. cit.*, pp. 241-245.

(88) *La Voix du Peuple*, no. 217, novembre 1938, pp. 904-905 ; *Le Peuple*, 22-23 novembre 1938, p. 1.

(89) *L'Humanite*, 21 novembre 1938, pp. 1-2.《 》は大文字。

(90) Bourdé, *op. cit.*, pp. 135-136, 140.

(91) Delmas, *Mémoires d'un instituteur syndicaliste*, p. 374.

(92) 以上、Depretto et Schweitzer, *op. cit.*, pp. 264-271 ; François Lehideux, *De Renault à Pétain*, Paris, 2001, pp. 97-102 ; *Le Peuple*, 25 novembre 1938, p. 1 ; Bourdé, *op. cit.*, pp. 137, 143-149, 167 ; *Le Populaire*, 29 novembre 1938, p. 1 et p. 3.

(93) Morgan Poggioli, "Léon Jouhaux du Front populaire à la guerre," in Colloque, *Léon Jouhaux d'Aubervillier au prix Nobel*, Paris, 2010, p. 68.

(94) 以下、*La Voix du Peuple*, no. 217, novembre 1938, pp. 906-910 ; *Le Peuple*, 26 novembre 1938, p. 1 ; *La Lumière*, 25 novembre 1938, p. 1 ; Bourdé, *op. cit.*, p. 159.

(95) 以下、*Le Peuple*, 26-29 novembre 1938.

(96) Reynaud, *op. cit.*, p. 51 ; *Le Figaro*, 27 novembre 1938, pp. 1, 5 ; Bourdé, *op. cit.*, pp. 167-168.

(97) Daladier, *Défense du pays*, pp. 28-33 ; *Le Figaro*, 28 novembre 1938, p. 5.

(98) *La Voix du Peuple*, no. 217, novembre 1938, p. 910 ; *Le Peuple*, 29 novembre 1938, p. 1 ; *L'Humanité*, 29 novembre 1938,

p. 1 ; *Le Populaire*, 29 novembre 1938, p. 1.

(99) Delmas, *Mémoires d'un instituteur syndicaliste*, pp. 376-377.

(100) *Le Peuple*, 1er décembre 1938, p. 1 ; *Le Populaire*, 1er décembre 1938, p. 1.

(101) Daladier, *Défense du pays*, pp. 34-39 ; *Le Figaro*, 1er décembre 1938, p. 1 et p. 5.

(102) Reynaud, *op. cit.*, p. 64 ; *La République*, 1er decembre 1938, p. 1.

(103) *Le Populaire*, 1er décembre 1938, p. 1.

(104) Jamet, *op. cit.*, pp. 289-292.

(105) *L'Œuvre*, 2 décembre 1938, p. 1 ; Antoine Prost, *Autour du front populaire*, Paris, 2006, pp. 120-124.

(106) Morgan Poggioli, *La CGT du Front populaire à Vichy : de la réunification à la dissolution 1934-1940*, Montreuil, 2007, p. 208.

(107) Delmas, *A gauche de la barricade*, p. 189 ; Guérin, *op. cit.*, p. 222.

(108) Marcel Gillet, "Le Nord/Pas-de-Calais en grève : 36-38," in Marcel Gillet et Yves-Marie Hilaire dir., *De Blum à Daladier, le Nord/Pas-de-Calais 1936-1939*, Lille 1979, p. 155 ; Bourdé, *op. cit.*, pp. 178-183 ; Marcel Gillet, "La situation sociale en province : le Nord," Colloque, *Edouard Daladier, chef de gouvernement*, p. 154.

(109) *La Lumière*, 2 décembre 1938, pp. 1, 3.

(110) Gérard Baal, *Histoire du radicalisme*, Paris, 1994, p. 94.

(111) *Le Figaro*, 21 mars 1939, pp. 1, 5 ; 22 avril 1939, pp. 1, 4 ; Elisabeth du Réau, "L'aménagement de la loi instituant la semaine de quarante heures," in Colloque, *Edouard Daladier, chef de gouvernement*, p. 130.

第六章

(1) *Sept*, 14 août 1936, p. 16.

(2) *Révolution*, juin 1938, p. 4. 五項目は、「全職種への有給休暇法の適用、一八歳以下の若者に三週間の休暇、資本家の負担による有給休暇金庫制度、有給休暇に際して鉄道とホテルのさらなる料金割引、休暇日の自由な選択」である。なお、同紙の七月号が、本号はヴァカンス前最後の号だと記して一〇月まで休刊したところにも、『怠ける権利』(ラファルグ)が執筆されるお国柄が出ている（*Révolution*, juillet 1938, p. 1）。社会党書記局発行の党内情報紙『社会主義広報』も、一九三四年七月にヴァカンスによる一ヵ月の休刊を告げている（*Bulletin Socialiste*, no. 166, 9 juillet 1934, p. 1）。

（3） Denis Lefebvre et Rémi Lefebvre, *Mémoires du front populaire*, Paris, 1997, p. 65.

（4） 『マタン』のなかでブルムは、さらに「フランスの瓦解を意識的に準備した悪魔のような男」とか、「戦争に導き、敗北を用意した男」などとも非難された（*Le Matin*, 11 février 1942, p. 1; Marion Fontaine, "Travail et loisirs," in Jean-Jacques Becker et Gilles Candar dir., *Histoire des gauches en France*, vol. 2, Paris, 2004, p. 710）。

（5） 以上、*L'Œuvre de Léon Blum*, t. V 1940-1945, Paris, 1955, pp. 288-289, 460（吉田八重子訳『人間から人間へ』人文書院、一九七五年、一一五頁）.

（6） 一九三八年三月に成立した第二次ブルム内閣で、ラグランジュはスポーツ・余暇担当次官に復帰したが、第二次ブルム内閣は一ヵ月という短命内閣であった。

（7） *Vendredi*, 28 janvier 1938, p. 7.

（8） Pascal Ory, "La politique culturelle de premier gouvernement Blum," *La nouvelle revue socialiste*, nos. 10-11, 1975, p. 76.

（9） *L'Echo de Paris*, 11 juin 1936, p. 1; Jean-Louis Chappat, *Les chemins de l'espoir ou combats de Léo Lagrange*, Lievin, 1983, p. 167.

（10） André Rauch, *Vacances en France de 1830 à nos jours*, Paris, 2001, p. 98. 一九二五年の労働省調査では、有給休暇を導入していた企業は六二八（このうち二五九がアルザス＝ロレーヌ地方の企業）であった。このようにアルザスやノールは余暇先進県であったが、ルベリューが述べるように、「ノールもアルザスも、《フランス》を代表すると強く主張できなかった」のも事実である（Madeleine Rebérioux, "Le cinquantenaire du Front populaire," *Mouvement Social*, no. 143, 1988, p. 119）。

（11） 以上、Claude Keiflin, *L'été 36 en Alsace*, Strasbourg, 1996, p. 89; Jacques Marseille, "Qui a inventé les congés payés?," in Jean-Pierre Rioux éd., *Le front populaire*, Paris, 2006, pp. 80-81; Francis Hordern, "Genèse et vote de la loi du 20 juin 1936 sur les congés payés," *Mouvement Social*, no.150, 1990, pp. 23-25. 広田功「フランス人民戦線の〈文化革命〉の一側面」中央大学人文科学研究所編『希望と幻滅の軌跡』中央大学出版部、一九八七年、一七〇頁。

（12） Yvonne Becquet, *L'organisation des loisirs des travailleurs*, Paris, 1939, pp. 194, 232-238. 本書は、ブルム内閣の政策についてほとんど触れていない。

(13) 戦前の日本でドイツやイタリアの余暇政策を紹介した文献に、次の四点がある。権田保之助『ナチス厚生団』大空社、一九九〇年（原著は一九四二年刊行）。近藤春雄『ドイツの健民運動』大空社、一九九〇年（一九四三年刊行）。近藤春雄『ナチスの厚生文化――歓喜力行団の研究』三省堂、一九四二年。柏熊達生編『イタリアの厚生運動――ドーポラヴォーロ』大空社、一九九〇年（一九四三年刊行）。ヴィクトリア・デ・グラツィア、豊下楢彦ほか訳『柔らかいファシズム――イタリア・ファシズムと余暇の組織化』有斐閣、一九八九年。アラン・コルバン、渡辺響子訳『レジャーの誕生』藤原書店、二〇〇〇年、第十一章。

(14) Jean-Victor Parant, *Le problème du tourisme populaire*, Paris, 1939, pp. 52-53.

(15) Pierre Mauroy, *Léo Lagrange*, Paris, 1997, p. 130.

(16) ソ連の「共産主義青年同盟（Komsomols）」も同質の組織である。松井康浩『ソ連政治秩序と青年組織』九州大学出版会、一九九九年。

(17) 田野大輔「余暇の枢軸――世界厚生会議と日独文化交流」『ゲシヒテ』第二号、二〇〇九年、二一～二四頁。

(18) 小野清美『アウトバーンとナチズム』ミネルヴァ書房、二〇一三年、二一〇頁。

(19) Bénigno Cacérès, *Allons au-devant de la vie, la naissance du temps des loisirs en 1936*, Paris, 1981, pp. 23-24.『視点』については、Danielle Leenaerts, *Petite histoire du magazine Vu 1928-1940, Entre photographie d'information et photographie d'art*, Bruxelles, 2010.

(20) Eugène Raude et Gilbert Prouteau, *Le message de Léo Lagrange*, Paris, 1950, pp. 131-132.

(21) *Ibid.*, pp. 125-127; *Le Populaire*, 29 août 1936, p. 4.

(22) Raude et Prouteau, *op. cit.*, pp. 117-119.

(23) G. Gautier, "Notre Ministre," *Vendredi*, 12 juin 1936, p. 8; G. Gautier, "L'école et la caserne," *Vendredi*, 24 juillet 1936, p. 7; *Sept*, 17 juillet 1936, p. 16.

(24) 以上、*Le Figaro*, 14 juin 1936, p. 4; 26 juin 1936, p. 1; Chappat, *op. cit.*, p. 204.

(25) Parant, *op. cit.*, p. 83.

(26) 「医師から見たフランスの出生率」という四回連載記事のなかで、「週四〇時間法の適用の結果として生じた状況の将来的な悪化という事実を銘記しよう」とか「出産率低下の原因は人びとの道徳性の低下にある」と主張された。*L'Echo de*

Paris, 24 avril 1937, p. 1 ; *Vendredi*, 30 avril 1937, p. 7.

(27) *Le Peuple*, 1er août 1936, p. 1 ; Emilie et Georges Lefranc, *Le syndicalisme devant le problème des loisirs*, Paris, s.d., p. 3.

(28) *Sept*, 17 juillet 1936, p. 16 ; Chappat, *op. cit.*, pp. 164-166.

(29) Pascal Ory, *La belle illusion, Culture et politique sous le signe du front populaire 1935-1938*, Paris, 1994, pp. 716-717 ; *Vendredi*, 12 juin 1936, p. 8 ; Mauroy, *op. cit.*, pp. 71-73.

(30) *Vendredi*, 12 juin 1936, p. 8 ; *L'Œuvre*, 14 juillet 1936, p. 1 et p. 5 ; Chappat, *op. cit.*, p. 193 ; Mauroy, *op. cit.*, p. 69.

(31) Chappat, *op. cit.*, p. 231 et p. 279.

(32) Yann Lasnier, *Léo Lagrange, l'artisan du temps libre*, Paris, 2007, pp. 83-84.

(33) *Vendredi*, 29 octobre 1937, p. 8.

(34) Elisabeth Lê-Germain et Philippe Tétart, "Naissance et développement du spectacle sportif (1880-1939)" in Philippe Tétart dir., *Histoire du sport en France du Second Empire au régime de Vichy*, Paris, 2007, p. 255.

(35) *Le Peuple*, 5 avril 1937, p. 5 ; *Le Populaire*, 5 avril 1937, p. 4. ラグランジュは、スポーツ祭典を担う「労働者スポーツ体育連盟（ＦＳＧＴ）」を絶賛する公開書簡を送っている（*Le Populaire*, 4 avril 1937, p. 7）。第二回国際クロスカントリー大会は一九三八年四月一〇日に開かれている（*Le Populaire*, 10 avril 1938, p. 5 ; 11 avril 1938, p. 4）。

(36) Jean Saint-Martin, *L'éducation physique à l'épreuve de la nation 1918-1939*, Paris, 2005, p. 201 ; Cacérès, *op. cit.*, p. 77. ソーヴィは、一九三〇年代のフランス成人による平均アルコール消費量を三三リットルとし、イタリアの二二リットル、オランダの五リットルと比較している（Alfred Sauvy, *Histoire économique de la France entre les deux guerres*, Paris, 1984, vol. 3, p. 232）。

(37) 以上、*Le Figaro*, 13 juin 1936, p. 1 ; Mauroy, *op. cit.*, p. 89 ; Jean Saint-Martin et Michaël Attali, "Quand le stade devient le rival du sanatorium ou de l'hospice : Léo Lagrange et la naissance des loisirs sportifs dirigés sous le Front populaire," in Christine Bouneau et Jean-Paul Callède dir., *Léo Lagrange, une perspective de renouvellement dans la construction des jeunes générations?*, Pessac, 2012, p. 48 ; *Sept*, 14 août 1936, p. 16.

(38) Jean-Marie Jouaret, *La fédération des sections sportives des patronages catholiques, 1898-1998*, Paris, 2012, p. 146.

(39) 以下、Cacérès, *op. cit.*, pp. 79-82 ; Emilie et Georges Lefranc, *op. cit.*, pp. 18-20 ; P. Arnaud et J. Camy éd., *La naissance*

du mouvement sportif assocatif en France, Lyon, 1986, pp. 371-374.

(40) Chappat, *op. cit.*, p. 184. 会員数は、一九三四年の一万六〇〇〇人から三八年の一六万人というデータもある（Jean Vigreux, *Le front populaire*, Paris, 2011, p. 102）。

(41) Morgan Poggioli, *La CGT du Front populaire à Vichy : de la réunification à la dissolution 1934-1940*, Montreuil, 2007, pp. 117, 139-140 ; W. J. Murray, "The French Workers' Sports Movement and the Victory of the Popular Front in 1936," *International Journal of the History of Sport*, vol. 4, no. 2, 1987, pp. 222-225 ; Marius Bertou et Jean-Michel Leterrier, *L'aventure culturelle de la CGT*, Montreuil, 1996, p. 93.

(42) すでに、一九三三年三月の紙面でも週一回のスポーツ特集があり、同年九月には特集以外にも日々のスポーツ欄が設けられたりしている。そのほか週一回、「演劇と映画」「女性と家庭」「教育」「大地」などの特集記事が載せられた。

(43) *L'Humanité*, 15 et 19 août 1936, p. 6 ; 31 août 1936, p. 8.

(44) A. Habaru, "Les loisirs des travailleurs," *Le Peuple*, 30 mars 1937, pp. 1-2 ; Jean-Paul Depretto et Sylvie V. Schweitzer, *Le communisme à l'usine, vie ouvrière et mouvement ouvrier chez Renault 1920-1939*, Roubaix, 1984, p. 224.

(45) *Le Figaro*, 13 juin 1936, p. 1, p. 8 ; Murray, *op. cit.*, pp. 220-221.

(46) Marcel Ruby, *La vie et l'œuvre de Jean Zay*, Paris, 1969, p. 241 ; Saint-Martin, *op. cit.*, p. 192 ; *Le Populaire*, 29 juillet 1936, p. 5.

(47) 革命的敗北主義に立つ『革命』が、一八歳の生徒の体育必修化という軍事予備教練に「青年の軍国主義化」を見、「フランス帝国主義に奉仕するための青年の心身の組織的な準備」こそが「デザルノーの計画の意味である」と批判したのは当然だろう（*Révolution*, 15 juillet 1937, p. 1, p. 3）。

(48) *L'Humanité*, 21 septembre 1936, p. 6 ; *Sept*, 18 septembre 1936, p. 10 ; 9 octobre 1936, p. 16.

(49) Cacérès, *op. cit.*, pp. 82-83 ; Chappat, *op. cit.*, p. 256 ; Maurice Chavardès, *Un ministre éducateur : Jean Zay*, Paris, 1965, p. 26 ; Roger Karoutchi et Olivier Babeau, *Jean Zay 1904-1944*, Paris, 2006, p. 186.

(50) Saint-Martin, *op. cit.*, pp. 199, 203 ; Ruby, *op. cit.*, p. 252 ; Jean-Paul Callède, "Maires et minstres entreprenants : l'invention d'une politique des sports (1919-1939)," in Philippe Tétart dir., *op. cit.*, p. 180 ; *Hommage à Jean Zay*, s.d., 1947?, pp. 44-45 ; Jean Zay, *Souvenirs et solitude*, Paris, 1945, pp. 145-147 ; Olivier Loubes, *Jean Zay, l'inconnu de la*

République, Paris, 2012, pp. 119-121. 一九三〇年代フランスの野外学校については、Anne-Marie Châtelet, Dominique Lerch, Jean-Noël Luc dir., *L'école de plein air : une expérience pédagogique et architecturale dans l'Europe du XXe siècle*, Éditions Recherches, 2003.

(51) 以上、*L'Humanité*, 10 mai 1936, p. 4 ; 28 mai 1936, p. 6 ; 29 juin 1936, p. 6.

(52) 以下、Chappat, *op. cit.*, pp. 181, 219, 227 ; Raude et Prouteau, *op. cit.*, p. 97 ; Cacérès, *op. cit.*, p. 101.

(53) Ory, *La belle illusion*, pp. 731-732 ; Becquet, *op. cit.*, p. 202.

(54) 以下、Raude et Prouteau, *op. cit.*, pp. 109-111 ; Chappat, *op. cit.*, pp. 182-183.

(55) *Sept*, 19 mars 1937, p. 9.

(56) *Le Peuple*, 8 avril 1937, p. 5.

(57) *Sport*, 25 avril 1937, p. 6. cité dans Chappat, *op. cit.*, p. 184 ; Cacérès, *op. cit.*, pp. 95-99 ; Saint-Martin, *op. cit.*, pp. 196-197.

(58) Chappat, *op. cit.*, p. 256 ; Chavardès, *op. cit.*, p. 33 ; Jean Zay, *op. cit.*, p. 53.

(59) Pierre Guillaume, "L'hygiène et le corps," in Jean-François Sirinelli dir., *Histoire des droies en France*, t. 3 Sensibilités, Paris, 1992, pp. 517, 526.

(60) *Le Populaire*, 9 octobre 1938, pp. 1-2.

(61) *Vendredi*, 5 février 1937, p. 9.

(62) 以上、Henri Noguères, *La vie quotidienne en France au temps du front populaire 1935-1938*, Paris, 1977, pp. 158-159 ; Mauroy, *op. cit.*, pp. 81-82 ; Chappat, *op. cit.*, p. 180.

(63) *Le Populaire*, 25 décembre 1936, pp. 1-2.

(64) *Vendredi*, 25 décembre 1936, p. 9 ; 15 et 29 janvier 1937, p. 9.

(65) *Le Populaire* 10 mars 1937, p. 2.

(66) *Marianne*, 22 décembre 1937, p. 19.

(67) 以下、Cacérès, *op. cit.*, pp. 173-174, 180-188 ; Mauroy, *op. cit.*, pp. 99-100 ; Ory, *La belle illusion*, pp. 742-745.

(68) Madeleine Léo-Lagrange, *Le présent indéfini, Mémoires d'une vie*, Orléans, 1998, pp. 204-205. マドレーヌの回想録は余

暇の組織化には触れていない。

(69) Pierre Cot, *Le procès de la République II*, New York, 1944, p. 271.

(70) *Sept*, 18 septembre 1936, p. 16.

(71) *L'Humanité*, 15 septembre-13 octobre 1935. 引用は、15 septembre 1935, pp. 1-2; 12 octobre 1935, p. 2.

(72) *Regards*, 26 mars 1936; *L'Humanité*, 30 mars 1936, pp. 1, 4; 26 juin 1936, p. 5.

(73) Susan B. Whitney, *Mobilizing Youth, Communists and Catholics in Interwar France*, Durham, 2009, p. 194.

(74) 一九三二年時点のフランス航空連盟は、三四二のクラブや協会を組織し、フランスと植民地あわせて二五万人の会員を擁していた (Sabine Jansen, *Pierre Cot, un antifasciste radical*, Paris, 2002, p. 588)。

(75) Geroges Vidal, *La grande illusion? Le parti communiste français et la défense nationale à l'époque du front populaire 1934-39*, Lyon, 2006, p. 281.

(76) Cacérès, *op. cit.*, p. 181.

(77) Jansen, *op. cit.*, pp. 267-270; Thierry Vivier, *La politique aéronautique militaire de la France, janvier 1933-septembre 1939*, Paris, 1997, p. 388.

(78) *Vendredi*, 29 janvier 1937, p. 4.

(79) *L'Humanité*, 26 juin 1936, p. 5.

(80) 以上、Céline Jan et Laurent Acharian, *Le front populaire est une fête*, Éditions des Équateurs, 2006, pp. 26-27; *L'Œuvre*, 13 juillet 1936, p. 1; *L'Humanité*, 1er juin 1936, p. 1 et p. 7.

(81) *Marianne* 12 août 1936, p. 3; *Sept*, 18 septembre 1936, p. 16; 19 février 1937, p. 13; Bruno Vielle, *Air France 1933-1944*, Paris, 2011, pp. 15-16.

(82) Jan et Acharian, *op. cit.*, pp. 99-100.

(83) *Vendredi*, 29 janvier 1937, p. 4; Michel Margairaz et Danielle Tartakowsky, *L'avenir nous appartient*, Paris, 2006, p. 167; Vivier, *op. cit.*, p. 393.

(84) *Livre d'or officiel de l'Exposition internationale des arts et techniques dans la vie moderne, Paris 1937*, Paris, 1938, pp. 107, 112-113, 122-123; *L'Humanité*, 6 septembre 1937, p. 4; Noguères, *op. cit.*, pp. 167-168. とはいえ、第1回民衆飛行祭

りは、着陸に失敗したパイロットが死亡するという事故があって後味の悪い祭りになった。

(85) Sean Kennedy, "The Croix de Feu, the Parti Social Français, and the Politics of Aviation, 1931-1939," *French Hsitorical Studies*, vol. 23, no. 2, 2000, pp. 380, 387. 週四〇時間労働法への『エコー・ド・パリ』の反対については、*L'Echo de Paris*, 20 et 29 avril 1937, p. 1.「空のスポーツ」の記事は、三七年四月後半でもほぼ毎日同紙に掲載されている。

(86) Jan et Acharian, *op. cit.*, pp. 136, 149 ; *Regards*, 12 août, 1937.

(87) *Le Peuple*, 29 juillet 1936, p. 3 ; *Le Populaire*, 28-29 juillet 1936, p. 4 ; Lasnier, *op. cit.*, pp. 89-91.

(88) *Le Populaire*, 28 juillet 1936, p. 4.「赤い鷹」のサマーキャンプについては、*Le Populaire*, 18 août 1936, p. 6.「赤い鷹」は、ジョルジュ・モネ夫妻によって創設され、最大でも二〇〇〇人程度の団員しかいなかった (Ory, *La belle illusion*, pp. 770-772 ; L. Mercier, "Pionnier et Faucons rouges, Des scoutismes rouges dans la France de l'entre-deux-guerres?," in Gérard Cholvy dir., *Le scoutisme, un mouvement d'éducation au* XXe *siècle*, Monperrier, 2002, pp. 143-156)。

(89) Chappat, *op. cit.*, p. 174 ; Cacérès, *op. cit.*, pp. 35-36 ; Mauroy, *op. cit.*, p. 75.

(90) Parant, *op. cit.*, pp. 121-122 ; Jean-Paul Brunet, *Histoire du front populaire 1934-1938*, Paris, 1991, pp. 64-66 ; Jan et Acharian, *op. cit.*, p. 35. ラグランジュは、八月三日出発のコート・ダジュール行きの特別一番列車の切符を半月有効の六割引とした (Ory, *La belle illusion*, p. 754)。

(91) 以上、Parant, *op. cit.*, pp. 94-97, 123 ; Ory, *La belle illusion*, p. 752.

(92) E. Hélisse, "La mort du tourisme," *L'Ordre Nouveau*, no. 18, février 1935, pp. 26-29 ; Patrick Young, *Enacting Brittany : Tourism and Culture in Provincial France 1871-1939*, Surrey, 2012, p. 254.

(93) *Le Populaire*, 1er août 1936, p. 2.

(94) *L'Humanité*, 1er août 1936, p. 5 ; 25 août 1936, p. 4 ; *Le Populaire*, janvier-avril 1937 ; Gary Cross, "Vacations for All : The Leisure Question in the Era of the Popular Front," *Journal of Contemporay History*, vol. 24, no. 4, 1989, pp. 609-610.『プープル』にも家庭欄・女性欄・スポーツ欄があるのは言うまでもない。

(95) *Le Peuple*, 10 avril 1937, p. 4.

(96) *Regards*, 2 septembre 1937, p. 3.

(97) Mauroy, *op. cit.*, p. 78.

(98) Chappat, *op. cit.*, p. 175.

(99) A. Habaru, "Les loisirs des travailleurs," *Le Peuple*, 28 mars 1937, pp. 1-2.

(100) *Vendredi*, 9 juillet 1937, p. 6.

(101) *Regards*, 13 mai 1937 ; 8 juillet 1937, pp. 15-16 ; 5 août, 1937, pp. 14-15, 22.

(102) 以下、*La Lumière*, 21 octobre 1938, p. 8.

(103) Alice Jouenne, " Loisir et Paix," *Le Peuple*, 4 août 1937, p. 1 et p. 3.

(104) *Le Peuple*, 24 avril 1937, p. 6.

(105) *Le Populaire*, 29 juillet 1936, p. 3.

(106) *Le Peuple*, 8 mai 1937, p. 4 ; *Vendredi*, 7 mai 1937, p. 9.

(107) *Le Peuple*, 2 avril 1937, p. 5 ; 25 novembre 1937, p. 6.

(108) Morgan Poggioli, "Pratiques du syndicalisme," in Xavier Vigna, Jean Vigreux, Serge Wolikow dir., *Le pain, la paix, la liberté, expériences et territoires du front populaire*, Paris, 2006, pp. 108-110. 労働者高等研究所は、カーン大学理学部教授のルドヴィック・ゾレッチの尽力によって一九三二年秋に開所していた（Georges Lefranc, *Essais sur les problèmes socialistes et syndicaux*, Paris, 1970, p. 229）。

(109) Georges Lefranc, "Des cours de vacances," *Le Peuple*, 12 juillet 1937, p. 4.

(110) Poggioli, *La CGT du Front populaire à Vichy*, p. 150 ; Emilie Lefranc, "La Radiodiffusion au service de la culture," *Le Peuple*, 26 avril 1937, p. 4 ; Emilie Lefranc, "Nos émissions," *Le Peuple*, 7 juin 1937, p. 4 ; Emilie Lefranc, "Les actualités radiophoniques," *Le Peuple*, 21 juin 1937, p. 4.

(111) Joelle Neulander, *Programming National Identity, the Culture of Radio in 1930s France*, Baton Rouge, 2009, p. 80 ; *Vendredi*, 8 janvier 1937, p. 8 ; 5 mars 1937, p. 8.

(112) *Vendredi*, 5 février 1937, p. 8 ; *Le Peuple*, 19 avril 1937, p. 2.

(113) *Le Peuple*, 4 novembre 1936, p. 2.

(114) Emilie et Georges Lefranc, *op. cit.*, pp. 14-15, 23-46. ルフラン夫妻は、男性も家事をすること、日曜開館の「児童館」を作ることや二〜三家族が交代で日曜に子どもの世話をすることで、女性や大人の余暇時間を確保することを述べている。

(115) Georges Lefranc, *Essais sur les problèmes socialistes et syndicaux*, pp. 236-237.
(116) *Le Peuple*, 10 avril 1937, p. 4 ; 8 mai 1937, p. 4.
(117) Poggioli, *La CGT du Front populaire à Vichy*, p. 149 ; Keiflin, *op. cit.*, p. 118.
(118) *Le Peuple*, 10 avril 1937, p. 4 ; 8 mai 1937, p. 4 ; *Vendredi*, 7 mai 1937, p. 9.
(119) *Vendredi*, 13 août 1937, p. 6.
(120) *Vendredi*, 6 août 1937, p. 6. 一九三八年夏には中等教育における「課外活動《ロワジール・ディリジェ》」の実践が紹介されるまでになっている（*Vendredi*, 1er juillet 1938, p. 10）。
(121) *Le Peuple*, 3 décembre 1937, pp. 1-2.
(122) 以上、Poggioli, “Pratiques du syndicalisme,” pp. 107-108. 平松佳子「フランス人民戦線期、ＣＧＴが摸索した民衆ツーリズムについての一考察」『学習院史学』第四五号、二〇〇八年。
(123) Parant, *op. cit.*, pp. 86-103 ; Becquet, *op. cit.*, pp. 203-216. 廣田明「両大戦間期フランスにおける余暇の組織化」権上康男、廣田明、大森弘喜編『二〇世紀資本主義の生成』東京大学出版会、一九九六年、九八～一〇三頁。
(124) *L'Œuvre de Léon Blum*, t.V, p. 289.
(125) Simone de Beauvoir, *La force de l'âge*, Paris, 1960, p. 286（朝吹登水子・二宮フサ訳『女ざかり』上、紀伊國屋書店、一九六三年、二六二頁）.
(126) Hugh Dauncey, *French Cycling, a Social and Cultural History*, Liverpool, 2012, p. 102 ; Parant, *op. cit.*, p. 107. マイケル・サイドマン、向井喜典ほか訳『労働に反抗する労働者――人民戦線期のパリとバルセロナにおける労働』大阪経済法科大学出版部、一九九八年、二八八頁。
(127) Lasnier, *op. cit.*, pp. 92-93.
(128) *Le Populaire*, 29 août 1936, p. 4.
(129) Guy Portez, “Auberges de la Jeunesse,” *Vendredi*, 24 avril 1936, p. 8 ; Pierre Marie, “Éducation physique et loisirs,” *Le Populaire*, 17 août 1936, p. 4 ; Marc J.-P. Augier, “Les Auberges de la Jeunesse,” *Vendredi*, 5 juin 1936, p. 8.
(130) Lucette Heller-Goldenberg, *Histoire des auberges de jeunesse en France des origines à la libération 1929-1945*, vol. 1, L'essor 1919-1939, Nice, 1985, pp. 86-90, 123 ; Nicolas Palluau, *La Fabrique des pédagogues, Encadrer les colonies de*

vacances 1919-1939, Rennes, 2013, p. 179.

(131) ポールについては、Ory, *La belle illusion*, pp. 151-154. セシルは、ブルムの友人エミール・マイエル大佐の娘であり、大佐が開いていた勉強会にはシャルル・ドゴールやラグランジュ夫妻も参加し、ドゴールが機甲師団の考えを深めるきっかけになった。渡辺和行『ド・ゴール』山川出版社、二〇一三年、一五頁。Jacques Schapira et Henri Lerner, *Emile Mayer : un prophète bâillonné*, Paris, 1995.

(132) *Révolution*, juillet 1935, p. 3.

(133) *Le Peuple*, 3 avril 1936, p. 1.

(134) Heller-Goldenberg, *op. cit.*, pp. 96, 168, 185-187 ; Jacques Soustelle, "Musées de plein air," *Regards*, 20 août 1936, pp. 12-13.

(135) Martin Pénet, *Été 36 sur la route des vacances en images et en chansons*, Omnibus, 2006, pp. 48-50 ; Heller-Goldenberg, *op. cit.*, pp. 105-109 ; *Vendredi*, 11 juin 1937, p. 6.

(136) Chappat, *op. cit.*, p. 198.

(137) *Marianne*, 29 juillet 1936, p. 1.

(138) Raude et Prouteau, *op. cit.*, p. 105. ユースホステル脱宗教センターが所有するユースホステルは、一九三三年に一〇、三四年に四〇、三五年に九〇、三六年に一八〇と増えている。それでも、一九三三年で二〇〇〇のユースホステルを擁したドイツとの差は歴然としている（Ory, *La belle illusion*, p. 776)。

(139) Michel Fauré, *Le groupe Octobre*, Paris, 1977, p. 321.

(140) *Sept*, 28 août 1936, p. 16.

(141) Parant, *op. cit.*, pp. 102, 112, 114-117 ; Heller-Goldenberg, *op. cit.*, pp. 217-218.

(142) Noguères, *op. cit.*, pp. 180-182.

(143) Julien Fuchs, *Toujours prêts! Scoutismes et mouvements de jeunesse en Alsace 1918-1970*, Strasbourg, 2007, pp. 98, 111 ; Jean-Claude Richez et Léon Strauss, "Revendication et conquête des congés payés en Alsace et en Moselle," *Mouvement Social*, no. 150, 1990, pp. 98, 102.

(144) Mauroy, *op. cit.*, pp. 133-137, 141 ; *Vendredi*, 28 mai 1937, p. 7 ; *Le Populaire*, 3 septembre 1937, p. 2. なお、三大ユース

ホステル運動の概要については、Cacérès, *op. cit.*, pp. 56-65.

(145) *Vendredi*, 5 juin 1937, p. 1 ; 29 juillet 1938, p. 1 et p. 10.

(146) *Révolution*, octobre 1938, p. 6. ジャン・ゲーノ、山口俊章訳『ある革命の証言——人民戦線を生きて』二見書房、一九七〇年、二一五〜二一七頁。

(147) Heller-Goldenberg, *op. cit.*, p. 181 ; *Le Figaro*, 5 août 1936, p. 3 ; Keiflin, *op. cit.*, p. 106.

(148) Alexander Werth, *The Destiny of France*, London, 1937, pp. 326-327.

(149) ブルムが保管していたモスクワ文書にも、最初の有給休暇で海に出かけた労働者からの葉書が一塊残されていた（Ilan Greilsammer, *Blum*, Paris, 1996, p. 370）。

(150) Charles Ab der Halden, *Morale*, Paris, 1931, pp. 12-14 ; Jan et Acharian, *op. cit.*, pp. 59-60.

(151) *L'Humanité*, 28 mai 1936, p. 4.

(152) *L'Eclaireur de l'Ain*, 21 et 28 juin 1936, p. 1.

(153) Pénet, *op. cit.*, p. 152.

(154) Cacérès, *op. cit.*, pp. 191-192.

(155) たとえばカトリック系のガールスカウトに、一九三五年時点で一万五〇〇〇人が加盟していた「フランス・ガールスカウト」（一九二三年発足）がある（Marie-Thérèse Cheroutre, *Le scoutisme au féminin, Les Guides de France 1923-1998*, Paris, 2002, p. 162）。

(156) 以下、Gisèle de Failly, "S'il avait été difficile de naître, il serait plus difficile encore de grandir," in Denis Bordat, *Les C.E.M.E.A., qu'est-ce que c'est?*, Paris, 1976, pp. 19-41, 319 ; Laura Lee Downs, *Histoire des colonies de vacances de 1880 à nos jours*, Paris, 2009, chap. 5 ; Palluau, *op. cit.*, pp. 201-208.

(157) フランス・ボーイスカウトは、一九三七〜三八年で二万人の団員を数えた（Ory, *La belle illusion*, p. 773）。一九二〇年発足のカトリック系のボーイ・スカウトについては、次を参照。Christian Guérin, *L'utopie, Scouts de France, Histoire d'une identité collective, catholique et sociale, 1920-1995*, Paris, 1997.

(158) *Vendredi*, 26 février 1937, p. 9.

(159) 一九四三年に「活動的教育学方法訓練センター（Centre d'entraînement aux méthodes de pédagogie active ＣＥＭＰＡ）」

と名称替えをし、一九四四年九月に「活動的教育方法訓練センター（Centres d'entraînement aux méthodes d'éducation active ＣＥＭＥＡ）」となった。

(160) *Marianne*, 28 avril 1937 et 5 mai 1937, p. 3; Palluau, *op. cit.*, pp. 208-213.

(161) Ory, *La belle illusion*, p. 765; *Vendredi*, 21 mai 1937, p. 7; Christophe Boussemart, *L'échappée belle, 1936 les Ch'tis à l'assaut des loisirs*, Lille, 1986, pp. 280-281. ブスマールの本には、ノール県の事例が詳しく紹介されている。

(162) Ory, *La belle illusion*, p. 768; Downs, *op. cit.*, p. 202.

(163) *La Lumière*, 26 août 1938, p. 7; 11 novembre 1938, p. 8.

(164) F. Riardant, *Traité des colonies de vacances*, Paris, 1939. 本書の大半は実用的な内容であるが、第九章「宗教生活」で「キリスト教精神」を力説しているところにカトリック色を窺うことができる。

(165) Jacques Soustelle, "Musée vivants pour une culture populaire," *Vendredi*, 26 juin 1936, p. 1.

(166) 一九三五年一二月に誕生した人民戦線派のラジオ＝リベルテは、ラジオがもつべき三つの目的を、ニュース・娯楽・教育に見出し、客観的で公正な報道を旨とする番組を展開していた（*Vendredi*, 5 février 1937, p. 8）。ラジオ＝リベルテの会員は、一九三六年三月初めで一万一五〇〇人であり（Jonathan Buchsbaum, *Cinema Engagé, Film in the Popular Front*, Chicago, 1988, p. 66）、その宣言や理念（放送の自由、ラジオ税の削減、電波状況の改善、国会中継やデモのルポルタージュなどの定期番組の尊重、管理運営評議会の設置）については、以下を参照。*L'Humanité*, 19 décembre 1935, p. 6; *Le Populaire*, 6 janvier 1936, p. 5.

(167) Ory, *La belle illusion*, pp. 227, 879.

(168) *Vendredi*, 12 mars 1937, p. 6.

(169) マルク・ブロック、平野千果子訳『奇妙な敗北』岩波書店、二〇〇七年、二〇七頁。François Bloch-Lainé, *L'emplois des loisirs ouvriers et l'éducation populaire*, Paris, 1936, pp. 237-238.

(170) Henri Vendel, "La bibliothèque de Chalons-sur-Marne décrite par son animateur," *Vendredi*, 26 mars 1937, p. 9.

(171) Cacérès, *op. cit.*, pp. 153-156.

(172) 夜間図書館は、パリ地区ＣＧＴ組合の補助を得て一九三五年一二月一六日に誕生していた。*Vendredi*, 9 octobre 1936, p. 5; Ory, *La belle illusion*, p. 224.

(173) *Le Petit Parisien*, 11 août 1936, p. 4.

(174) Julian Jackson, *Popular Front in France, Defending Democracy 1934-38*, Cambridge, 1988, pp. 125-126; Cacérès, *op. cit.*, pp. 161-162.

(175) Ory, *La belle illusion*, pp. 229-230; Mauroy, *op. cit.*, pp. 116-117.

(176) *L'Humanité*, 1er octobre 1936, p. 8; Ory, *La belle illusion*, pp. 368-369; *Le Figaro*, 13 juin 1936, p. 8.

(177) 一九三六年七月に発足した社会党系の芸術文化団体で、会長に『ポピュレール』の編集長ブラック、名誉会長にブルムが就任している（*Le Populaire*, 29 juillet 1936, p. 1）。

(178) Ory, *La belle illusion*, pp. 378-380; *Vendredi*, 26 mars 1937, p. 8; 18 juin 1937, p. 5; 5 novembre 1937, p. 4; Carlos Larronde, *Théâtre invisible*, Paris, 1936, p. VI.

(179) L. Bodin et J. Touchard, *Front populaire 1936*, 2e éd., Paris, 1965, pp. 161-164; Mauroy, *op. cit.*, pp. 114-115; Cacérès, *op. cit.*, pp. 113-115; Chappat, *op. cit.*, p. 217; Fauré, *op. cit.*, pp. 324-328.

(180) 一九〇二年三月二一日から四月一三日まで二九回上演されたが、五万フランの投資に対して収益は五%の二五五八フランであったという（David James Fisher, "The Origins of the French Popular Theatre," *Journal of Contemporary History*, vol. 12, no. 3, 1977, p. 473）。

(181) *Vendredi*, 24 juillet 1936, p. 3; *La Lumière*, 15 août 1936, p. 6; Jessica Wardhaugh, *In Pursuit of the People, Political Culture in France 1934-39*, London, 2009, p. 165.

(182) François Lassagne, "Le Quatorze Juillet de Romain Rolland," *Vendredi*, 24 juillet 1936, p. 3; Danielle Tartakowsky, *Le front populaire, la vie est à nous*, Paris, 1996, p. 107.

(183) 以上、Noguères, *op. cit.*, pp. 214-215; *Vendredi*, 2 avril 1937, p. 9; Chappat, *op. cit.*, p. 237; Cacérès, *op. cit.*, pp. 118-119; Wardhaugh, *op. cit.*, pp. 170-172; Arnauld Pierre, *Fernand Léger, peindre la vie moderne*, Paris, 1997, p. 79; Wolfgang Klein, "L'espoir naïf? Naissance d'une cité de Jean-Richard Bloch," *Europe*, no.683, 1986, p. 110.

(184) ロベール・ブラジヤック、高井道夫訳『われらの戦前・フレーヌ獄中の手記』国書刊行会、一九九九年、一四四頁。*Vendredi*, 22 octobre 1937, p. 4.

(185) 一九三六年六月、スト中のラファイエット百貨店の正面階段では、ミューズ・ダルブレイ率いる平和劇団が「リベルテ・

リベルテ・シェリー」を演じている（Bertou et Leterrier, *op. cit.*, p. 104）。

(186) 以上、Chappat, *op. cit.*, p. 186 ; Patricia Latour et Roger Bordier, *Le 36 des femmes*, Paris, 2006, pp. 78-79 ; Fauré, *op. cit.*, pp. 121-122, 312, 315 ; Jean-Louis Barrault, *Souvenirs pour demain*, Paris, 1972, p. 113（石沢秀二訳『明日への贈物――ジャン＝ルイ・バロー自伝』新潮社、一九七五年、一一二頁）; Marcel Duhamel, *Raconte pas ta vie*, Mercure de France, 1972, chaps. 22-26.

(187) *L'Humanité*, 30 juin 1936, p. 4 ; Barrault, *op. cit.*, p. 101（前掲邦訳、一〇〇頁）. ジャック・プレヴェールは、シャンソン「枯葉」の作詞家、映画『霧の波止場』（一九三八年）や『天井桟敷の人々』（一九四五年）の脚本家としても著名である。

(188) Jean-Louis Barrault, "La tragédie doit renaître," *L'Humanite*, 2 août 1936, p. 8.

(189) David Bradby, "The October Group and Theatre under the Front populaire," in David Bradby, Louis James and Bernard Sharratt ed., *Performance and Politics in Popular Drama*, London, 1980, p. 240.

(190) Elizabeth Grottle Strebel, "French Social Cinema and the Popular Front," *Journal of Contemporary History*, vol. 12, no. 3, 1977, p. 506.

(191) *Le Populaire*, 10 avril 1936, p. 4.

(192) *L'Humanité*, 9 avril 1936, p. 2. 七日の上映会には、カシャン、マルティ、ラカモン、モンムッソー、ティヨン、ルノー・ジャンらの指導部も鑑賞していた。

(193)『人生は我等のもの』の内容分析や歴史的位置づけについては、Buchsbaum, *op. cit.*, chap. 2. 検閲との戦いや、ルノワール自身はこの映画の制作にはあまり関与していないことについては、*Ibid.*, pp. 24, 86-88, 156, 190. ルノワールは、「『人生は我等のもの』は大部分、若手の助手や技術陣が撮影し、私は監修したにすぎない。いくつかの場面は監督もしたが、フィルム編集はやらなかった」と回想している（『ジャン・ルノワール自伝』西本晃二訳、みすず書房、一九七七年、一五五頁）。

(194) この映画については次を参照。Buchsbaum, *op. cit.*, pp. 196-207.

(195) 以上、Pascal Ory, "De «Ciné-Liberté» à la Marseillaise : Espoirs et limites d'un cinéma libéré 1936-1938," in Jean Bouvier dir., *La France en mouvement 1934-1938*, Paris, 1986, pp. 280, 284 ; Ory, *La belle illusion*, pp. 429, 442-445 ; Strebel, *op. cit.*, pp. 507-508 ; Jean-Pierre Jeancolas, "Cinéma des années trente : la crise et l'image de la crise," *Mouvement Social*, no. 154, 1991, p. 190 ; Buchsbaum, *op. cit.*, p. 250.

(196) *L'Humanité*, 28 et 29 juin 1936, p. 2.

(197) 以下、*Le Populare*, 10 mars 1937, p. 8 ; Geneviève Guillaume-Grimaud, *Le cinéma du front populaire*, Paris, 1986, pp. 94-96 ; Ory, "De «Ciné-Liberté» à la Marseillaise," pp. 286-297 ; Bertou et Leterrier, *op. cit.*, pp. 111-113 ; *Le Peuple*, 23 avril 1937, p. 2 ; 27 août 1937, p. 2. Cf., François Garçon, *De Blum à Pétain, cinéma et société française 1936-1944*, Paris, 2008, chap. 1.

(198) Wardhaugh, *op. cit.*, p. 163.

(199) *L'Eclaireur de l'Ain*, 10 et 17 avril 1938, p. 1.

(200) *Regards*, 10 février 1938, p. 4 ; *L'Humanité*, 11 février 1938, p. 1 et p. 4 ; *Le Populaire*, 11 février 1938, p. 5 ; *Vendredi*, 18 février 1938, p. 5.

(201) 『ジャン・ルノワール自伝』前掲、一五五頁。

(202) Elizabeth Grottle Strebel, *French Social Cinema of the Nineteen Thirties : A Cinematographic Expression of Popular Front Consciousness*, Ann Arbor, 1974, p. 220 ; Buchsbaum, *op. cit.*, pp. 259-261 ; Duddley Andrew and Steven Ungar, *Popular Front Paris and the Poetics of Culture*, Cambridge, 2005, p. 164 ; *La Croix*, 13 février 1938, p. 6 ; *Esprit*, 1er mars 1938, pp. 957-958.

(203) Jean Renoir, "Le cinéma et l'Etat," *Vendredi*, 24 décembre 1937, p. 1.

(204) Ruby, *op. cit.*, pp. 318-320.

(205) 中条省平『フランス映画史の誘惑』集英社新書、二〇〇三年、一五八頁。ピエール・マイヨー、中山裕史・中山信子訳『フランス映画の社会史』日本経済評論社、二〇〇八年。「総特集ジャン・ルノワール」『ユリイカ』四〇巻四号、二〇〇八年。

(206) *Hommage à Jean Zay*, s.d., pp. 11-18.

(207) *Le Populaire*, 28 janvier 1937, p. 2 ; Chappat, *op. cit.*, p. 238 ; Ory, *La belle illusion*, pp. 260-261.

(208) Luc Decaunes, "Musées, Jardins publics de l'art," *Regards*, 21 et 28 janvier 1937.

(209) Georges Vidalenc, "Le Salon des Indépendants et sa signification," *Le Peuple*, 15 mars 1937, p. 4. ヴィダランについては、ジャン・メトロン編の『フランス労働運動伝記事典』にも記述がないが、短い訃報記事が以下にある。François Boudot,

“Georges Vidalenc 1885-1967,” *Mouvement Social*, no. 62, 1968, pp. 171-172.

(210) Frédérique Peyrouzère, *Le musée en partage, État et musée sous le ministère Jean Zay 1936-1939*, Villeneuve d'Ascq, 2001, pp. 184-187.

(211) Cacérès, *op. cit.*, pp. 137-138. 村田宏「フェルナン・レジェと《赤い三〇年代》」モダニズム研究会編『モダニズムの越境 II 権力／記憶』人文書院、二〇〇二年。

(212) Madeleine Rousseau, “L'A.P.A.M. et l'éducation ouvrière,” *Esprit*, 1er novembre 1938, pp. 258-259.

(213) Geroges Vidalenc, “L'organisation des loisiris,” *Le Peuple*, 21 juin 1937, p. 4; Geroges Vidalenc, “Artistes et masses populaires,” *Le Peuple*, 19 juillet 1937, p. 4.

(214) Rousseau, *op. cit.*, p. 263; Cacérès, *op. cit.*, pp. 138-140; Ory, “La politique culturelle de premier gouvernement Blum,” p. 89.

(215) Sarah Wilson, “Fernand Léger, Art and Politics 1935-1955,” in Nicholas Serota ed., *Fernand Léger, The Later Years*, 1987, London, pp. 59-60; Cacérès, *op. cit.*, pp. 140-142. 村田宏、前掲論文、八八～九三頁。

(216) *Le Populaire*, 1er janvier 1937, p. 2.

(217) *Le Peuple*, 7 juin 1937, p. 3.

(218) *35e Congrès du parti républicain radical et radical-socialiste tenu à Marseille*, Paris, 1938, pp. 105-106.

(219) André Chamson, “Au devant de la vie,” *Vendredi*, 21 août 1936, p. 1.

(220) 多数のフランス人が口ずさんだ「人生に立ち向かおう《アロン・オ・ドゥヴァン・ド・ラ・ヴィ》」は「人民戦線の真の賛歌」ではあったが、パリ・コミューン時や第一次世界大戦前のシャンソンの開花と比較すると、人民戦線期の特徴あるシャンソンは相対的に振るわなかった。この意味で「人生に立ち向かおう《アロン・オ・ドゥヴァン・ド・ラ・ヴィ》」は例外的に成功をみたシャンソンであった（Jacques Kergoat, *La France du front populaire*, Paris, 1986, p. 358）。

(221) André Chamson, “A la jeunesse,” *Vendredi*, 16 septembre 1937, p. 1.

(222) *Le Populaire*, 2 février 1938, pp. 1-2.

(223) *Marianne*, 23 juin 1937, p. 2.

(224) Annie Fourcaut, *Femmes à l'usine en France dans l'entre-deux-guerres*, Paris, 1982, p. 237. アレグザンダー・S・マー

ティン、ヘレン・グラハム編、山口正之監訳『フランスとスペインの人民戦線』大阪経済法科大学出版部、一九九四年、二六八、三一八頁。

(225) *Révolution*, juin 1938, p. 4.

(226) Keiflin, *op. cit.*, p. 106.

(227) Rolande Trempé et Alain Boscus, "Les premiers congés payés à Decazeville et à Mazamet," *Mouvement Social*, no. 150, 1990, pp. 67-76.

(228) *Le Peuple*, 25 août 1936, p. 4. CGTの労働者教育への関心はこの後も一貫し、『プープル』は、一九三八年でも「組合活動と文化」や各地の「労働学校のニュース」を報じている（*Le Peuple*, 11 avril 1938, p. 4 ; 2 mai 1938, p. 4）。

(229) J. Guérin-Desjardins, "Les colonies de vacances sont-elles éducatives?," in *La colonie de vacances éducative*, Paris, 1942, pp. 15-16. なお本書の付録として、一九三七～三九年、四一年の指導員資格を認定する筆記試験問題が収められている。

(230) Mauroy, *op. cit.*, pp. 123. 戦後フランスの「文化国家」批判に、マルク・フュマロリ、天野恒夫訳『文化国家――近代の宗教』みすず書房、一九九三年。

むすび

（1） Casimir Lecomte, "Le 14 juillet 2036," *Regards*, 9 juillet 1936, p. 24, p. 29.

（2） Michel Margairaz et Danielle Tartakowsky, *L'avenir nous appartient*, Paris, 2006, pp. 176-194.

（3） フィリップ・フレンチ編、平井ゆかり訳『マル・オン・マル――ルイ・マル、自作を語る』キネマ旬報社、一九九三年、八頁。

（4） レオン・ブルム、福永英二・新関岳雄訳『結婚について』二見書房、一九七六年。

（5） Ilan Greilsammer, *Blum*, Paris, 1996, pp. 335-336, 347. トニー・ジャット、土倉莞爾ほか訳『知識人の責任』晃洋書房、二〇〇九年、第一章。渡辺和行『ホロコーストのフランス』人文書院、一九九八年、六三～六九頁。

（6） 渡辺和行『エトランジェのフランス史』山川出版社、二〇〇七年、一三四～一四〇頁。

（7） *L'Œuvre de Léon Blum*, t.V 1940-1945, Paris, 1955, p. 233.

（8） Albert Bayet, "L'avenir du Front populaire," *Regards*, 14 et 21 février 1937.

（9） *Le Monde*, 19 juin 1976, p. 19.

（10） Julian Jackson, *Popular Front in France, Defending Democracy 1934-38*, Cambridge, 1988, Preface.

（11） Léon Jouhaux, *La C.G.T. ce qu'elle est, ce qu'elle veut*, Paris, 1937, p. 7.

（12） Jean Lacouture, *Léon Blum*, Paris, 1977, p. 403.

（13） Georges Lefranc, *Le front populaire 1934-1938*, 6e éd., Paris, 1984, pp. 113-115（高橋治男訳『フランス人民戦線』白水社、一九六九年、一三五～一三七頁）.

あとがき

あらゆる歴史は、当事者による「証言の時代」から「記録の時代」へ、そして記録をとおした「記憶の時代」へと進んできたが、「記憶」と観光業との結合が現在の特徴のひとつである。たとえば、第一次世界大戦一〇〇周年を間近に控えたフランスでは、一九六七年に開館したヴェルダンの記念館はもとより、ここ二〇年ほどのあいだに、ペロンヌ、シュマン・デ・ダム、モーといったかつての激戦地に歴史記念館が建造され、「記憶のための観光（tourisme de mémoire）」の目玉として、戦跡は地域経済を活性化する観光資源にすらなっているという（松沼美穂「第一次世界大戦の歴史と記憶」『日仏歴史学会会報』第二八号、二〇一三年）。第一次世界大戦と同様に二〇世紀フランス史の「記憶の場」となった人民戦線は、どのようなかたちで一〇〇周年を迎えるのだろうか。民衆ツーリズムの開幕を告げた人民戦線は、どのような観光資源を提供するのだろうか。二〇三六年の人民戦線政府誕生一〇〇周年がどのように顕彰され記憶されるのか、今から注目しておきたい。

そのフランス人民戦線は、私にとって思い出深い研究テーマである。研究者を志した私のデビュー作のテーマであったことが一番大きな理由であるが、それにとどまるものではない。卒論のない法学部出身の私にとって、修士論文が初めての論文作りであったこと、しかも二年間で作品を完成させないといけないという緊張感のなかで日々生活していたことなどが、今ひとつの理由である。そうして完成した修論が、「フランス人民戦線形成過程をめぐる一考察――急進党と人民戦線」であった。

とはいえ、私は最初からフランス人民戦線の研究を志していたわけではない。修士課程一年目の前期には、スペイン内戦から生まれたフランコ体制が四〇年近くも権力を維持しえた理由を考察するために、スペイン人民戦線とスペイン内戦を研究しようと考え、スペイン内戦史の文献収集とスペイン語の習得に努めていた。その際、中産階級の政党に視点を据えてスペイン人民戦線を分析しようと漠然と考えていた。しかし、私が当時在籍していた大阪大学大学院法学研究科の多胡圭一先生の助言もあり、スペイン史からフランス史へ、スペイン人民戦線からフランス人民戦線へと専門を変えるにいたった。修士一年の九月のことである。研究対象とする地域は変わったけれども、研究テーマが同じ人民戦線であることもあり、分析視角は同じく中産階級を支持基盤とする政党に定めていた。こうして、「はじめに」に記したような問題意識が生まれ、急進党を軸にフランス人民戦線の形成過程を分析するにいたったのである。

爾来、三三年の歳月が流れた。この間、まったく人民戦線の研究から離れていたわけではなく、書評・フランス史の教科書作り・拙著『フランス人とスペイン内戦』（ミネルヴァ書房、二〇〇三年）などをとおして、研究動向をフォローしていた。定年を間近にしてふたたび人民戦線の研究に戻ったのは、一九七四年以来、日本人の手になる人民戦線の通史が書かれていないことが大きな理由である。それゆえ、本書の行間には四〇年近い研究の空白を埋めて後進に託そうという使命感のようなものが流れている。

本書の特色は、これまでの人民戦線研究とは異なり、共産党ではなくて急進党に比重を置いたこと、ブルム内閣の政策として植民地政策にも紙幅をさいたこと、「スポーツ・旅行・文化」という文化革命に一章をあてたことである。「はじめに」で述べた三つの視角と三つの視点がうまく嚙みあっているとは自信をもって言えないが、分析枠組みとしてそれが必要であることは論をまたない。また、本書は副題に「反ファシズム・反恐慌・文化革命」を掲げたが、「反恐慌」についての分析が手薄であることも認めざるをえない。その理由のひとつは、わが国の経済史家の研究に優れたものが多く、屋上屋を架すこともないだろうと考えたことによる。近い将来、本書を乗り越える研究が現れることを期待したい。

本書が日の目を見るには、人文書院編集部の伊藤桃子さんにお世話になった。専門書はもとより紙媒体の書籍の出版がますます厳しくなる状況下で、出版を快諾していただいたことに改めてお礼を申しあげたい。本書が読みやすくなったのも、ひとえに伊藤さんのおかげである。

エリゼ条約（仏独協力条約）五〇周年の年に

二〇一三年八月一日

渡辺和行

人名索引

（nに続く数字は註番号をあらわす）

ア行

アーヴィン，ウィリアム・D　William D. Irvine　52
アジュロン，シャルル＝ロベール　Charles-Robert Ageron　199
アラゴン，ルイ　Louis Aragon　311,316
アラシャール，ルネ　René Arrachart　83,230
アラン（エミール＝オーギュスト・シャルティエ）　Alain（Emile-Auguste Chartier）　67,72
アルブレヒト，ベルティ　Berty Albrecht　375n31
アルベール，フランソワ　François Albert　30
アレヴィ，ダニエル　Daniel Halévy　32
アロン，レイモン　Raymond Claude Ferdinand Aron　233
アロン，ロベール　Robert Aron　33
アンリオ，フィリップ　Philippe Henriot　40
アンドレ，ジェオ　Géo André　288
イバルネガレー，ジャン　Jean Ybarnégaray　40,41,227
ヴァイヤン，エドアール　Édouard Vaillant　177
ヴァイヤン＝クーチュリエ，ポール　Paul Vaillant-Couturier　71,78,164,230,287,288
ヴァサール，アルベール　Albert Vassard　75,78
ヴァラ，グザヴィエ　Xavier Vallat　141,166,328
ヴァロワ，ジョルジュ　Georges Valois　34
ヴァンデル，アンリ　Henri Vendel　311,313
ヴァンデル，フランソワ・ド　François de Wendel　279
ヴィオリス，アンドレ　André Viollis　179,197,198,378n72
ヴィオレット，モーリス　Maurice Viollette　200,201,220,247
ヴィダラン，ジョルジュ　Georges Vidalenc　321,322
ヴィノック，ミシェル　Michel Winock　52
ヴェーユ，シモーヌ　Simone Weil　159,160
ヴェーユ，ジョルジュ　Georges Weil　146
ヴェルディエ，ジャン　Mgr. Jean Verdier　169,199,
ヴォルテール　Voltaire　179
ウディエ，ルイ　Louis Eudier　158
海原 峻　11
ウルダン，ジョルジュ　Georges Hourdin　329
エイゼンシュテイン，セルゲイ　Sergei Mikhailovich Eisenstein　318
エス，アンドレ　André Hesse　343n97
エブーエ，フェリックス　Félix Eboué　198
エムリー，レオン　Léon Emery　204,385n185
エラール，リュシアン　Lucien Hérard　251
エリオ，エドアール　Édouard Herriot　27-31,41,48,53,54,57-59,61,62,84,85,90-96,101-104,

106,107,112-114,120,126,137,146,158,202,212,315,320,344n119
エリュアール，ポール　Paul Éluard　67,316
エルベル，ポール　Paul Elbel　101
エロール，フェルディナン　Louis Joseph Ferdinand Hérold　97
エンゲルス，フリードリヒ　Friedrich Engels　177
大沢真知子　15
オードリ，コレット　Colette Audry　160
オネッガー，アルチュール　Arthur Honegger　315
オネル，モーリス　Maurice Honel　224
オフレー，シャルル　Charles Auffray　224
オーボー，ラウル　Raoul Aubaud　55,59,81,94,116
オランド，フランソワ　François Gérard Georges Nicolas Hollande　12,327
オリイ，パスカル　Pascal Ory　12,292,309
オリオール，ヴァンサン　Vincent Auriol　91,126,138,181,184,188-193,222,237,240,376n54
オーリック，ジョルジュ　Georges Auric　315

カ行

カイヨー，ジョゼフ　Joseph Caillaux　55,61,190,231,384n173
カイン，ジュリアン　Julien Caïn　310,311,313
カシャン，マルセル　Marcel Cachin　78,83,88,128,139,140,163,180,209,289,405n192
カスー，ジャン　Jean Cassou　320
カセレス，ベニーニョ　Bénigno Cacérès　312
カミュ，アルベール　Albert Camus　295
ガラ，ジョゼフ　Joseph Garat　38,343n97
カルコピーノ，ジェローム　Jérôme Carcopino　237
カーン，エミール　Émile Kahn　220,265
カンパンキ，セザール　César Campinchi　105,106,108-109,208,209,227,229
キアップ，ジャン　Jean Chiappe　41,42,50,51,53,69,99,118,327,339n58
ギシャール，ポール　Paul Guichard　51
ギナン，ピエール　Pierre Guinand　241
キュザン，ガストン　Gaston Cusin　194
キュドネ，ガブリエル　Gabriel Cudenet　56-59,83,127
ギロー，ガストン　Gaston Guiraud　83
クーユ，アンリ　Henri Queuille　241
グランバック，ジャック　Jacques Grumbach　65
クリージェル，アニー　Annie Kriegel　77
グリュンボーム＝バラン，セシル　Cécil Grunebaum-Ballin　301,302,401n131
グリュンボーム＝バラン，ポール　Paul Grunebaum-Ballin　301,313,401n131
クルトワ，ステファヌ　Stéphane Courtois　77
クーレ，ソフィー　Sophie Coeuré　335n17
グレイルサマー，イラン　Ilan Greilsammer　13,165
クレマン　Clément　→フリート，オイゲン
クレール，ルネ　René Clair　160,270

クーン，ベラ　Béla Kun　142
ケインズ，ジョン・メイナード　John Maynard Keynes　189
ケゼール，ジャック　Jacques Kayser　7,8,32,56,58,61,94,95,97,98,110,116,120,210,212,214,333n3,347n31,380n113
ゲッベルス，ヨーゼフ　Paul Joseph Goebbels　272
ゲード，ジュール　Jules Guesde　178
ゲーノ，ジャン　Jean Guehenno　67,94,98,179,248,274,305,312
ケネー，ピエール　Pierre Quesnay　189
ゲラン，ダニエル　Daniel Guérin　65,92,160,165
ゲラン＝デジャルダン，ジャック　Jacques Guérin-Desjardins　326
ケリリス，アンリ・ド　Henri de Kerillis　104,142,195,246-247,290,365n67,379n100,386n30
ゲルニュ，アンリ＝アルフレッド　Henri-Alfred Guernut　55,60,61,86,87,90,91,99,199,209,211
コクトー，ジャン　Jean Cocteau　314
コクラン，マール　Merle Cochran　190
コスト，アルフレッド　Alfred Coste　178
コット，ピエール　Pierre Cot　30,39,55,56,61,71,81,99,101,180-183,194,237,242,260,286-288,289,318,345n119
ゴーリキー，マクシム　Maxim (Maksim) Gorky　315
コルニュ，アンドレ　André Cornu　61
コルバン，アラン　Alain Corbin　12
コレーズ，ジャック　Jaques Corrèze　226

サ行

サイドマン，マイケル　Michael Seidman　230
サディ＝ルコワント，ジョゼフ　Joseph Sadi-Lecointe　286-290
サドゥール，ジョルジュ　Georges Sadoul　319
サブロー，マルセル　Marcel Sableau　163,205,228,242
サラングロ，アンリ　Henri Salengro　218
サラングロ，ロジェ　Roger Salengro　127,157,168,180,206,217-221,381n128
サレ，ロジェ　Roger Sarret　56,57,141
サロー，アルベール　Albert Sarraut　9,31,54,116,125-127,161,196,228,241,247,249,317
サロー，モーリス　Maurice Sarraut　55,212
サン＝ジュスト，ルイ・アントワーヌ・ド　Louis Antoine Léon de Saint-Just　181,276
サン＝テグジュペリ，アントワーヌ・ド　Antoine de Saint-Exupéry　23,254,286
サンニエ，マルク　Marc Sangnier　301,303,308
ジノヴィエフ，グリゴリー　Grigory Zinoviev　76
ジェルマン＝マルタン，ルイ　Louis Germain-Martin　29
ジェローム，ピエール　Pierre Gérôme　→ワルテル，フランソワ
ジオノ，ジャン　Jean Giono　302
シシェリー，アルベール　Albert Chichery　97
ジッド，アンドレ　André Paul Guillaume Gide　166,199,370n144
ジトン，マルセル　Marcel Gitton　74,77,130,156,230
ジヌー，クロード＝ジョゼフ　Claude-Joseph Gignoux　186,193,244

ジマー，オリヴァー　Oliver Zimmer　341n78
シャイラー，ウィリアム　William L. Shirer　43
ジャクスン，ジュリアン　Julian Jackson　330
ジャナン　le colonel Jeannin　286,288,290
シャハト，ヒャルマール　Horace Greeley Hjalmar Schacht　201,202
ジャメ，クロード　Claude Jamet　128,195,248,264,265,377n62
シャレー，フェリシアン　Félicien Challaye　197,204,385n185
ジャン，ルノー　Renaud Jean　73,139,140,364n55,405n192
シャンソン，アンドレ　André Chamson　97,98,179,244,274,311,323,324
ジャンヌ・ダルク　Jeanne d'Arc　89,97,140
シュヴァルム，レオン　Léon Chevalme　131
ジュヴネル，ベルトラン・ド　Bertrand de Jouvenel　34,159,342n81,344n104
ジュオー，レオン　Léon Jouhaux　66, 70, 72, 77, 83, 97, 127, 131-133, 148, 154, 158, 162, 163, 167-170, 180, 199, 222-223, 226-230, 251, 260-262, 315, 318, 330, 345n6, 361n31, 371n151, 382n144, 390n86
シュネーデル，ウジェーヌ　Charles Prosper Eugène Schneider　279
シュペングラー，オスヴァルト　Oswald Arnold Gottfried Spengler　32
シュミット，ジャミー　Jammy Schmidt　56,60
ジュリアール，ジャック　Jacques Julliard　52
ジュリアン，シャルル＝アンドレ　Charles-André Julien　197,198,231
ショスタコーヴィチ，ドミートリイ　Domitri Shostakavich　276
ジョスパン，リオネル　Lionel Jospin　327
ショータン，カミーユ　Camille Chautemps　31,38-40,42,48,54,55,60,90,111,114,118,137,207, 208,212,222,230,232,237-240,243-245,249,270
ショータン，ピエール　Pierre Chautemps　38
ジョリオ＝キュリー，イレーヌ　Irène Joliot-Curie　165,370n139
ジョレス，ジャン　Jean Léon Jaurès　79,177,194,201,221
シルー，レイモン　Raymond Siroux　276
シルマン，リヒャルト　Richard Schirrmann　301
ジロドゥー，ジャン　Jean Giraudoux　203
ジロムスキー，ジャン　Jean Zyromski　66,71,74,77,78,93,127,178,192,238
スーシー，ロバート　Robert Soucy　52,342n81
スーステル，ジャック　Jacques Soustelle　302,310,322
スタヴィスキー，アレクサンドル　Alexandre Stavisky　19,38-42,54,55,57,60
スターリン，ヨシフ　Joseph Stalin　34,88,105,117,130,158,164,185,234,252,261,352n89
ステーグ，テオドール　Théodore Steeg　199,247
ステルネル，ゼーヴ　Zeev Sternhell　52,342n81
スピナス，シャルル　Charles Spinasse　184
スーリエ，ミシェル　Michel Soulié　347n31
ゼー，ジャン　Jean Zay　55,56,61,70,91,93,94,99,105,115,116,119,165,175,229,237,240,247, 280,281,284,285,296,314,315,318,320
セヴラック，ジャン＝バティスト　Jean-Baptiste Séverac　222,227,253
セナック，ジャン　Jean Sennac　83,97

セリエ，アンリ　Henri Sellier　307，309
セリーヌ，ルイ＝フェルディナン　Louis-Ferdinand Céline　53，203
セール，エドアール　Édouard Serre　287，289
セール，フィリップ　Philippe Serre　303，313
セルバンテス，ミゲル・ド　Miguel de Cervantes Saavedra　316
ソーヴィー，アルフレッド　Alfred Sauvy　233，394n36
ゾレッチ，ルドヴィック　Ludovic Zoretti　325，399n108

タ行

ダヴィッド，ルイ　Jacques-Louis David　299，300
ダウンズ，ローラ・リー　Laura Lee Downs　309
竹岡敬温　335n25
ダミア　Damia（Marie-Louise Damien）　324
タネリ，ジャン　Jean Tannery　189
ダラディエ，エドアール　Édouard Daladier　7，8，11，22，29-31，41-44，47，48，50，51，53，55，59，67，68，81，82，90-92，95，98，101，106-107，112-115，118，120，126，127，137，144，163，165，180，181，206，207，212，215，220，228，237，240，242，247，249，250，252-258，263-266，269，328，339n58，340n68，343n89，367n108，389n72
タリアン，ジャン＝ランベール　Jean-Lambert Tallien　327
ダリミエ，アルベール　Albert Dalimier　38，39，343n97
タルデュー，アンドレ　André Tardieu　21，26，29，31，53，60
ダルトワ，モーリス　Maurice d'Hartoy　47
ダルナン，ジョゼフ　Joseph Darnand　239
ダルブーズ，ピエール・エチエンヌ　Pierre Étienne Dalbouze　168，186
ダルブレイ，ミューズ　Muse d'Albray　404n185
ダンデュー，アルノー　Arnaud Dandieu　33
ダントン，ジョルジュ　Georges Jacques Danton　320
チアーノ，ガレアッツォ　Gian Galeazzo Ciano　237
チェンバレン，ネヴィル　Arthur Neville Chamberlain　253
デア，マルセル　Marcel Déat　150
ティクシエ＝ヴィニャンクール，ジャン＝ルイ　Jean-Louis Tixier-Vignancour　227
ティシエ，ギュスタヴ　Gustave Tissier　38
ディズレーリ，ベンジャミン　Benjamin Disraeli　166
ディドロ，ドゥニ　Denis Diderot　179
ディミトロフ，ゲオルギ　Georgi Dimitrov　76
ティヨン，シャルル　Charles Tillon　405n192
デクルチュー，ウジェーヌ　Eugène Descourtieux　65
デザルノー，ピエール　Pierre Dézarnaulds　175，280，281，395n47
テサン，フランソワ・ド　François de Tessan　56，165
テタンジュ，ピエール　Pierre Taittinger　42
デュクロ，ジャック　Jacques Duclos　29，78，80，97，128，157，163，164，180，187，192，209，318，353n112
デュコ，イポリット　Hyppolite Ducos　50，51

デュシュマン，ルネ　René Duchemin　168,186,371n150
デュセニュール，エドモン　Edmond Duseigneur　239
デュポン，フェリックス　Félix Dupont　132
デュメスニル，ジャック＝ルイ　Jacques-Louis Dumesnil　303
デュラフール，アントワーヌ　Antoine Durafour　270
デルボス，イヴォン　Yvon Delbos　61,90,228,237,247,364n56
デルマス，アンドレ　André Delmas　72,82,102,128,199,259,261,359n10,360n14
ド・フェリー，ジゼル　Gisèle de Failly　307,308
ド・マン，アンリ　Henri de Man　33
トゥシャール，ジャン　Jean Touchard　34
トゥディク，イヴ　Yves Toudic　229
トゥーミル，ロベール　Robert Thoumyre　271
ドゥーメルグ，ガストン　Gaston Doumergue　41,53-56,59-62,81,82,146,340n67
ドゴール，シャルル　Charles André Joseph Pierre-Marie de Gaulle　10,201,326,327,401n131
ドーデ，レオン　Léon Daudet　103,127
ドノエル，ロベール　Robert Donoël　311
ドブリ，ミシェル　Michel Dobry　52
トマ，アルベール　Albert Thoma　299
ドマンジョン，アルベール　Albert Demangeon　32
ドミニク，アルフレッド　Alfred Dominique　112,210
ドリオ，ジャック　Jacques Doriot　11,35-37,52,68,71,73-78,158,177,193,224,349n47,377n68
ドリュ＝ラ＝ロシェル，ピエール　Pierre Eugène Drieu La Rochelle　49,52,103
ドルジェール，アンリ　Henri Dorgères　84,101
ドルメソン，ウラディミール　Wladimir d'Ormesson　222,244,374n20
ドルモワ，マルクス　Marx Dormoy　145,168,221,225,226,237,239
ドレアン，エドアール　Édouard Dolléans　276,308,311,313
トレーズ，モーリス　Maurice Thorez　73-81,85,90,91,93,95,99,101,111,118,128,138-140,156,163,164,169,178,180,192,195,202,209,220,223,227,244,246,282,317,318,349n48,350n58,354n124,364n59
トレネル，　Mme Trenel　308
ドレフュス，アルフレッド　Alfred Dreyfus　96,97,354n116
トロツキー，レフ　Lev Davidovich Trotsky　92,169
ドロンクル，ウジェーヌ　Eugène Deloncle　176,226,239

ナ行

ニッティ，フランチェスコ　Francesco Saverio Nitti　239
ネチャス，ジャロミル　Jaromir Nečas　254
ネル，モーリス　Maurice Naile　224
ネンニ，ピエトロ　Pietro Sandro Nenni　34
ノゲール，アンリ　Henri Noguères　285
ノベクール，ジャック　Jacques Nobécourt　382n150

ハ行

バイエ，アルベール　Albert Bayet　57,209,211,212,231,318,329
ハイネ，ハインリッヒ　Christian Johann Heinrich Heine　310
パガノン，ジョゼフ　Joseph Paganon　94
ハジ，メッサリ　Ahmed Ben Messali Hadj　197
パズ，マグドレーヌ　Magdeleine Paz　385n185
バスチエ，マリーズ　Maryse Bastié　290
パスモア，ケヴィン　Kevin Passmore　52,342n81
バッシュ，ヴィクトル　Victor Basch　83,93,94,97,127,180
パテノートル，レイモン　Raymond Patenôtre　249
パヌイヨ，P＝A　P.-A. Panouillot　294
パーペン，フランツ・フォン　Franz von Papen　37
バルドゥー，ジャック　Jacques Bardoux　157
バルトゥー，ルイ　Louis Barthou　80
バルビュス，アンリ　Henri Barbusse　35,97,178,180
バルベ，アンリ　Henri Barbé　68,75
バレス，モーリス　Maurice Barrès　147
バロー，ジャン＝ルイ　Jean-Louis Barrault　316
バンヴィル，ジャック　Jacques Bainville　125
パンルヴェ，ポール　Paul Painlevé　147
ピアトニツキー，オシップ　Osip Aronovich Piatonitski　129
ビアンヴニュ＝マルタン，ジャン＝バティスト　Jean-Baptiste Bienvunu-Martin　157
ピヴェール，マルソー　Marceau Pivert　71,74,78,127,156,160,162,165,223,238,246,248,251,318
ピエトリ，フランソワ　François Piétri　31,41,42
ピオシュ，ジョルジュ　Georges Pioch　385n185
ビオン，ヘルマン・ヴァルター　Herman Walter Bion　307
ピカソ，パブロ　Pablo Picasso　229,315
ピーク，ヴィルヘルム　Wilhelm Pieck　209
ピクナール，シャルル　Charles Picquenard　270
ヒトラー，アドルフ　Adolf Hitler　19,20,35,37,72,80,88,89,140,144,146,156,195,202,204,220,252,254,266,352n88
ビュイッソン　Buisson　313
ビュカール，マルセル　Marcel Bucard　49
ピュジョー，モーリス　Maurice Pujo　39,52,116
平瀬 徹也　11,15
平田 好成　11,15
ヒルツ，マリーズ　Maryse Hilz　290
廣田 功　233
ファブリ，ジャン　Jean Fabry　41,42
ファリネ，エミール　Émile Farinet　65,78
ファレール，クロード　Claude Farrère　224
ブイエ，レイモン　Raymond Bouyer　132

ブイッソン，フェルナン　Fernand Bouisson　62,90
フィヨン　Mme Fillon　308
フェーフェル，エドアール　Édouard Pfeiffer　58,95,115,134
フェラ，アンドレ　André Ferrat　157
フェリー，デジレ　Desiré Ferry　147
フォール，ポール　Paul Faure　65,66,75,77,82,97,99,120,127,162,163,178,220,238,247,252,253,388n48
ブスマール，クリストフ　Christophe Boussemart　403n161
プチエ，シャルル　Baron Charles Petiet　186
プライユ，アンリ　Henry Poulaille　313
ブラジヤック，ロベール　Robert Brasillach　52,103,159,165,316
フラション，ブノワ　Benoît Frachon　35,74,77,111,129-132,157,163,168,259,261,360n14
ブラック（アレクサンドル・デルソー）　Bracke（Alexandre Desrousseaux）　404n177
ブラン，ルネ　René Belin　127,132,133,148,161,163,168,259-261,345n6,360n14,361n31,372n164
フランク，ロベール　Robert Frank　183
フランコ，フランシスコ　Francisco Franco　266
フランジュ，ジョルジュ　Georges Franju　320
プランス，アルベール　Albert Prince　54
ブランスヴィック、セシル　Cécil Brunschwig　165,175,308
フランダン，ピエール＝エチエンヌ　Pierre-Étienne Flandin　29,62,83-85,89,90,101,117,252
ブリアン，アリスティッド　Aristide Briand　202
フリート，オイゲン（クレマン）　Eugen Fried　11,67,68,81,348n39,350n58
ブリュメル，アンドレ　André Blumel　166,225,367n108
ブルギバ，ハビブ　Habib Bourguiba　197
プルースト，ルイ　Louis Proust　343n97
ブルダン，ジャニーヌ　Janine Bourdin　11
ブルトン，アンドレ　André Breton　67
ブルム，テレーズ　Thérèse Blum　180,245
ブルム，リズ　Lise Blum　245
ブルム，レオン　Léon Blum　8-12,29,36,37,41,48,60,66,67,69,71,75,77,83,86,89,91,92,95,98,101,104,120,125-128,135-136,138,147,156-158,160-168,170,175,178,181-184,187-191,193-198,200-203,206,208,213,218-225,227-234,237,238,240,241,244-248,250,252-255,257,258,264,269,281,292,293,300,315,320,323,328-331,359n10,361n31,363n54,365n76,369n126,370n136,370n144,371n151,377n62,379n87,381n136,384n173,389n65,392n4,392n6,402n149,404n177
ブルム，ロベール　Robert Blum　367n108
プレヴェール，ジャック　Jacques Prévert　303,316,405n187
プレヴェール，ピエール　Pierre Prévert　316
プレサール，ジョルジョ　Georges Pressard　54
プロ，アントワーヌ　Antoine Prost　158,160
フロ，ウジェーヌ　Eugène Frot　48,50,51,68,97
ブロー，エリアヌ　Eliane Brault　56
フロサール，ルドヴィック＝オスカル　Ludovic-Oscar Frossard　41,150,249,258
ブロック，ジャン＝リシャール　Jean-Richard Bloch　35,69,315

ブロック，マルク　Marc Léopold Benjamin Bloch　311
フンゲンベルク，アルフレート　Alfred Wilhelm Franz Maria Hugenberg　37
ベカール，アンリ　Henri Bécquart　217,218
ベカール，エチエンヌ　Etienne Bécart　276
ベートーヴェン，ルートヴィヒ・ヴァン　Ludwig van Beethoven　220
ベネ，モーリス　Maurice Béné　79
ベネシュ，エドヴァルド　Edvard Beneš　254
ペラン，ジャン　Jean Baptiste Perrin　97,370n139
ペリ，ガブリエル　Gabriel Péri　37,252
ペリシエ，ピエール　Pierre Pellissier　340n64
ベルジュリ，ガストン　Gaston Bergery　29-31,34-37,56,57,385n185
ベルステン，セルジュ　Serge Berstein　52,340n64,380n113
ペルタン，カミーユ　Camille Pelletan　59,83
ペルネー，エルネスト　Ernest Perney　94,97,178,227
ペルノ，ジョルジュ　Georges Pernot　141
ベルル，エマニュエル　Emmanuel Berl　127,196,221,303
ベロー，アンリ　Henri Béraud　218,381n128
ペロー，ジャン　Jean Perrot　138
ヘンライン，コンラート　Konrad Ernst Eduard Henlein　253
ボーヴォワール，シモーヌ・ド　Simone de Beauvoir　300
ボシャール，フィリップ　Philippe Bauchard　371n151
ボストロ，リュシアン　Lucien Bossoutrot　286,289
ボーダン，アルフォンス　Alphonse Baudin　99
ポチュ，ジョルジュ　Georges Potut　242
ボードアン，ポール　Paul Baudouin　224
ボトロー，ロベール　Robert Bothereau　132,163
ボナール，アベル　Abel Bnnard　238
ボナパルト，ルイ＝ナポレオン　Louis-Napoléon Bonaparte　99
ボネ，ジョルジュ　Georges Bonnet　55,81,192,206,210,237,240,244,249,343n90,364n56
ボノール，ガストン　Gaston Bonnaure　343n97
ボーマルシェ，カロン・ド　Beaumarchais（Pierre-Augustin Caron）　220
ボリス，ジョルジュ　Georges Boris　169,189,190,194,265
ポール＝ボンクール，ジョセフ　Joseph Paul-Boncour　31,247
ポッツォ・ディ・ボルゴ，　Pozzo di Borgo　239
ボロトラ，ジャン　Jean Borotra　284
ポワンカレ，レイモン　Raymond Poincaré　20,26,35,192
ボーンガルトナー，ウィルフリート　Wilfrid Baumgartner　190
ボント，フロリモン　Florimond Bonte　92
ボンヌヴェイ，ローラン　Laurent Bonnevay　340n63

マ行

マイエル，エミール　Émile Mayer　401n131
マイエル，ダニエル　Daniel Mayer　243

マイエル，ルネ　René Mayer　241
マイヨール，アリスティッド　Aristide Maillol　322
マクマオン，モーリス・ド・　Patrice Maurice de MacMahon　60,118
マシス，アンリ　Henri Massis　166
マジノ，アンドレ　André Maginot　26,147
マシュファー，フィリップ　Philippe Machefer　52
マスカール，ジェルメーヌ　Germaine Mascart　307,308
マセ，ジャン　Jean Macé　277
マゼ，ピエール　Pierre Mazé　257
マッテオッティ，ジャコモ　Giacomo Matteotti　239
マナン，ガストン　Gaston Manent　207
マヌイルスキー，ドミートリイ　Domitry Manuilsky　75,76,82
マラー，ジャン＝ポール　Jean-Paul Marat　179,320
マラン，ルイ　Louis Marin　62,147,246,255
マリー＝アントワネット　Marie-Antoinette Josepha Jeanne de Lorraine d'Autriche　320
マル，ルイ　Louis Malle　328
マルクス，カール　Karl Heinrich Marx　177,209,310
マルサン，イレーヌ　Irène Marcin　306
マルシャンドー，ポール　Paul Marchandeau　112,120,144,192,210,259
マルティ，アンドレ　André Marty　66,73,354n124,405n192
マルロー，アンドレ　André Malraux　67,69,159,274,315,326
マン，トーマス　Paul Thomas Mann　310
マンデス＝フランス，ピエール　Pierre Mendès-France　34,55,56,59,115,138,260
マンデル，ジョルジュ　Georges Mandel　246,249
ミシェル，ジェローム　Gérôme Michel　369n126
ミシェル，ルイーズ　Louise Michel　177
ミション，ジョルジュ　Georeges Michon　385n185
ミスタンゲット　Mistinguett（Jeanne Bourgeois）　316
ミストレ，ジャン　Jean Mistler　39,144,228
ミッテラン，フランソワ　François Maurice Adrien Marie Mitterrand　12,13,15,327,330
ミヨー，アルベール　Albert Milhaud　55-58,61,84,105,109,120,258,343n95
ミヨー，ダリユス　Darius Milhaud　315
ミラー，スペンサー　Spencer Miller　272
ミルザ，ピエール　Pierre Milza　52
ミルラン，アレクサンドル　Alexandre Millerand　29
ムッソリーニ，ベニート　Benito Amilcare Andrea Mussolini　44,139,201,204
ムーテ，マリユス　Marius Moutet　91,178,198-200,237
ムーニエ，エマニュエル　Emmanuel Mounier　33
ムーラン，ジャン　Jean Moulin　194
ムーレ，ジャン・ピエール　Jean Pierre Mourer　146
メルモズ，ジャン　Jean Mermoz　290
モーゲンソー，ヘンリー　Henry Morgenthau Jr.　189
モック，ジュール　Jules Salvador Moch　12,159,165,166-168,189,191,229,255,376n49

モナット，ピエール　Pierre Monatte　158
モーニエ，ティエリー　Thierry Maulnier　33
モニエ，フレデリック　Frédéric Monier　13
モニック，エマニュエル　Emmanuel Monick　189,190
モネ，ジョルジュ　Georges Monnet　35,126,176,237,247,313,315,371n151,398n88
モネヴィル，ガストン　Gaston Monnerville　240
モーラス，シャルル　Charles Maurras　103,126,127,128,140,166,187,238, 239
モーラン，ルイ＝ジョゼフ　Mgr Louis-Joseph Maurin　141
モーリアック，フランソワ　François Mauriac　364n59
モリエール　Molière（Jean-Baptiste Poquelin）　312
モレ，ギー　Guy Mollet　327
モンテルラン，アンリ・ド　Henri de Montherlant　284
モンムッソー，ガストン　Gaston Monmousseau　405n192

ヤ行

ユゴー，ヴィクトル　Victor-Marie Hugo　179
ユベール，シャルル　Charles Hubert　146

ラ行

ライ，ローベルト　Robert Ley　271,272
ラヴァル，ピエール　Pierre Laval　27,53,88,101,102,104,106,107,109,114-116,120,125,146,175,186
ラカモン，ジュリアン　Julien Racamond　81,97,130-132,163,259,405n192
ラグランジュ，マドレーヌ　Madeleine Lagrange　159,276,285,315,396n68,401n131
ラグランジュ，レオ　Léo Lagrange　127,130,255,269,270,272-280,282-286,291-294,297,298,300,303-306,308,310,314,315,317,318,321,324,326,392n6,394n35,398n90,401n131
ラコスト，ロベール　Robert Lacoste　262
ラコール，シュザンヌ　Suzanne Lacore　165,178,273,300,308
ラバテ，オクタヴ　Octave Rabaté　93,98
ラピー，ピエール・オリヴィエ　Pierre Olivier Lapie　147,313
ラピエール，ジョルジュ　Georges Lapierre　72,301
ラファルグ，ポール　Paul Lafargue　177,391n2
ラブルース，エルネスト　Ernest Labrousse　233
ラベイリ，エミール　Émile Labeyrie　189,224
ラマディエ，ポール　Paul Ramadier　91,249,258,259
ラムールー，リュシアン　Lucien Lamoureux　55,116,145,216
ラメット，アルチュール　Arthur Ramette　89,139
ラーモア，ピーター・J　Peter J. Larmour　49,70,120,137
ラルミ，パスカル＝エリック　Pascal-Éric Lalmy　362n43
ラロック，フランソワ・ド　Francois de La Roçque　42,49,52,99,101-104,116,140,155,156,225,226,239,340n67,340n68,355n132,372n161,382n150
ラロンド，カルロ　Carlos Larronde　314
ラングロワ，アンリ　Henri Langlois　320

ランシマン，ウォルター　Lord Walter Runciman　253
ランジュヴァン，ポール　Paul Langevin　35,72,128,197,234
ランベール＝リボ，アレクサンドル　Alexandre Lambert-Ribot　168,169,186
リヴィエール，ジョルジュ＝アンリ　Georges-Henri Rivière　321
リヴェ，ポール　Paul Rivet　72,87,93,127,234,245,322
リヴォレ，ジョルジュ　Georges Rivollet　53
リシュモン，ポール　Paul Richemond　168
リスト，シャルル　Charles Rist　224
リトヴィノフ，マクシム　Maxim Maksimovich Litvinov　80
リープクネヒト，カール　Karl Liebknecht　177
リュエフ，ジャック　Jacques Rueff　190,224
リュカール，マルク　Marc Rucart　55,91,97,102,138,237
リュシェール，ジャン　Jean Luchaire　34
ルー，ガストン　Gaston Roux　276
ルイ16世　Louis XVI　320
ルイドゥー，フランソワ　François Lehideux　156
ルカッシュ，ベルナール　Bernard Lecache　35
ルケロール，フェルナン　Fernand Roucayrol　195
ルージェ・ド・リール，クロード・ジョゼフ　Claude Joseph Rouget de Lisle　140,318
ルシャノワ，ジャン＝ポール　Jean-Paul Le Chanois　315
ルーセル，アルベール　Albert Charles Paul Marie Roussel　315
ルソー，ジャン＝ジャック　Jean-Jacques Rousseau　179
ルソー，マドレーヌ　Madeleine Rousseau　322
ルヌー，ルネ　René Renoult　343n97
ルヌーヴァン，ピエール　Pierre Renouvin　11
ルノー，ジャン　Jean Renaud　42
ルノー，ルイ　Louis Renault　156,185
ルノワール，ジャン　Jean Renoir　317,318-320,405n193
ルバ，ジャン＝バティスト　Jean-Baptiste Lebas　237
ルバテ，リュシアン　Lucien Rebatet　53
ルビゴ，ジョルジュ　Geroges Lebigot　35
ルフェーヴル，アンドレ　André Lefèvre　308
ルブラン，アルベール　Albert Lebrun　41,48,53,167,244,249,281
ルフラン，エミリー　Emilie Lefranc　296,297,311,399n114
ルフラン，ジョルジュ　Georges Lefranc　11,152,159,214,297,331,367n108,368n117,394n114
ルベック，ジョルジュ　Geroges Lebecq　44,45,50,86,87
ルベリュー，マドレーヌ　Madeleine Rebérioux　392n10
レヴィ，ルイ　Louis Lévy　343n89
レジェ，フェルナン　Fernand Léger　299,300,315,321-323
レデレール，ピエール＝ルイ　Pierre-Louis Roederer　320
レナルディ，ウジェーヌ　Eugène Raynaldi　40
レニエ，エリー　Elie Régnier　385n185
レニエ，マルセル　Marcel Regnier　84,85

レーニン，ウラジーミル　Vladimir Ilyich Lenin　209,293
レノー，アンリ　Henri Reynaud　318
レノー，クレマン　Clément Raynaud　228
レノー，ポール　Paul Reynaud　83,187,199,233,244,246,247,249,259,260,263
レモン，ルネ　René Rémond　11,52
ローザンヌ，ステファヌ　Stéphane Lauzanne　245
ローザンフェル，オレスト　Oreste Rosenfeld　166
ロージエ，フランソワ　François Laugier　35
ロシニョル，アンリ　Henri Rossignol　42
ローズヴェルト，フランクリン　Franklin Delano Roosevelt　189
ロスタン，モーリス　Maurice Rostand　220
ロッシュ，エミール　Emile Roche　56,61,120,205,208-213,242,344n104
ロッセッリ，カルロ　Carlo Rosselli　239
ロッセッリ，ネッロ　Nello Rosselli　239
ロートシルト，フィリップ・ド　Philippe de Rothschild　166
ロートシルト，ロベール・ド　Robert de Rothschild　166
ロベスピエール，マクシミリアン　Maximilien François Marie Isidore de Robespierre　179,320
ロミエ，リュシアン　Lucien Romier　191,238,365n76,376n51
ロラン，ロマン　Romain Rolland　35,204,314,315
ロワ，マルセル　Marcel Roy　232

ワ行

ワース，アレグザンダー　Alexander Werth　37,102,104,144-146,154-156,177-179,305,306,340n70
ワルテル，フランソワ（ピエール・ジェローム）　François Walter　72,73,93

フランス人民戦線略年表

	フランス	ヨーロッパ
1918	11.11　第一次世界大戦終結	11. 9　ドイツ革命
1919	5. 1　ゼネスト 11.16　選挙で右翼の国民ブロックが圧勝	3. 2　コミンテルン結成 6.28　ヴェルサイユ条約締結
1920	1.18　クレマンソー、首相辞任 12.20-26　社会党分裂し、共産党誕生	1.10　国際連盟誕生 4. 5　仏・ベルギー軍事協定
1921	12.26　労働総同盟分裂し、共産党系の統一労働総同盟誕生	2.19　仏・ポーランド同盟友好条約 11.12　ワシントン海軍軍縮会議開催
1922	1.15　ポワンカレ内閣発足 6.25-7.1　統一労働総同盟第一回大会開催	4.16　ラッパロ条約
1923	4. 1　兵役18ヵ月法成立	1.11　ルール出兵
1924	5.11　下院選挙で左翼連合が勝利 5.31　ポワンカレ、首相辞任 6.15　エリオ左翼連合政権誕生 11.23　ジャン・ジョレスの遺骸、パンテオンに移葬	1.25　仏・チェコスロヴァキア相互安全保障協定 7.16　ドーズ案採択 10.28　フランス、ソ連を承認
1925	4.10　エリオ内閣倒壊	10.16　ロカルノ条約調印
1926	6.24　第二次ブリアン内閣発足 7.27　ポワンカレ国民連合政府成立	5.26　リフ戦争終結 9. 8　ドイツ、国際連盟に加盟
1927	4.22　アルベール・サローの「共産党は敵」演説	11.11　仏・ユーゴスラヴィア安全保障条約
1928	1.19　兵役一年法可決 4.29　選挙で国民連合勝利 6.25　ポワンカレ・フラン導入 11. 4　急進党、国民連合から離脱	8.27　不戦条約調印
1929	7.27　ポワンカレ首相、病気により辞任 11. 2　タルデュー内閣成立し、繁栄政策を実施	5.31　ヤング案調印 10.24　世界恐慌始まる
1930	1月　マジノ線建造開始	4.25　ロンドン海軍軍縮条約締結
1931	フランスに世界恐慌が波及 1.27　ラヴァル内閣成立	6.20　フーヴァー・モラトリアム 9.21　ポンド切り下げ
1932	2.23　第三次タルデュー内閣成立 5. 8　選挙で左翼連合が勝利 5.10　アルベール・ルブラン大統領選出 6. 7　エリオ内閣誕生 12.14　エリオ内閣退陣	7.23　ジュネーヴ軍縮会議 11.26　仏ソ不可侵条約締結
	1.31　ダラディエ内閣誕生 5.26　ベルジュリ、共同戦線結成	1.30　ドイツでヒトラー政権誕生 4.19　ドル切り下げ

1933	10.24　ダラディエ内閣退陣 11. 5　社会党全国評議会が国防予算に賛成した社会党右派を除名、右派はネオ・ソシアリストを結成 11.26　ショータン内閣成立 12月末　スタヴィスキー疑獄事件発覚	6. 7　英・仏・独・伊四国協定 10.16　ドイツ、国際連盟脱退
1934	1月　極右リーグによる街頭デモ 1. 8　スタヴィスキー、自殺 1.27　ショータン、首相辞任 1.30　第二次ダラディエ内閣 2. 3　キアップ警視総監の解任 2. 6　コンコルド広場の騒擾事件 2. 7　ダラディエ内閣総辞職 2. 9　ドゥーメルグ国民連合政府成立、共産党による単独デモ 2.12　左翼のゼネストとデモ 3. 5　反ファシズム知識人監視委員会結成 3-6月　共産党の内紛（ドリオ問題） 5.11-13　急進党クレルモン＝フェラン臨時党大会 6.23-26　共産党イヴリー全国協議会 7.27　社共統一行動協定調印 8.19　共産党から急進党へのアピール 10.12　共産党、人民戦線を提唱 10.25-28　急進党ナント党大会 11. 8　ドゥーメルグ内閣退陣し、フランダン内閣発足	9.17　ソ連、国際連盟に加盟 10. 9　マルセイユでユーゴスラヴィア国王暗殺
1935	3.15　兵役二年法が可決 5.5-12　市町村会議員選挙 5.31　フランダン内閣倒れる 5月末—6月初　政府危機で「左翼代表団」が左翼連合政府について議論 6. 7　第四次ラヴァル内閣発足 7.14　人民連合の大集会と大デモ 9-10月　クロワ・ド・フーの蠢動 10.24-27　急進党パリ党大会 12.18　エリオ、急進党総裁辞任	1. 7　仏・伊、ローマ協定調印 3. 7　ザール、ドイツに復帰 3.16　ドイツ、再軍備宣言 4.14　仏・英・伊のストレーザ協定 5. 2　仏ソ相互援助条約 5.15　スターリンがフランスの国防を是認 7.25-8.21　コミンテルン第七回大会で人民戦線戦術採択 10. 3　イタリアによるエチオピア侵攻
	1.10　人民連合綱領公表 1.19　ダラディエ、急進党総裁就任 1.22　ラヴァル内閣退陣 1.24　サロー内閣発足 2.13　ブルム襲撃される	2.16　スペインの総選挙で人民戦線派が勝利 3. 7　ドイツ、ラインラント進駐 5. 9　ムッソリーニ、エチオピア併合

1936	3.2-5　労働総同盟再統一 4.26-5.3　人民戦線派が選挙で圧勝 5-6月　工場占拠ストライキ 6. 4　ブルム内閣誕生 6. 8　マチニョン協定 6.11　トレーズ、工場占拠ストライキの終結を提唱 6.20　有給休暇法可決 6.21　週40時間労働法可決 6.24　団体協約法可決 8.11　軍需産業の国有化 9.26　平価切り下げ 10.22-25　急進党ビアリッツ党大会 11.17　サラングロ内相の自殺 12. 5　共産党、ブルム内閣の外交政策に関して初めて棄権票を投じて内閣の信任を拒む 12.30　ブルム＝ヴィオレット法案	7.17　スペイン内戦勃発 8. 1　ベルリン・オリンピック開催 8. 8　フランス政府、スペイン内戦に不干渉を決議 9. 8　ナチ・ニュルンベルク党大会 10.14　ベルギー、フランスとの同盟条約を破棄 11.18　独・伊、フランコ政権を承認
1937	2.13　改革の休止 3.16　クリシー事件 5.24　パリ万博、20日以上遅れて開幕 6.22　ブルム内閣退陣 6.22　第三次ショータン内閣発足 8.31　鉄道の国有化 9.11　カグール、フランス経営者総連合本部を爆破 10.27-31　急進党リール党大会	1. 3　地中海に関する英・伊協定 9. 7　ヒトラー、ローマ＝ベルリン枢軸を宣言
1938	3.10　ショータン内閣倒れる 3.13　第二次ブルム内閣成立 4. 8　第二次ブルム内閣総辞職 4.10　第三次ダラディエ内閣誕生 8.21　ダラディエ、労働時間の延長を提唱 10.29　急進党マルセイユ党大会で共産党との絶縁を決議 11.10　人民連合全国委員会の席上、急進党が退会を宣言し、人民戦線は最終的に解体 11.30　労働総同盟のゼネスト、敗北	3.12　ドイツ、オーストリア併合 9.30　ミュンヘン協定 12. 6　仏独声明
1939	1.27　ダラディエ政府、フランコ政権を承認 3. 2　ペタン元帥、スペイン駐在フランス大使に就任 4. 5　ルブラン大統領再選 9. 3　英・仏、ドイツに宣戦布告	3.15　ドイツ、チェコスロヴァキア併合 5.17　仏・ポーランド軍事協定 8.23　独ソ不可侵条約締結 9. 1　第二次世界大戦始まる

著者略歴

渡辺和行（わたなべ・かずゆき）
1952年岐阜県生まれ。京都大学大学院法学研究科博士後期課程単位取得退学。
博士（法学）。奈良女子大学文学部教授。フランス近現代史。
主要業績：『ナチ占領下のフランス』講談社，1994年。
『ホロコーストのフランス』人文書院，1998年。
『フランス人とスペイン内戦』ミネルヴァ書房，2003年。
『エトランジェのフランス史』山川出版社，2007年。
『近代フランスの歴史学と歴史家』ミネルヴァ書房，2009年。
『ド・ゴール』山川出版社，2013年。
共 訳 書：ピエール・ノラ『記憶の場』第２巻，第３巻，岩波書店，2003年。
ロバート・パクストン『ヴィシー時代のフランス』柏書房，2004年。
トニー・ジャット『知識人の責任』晃洋書房，2009年。

フランス人民戦線　反ファシズム・反恐慌・文化革命

2013年10月30日　初版第１刷印刷
2013年11月10日　初版第１刷発行

著　者　渡辺和行

発行者　渡辺博史

発行所　人文書院

〒612-8447　京都市伏見区竹田西内畑町９
電話 075-603-1344　振替 01000-8-1103

印刷所　㈱冨山房インターナショナル
製本所　坂井製本所

落丁・乱丁本は小社送料負担にてお取替えいたします

ISBN 978-4-409-51067-4 C3022